CompTIA Project+

The Computing Technology Industry Association

배동규 저

CompTIA Project+ 취득에 지침이 되는 활용서!!

- IT 분야의 전문가가 가져야 하는 필수 자격증 Project+
- PMP에 이르는 Guide to the PMBOK 내용 취급
- 어느 분야에서도 PM이 반드시 알아야 하는 최적의 지침서

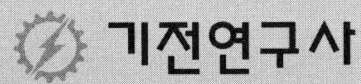

Introduce | 머리말

   CompTIA Project+ 국제 자격증은 세계적인 비영리 단체인 미국 CompTIA에서 주관하는 시험으로, CompTIA는 미국 컴퓨터공업협회이다. 시험 출제도 MS, SUN, HP 등 여러 회사가 공동으로 출제하고 감수도 Oracle, Fujitsu, MS 등 여러 회사가 실시하므로 시험에 대한 긍지가 매우 크다. 시험을 보고자 하는 사람들은 시험센터에 미리 응시를 알려 날짜를 받은 후에 컴퓨터로 시험을 치르면 되는데 객관식이다. 자국어로도 국제자격시험을 일부 치를 수 있는데, Project+는 영어와 한국어로 치를 수 있다.

   정말 너무 많은 IT 관련 자격증들이 있지만 Project+는 소지자를 돋보이게 할 유망한 자격증으로, IT 분야뿐만 아니라 프로젝트를 관리해야 하는 여러 일반 분야에서도 인정받고 있다. 네트워크나 시스템 관리자뿐만 아니라 일반 소프트웨어를 총괄하고 관리하는 엔지니어도 수행중인 프로젝트를 올바로 이해하고 있어야 하기 때문이다. 그래서 CompTIA도 원래 "IT Project+"라는 자격증에서 IT 분야뿐만 아니라 토목이나 건축, 설비 등 프로젝트를 관리해야 하는 광범위한 엔지니어를 위해서 수년 전에 "Project+"로 명칭을 변경했다. 원래 이 자격증은 PMI(Project Management Institute)와 그에 관련된 과정을 다루기 위한 자격증이다. 시험코드는 PKO - 003이다.

   이 분야의 자격증으로 유명한 PMP(Project Management Professional)를 대비하기 위해서도 이 Project+ 학습은 절대적으로 필수이다. 프로젝트 추진방법으로 Prince2가 있고, 프로젝트 관리 면에서 ITIL V3(IT Infrastructure Library Version 3)가 있는데, A Guide to the PMBOK(Project Management Body of Knowledge)은 이 두 가지를 아우르는 프로젝트 운영기법으로 현재 4차 개정까지 나와 있다. Project+는 이 PMBOK의 내용을 다루고 있어서 출제문제가 거의 같다.

   이 자격증은 꼭 컴퓨터 분야를 전공한 사람들만 관심을 가질 자격증이 아니며, 수시로 프로젝트를 맡고 있거나 맡을 예정인 엔지니어는 누구든지 취득해야 할 자격증이다. 프로

CompTIA Project+

젝트 관리는 간단해 보이지만 많은 옵션들이 있고 예기치 않은 문제를 만나게 되는 등 시행착오를 겪을 수 있어서 우아한 예술과 같다. 착수, 기획, 실행, 그리고 통제와 마감 등을 제대로 실행해야만 시간과 금전적인 면에서도 프로젝트가 성공을 거둘 수 있게 된다. 모든 것이 프로젝트 매니저가 어느 방법을 선택하느냐에 달려있으므로 좀 더 체계적이고 올바로 이들 과정을 이해하는 것이 필요하다. 학습범위도 경영이나 경제 등에서 다루는 내용이 많이 들어있어서 그 깊이가 끝이 없을 수도 있다.

국내에도 여러 종류의 기술 자격증이 있지만, 세계 어디서나 인정받고 해외 유학이나 취업, 이민 시 100% 효과를 거둘 수 있는 자격증이 바로 이 CompTIA 자격증이기도 하다. 국내 여러 기업체에서도 이제 CompTIA의 자격증을 딴 기술자들을 매우 선호하고 있다. 공개적으로 밝힐 수는 없지만 몇몇 대기업에서는 수년에 걸쳐 이런 자격증 과정들을 교육하고 있고, 또 여러 회사가 CompTIA 자격증 소지자를 우대하고 있다.

나중에 이민이나 유학을 갔을 때에나, 국내에서 회사에 취직했을 때 Project+ 자격증은 정말 좋은 $+\alpha$가 되고도 남으며 그 희소성으로 인해 더욱 우대받을 수 있을 것이다. 국내에서보다 해외에 나가면 CompTIA 자격증의 위력을 훨씬 더 느낄 수 있다. 하드웨어 분야에 A+가 있다면 소프트웨어 분야의 거의 유일한 자격증이 이 Project+이다.

아무쪼록 열심히 학습해서 좋은 결과가 있기를 기대한다. 또한 기술을 배우면 반드시 시행착오를 겪더라도 여러 번 실습하는 자세가 중요하다. 이 책에서 우리나라의 프로젝트 사례를 예로 들려고 생각도 했었지만, 시험 성격상 외국 사례를 각 내용에 따라 30개로 풍부히 실었다.

끝으로 책을 출간하게 한 중앙일보 HTA와 기전연구사 사장님, 그리고 CompTIA 부사장이며 일본 지국장이신 맥 기시다 씨, 우리 가족 서영, 상현, 그리고 사랑하는 아내와 연로하신 어머님께, 그리고 주님께 감사드린다.

여러분을 발전을 기원하며…. IT 강국을 꿈꾸며….

2012. 03
배 동 규 씀

Introduce | 차 례

CHAPTER 1 프로젝트 관리 개념 ■ 11

1. 프로젝트 정의 ··· 11
   1.1 IT 프로젝트 정의 / 12
   1.2 IT 프로젝트 매니저의 일반적 역할 / 16
   1.3 SDLC, 시스템 분석과 사업 프로세스 등 / 18
   1.4 의사소통 / 19

2. 프로젝트 관리의 정의 ·· 20
   2.1 A Guide to the PMBOK / 20   2.2 프로젝트 관리 지식분야 / 21

3. 일반 관리기술 ·· 21
   3.1 리더쉽 / 22   3.2 대화력 / 22
   3.3 문제 해결력 / 23   3.4 협상력 / 24
   3.5 조직력과 시간 관리력 / 24

4. 프로젝트 프로세스 ·· 25
   4.1 착수(initial) 단계 / 25   4.2 계획(planning) 단계 / 26
   4.3 실행(executing) 단계 / 26   4.4 통제(controling) 단계 / 26
   4.5 마감(closing) 단계 / 26

5. 프로젝트 주기(Life Cycle) ·· 27
   5.1 IT 프로젝트 주기 / 27   5.2 IT 프로젝트 일정과 확인사항 / 31

6. 조직 구조의 영향 ··· 31
   6.1 직무(종) 조직 / 31   6.2 매트릭스(종횡) 조직 / 32
   6.3 프로젝트 조직 / 33

CompTIA Project+

CHAPTER 2 프로젝트 착수 ■ 35

1. 프로젝트 요청받기 ··· 35
    1.1 고급 요구사항(Requirements) / 36   1.2 벤더 입찰 / 42
    1.3 요구사항 문서화 / 42

2. 프로젝트 선별 ·· 45
    2.1 선별기법 / 45   2.2 프로젝트 선별기준 / 48

3. 프로젝트 이해관계인 ··· 51
    3.1 프로젝트 스폰서 / 52   3.2 기타 이해관계인 / 53
    3.3 IT 프로젝트 이해관계인 알기 / 55   3.4 이해관계인 매트릭스 / 61

4. 프로젝트 헌장(Project Charter) ··· 61
    4.1 프로젝트 설명 / 62   4.2 프로젝트 팀 / 63
    4.3 목표와 목적 / 63   4.4 사업 방식(Business Case) / 64
    4.5 정식 승인 / 65

CHAPTER 3 범위 계획하기 ■ 71

1. 범위 개론 ·· 72
    1.1 프로젝트 범위설명 / 73   1.2 범위관리 계획 / 79
    1.3 WBS(Work Breakdown Structure) / 81

2. IT 프로젝트 범위평가 ·· 88
    2.1 IT 분야의 규모 / 88   2.2 프로젝트 작업의 정의 / 89
    2.3 비즈니스 클라이언트와 작업하기 / 90   2.4 정의하기 힘든 성공기준 / 90
    2.5 보조 시스템과 밝혀지지 않은 프로세스 요소들 / 91
    2.6 "미니-프로젝트"에서 벤더/컨트렉터와의 관계 / 93
    2.7 중견 프로젝트 기술자의 사임 / 93
    2.8 프로젝트가 여러 IT 부서에 걸칠 때 / 93
    2.9 좋은 정의를 필요로 하는 테스팅 요소들 / 94

CHAPTER 4 스케줄 계획하기 ▪ 99

1. 활동 정의 ·· 100
2. 활동 순서화 ·· 101
   - 2.1 종속성 타입 / 101
   - 2.2 종속관계 작업 / 102
   - 2.3 네트워크 도표 만들기 / 104
3. 활동기간 예상 ·· 106
   - 3.1 기간 정의하기 / 106
   - 3.2 예상하기 기법 / 107
4. 스케줄 개발 ·· 109
   - 4.1 스케줄 개발 기법 / 109
   - 4.2 일정(Milestone) / 115
   - 4.3 기준 스케줄(Baseline) / 116
5. 현장에서 프로젝트 시간 조절하기 ··· 117

CHAPTER 5 비용 계획하기 ▪ 123

1. 리소스 계획하기 ··· 124
   - 1.1 리소스 타입 / 125
   - 1.2 리소스 요청 정의하기 / 127
2. 비용 예상하기 ·· 131
   - 2.1 비용 예상 기법 / 132
   - 2.2 예상하기 조언 / 138
3. 비용 예산편성 ·· 141
   - 3.1 예산 만들기 / 142
   - 3.2 비용 기준선 / 144
   - 3.3 예산 목표 / 144
   - 3.4 프로젝트 관리 소프트웨어 사용하기 / 148

CHAPTER 6 기타 계획하기 1(인력과 품질) ▪ 149

1. 인력 계획하기 ·· 149
   - 1.1 팀원 계획하기 / 150
   - 1.2 팀원 확보하기 / 156
2. 품질 계획하기 ·· 160

2.1 품질 계획하기 도구와 기법 / 161   2.2 품질관리 계획 / 165

3. 관리 이론 ·· 166

    3.1 Maslow의 본질적 필요(Hierarchy of Needs) / 166
    3.2 Herzberg의 동기이론 / 167
    3.3 McClelland의 후천적 필요(Acquired Needs Theory) / 168
    3.4 McGregor의 Theory X와 Theory Y / 169
    3.5 Ouchi의 Theory Z / 169
    3.6 Expectancy Theory(기대 이론) / 169

CHAPTER 7　기타 계획하기 2(리스크와 회의, 조달) ■ 171

1. 리스크 계획하기 ·· 171

    1.1 리스크 구별하기 / 172   1.2 리스크 분석하기 / 174
    1.3 리스크 대응 개발하기 / 177

2. 의사소통 계획하기 ··· 178

    2.1 대화 전략 / 180   2.2 팀원과 대화하기 / 181
    2.3 이해관계인들 참여시키기 / 182

3. 조달 계획하기 ·· 184

    3.1 구매 분석 / 184   3.2 계약의 종류 / 186
    3.3 SOW(Statements Of Work) / 187   3.4 벤더 협력받기 / 187
    3.5 벤더 선택기준 / 188

CHAPTER 8　종합 프로젝트 계획 ■ 193

1. 프로젝트 계획이란? ·· 194
2. 프로젝트 계획 요소들 ··· 195

    2.1 관리 요소들 / 196   2.2 계획하기 요소들 / 196
    2.3 템플레이트와 체크리스트 / 198   2.4 참고사항들 / 199
    2.5 부록 / 199

3. 종합하기 ·· 199

    3.1 계획 조직하기와 작성하기 / 200   3.2 계획 업데이트하기 / 201

3.3 계획 검토하기 / 201   3.4 계획하기 단계 끝내기 / 202

CHAPTER 9 프로젝트 실행 ■ 209

1. 팀 개발 ··· 210
  1.1 단결된 팀 만들고 관리하기 / 210 1.2 훈련하기 / 217
  1.3 보상과 인정하기 / 217

2. 이해관계인과 유대 ··· 219
  2.1 클라이언트와 유대 관리 / 219 2.2 흔들리는 스폰서 관리 / 220
  2.3 부서장들과 유대 / 222

3. 계획에 따라 작업하기 ·· 223
  3.1 데이터 모으기 / 223   3.2 기준대비 진척도 / 225

4. 정보 배분 ··· 228
  4.1 프로젝트 팀 회의 / 228   4.2 상황보고서 / 231
  4.3 프로젝트 검토 / 232

5. 벤더와의 계약관리 ··· 234
  5.1 진척 보고 / 234   5.2 벤더와의 이견관리 / 235
  5.3 벤더의 지연 / 238   5.4 벤더 지불과정 / 239
  5.5 벤더 대하기 / 239

CHAPTER 10 프로젝트 통제 ■ 245

1. 종합 변경통제 ··· 246
  1.1 범위 변경통제 / 247   1.2 스케줄 통제 / 247
  1.3 비용 통제 / 249   1.4 기타 계획변경 / 251

2. 품질관리 ··· 252
  2.1 검사(테스팅) / 252   2.2 기타 품질관리 도구와 기법 / 255
  2.3 품질통제 활동 / 258   2.4 문서품질 / 259

3. IT 품질관리 ··· 261
  3.1 표준 / 262   3.2 환경 프로세스 설정하기 / 263

4. 리스크 모니터링과 통제 ·· 265
    4.1 리스크 대응결과 모니터하기 / 266   4.2 새로운 리스크 확인하기 / 266
    4.3 이슈 해결 모니터링하기 / 267   4.4 위기에 빠진 프로젝트 / 268

5. 성과보고서 ··· 268
    5.1 성과보고 도구와 기법 / 269   5.2 이해관계인들 행동 촉구하기 / 275

CHAPTER 11 프로젝트 마감 ■ 281

1. 마감 타입 ··· 282
2. 계약 종료 ··· 283
3. 관리마감 ··· 283
    3.1 프로젝트 기록 / 284   3.2 정식 승인 / 284
    3.3 종합 검토(습득한 교훈) / 285   3.4 프로젝트 전환 / 291
    3.5 팀원 해산 / 294

CHAPTER 12 시스템 개발주기(Life Cycle) ■ 295

1. 계획(Planning) ··· 296
2. 분석(Analysis) ·· 298
3. 설계(Design) ·· 299
4. 구현(Implementation) ·· 300
5. 운영과 지원(Operation and Support) ·· 302
6. PMI 프로세스 그룹과 SDLC 단계의 비교 ··· 303

CHAPTER 13 연습문제 ■ 305

CHAPTER 01 프로젝트 관리 개념
CompTIA Project+

프로젝트 관리는 보통 PMI(Project Management Institute)에서 출간한 PMBOK 지침(A Guide to the Project Management Body Of Knowledge)에 있는 문서에 의거한다. 현재 4차 개정까지 나와 있는데, 이 장에서는 프로젝트 관리를 좀 더 수준있게 그리고 이를 통해 IT 운영에 있어서 어떻게 큰 그림이 그려질 수 있는지 살펴보기로 한다.

1 프로젝트 정의

새로 맡은 일이 프로젝트인지 어떻게 알 수 있을까? 현재 어느 프로젝트를 맡고 있는 중인지 어떻게 알 수 있을까? 신임 프로젝트 매니저와 팀 구성원들은 수시로 이런 질문을 하곤 한다. 프로젝트는 일단의 사람들로 구성되지만 일상적인 비즈니스이기도 하다. 프로젝트와 비즈니스는 제한된 리소스를 가지고 씨름한다. 둘 다 계획과 프로세스를 가지고 있으며 어느 행동을 한 뒤 결과를 얻어낸다. 프로젝트란 독점적인 제품이나 서비스를 제공하는 것인데 시작과 끝이 있어서 한시적이다. 또한 프로젝트는 명백히 정의될 수 있고 측정될 수 있는 목표를 가지고 있어서 프로젝트가 성공했는지 완성됐는지 정의를 내릴 수 있다. 프로젝트는 독특한 제품이나 서비스를 도출하므로 그 조직에서 전에는 없었던 그 무엇이 된다. 여기서 서비스는 일상적인 서비스(운영)와 한번 특정기간 동안만 이뤄지는 서비스(프로젝트)로 구별될 수 있다.

예를 들어 1년간 건물 경비를 어느 용역업체와 계약해서 실행하는 것은 운영이며, 18개월 동안 JAVA 프로그래머와 계약해서 어느 서비스를 위해 프로그래밍하게 하는 것은 프로젝트이다. 또 다른 프로젝트 관리 용어가 프로그램인데, 프로그램은 조화롭게 함께 관리되는 여러 연관된 프로젝트를 그룹화한 것을 말한다. 프로그램은 방위 산업체나 대규모 정부 계약과 같은 데서 주로 사용된다. IT 관점에서 보면 부분적으로 청구서, 판매, 그리고 수리 등과 같은 것들로 구성된 대규모 소비자 지원 응용프로그램도 프로그램이 될 수 있다.

이들을 다음과 같이 정의할 수 있다.
① 프로젝트란 특정 사업 목표에 맞춘 작업이다-뭔가 새로운 것으로 결과물이 독특한 제품이거나 서비스로 나타난다. 이런 제품은 외부적으로 고객을 늘려가거나 내부적으로 업무에 사용될 수 있다.
② 프로젝트란 한시적이다. 또한 유일한 결과물을 만들어내며 명백한 시작과 끝이 있다 -프로젝트는 제품의 복잡함에 따라 몇 주부터 몇 년이 걸릴 수도 있지만 일상적인 업무는 아니다.
③ 프로젝트는 분명한 목표와 이해관계인이 있다-프로젝트는 목표가 분명히 정해지고 적절한 이해관계인들(stakeholders)이 승인해 주어야 한다. 원하는 목표가 도출되면 프로젝트가 끝나게 되지만 목표를 더 이상 이룰 수 없을 것 같아도 도중에 취소될 수 있다.

1.1 IT 프로젝트 정의

IT 프로젝트와 관련된 행동들은 그 규모가 크든 작든 모두 프로젝트로 분류될 수 있는데, IT의 일부 요소(e.g, 기술이나 지식)가 대부분 프로젝트 계획에 포함되기 때문이다. 예를 들어 잠수함을 짓는다면 데이터센터나 서버, 인프라 회선, 그리고 많은 여러 IT 요소들이 여기에 포함될 것이고 또 어느 설비를 제작한다고 해도 컴퓨터와 IT 기술이 그 곳에 들

CHAPTER 1 프로젝트 관리 개념

어가지기 때문이다. 설사 와인제조기를 설치한다고 해도 최근에는 IT 기술이 제공하는 무수한 기법들이 들어가게 된다―얼마만큼 이 포도들이 숙성되어져야 하는지, 얼마나 설탕이 정제되어야 하는지 등이 IT 기술 요소들로 시행될 수 있다. 그러면 IT 기술이 들어있지 않은 프로젝트란 거의 없다는 것도 알게 될 것이다.

1) IT 프로젝트란?

IT 프로젝트는 프로젝트 관리지침서인 PMI 세트에 충실히 따르거나 따라야만 하는데, 얼마나 충실히 따르느냐는 프로젝트의 복잡함에 달려있다. 잘 관리되는 프로젝트의 특성을 보면, 규모가 크던 작던 간에, A Guide to the PMBOK에 모두 들어있음을 알게 된다. 프로젝트의 규모와 복잡함은 프로젝트를 실행할 때 점검해야 하는 것들을 좀 더 세밀하게 해놓았을 뿐이다.

(1) 소프트웨어 개발

소프트웨어 개발 프로젝트를 할 땐 고도의 프로젝트 관리기법을 따라야 할 뿐만 아니라 사용하는 소프트웨어 개발방법에도 주의를 기울여야 한다.

(2) 신/구 인프라스트럭춰

인프라스트럭춰는 보통 케이블링, WAN 연결, 라우팅/스위칭 장치 등을 일컫는데 전화회선이나 교환선들도 포함한다. 예를 들어 인프라가 없는 새로운 건물로 모든 시스템을 옮길 수도 있는데 이럴 때의 프로젝트는 이런 인프라를 설계하고 가설하는 일이 되기도 하고, 기존 건물에 회선을 다시 가설하거나 스위치, 라우터, 혹은 사이트끼리의 WAN 연결을 업그레이드하는 일일 수도 있다. 이런 모든 프로젝트들이 인프라에 속한다.

데이터센터라고 부르는 케이블링 룸은 보통 MDF(Main Data Facility)로도 불린다. 이 MDF로부터 회선이 나와 스위치나 다른 건물에 있는 룸의 라우터로 연결되는데, 이렇게 다른 장소에 있는 룸을 IDF(Intermediate Data Facility)로 부른다. 한 건물에 여러 IDF 룸이 있을 수 있지만 일반적으로 MDF는 하나밖에 없다.

(3) 데이터센터 만들기/개선

데이터센터는 서버들과 중간급 머신들, 메인프레임, 대규모 테이프백업 장치, PBX(Post Branch Exchanges)와 같은 전화장비들이 들어있는데 건물 내로 들어오는 T1 프레임 릴레이, ATM(WAN 프로토콜), ISDN(통신 프로토콜)과 같은 WAN 연결이 MDF에서 디마크(Demark)된다. 일반적으로 건물에서 데이터센터와 디마크의 위치는 같지만, 일부 조직에서는 데이터센터 이외의 장소에서 디마크되게도 한다. 하지만 어느 경우든지 디마크는 조직의 머신들의 연결이 끝나는 곳이다. 데이터센터에는 에어컨의 흐름이 원활하도록 서버들이 놓이는 돌출된 바닥 부분이 있고, 비상 시 전원공급을 위한 상업용 UPS나 발전기와 같은 장치들이 있으며, 문에는 보안이 설정되어져 있게 된다.

데이터센터 프로젝트는 새로운 건물에 데이터센터를 세우거나 오래된 전원이나 에어컨 장비 등을 교체하는 일, 새로운 서버를 넣기 위해 서버 랙(rack)을 추가하거나 여러 시스템에 전력을 공급하는 전원 분배기(PDU : Power Distribution Unit)를 업그레이드하는 일일 수도 있다. 하지만 이 데이터센터 프로젝트에 서버는 포함되지 않는 것에 주의해야 한다. 서버의 위치를 잡아주는 정도만 한다.

(4) 서버/시스템 설치

사용자 데이터를 저장하는 정식 파일서버를 제외하고, 실행되고 있는 시스템에 계획 없이 서버를 추가할 수 없다. 예를 들어 설치해야 할 대규모 데이터베이스 시스템이 있거나, 사업체에서 구매한 COTS(Commercial Off The Shelf) 프로그램을 실행하거나, 대규모 조직에서 사내 소프트웨어 개발실에서 작성한 코드에 여러 시스템이 묶이는 경우에 데이터베이스 설치는 복합적인 작업이 된다. 각 시스템마다 신중히 접근해야 할 여러 요소들이 있게 되므로 프로젝트 매니저는 매우 기술적으로 모든 요소들이 조화롭게 연동되게 해야만 한다. 사내의 전화시스템이 서버시스템과 연동될 수도 있다.

예를 들어 고객의 콜에 빠르게 응답하는 콜 연결 소프트웨어를 설치해서 콜센터 트래픽을 다루는 프로젝트를 맡았다면 적어도 네트워크 운영체제가 실행되는 서버와 소프트웨어, 그리고 네트워크 연결이 필요한 요소들이 들어있게 될 것이다. 이런 연결이 여러 건물 동에 설치되어야 한다면 프로젝트는 더 큰 규모가 되게 된다.

CHAPTER 1 프로젝트 관리 개념

(5) SAN(Storage Area Network)

IT 프로젝트의 또 다른 특성을 SAN에서도 볼 수 있다. 이 설치에는 광채널 스위치, 광 케이블링, 대규모 SAN 구성, WAN 연결 등이 필요하게 된다. 적당한 규모의 SAN이라고 해도 한 팀이 몇 개월 걸릴 수 있는 복잡한 프로젝트가 되며, 대규모 SAN이라면 제조사와 계약을 체결해서 지원받아야 할 프로젝트가 된다.

(6) ERP(Enterprise Resource Planning)

가장 규모가 크고 복잡한 IT 프로젝트를 들라면 SAP, Siebel, PeopleSoft, Oracle, Great Plains, Lawson, 혹은 다른 ERP 제조사들이 제공하는 이 ERP 소프트웨어일 것이다. ERP 소프트웨어는 대규모 비즈니스 컴퓨팅환경에서 인사관리부터 회계, 급료, 그리고 제조까지 커버해주는 도구로써 시스템이 복잡해지고 특별하게 구성될 수 있으므로 설치전문가가 구성해 주어야 할 수도 있다. ERP 구성은 여러 서버들과 Oracle이나 SQL 서버와 같은 대규모 데이터베이스가 연합된 형태일 수 있기 때문에, 이런 여러 장치와 응용프로그램들의 기능을 제대로 살리면서 연동되게 하는 일은 엔지니어 혼자서 다 할 수 없고 다 알 수도 없다. 따라서 여러 관리자들과 이해관계인이 참여해서 프로젝트를 매트릭스 관리방식으로 구성한다. 매트릭스 관리라 함은 여러 분야의 전문가를 모은 뒤 슈퍼바이저가 일정을 조정해서 함께 일에 참여시키는 방식이다.

(7) 자동화 시스템

일부 수동시스템은 더욱 자동화된 접근법으로 전환되어져야 할 필요가 있다. 자동차가 만들어지는 조립과정을 생각해보자. 초기에는 사람들이 손으로 조립했었는데 지금은 로봇이 용접을 하고 자동차의 각 부품도 조립해준다. 산업체의 여러 시스템에서도 이와 동일한데, 예를 들어 전자 약 처방시스템이 알약을 세어 병에 넣어주면 그 사이 약사는 다른 일을 할 수 있게 된다. 예전의 수동 프로세스를 자동화로 대체하는 IT 프로젝트는 그 분야에서 많은 경험을 가지고 있어야 하며, 그 비즈니스를 충분히 이해하고 있어야 맡을 수 있다.

2) IT 프로젝트에서의 고려사항들

IT 프로젝트는 전문성, 프로세스, 그리고 의사소통이 잘 되어야 성공할 수 있다. 모든 IT

CompTIA Project+

프로젝트는 하드웨어와 소프트웨어 요소들과 각 분야에서의 전문성을 활용해서 일이 되어지게 해야 한다. 고층 건물을 세우는 프로젝트를 맡은 엔지니어를 생각해보자. 그 엔지니어는 수많은 변기와 세면대가 어떻게 작동되는지 알 필요는 없지만, 그것들이 건물 시스템의 파이프라인과 연결되어져야 하는 것은 알고 있어야 한다. IT 프로젝트도 마찬가지이다. 설치해야 할 모든 요소들을 일일이 알고 있을 필요는 없지만, 어떻게 이 모든 구성요소들이 적절히 조합되어 작동되는지 이해하고 있어야 훨씬 일이 수월해진다.

IT 프로젝트를 이해하는 열쇠는 A지점에서 B지점에 이르는 빠르고 안전하며 올바른 프로세스를 생각해내는 일이다. 예를 들어 인터넷 사용자는 어떻게 사용자 웹브라우저로 웹서버의 데이터베이스를 서치할까? 회선을 통해 여러 서버와 라우터, 스위치 등 장비와 보안을 지나 연결될 것이다. 이런 모든 요소들이 특정 프로젝트와 연관이 있든 없든 간에, 엔드-투-엔드 프로세스의 일부분이기 때문에 프로젝트 매니저가 생각해두어야 할 요소들이 된다.

마지막으로 IT 프로젝트 팀은 매우 의사소통이 잘 되고 있어야 한다. 예를 들어 로그(rogue : 못된) 프로그래머가 시스템을 고의로 잘못 프로그래밍해서 시스템이 디자인한 대로 작동되지 않게 해서는 안 될 것이다. 프로그램을 테스트하는(이를 pilot test라고 부름) 요원이 프로그램을 시험하다가 이 큰 문제를 발견하게 될 것이다.

1.2 IT 프로젝트 매니저의 일반적 역할

IT 프로젝트 매니저는 힘든 일도 해야 하고, 프로젝트를 충분히 이해하고 주어진 예산에서 제시간에 완성하려면 다양한 상황에도 충분히 대응할 수 있어야 한다. 다음과 같은 것들로 IT 매니저는 무장해야 한다.

① 프로젝트 매니저(PM) - PM으로써 프로젝트를 위한 팀을 구성하고 작업을 할당하며, 프로젝트가 요구된 수준에서 주어진 예산으로 제 시간에 끝나게 하는 것이 첫번째 일이다.

② 사업 분석가(BA) - 사업팀에서 프로젝트를 위해 SME(Subject Matter Expert) 한두 명을 붙여준다고 해도 BA로써 회사의 비즈니스가 어떻게 이뤄지는지 이해하고 있어야 한다. 회사의 여러 부서가 하는 일을 제대로 알고 있어야 하며, 각 부서가 가지고

있는 한계와 어려움, 부서에서 근무하는 직원들을 통제하는 법, 회사의 목표에 각 부서가 어떤 영향을 끼치고 있는지 등도 파악하고 있어야 한다. 그래야 조직에서 가장 중요하게 생각하는 것들이 반영된 프로젝트를 만들어낼 수 있다.

③ 시스템 분석가(SA)-규모가 큰 프로젝트에서 SA의 역할은 다른 관리자가 맡을 수도 있지만, SA는 시스템을 정확하게 분석해서 이해하고 있어야 한다. 작은 규모에서는 보통 SA가 BA를 겸하는 수가 많다.

④ 협상가-사업 헤더들과 협상을 해야 할 뿐만 아니라 컨트렉터나 벤더, 그리고 프로젝트에 필요한 요소들을 제공하는 다양한 조직의 관리자들과도 협상해야 한다.

⑤ 예산 분석가-예산 분석가는 프로젝트의 예산을 계속해서 모니터링하고 있어야 한다. 일반적으로 목표를 이룰 수 있을 정도의 예산만 가지는 경우가 많으므로 예산을 넘어서는 경우엔 많은 애로가 있게 된다.

⑥ 법률 분석가-IT 프로젝트 매니저는 프로젝트가 법률적이고 윤리적인 면과 더불어 규정에 적합한지도 이해하고 있어야 한다. 이것은 Sarbanes-Oxley 문서가 출현한 이후로 다른 것들보다 의무적으로 이행되어져야 하는 주제이다.

⑦ 기술자-IT 프로젝트 매니저는 대단한 기술자일 필요는 없지만 IT와 관련된 대부분의 것들을 조금씩은 이해하고 있어야 한다. 예를 들어 네트워크 관리자 회의에 참석하거나 할 때 스위치나 라우터에 대해서 잘 알 필요는 없지만, 네트워크 관리자가 프로젝트에 필요한 사내 회선에 대한 개략을 알려줄 때 그것을 이해할 수 있을 수준 정도만 되면 된다. 그러므로 프로젝트 매니저가 모든 IT 분야를 다 잘 알 필요는 없다-사실 IT 분야에 몸담고 있다고 해도 실제 이렇게 되는 것은 불가능하다. 그러므로 프로젝트를 진행하다 부딪칠 수 있는 난관에서 그 분야의 관리자와 대화할 수 있을 정도의 지식수준과 용어 정도를 알고 이를 프로젝트에 적절히 적용시킬 수 있으면 된다.

⑧ 기획가-이 역할은 기술과 관련되어 있는데 IT의 최신 기술 동향을 읽어서 흐름을 파악해 두는 정도면 된다. 예를 들어 브라우저를 통해 모든 정보를 얻는 시스템을 프로젝트할 때 씬(thin) 클라이언트로도 충분한데, 굳이 팻(fat) 클라이언트/서버 시스템을 권할 필요는 없을 것이다. 또한 이런 시스템 얘기가 나왔을 때 프로젝트에 너무 검증되지 않은 최신의 시스템을 적용시켜 목표가 흔들리게 할 필요도 없을 것이다.

⑨ 연락책 – 모든 일에서 가장 중요한 것 중 하나가 정확하고 완전한 협의가 이뤄지게 하는 일이다. 한 그룹의 의견을 다른 그룹에 전할 때가 있고 프로젝트의 상태를 늘 관계자들에게 알릴 때도 있다. 또 고객들에게 프로젝트가 어떤 것인지 설득해서 구매하게 할 수도 있고 벤더와 컨트렉터와 의견을 교환할 때도 있게 된다. 프로젝트 팀과 정기적인 모임도 있게 되므로 고도의 화술과 글 솜씨도 개발해 두어야 한다. 하지만 가장 중요한 것은 듣는 것이다.

⑩ 시간 관리자 – IT 프로젝트 매니저는 프로젝트에 관련된 모든 활동을 감독하고 있어야 하며, 업무가 지연되면 그 이유를 알아야 한다. 프로젝트 매니저는 팀원들의 시간표가 되어야 한다.

⑪ 팀 구성가 – IT 프로젝트 매니저는 프로젝트의 목표를 이루기 위해서 매우 다양한 기술을 지닌 리소스들을 관리할 수 있어야 한다. 프로그래머, 네트워킹 전문가, 서버 관리자, 보안 분석가, 웹 페이지 디자이너, 그 외의 프로젝트에 필요한 인력들로 이뤄져 있을 것이다. 이들을 묶어 하나의 공통된 목표로 부드럽게 이끄는 것이 가장 중요한 일이다.

분명한 것은 IT 프로젝트 매니저는 광범위한 역할을 가져서 중요한 일도 해야 하지만 하기 싫은 일도 해야 한다. "20-60-20" 규칙을 염두에 두고 있어야 하는데, 20%는 프로젝트 매니저를 싫어해서 무엇을 하든 안 하든 무조건 반대하는 자들이고, 60%는 중립적인 위치에서 바라보고 이런저런 의견을 내지 않는 이들이며, 나머지 20%는 적극적으로 지지를 보내는 이들이다. IT 프로젝트 매니저로써 여러 의견, 반대, 논쟁, 그리고 설득을 듣게 되며 관리자가 내리는 결정과 행동이 항상 인기 있는 것은 아니어서 한 두 그룹은 반대할 수 있다. 항상 인기 있는 행동만 할 수는 없다. 주어진 기간과 예산 안에서 가장 멋진 결과를 도출해내야만 하는 의무와 책임을 지고 있어서이다.

1.3 SDLC, 시스템 분석과 사업 프로세스 등

SDLC(Software Development Life Cycle)는 소프트웨어 개발팀과 일할 때 필요한 것으로, 프로젝트 매니저는 이를 충분히 이해하고 있어야 한다. SDLC는 PMI 프로세스 그룹에게 소프트웨어 개발이 어느 시간에 어느 SDLC 단계에 들어있는지 알게 하는 맵(map)을 제공해서 안정된 프로젝트 관리표준에 따라 프로젝트를 관리하는 방법으로 많은 도움이 된다. 어느 두 단계가 정확히 같을 순 없지만 유사할 수는 있다. 이를 통해 프로젝트 매니저는 프로젝트를 관리해 나아가면서 프로그래머를 안정시켜 갈 수 있다.

또 시스템 분석과 설계를 연구해 두면 프로젝트 관리에 필요한 기술 시스템의 핵심 설계 요소를 충분히 이해할 수 있게 되는데, DFD(Data Flow Diagrams), CD(Context Diagrams), ERD(Entity Relationship Diagrams), 그리고 기타 기법들을 알면 고객의 필요에 부응하는 직무적이고 안정된 시스템을 빠르게 설정할 수 있게 된다. 또한 비즈니스 최초 요청과 프로젝트 요구사항 수집 단계에서 어느 기술을 해결책으로 곧바로 제시하지 말고 사업 프로세스에 초점을 맞추어야 한다는 것을 명심해야 한다.

사용자들이 사업흐름을 이해하게 되면 자신들의 업무에 적용해야 할 기술들도 논리적으로 진화하게 된다. 만일 프로젝트 매니저가 노련한 기술자라면 고객의 요청에 부합되는 여러 인지도 있는 하드웨어나 소프트웨어적인 해결책을 생각해낼 수도 있지만, 반대로 우선 비즈니스에 필요한 것들을 생각해보고 이에 따라 여러 대안 기술들을 적용시키는 프로세스도 좋다. 또한 비즈니스 프로세스를 먼저 생각해 봄으로써 프로세스를 단순화하기 위해 어느 부분을 손봐야 할지 혹은 적용해야 할 기술의 복잡성을 어떻게 줄여야 할지 등도 알게 된다. 이런 것들을 BPR(Business Process Re-engineering)이라고 하며, 보통 시스템 분석가가 어느 기술을 적용하기 전에 먼저 추천하는 방식이다. 개발자들은 SDLC를 알고 이해하고 있지만 프로젝트 관리엔 적용하지 않는 경향이 있다. 그래서 SDLC를 PMI 프로세스 그룹으로 전환시켜 아주 잘 정의되고 이해되기 쉬운 지속적인 방법론으로 프로젝트를 관리해 나아가는데 사용할 수 있다.

1.4 의사소통

IT 프로젝트 매니저는 여러 사람들을 접하게 된다. 이사진들과 말할 땐 전하고자 하는 핵심이 잘 전달될 수 있게 그들의 수준에 맞추어서 협상가나 사업가적인 자세를 취할 수도 있고, 소프트웨어 개발자들과 말할 땐 그들의 기술적인 면으로 다가갈 수도 있다. 이사진들과 말할 때 너무나 과도한 컴퓨터 분야의 전문용어를 사용하거나, 소프트웨어 개발자들과

CompTIA Project+

대화할 때 예산문제 등을 너무 오래 말하면 안 될 것이다. 대화하는 사람과 맞추는 자세로 임해야 한다는 것이다. 그래서 IT 프로젝트 매니저는 정확한 의사전달을 위해서 말하는 태도를 빠르게 전환할 수 있어야 한다. 명확하고 분명히 말하는 습성을 가져야 하며, 해당 전문가와 대화하는 경우가 아니라면 너무 전문적인 대화를 즐겨서는 안 된다.

2 프로젝트 관리의 정의

이제 프로젝트라는 것이 무엇인지 이해했고 IT 프로젝트의 관리타입을 알게 되었다면, 도대체 프로젝트 관리란 무엇인지 이해해야 한다. 이 질문에 대한 여러 대답을 들었을 수도 있겠지만 보통 PMI(Project Management Institute)에 의해 표준 정의된 용어로 정의한다. PMI는 전 세계적으로 125개국 10만 명이 넘는 회원을 가진 전문 프로젝트 관리협회이다. PMI는 소위 A Guide to the PMBOK에 리스트된 프로젝트 관리표준을 선도하며 개발에 힘쓰고 있다.

2.1 A Guide to the PMBOK

프로젝트 관리표준은 A Guide to the Project Management Body Of Knowledge (PMBOK)에 문서화되어 있다. PMI는 또한 매우 엄격한 인증 프로그램인 PMP(Project Management Professional) 자격증을 관리하는데, A Guide to the PMBOK는 PMP 자격증의 기본 수험서격이다. 만일 프로젝트 매니저로 경력을 계속해 나아가고 싶다면 이 CompTIA의 Project+ 자격증 다음에 PMP 자격증을 바랄 수 있는데, 이 Project+를 충실히 학습하면 PMP 자격증도 손쉽게 취득할 수 있을 것이다. PMI 회원들은 IT Project+ 시험의 개정판인 Project+에 나오는 문제들이 PMP를 위한 A Guide to the PMBOK 표준에 나오는 문제들과 같다고 한다. A Guide to the PMBOK는 프로젝트 관리를 "프로젝트 요구사항을 충족하기 위해 프로젝트 활동에 가해지는 지식, 스킬, 도구, 그리고 기술의 응용 (the application of knowledge, skills, tools, and techniques to project activities to meet project requirements)"이라고 정의한다.

프로젝트 매니저는 프로젝트를 완성하기 위해 여러 기술과 도구를 사용해서 해야 할 모든 작업을 감독하는 사람을 말한다. 성공적으로 프로젝트를 완성하려면 리소스를 적절히 사용할 수 있어야 하고, 적절한 예산을 얻어낼 수 있어야 하며, 리스크를 인식하고 있어야 하고, 프로젝트에 필요한 요구들을 관리할 수 있어야 하며, 이해관계인들과 늘 교류하고, 계획대로 일정을 소화해서 수준 있는 제품을 만들어낼 수 있어야 한다. 때때로 이런 것들이 너무 부담갈 수도 있으나, A Guide to the PMBOK는 이것을 9가지 지식분야로 구별해 두었다.

2.2 프로젝트 관리 지식분야

성공적인 프로젝트 관리는 중요한 프로세스들을 어떻게 사용하느냐에 달려있다. 이런 프로세스들은 프로젝트 관리에 핵심인 지식분야에 들어있는데, A Guide to the PMBOK는 다음 9가지로 프로젝트 지식분야를 나누었다. ① 범위관리, ② 시간관리, ③ 비용관리, ④ 품질관리, ⑤ 인사관리, ⑥ 협의관리, ⑦ 위기관리, ⑧ 조달관리, ⑨ 종합관리이다.

이들에 관해 점차 알아볼 것이지만 이 모든 것들이 프로젝트 관리에 속하며, A Guide to the PMBOK에서 이들 각 지식분야를 프로세스 그룹으로 나누었다. 이들 중 어느 분야는 다른 특정 IT 분야만큼 중요하지 않을 수도 있는데, 예를 들어 프로젝트에 외부 컨트렉터가 없다면 조달관리는 필요 없을 것이다. 이들 지식분야 중에서 프로젝트 계획 프로세스와 실행 프로세스에 속하는 것들이 중요하다.

3 일반 관리기술

프로젝트 매니저는 프로젝트를 실행하는데 필요한 나름대로의 스킬들을 가지고 있지만, 성공적인 프로젝트 매니저는 또한 소프트 스킬로도 불리는 일반 관리스킬도 가지고 있어야 한다. 이것들은 좋은 관리자가 리소스를 관리하거나 목표를 이루기 위해 일상적으로 가지고 있는 스킬이다. 이미 늘 사용하는 것이지만 다음과 같은 것들일 수 있다.
① 리더쉽, ② 대화력, ③ 문서 작성력, ④ 잘 듣기, ⑤ 조직력, ⑥ 시간 관리력, ⑦ 기획력, ⑧ 문제 해결력, ⑨ 의견 도출력, ⑩ 갈등 해소력, ⑪ 협상력, ⑫ 팀 구성력 등이다.

프로젝트 매니저는 큰 그림을 볼 수 있어야 하며 이해관계인들과 폭 넓은 유대를 가지고 있어야 하는데, 관리스킬만큼 올바른 기술스킬도 프로젝트 성공에 필수적이이다. 이제부터 중요한 몇 가지 관리스킬을 살펴보고 그것들이 어떻게 프로젝트 관리에 적용되는지 알아보며, 실제 이런 기본적인 스킬이 현장에서 적용되는 것도 검토해보자.

3.1 리더쉽

프로젝트 매니저는 좋은 리더가 되어야 한다. 프로젝트 팀은 불과 몇 개월밖에 되지 않을 수도 있는 프로젝트와 함께 만들어진다. 팀 구성원들은 서로 여러 가지 기술과 프로젝트 경험을 가진 엔지니어들로써 IT 프로젝트는 보통 기술 분야의 구성원들과 영업, 마케팅, 고객 서비스, 혹은 훈련 분야를 대표하는 구성원들로 이뤄진다. 팀 구성원들은 과거에 함께 일해본 적이 없을 수도 있다. 또한 이들은 필요에 따라서 수시로 프로젝트에 참여했다가 빠지는 경우도 있어서 프로젝트 관리를 더욱 복잡하게 만들기도 한다. 프로젝트 매니저는 구성원들에게 프로젝트의 전략적 비전을 공유시키고 전반적인 방향을 제시해야 한다. 좋은 프로젝트 매니저는 이런 여러 배경과 지식을 가진 사람들을 어떻게 묶어서 효율적으로 프로젝트가 완성되게 할지를 알고 있어야 한다.

3.2 대화력

성공적인 프로젝트 매니저는 협의에 많은 시간을 보낸다. 가장 상세한 프로젝트 스케줄도 적절한 의사소통이 없으면 실패할 것이다. 프로젝트 매니저는 다음의 중요한 요소들을 전략적인 의사소통 방법에서 발전시켜 나아가야 한다.
① 대화의 핵심(what)
② 대화의 상대(audience)

③ 대화에 필요한 매체(medium)
④ 대화의 결과 점검(monitor)

이런 요소들을 마음에 두고 계속해서 적극적인 대화기법을 발전시켜 나가는 것이 프로젝트 프로세스 동안 생길 수 있는 오해와 갈등을 풀게 한다.

3.3 문제 해결력

프로젝트는 항상 문제를 가지게 된다. 일부는 다른 것들보다 더 심각할 수도 있는데, 프로젝트 매니저는 프로젝트 내내 문제해결 기법을 사용해야 할 것이다. 문제해결의 열쇠는 표면 이외에 내적인 문제가 있을 수 있다는 것을 아는 것이다. 초기에 이런 조짐들을 감지할수록 프로세스를 힘들이지 않고 해 나아갈 수 있다. 프로젝트 구성원들의 일상적인 보고서뿐만 아니라 그들이 말하는 것과 하고 있는 것들에도 주의를 기울여야 한다.

잠재적으로 문제가 있을 수 있는 부분을 알았다면 시간을 가지고 그 문제를 확인해내어야 한다. 성급히 문제의 속성을 예단해서 조치를 취하면 잘못된 해결책이 적용되어 예상치 못한 결과가 나올 수 있기 때문이다. 문제가 무엇인지 분명하고 정확하게 알게 되면 해당 프로젝트 구성원들과 함께 머리를 맞대고 대안책을 펴서 해결해야 한다. 이런 대안책도 문제 해결책으로 선택된 것이므로 평가되어져야 한다. 프로젝트 매니저는 해결책을 실행한 뒤 문제가 해결되었는지 모니터해야 한다.

예를 들어 프로젝트 매니저가 회사에서 필요한 소프트웨어를 개발하고 마지막 단계에서 회사의 비즈니스 흐름과 소프트웨어가 일치하는지 확인하기 위해 DFD(Data Flow Diagram)을 위한 비즈니스 SME로 꼭 필요한 A라는 직원을 두 주일만 프로젝트에 참여시켜 달라는 부탁을 해당 부서에 요청했을 때, 해당 부서장이 불가능하다고 말한다면…. 여기서 프로젝트 매니저의 대화력과 문제 해결력이 발휘되어져야 한다. 프로젝트의 내용을 설명하고 회사에 얼마나 유익한지와 소프트웨어의 완성을 위해서 A씨가 꼭 필요하다는 등 최선을 다해서 설득해야만 할 것이다. 그러나 해당 부서장이 A씨를 두 주일씩 업무에서 뺄 수 없으므로 A씨와 B씨를 반나절씩 일주일만 SME로 참여시키겠다고 하면, 프로젝트 매니저는 재빨리 감사하다고 말하고 속으론 이 둘을 제한된 시간 내에서 프로젝트에 어떻게 참여시켜야 하는지 벌써 생각하고 있어야 할 것이다.

3.4 협상력

프로젝트 매니저는 프로젝트 내내 협상을 해야 한다. 협상은 개인이나 그룹과 상호 일치하는 합의를 얻어내는 과정이다. 조직구조의 타입에 따라서 리소스를 제공하는 부서와 프로젝트를 위한 협상부터 시작해서, 프로젝트 구성원들과 특정 직무를 위해 협상할 수 있고, 프로젝트의 목표 변경에 따라 프로젝트의 이해관계인과 예산, 스케줄 등에 관해 협상할 수도 있다. 프로젝트가 진행되어가면서 여러 부서가 갈등적인 요구를 해오기도 하므로 복잡한 협상을 진행해야 할 수도 있다. 만일 프로젝트가 외부 벤더로부터 제공되는 것이라면 계약 건을 협상해야 할 수도 있어서 법률적이며 조달적인 측면을 띠게 되기도 한다.

3.5 조직력과 시간 관리력

프로젝트 매니저는 프로젝트의 목표에 맞춰 모든 사항을 검토해야 하는데 여기에는 스케줄 체크, 예산점검, 정기적인 팀 회의 주선, 팀원의 보고서 검토, 벤더 프로세스 확인, 이해관계인과 회의, 개인별 팀원접촉과 프레젠테이션 수행, 변경요청 관리 등 외부로 드러나는 일들이다. 너무 많은 회의는 프로젝트의 시간을 빼앗게 되지만 그렇다고 프로젝트 매니저가 정해서 회의를 주선하는 경우가 아닐 때도 있으므로, 좋은 스케줄을 짜는 일도 프로젝트 매니저로서는 중요한 업무이다. 정기적인 팀원회의든 개인별 회의든 회의의 목적과 토론할 내용을 미리 정해놓아야 한다. 정해진 시간 안에 회의를 끝내기 위해서는 주제별로 할당시간이 정해져 있어야 한다. 프로젝트가 제대로 되기 위해서는 회의내용이 명확히 문서화되어져 즉시 활용될 수 있어야 하는데, 이런 문서화 시스템이 갖춰져 있지 않으면 스케줄을 확인하느라 프로젝트 매니저가 중요한 시간을 허비하게 된다. 조직과 시간관리 기법을 이해하는 좋은 방법 중 하나는 경험이 풍부한 프로젝트 매니저를 멘토로 해서 여러 기법들을 배우는 것이다.

CHAPTER 1 프로젝트 관리 개념

4 프로젝트 프로세스

앞에서 알아본 바와 같이 PMI는 프로젝트 관리를 지식과 스킬, 도구, 그리고 기술을 프로젝트 요구사항에 맞춰 적용하는 일련의 프로세스라고 정의했다. 이런 프로세스들은 5개 그룹으로 조직되어 분류될 수 있다. 프로세스 그룹은 서로 밀접하게 연계되어져 있는데 한 그룹의 결과가 다음 그룹의 입력이 된다. 다음에 이런 그룹간 관계를 도표로 보였다. 프로세스 그룹은 중복될 수도 있다. 모든 착수단계가 끝나기 전에 프로젝트를 계획하기 시작해야 한다.

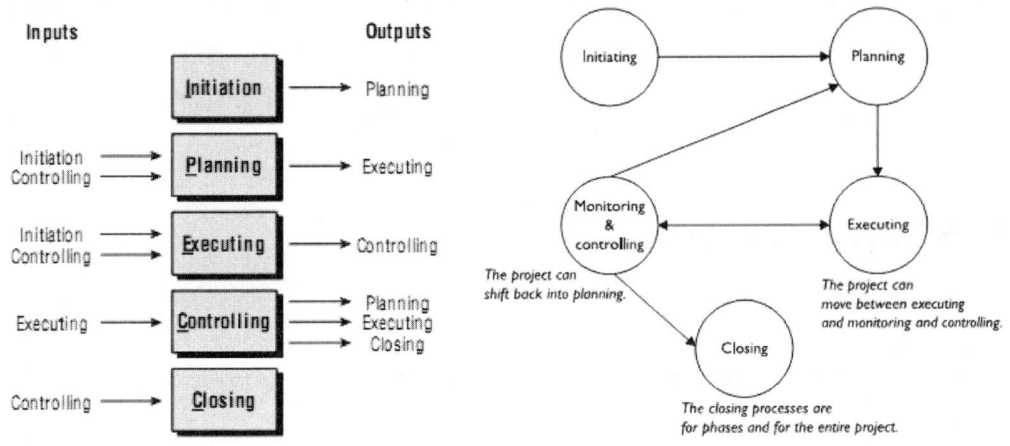

〈PMI 프로세스 그룹〉

프로세스 그룹은 프로젝트 관리의 기본이 된다. 각 그룹을 이해해야 하며 프로젝트에서 어떤 역할을 하는지 알아야 한다.

4.1 착수(initial) 단계

착수 프로세스는 프로젝트를 시작하게 하는 모든 활동이 승인되는 단계이다. 이런 활동에는 사업에서 필요한 것들의 정립, 고품격의 요청정의, 그리고 비용책정 등과 같은 사항들이 포함된다.

4.2 계획(planning) 단계

계획 프로세스는 프로젝트의 목표와 목적이 정립되고 실행될 수 있는 단계이다. 프로젝트 관리자는 시간과 비용을 가늠하고 각 활동에 대한 리소스를 결정하게 된다. 프로젝트를 계획하는 데는 여러 가지 중요한 사항들이 들어 있을 수 있는데 협의, 리스크, 품질, 그리고 조달 문제 등이다.

4.3 실행(executing) 단계

실행 프로세스는 프로젝트를 끝내기 위해서 작업이 실행되는 단계이다. 프로젝트 매니저는 모든 프로젝트 팀원들과 프로젝트에 할당된 리소스들을 조절해야 한다. 이 과정에는 또한 프로젝트 계획의 실제 실행, 팀원조직, 품질수준, 정보배분 등이 포함된다.

4.4 통제(controling) 단계

통제 프로세스는 원래 프로젝트 계획에서 벗어난 것들이 있는지 확인하기 위해서 프로젝트의 진행을 모니터하는 활동단계이다. 프로젝트 범위변경 요청이 이 과정에 들어있게 되고 수정될 것들도 여기서 드러나야 한다. 여기에는 또한 비용통제, 품질통제, 실행보고, 그리고 위기통제가 포함된다. 프로젝트 매니저는 늘 변경통제, 품질통제 등을 모니터링하고 있어야 한다.

4.5 마감(closing) 단계

마감 프로세스는 프로젝트 작업을 공식적으로 받아들이고 제품을 조직의 구조에 맞추는 과정이다. 프로젝트 완성을 승인하고 프로젝트 문서를 기록하며 유지관리 그룹에게 제품을 넘기고 프로젝트 팀원을 원래대로 복귀시킨다. 프로젝트 실행 동안에 습득한 교훈들을 점검하기도 한다. 쉬워 보이는 이 단계에서도 알아두어야 할 사항들이 많다.

5 프로젝트 주기(Life Cycle)

모든 프로젝트는 여러 단계를 가지고 있지만 착수, 진행, 그리고 종료로 나눌 수 있다. 프로젝트 주기는 시간별로 배분된 여러 단계로 구성되어 있다. 이상적으로는 한 단계에서 실행되어져야 할 모든 작업들은 다음 단계가 시작되기 전에 완전히 끝나서 승인되어야 하지만 현실에서는 주기상의 단계들이 겹쳐지기도 한다. 한 단계가 완전히 끝나기 전에 다음 단계가 실행되는 것을 빠른 진행(fast tracking)이라고 부르는데, 이를 통해서 프로젝트가 더 빨리 끝날 수도 있다. 프로젝트 주기는 산업 분야별로, 조직 내에서라도 어느 정도는 다를 수 있지만 몇 가지 중요한 요소는 꼭 들어있게 되는데-프로젝트 주기는 각 단계별로 실행되고, 그 단계에서 주어진 리소스 사용이 나타나며, 또한 완성되었을 때 비즈니스 운영에 활용된다는 것이다.

5.1 IT 프로젝트 주기

모든 IT 프로젝트는 주기와 일련의 단계가 있다. SDLC는 프로젝트 관리를 5단계 프로세스 그룹으로 균등하게 나누는데 계획하기, 분석하기, 설계하기, 설치하기, 그리고 운영과 지원하기이다.

1) 시스템 계획하기

시스템 계획은 IT에게 시스템의 문제를 해결하거나 현재 시스템을 업그레이드 혹은 개선하도록 요청하는 단계이다. 정식 요청을 시스템 요청(system request)이라고 부르는데, 주어진 시스템 안에서 접근해야 할 비즈니스 프로세스와 문제점들을 가지고 있다. 시스템 요청은 두 가지 잠재적인 것을 표출하는데, 시스템 규모에 따라 예비 조사와 가능성 조사이다.

예비 조사는 프로젝트 관리의 착수 프로세스에서 겪게 되는 '예비 요청-모음' 과정에서 기본적인 틀을 잡아준다. 이 예비 조사로부터 요청에 따른 비용대비 효과와 운영적, 시간적, 경제적, 혹은 기술적 추천에 대한 가능성 조사가 이뤄진다. 그러나 시스템 계획에서는

CompTIA Project+

'당신에게 꼭 맞는 시스템을 우리가 만들어주겠다'라는 식이 아니라, '이 시스템이 회사의 전반적인 시스템에 적합한지 - 이 시스템이 회사의 목표와 비전을 배가할지'를 생각하는 단계이다. 또한 좋은 시스템 계획은 원하는 대로 시스템이 설치되기 위해선 비즈니스 프로세스에 어느 변경이 필요하지 않은지도 살피는 것이어야 한다. 때때로 현재 비즈니스 시스템이 문제없이 잘 돌아가고 있다면 자동화나 최신 기술로도 요청된 문제를 해결하지 못할 수 있다.

2) 시스템 분석하기

시스템 요청의 실현 가능성을 확인한 뒤 계속해서 계획을 진행해 간다면 다음 단계는 시스템을 분석하는 일이다. 이 단계는 데이터의 논리적인 흐름을 도표화해서 논리적인 시스템 모델을 발전시키는 것인데, 요청된 것들로부터 새로운 시스템에는 무엇이 있어야 하는지 구체화해야 한다. 일부 시스템 분석가는 **DFD**와 **ERD** 등을 사용해서 시스템에 드나드는 여러 데이터 흐름을 설명하기도 하며, 또 어떻게 유저들이 이것들과 상호작용하는지 예상하기도 한다. 만일 새로운 시스템을 요청한 비즈니스 매니저의 목적을 이해한다면 비즈니스 프로세스 분석을 통해 제안한 새로운 시스템이 어떻게 작동되는지 도표화해서 작업을 용이하게 하며, 시스템에서 필요로 하는 논리적 흐름과 그 목적을 연결할 수도 있을 것이다. 또한 기본적인 비즈니스 흐름을 시각적으로 표현하면 다른 이들이 어떻게 시스템의 부분들이 상호 작용하는지 이해할 수 있고, 기술자가 아니라도 비즈니스 프로세스가 어떻게 진행되는지 쉽게 알 수 있다.

분석단계에서 이 시스템이 어떻게 구성되어질지 생각해야 하는데, 이전의 예비분석단계에서 여러 이해관계인들과의 상의하고 현장분석을 통해서 시스템이 어떻게 구성되고 어떻게 작동되어지는지에 관한 개념을 얻었다면, 여러 데이터로 목적한 모델을 세울 수 있는데 여러 데이터 프로세스와 데이터 모델을 이해하고 있어야 한다. 이 시점에서 모형(prototype)을 정립해 두는 것이 매우 좋은데, 모형은 이해관계인들에게 새로운 시스템을 시각적으로 보여줄 수 있다. 시스템 계획과 분석단계는 프로세스 그룹에서 착수와 계획단계와 대략 연관된다.

시스템 분석단계의 마지막은 시스템 요청 문서화로, 이 문서는 비즈니스 부서에서 새로운 시스템에게 요구하는 사항들을 문서화하는 일이다. 비즈니스 프로세스에 관해 그 분야의 여러 사람과 면담하고, 그들이 비즈니스를 어떻게 해 나아가는지 지켜보며, 매니저에게 질문해서 비즈니스 흐름을 이해한 뒤 이 단계에 와 있음을 명시하는 것이다. 그 문서는 비즈니스를 위한 비즈니스에 관한 것이다. 시를 쓰고 나면 작가가 무엇을 말하려고 했는지 후술하듯이 사업 요청문서는 새로운 시스템을 만들어내는 원동력이다.

3) 시스템 설계하기

시스템 설계단계에서는 IT 프로젝트에 필요한 모든 요소들을 정리해 두어야 하는데, 데이터가 시스템에 들어가는 데이터 흐름이나 데이터를 저장하는 직원의 키보드 입력까지 모든 입력, 모니터 화면이나 보고서 등 모든 출력, 그리고 이들에 관련된 프로세스가 포함된다. 또한 설계할 때 필요한 여러 가지 컨트롤도, 수동이든 자동이든, 새롭게 해서 시스템이 잘 작동되게 해야 한다.

코드가 쓰이는 프로젝트를 수행한다면 응용프로그램이 사용할 아키텍춰(이를 SDS(System Design Specification)로 부름)를 정확한 문서로 남겨서 목적하는 시스템을 프로젝트 팀원들이 정확히 구성하게 해야 한다. SDS는 프로그래머가 시스템을 정확히 만들어내는 방법을 설명해준다.

만일 시스템이 소프트웨어 개발을 필요로 하지 않지만 데이터베이스나 인프라를 새로 만드는 것이라면 현재 설계하고자 하는 것이 어떻게 작동되는지, 그리고 기술자들이 원하는 시스템을 만들 수 있다는 것 등에 관해 이해관계인과 관리자부터 엔드 유저까지 모두에게 이해시켜야 한다. 만일 COTS 프로그램을 사용한다면 만들고자 하는 시스템을 그것에 포함시킬 수 있으며 또한 인프라 추가나 변경, 케이블링 업그레이드, WAN 연결이나 무선연결, PDA나 전화시스템 등 새로운 타입의 여러 컴퓨팅 요소들도 이 시스템이 추가시킬 수 있다. 새로운 시스템이 주로 소프트웨어를 사용한다고 하더라도 인프라적 요소가 거의 없거나 새롭게 갱신할 필요가 없다는 뜻은 아니다.

CompTIA Project+

4) 시스템 설치하기

IT 프로젝트 주기의 이 단계에서 시스템이 설치된다. 프로그래머가 코드를 작성하거나 COTS 프로그램을 구매해서, 혹은 기존과 새로운 시스템 양쪽에서 이용되는 시스템 요소들을 사용한다 하더라도 완전하게 작동되며 충분히 문서화된 시스템을 설치하기 원할 것이다. 이 단계에는 오래된 데이터를 새로운 테이블에 쓰거나 새로운 시스템으로 이전하는 작업, 사용자를 훈련시키고 테스트하는 것 등이 포함된다. 시스템 설계스펙에 관련해서 얼마나 시스템이 잘 작동되는지는 시스템 평가문서를 작성해서 증거를 보여야 한다.

5) 시스템 운영과 지원하기

프로세스 그룹의 마감단계에 가까운 이 과정에선 시스템을 일상적인 운영으로 실행시키고 문제가 있을 때 시스템이 지원받을 수 있는 방법을 제공한다. 그렇지만 운영과 지원단계에는 프로세스 그룹의 마감단계를 넘는 부분이 있는데, 시스템의 유지와 성능개선 실행 그리고 시스템에 가입시키는 문제 등 변경관리가 필요한 요소들이다. IT 프로젝트 주기에서 염두에 두어야 할 두 가지는 일정 설정과 확인이다.

6) PCD(Project Concept Document)

여기서 두 가지 관리 방법론(e.g, 프로젝트 관리와 SDLC)에서 헷갈릴 때 또 다른 문서 타입인 PCD를 집어보는 것이 좋다. 초기 '요구사항-모음(requirements-gathering)' 때 시스템 분석가는 고객의 요청을 검토하고 고품질의 요청이 들어있는 문서를 만들 수 있다. 이 문서는 프로젝트 계획 프로세스의 시작점도 되는데, 시스템 분석가는 프로젝트 매니저가 아닐 수도 있지만 조직의 구조나 프로젝트의 복잡성에 따라 프로젝트 매니저가 겸하기도 한다. 그러나 좋은 시스템 분석가와 설계, 특히 잘 개발된 프로젝트 관리지침이 고효율의 시스템을 만들어낸다. 이를 위해 PCD 문서는 프로젝트 뼈대에 살을 붙여 두 부분이 연계되게 한다. 시스템 관리자는 초기요청으로부터 정교한 데이터 흐름을 계속 개발해 나갈 것이며, 프로젝트 매니저는 초기요청에서 나타난 해결해야 할 요소들과 씨름해 나아갈 것이다.

5.2 IT 프로젝트 일정과 확인사항

좋은 SDLC 프로세스는 프로젝트의 경과를 살펴볼 수 있는 일정표를 가지고 있어야 하는데, 예를 들어 전자 상거래를 위한 프로젝트의 중요한 일정은 구매, 확인, 설치, 구성, 그리고 이런 시스템을 위한 웹서버 설치 단계일 것이다. 이런 일정을 세울 때 매우 신중하게 작업해야 하는데, 시스템 설계를 완성하기 전에 프로젝트가 계속 진행되어져야 할지 그만두어야 할지에 관해 프로젝트 이해관계인이나 매니저 혹은 기술자가 결정을 내리게 되는 순간이기도 하기 때문이다. 또한 좋은 프로젝트는 일정 사이에서도 각 작업이 제때 제 자리에 있는지와 예산의 범위 내에 있는지 등과 같이 점검해야 할 몇 가지가 있게 마련이다. 세부적인 확인사항이 너무 많아도 안 되지만 어느 순간에서도 프로젝트 상태를 알 수 있는 확인점(checkpoint)이 있어야 한다.

6 조직 구조의 영향

조직의 구조는 프로젝트 관리에서 여러 면에 영향을 끼치는데 프로젝트 매니저와 리소스 할당 권한 등이다. 프로젝트 매니저는 자주 프로젝트를 진행하는데 방해를 받아 좌절하기도 하는데, 많은 경우 근본 원인은 조직의 구조와 조직이 운영되는 방식과 관련되어 있다. 이런 문제를 해결하기 위한 올바른 접근법은 프로젝트가 조직 내에서 어떻게 적용되는지를 알아내는데 있다.

6.1 직무(종) 조직

전통적인 조직의 구조는 직무(Functional) 조직인데 직원은 IT, 영업, 관리, 네트워크, 홍보 등 부서별로 조직되며 각 부서 내에서 개인은 분명한 상사를 가지고 있다. 이런 직무 조직에선 승인된 프로젝트는 각 부서에서 독립적으로 완성되며, 다른 부서는 관여하지 않는다. 이런 조직의 일반적 특징은 프로젝트 매니저에게 제한적인 권한만 주고 풀타임이 아닌 파트타임 프로젝트 리소스만 제공하며, 문제해결 과정도 부서 내와 다른 부서의 지휘체제에 따라야만 한다. 직무 조직에서의 프로젝트 관리자는 프로젝트 결과에 대해서 책임지지만 프로젝트를 지속할 힘이 없으므로 좌절하기 쉽다. 부서장이 팀원의 월급, 보너스, 직무평가를 한다. 때때로 프로젝트 매니저가 팀원으로 들어가 팀원을 보완해주고 평가를 내리는 것을 볼 수도 있는데, 프로젝트에 쏟는 힘이 약할 수밖에 없다.

직무 조직에서 프로젝트 매니저는 부서장들과 좋은 관계를 쌓는 노력을 게을리 해서는 안 되는데, 이들이 프로젝트 성패의 열쇠를 쥐고 있다. 때때로 이들에게 요청하면 자신들의 권한 밖의 리소스까지 더 사용하게 허락하기까지 하므로 이들과 잘 지내는 것이 필수이다.

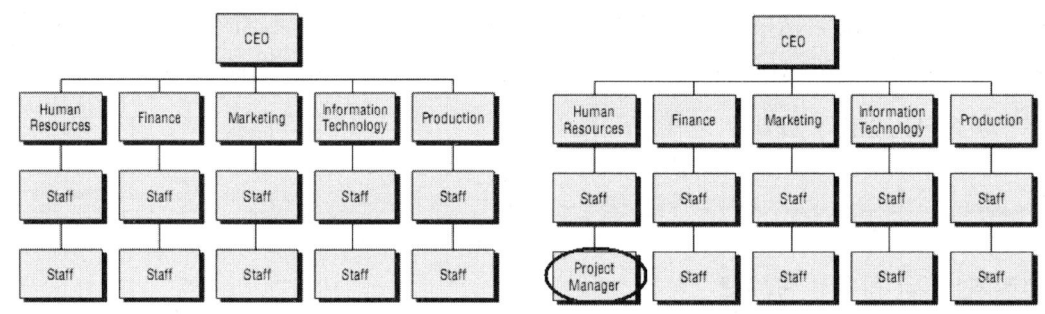

〈직무 조직과 매트릭스 조직〉

6.2 매트릭스(종횡) 조직

또 다른 일반적 조직형태가 매트릭스(Matrix) 조직인데 직원은 직무조직처럼 부서별로 조직되어 있지만, 프로젝트에 할당되는 리소스를 프로젝트에 관한 한 모두 프로젝트 매니저가 책임지는 형태이다. 프로젝트 매니저는 직무상 부서장과 동등해서 프로젝트 팀원은 두 명 이상의 상사를 가지기도 하는데, 종적인 부서장과 그들이 프로젝트 작업보고서를 제출해야 하는 프로젝트 매니저이다. 이런 매트릭스 조직의 일반적 특성은 프로젝트 매니저, 풀타임과 파트타임 프로젝트 리소스의 혼합, 그리고 부서간 협의 등에 관해 권한이 낮다는 것인데 강점과 약점 두 가지로 볼 수 있다. 매트릭스가 더 강할수록 프로젝트 매니저는 더 큰 권한을 갖게 된다.

매트릭스 조직에서 프로젝트 매니저는 프로젝트 팀원과 그들의 개별적 부서장 둘 다에 대해 분명할 필요가 있는데, 팀원이 프로젝트 매니저에게 책임을 돌리거나 부서장에게 책임을 돌릴 수 있기 때문이다. 팀원의 갈등을 피하기 위해 주어진 결과에 대해 한 명에게만 책임이 지워져야 한다. 또 이 매트릭스 조직에서 생길 수 있는 문제는 리소스를 매우 적게 받았을 때이다. 만일 프로젝트의 50% 리소스만 얻었다면 팀원에게는 부서장이 시킨 작업과 기타 프로젝트에서 작업한 결과가 모두 반영되게 해야 한다. 이런 표면화된 리소스 이슈에 접근함으로써 오히려 문제를 원만히 해결할 수 있다.

6.3 프로젝트 조직

마지막 조직형태가 프로젝트(Projected) 조직인데, 위의 두 조직처럼 흔하지 않은 체제이다. 이런 조직에서 대부분 업무는 프로젝트 작업이며 회사도 프로젝트로 조직되어 있게 된다. 전형적으로 이 조직의 특성은 프로젝트 매니저에게 많은 권한과 풀타임 리소스, 그리고 프로젝트 지원 전담직원이 주어진다. 이 조직에서 프로젝트 매니저는 프로젝트에 관한 모든 결정을 책임지며, 팀원은 프로젝트에만 묶이므로 프로젝트에 관한 의견교환이나 작업의 효율성이 증대된다. 하지만 이 프로젝트 조직의 큰 단점은 한 프로젝트가 끝났을 때 직원들을 어떻게 관리하느냐 하는 일이다. 계속해서 프로젝트가 있을 수 없기 때문에 리소스를 늘리거나 줄이는 타이밍이 매우 중요하다.

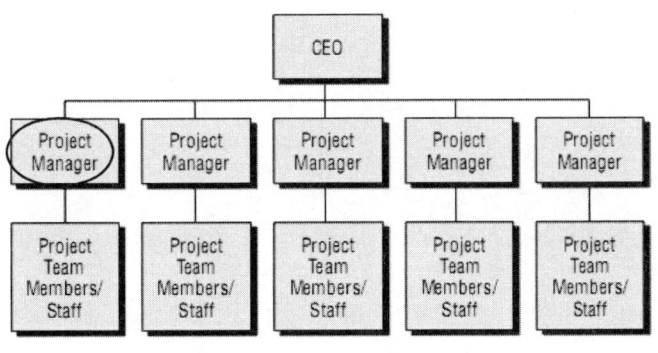

〈프로젝트 조직〉

CHAPTER

02 프로젝트 착수

CompTIA Project+

착수(Initiation) 프로세스는 A Guide to the PMBOK에 설명된 5가지 프로세스 그룹의 첫번째이다. 착수는 요청된 자료들을 승인해서 프로젝트를 시작하는 단계이다. 이 과정에는 형식이 있을 수도, 없을 수도 있는데 조직에 따라 다르다. 착수는 고객의 요청을 검토하고 실행할 수 있게 재정의해서 명백히 한 뒤 문서화 작업으로 발전시켜 가는 과정이다. 프로젝트 선택 과정 혹은 기준은 프로젝트 승인을 결정짓게 되므로 이 장에서는 프로젝트 선택에서 가장 일반적으로 사용되는 방법을 알아본다. 여기에는 비용대비 효율분석, 점수모델, 재정분석, 그리고 전문가 판단이 있다. 프로젝트 이해관계인이란 프로젝트의 결과물에 관심이 있어 투자한 사람들로써, 가장 중요한 이해관계인은 프로젝트 스폰서이다. 착수 프로세스의 마지막 결과물은 프로젝트 차트와 프로젝트 매니저의 정식승인이다.

1 프로젝트 요청받기

착수는 프로젝트의 정식승인이며, 착수 프로세스에서 처리할 유일한 프로세스이기도 하다. 프로젝트는 착수하기 전에 요청을 받게 되는데 여러 이벤트가 새로운 프로젝트를 착수하게 한다. 이런 요청들은 다음 범위에 속하게 된다.
　① 시장 수요에 부응하는 새로운 제품개발
　② 새로운 데이터 시스템과 같은 내부적인 비즈니스적 필요
　③ 외부적인 고객의 요청
　④ 신기술
　⑤ 법률적인 요청
　⑥ 개발국에서 인프라 구축을 위한 사회적 필요

　프로젝트 요청을 받는 방법은 조직에 따라 다른데, 조직 내부에서 이뤄지는 경우도 있고 외부 고객의 요청으로 이뤄지는 때도 있다. IT 부서는 여러 부서와 함께 일하므로 부서별 요청을 문서화해서 예방적 활동을 하는 비즈니스 분석가가 있을 것이다. 회사는 정기적으로 부서간 회의를 통해 IT 프로젝트를 촉진시킬 수도 있다. 다른 부서에서 IT 프로젝트를 요청하는 사람도 클라이언트나 커스터머라고 부를 수 있다.

　일부 조직은 조직 외부의 사람이 요청할 때만 커스터머라고 부르고, 또 어느 조직에서는 내부적이든 외부적이든 소스를 말할 때 커스터머라는 용어를 사용하기도 한다. 조직에서 이 용어를 사용할 때를 구별해서 알아둘 필요가 있는데(내부든 외부든), 커스터머는 VP나 CIO에게 직접 프로젝트를 요청한 사람을 말한다. 하지만 누가 프로젝트를 요청했던 혹은 요청하게 했든 간에 조직은 요청을 검토해서 실행할 것인지 결정을 내려야만 한다. 착수 요청이 상세하지 않아도 요청에 대해 나중이라도 충분한 정보를 얻어 평가할 필요가 있으므로 프로젝트 매니저는 요청자를 만나 요청을 분명히 하고 확정지어야 하며 직무적이고 기술적인 요구, 그리고 고급 요구사항으로 문서화해야 한다.

1.1 고급 요구사항(Requirements)

　어느 프로젝트 요청을 분명히 하기 위해선 A Guide to the PMBOK에서 언급하는 대로 제품설명으로 발전시켜 나아가야 한다. 고급 요구사항은 제품의 중요한 특성을 설명하고 비즈니스적 필요와 요청된 제품 사이의 관계를 표시한다. 고급 요구사항을 발전시켜 나아가기 위해서는 문제점뿐만 아니라 요구사항에서 만들어진 제품의 비즈니스적 필요와 제공

될 것 혹은 지원되어야 할 기능 등을 이해해야 한다. 고급 요구사항을 완성하기 전에 프로젝트 요청에서 제기된 문제와 필요들을 분명히 정의해서 이해되게 해야 한다. 만일 문제의 정의가 불분명하면 해결책이 본론에서 벗어날 수 있다. 또한 요구사항 이외의 범위와 직무적 요구와 기술적 요구를 아는 것이 중요하다.

1) 문제 정의하기

프로젝트 마감일을 맞추기 위해서 맹렬히 일하고 있지만 일이 제대로 진행되고 있는지 확신하지 못할 때가 있다. 그러면 프로젝트 중간에 모든 것이 변하거나 나빠져서 전체가 취소될 수도 있다고 느끼고, 문제를 명확하게 규정하지 않은 채 이것저것 해결책을 사용하기도 한다. 프로젝트 매니저가 시간을 가지고 문제나 요구사항을 제대로 규정하지 않았다면 프로젝트는 시작부터 망치기 십상이다. 고객의 요청이 애매모호하거나 제대로 이해하기 힘들 수도 있으므로, 프로젝트 매니저는 고객이 정말 원하는 것이 무엇인지 알아내야만 한다. 고객의 요청을 조사하고 요청에 대해 이해한 바를 얘기해봄으로써 프로젝트 컨셉에 대한 문서화가 이뤄지고 고객의 요청을 재차 확인함으로써 프로젝트에 대한 이해를 표시하는 셈이 된다. 문제는 또한 프로젝트 요청에 대한 해결책을 제시할 때 엉뚱하게 발생하기도 한다.

IT 분야에선 클라이언트가 아주 특이한 요청을 해오는 경우가 많은데, 아마 클라이언트는 이미 자신의 요청에 대해 어느 정도의 해결책까지도 알고 있는 수도 있다. 그렇다면 많은 회의 등을 통해 조율할 필요가 없어서 좋을 수 있지만, 문제는 클라이언트가 제시한 해결책이 꼭 옳은 것이 아닐 수도 있다는데 있다. 프로젝트 매니저는 이에 대한 해결책을 제시하기 전에 문제를 분명히 인식해두어야 한다.

예를 들어 새로운 청구서 시스템에 대한 요청을 받았다고 하자. 이것은 매우 중요한 작업이므로 프로젝트 매니저가 우선 할 일은 요청한 사람을 만나 더 많은 정보를 얻어내는 일일 것이다. 왜 새로운 청구서 시스템이 필요할까? 현재 시스템은 어느 기능을 지원하지 못하고 있을까? 만일 새로운 시스템을 만들어 사용한다면 무슨 비즈니스적 문제를 해결해 줄 수 있을까?

이런 질문들이 새로운 청구서 시스템 요청 뒤에 숨어있는 것들을 이해하는데 도움이 될 것이다. 만일 클라이언트가 일반적인 청구서에 관련된 콜을 많이 받는다면 새로운 시스템

CompTIA Project+

으로도 그 문제를 해결할 수 없을 수 있다. 오히려 청구서의 각 항목을 자세히 설명해주는 항목을 넣거나 청구서 포맷을 변경하는 것이 더 좋은 방법일 수 있기 때문이다. 만일 청구서를 새로운 모습이나 느낌으로 보이고자 한다면 용지를 바꾸거나 디자인 변경을 권해도 좋다. 여러 가지 비즈니스적 필요에 의해 클라이언트가 '새로운 청구서 시스템'을 바라게 될 수도 있지만 대부분 완전히 새로운 시스템을 개발해야 할 필요가 없는 경우도 많다. 이런 이유로 좋은 프로젝트 매니저는 요청 이면에 대해서도 알아둘 필요가 있다. 불분명함과 문제파악 미흡은 자주 IT 프로젝트를 망치게 한다. 비즈니스적 필요를 완전히 파악할 때까지 커스터머가 제시한 해결책이 항상 최상의 것은 아니라고 인식하고 있어야 한다. 당면한 문제를 분명히 정의해놓아야 프로젝트 매니저나 클라이언트가 직무적이고 기술적인 요구에 더 만족할 만한 출발점을 가지게 된다.

2) 요구 범위

클라이언트 요청 이면의 문제를 충분히 감지했다면 프로젝트 결과에 대한 클라이언트의 요구, 목적, 기대치가 무엇인지 알아야 한다. 세 가지 요구를 구별해서 확인해야 하는데 직무적, 비즈니스적, 그리고 기술적 요구이다.

(1) 직무적 요구

앞에서 알아본 대로 프로젝트는 유일한 제품을 만들어내는데, 직무적 요구는 프로젝트의 제품이 무엇을 할 것인지에 관한 것이다. 직무적 요구는 엔드 유저가 제품과 어떻게 상호작용하는지에 초점이 있다. 비즈니스적 필요에 의해 새로운 청구서 시스템 포맷을 원한다는 클라이언트의 요구는 새로운 제품이나 특성을 원했던 클라이언트의 요구와 실제 다를 수 있다. 이렇기 때문에 특정 요구를 다루기 전에 문제를 잘 정의해 두어야 한다. 문제를 알게 되면 클라이언트 요구를 확인하기 위해서 정확한 질문을 할 수 있게 된다. 새로운 청구서 시스템을 위해서 어떻게 청구서가 보여질지와 요금과 신용등급을 어느 범위로 정해야 할지 등을 알 필요가 있고, 새로운 제품이나 특징을 위해서라면 다른 데이터가 필요할 수도 있는데 - 한번만 요금을 청구하는 것인지 혹은 반복적인지 등과 만일 월별 청구서라면 고정비율인지, 사용액에 따라 달라지는지, 또는 할인기간이 있는지, 계약기간이 있는지, 수시로 계약을 해지할 수 있는지 등이 될 것이다.

내부적으로 사용하는 응용프로그램도 클라이언트 요구를 정의할 때 주의해야 할 또 다른 부분인데, 클라이언트는 당연히 잘 될 것으로 여기기 때문에 명백히 요구사항으로 표시하지 않는 수가 많다. 새로운 영업주문 시스템을 예로 들어보자.

클라이언트는 시스템이 제품의 재고를 표시하고, 판매 보고서를 만들고, 도움말 기능이 있기를 원하는데, 이것이 좋은 요구처럼 보이지만 중요한 데이터를 빼놓고 있다. 무엇으로 제품의 재고를 나타내는지, 어떻게 판매 보고서가 만들어지는지, 도움말 기능엔 무엇이 있어야 하는지 등이다. 이런 것들에 대해 질문함으로써 다음과 같이 처리해야 할 것이다.

① 시스템은 통신센터를 통해 제품의 재고를 표시해야 한다.
② 사용자는 실시간으로 판매 보고서를 온라인으로 만들 수 있어야 한다.
③ 각 제품은 금액, 이익, 그리고 제품 사용에 관한 상세한 정보를 제공하는 도움말 특성을 가지고 있어야 한다.

비록 직무적 요구가 기술적 요구보다 일반적 용어로 표현되는 경우가 더 많을 수 있지만 프로젝트 매니저는 막연함을 없애기 위해 이런 질문들을 해야만 한다. 만일 클라이언트 요구가 새로운 판매 시스템은 판매 직원들이 사용하기 쉬워야 한다고 하면 이것이 무엇을 의미하는지 알아야 한다. 만일 무엇을 의미하는지 모른다면 요구를 제대로 이해하지 못하고 있는 것으로, 클라이언트에게 '사용하기 쉬운 것'이 무엇을 말하는 것인지 구체적으로 물어야 한다. 그것은 화면에 뜨는 것일 수도 있고, 내장된 도움말 기능이거나 다른 기준일 수 있다. 클라이언트가 의미를 분명하게 해 주어야 시스템을 '쉽게 사용할 수 있어야 한다'는 직무적 요구가 정의될 수 있다. 만일 요구가 분명하게 정의되지 못하면 스스로에게 물어보며 테스트 시나리오를 만들어 요구를 확인해야 한다. 요구를 확인할 만한 방법을 찾지 못하면 더 많은 데이터를 클라이언트로부터 얻어내야 한다.

(2) 비즈니스적 요구

어느 조직의 비즈니스적 요구는 프로젝트 수행의 큰 그림을 그리게 한다. 비즈니스적 요구는 조직 전체의 지출을 줄이려는 의도의 일환으로 예산이 책정되어 프로젝트의 결과물로 조직을 축소(e.g, 사무 자동화, 잉여인력 정리 등)하려는 의도일 때도 있다.

(3) 기술적 요구

비 직무적 요구라고도 불리는 기술적 요구는 제품의 특성을 구현할 때 필요한 요구로써, 제품이 직무적 요구를 수행하게 해준다. 기술적 요구는 클라이언트의 요청을 만족시키는 제품 이면에서 수행되는 그 무엇이라고 생각할 수 있다. 이 기술적 요구의 범위와 개발되는 제품에 근거해 여러 특정 타입이 포함되어져야 할 때가 많은데 기술적 기능 이외에 사용적 요구, 관리적 요구, 법률적 요구, 성과적 요구, 운영적 요구, 그리고 보안적 요구 등이 있다.

만일 어느 규제가 있는 분야의 작업을 한다면 특정 사항이 정부나 관련 업계의 규정에 영향을 줄 수 있는 설계나 제품인지 확인해 보아야 한다. 규정에 맞지 않는 제품은 심각한 위배가 되어서 수정하느라 시간과 돈만 허비하는 셈이 된다. 만일 현존하는 시스템과 연동되는 응용프로그램을 개발한다면 업계표준과 사내 규정이 기술적인 요구에 영향을 끼치게 된다. 프로그램 호환에 특정 프로그래밍 언어나 기법을 요구할 수 있기 때문이다. 이런 제약들은 요구사항에서 문서화 되어져야 하며, 나중에 계획을 세울 때 활동 기간과 금액 산정 시 영향을 미치게 된다.

IT 프로젝트를 위한 기술적 요구의 예는 다음과 같을 수 있다.
① 시스템 반응시간은 5초 이내여야 한다.
② 시스템은 월요일~금요일까지 7am~7pm까지 가동되어야 한다.
③ 시스템은 PC와 Mac 둘 다에서 실행되어야 한다.

아마도 클라이언트는 기술적인 요구보다 직무적 요구에 대해서 더 많은 대화를 원할 수도 있으므로 표준 질문 리스트를 준비해 두는 것이 좋은데, 새로운 고객서비스 응용프로그램에 동시 접속자수, 운영시간, 하드웨어 플랫폼, 최고 피크타임, 그리고 설계와 새로운 시스템 개발에 영향을 줄 수 있는 데이터 등을 물어보면 된다. 만일 조직이 요구사항 템플레이트(template)나 체크 리스트(check-list)를 가지고 있다면 클라이언트와 협의 때 사용하면 된다.

프로젝트 결과물이 자주 법률적 규정 혹은 제3자 규제에 의해 영향을 받는 경우가 많다. 예를 들어 펀드를 관리하는 회사를 위해 새로운 IT 시스템을 추가하는 프로젝트를 맡는다고 하면, 개인 주식 포트폴리오를 관리해주는 것도 포함될 수 있다. 이런 회사는 심각한 SEC(Securities and Exchange Commission)의 제재를 받고 있으므로 결과적으로 새로운 시스템은 여러 가지 규정을 따르는 것이어야 할 것이다. 특히 보안문제에서 그럴 수 있어서 SEC와 주식 거래자의 해킹방지가 시스템 설계의 중요한 초점이 될 것이다. 프로젝트 매니저는 특정 업계에서의 규제를 아는 것 외에도 프로젝트 범위와 프로젝트 계획을 작성할 때 이런 필요성과 그와 관련된 영향도 충분히 생각하고 있어야 한다.

여러 가지 외부적인 요건에 대해 알아보자.

다음과 같이 고려해 볼 것들이 있다.
① 법률과 규제 - 수행하고자 하는 작업 활동과 관련된 상황을 알아야 한다. 만일 커스터머에 관한 정보를 모은다면 사설 법에 저촉되는지, 어느 암호화 기법이 합법적으로 통용되는지, 또한 정보 보고서와 문서 요구, 공개적으로 밝혀진 규정은 없는지 등을 알아보아야 한다.
② 라이센스 관계 - 프로그래머가 사용하는 MS API(Application Programming Interface)의 일부 코드가 프로젝트의 일부분이 될 수 있으므로 이 부분이 라이센스 위반이 되는지 잘 알고 있어야 한다. 상표, 복제, 지적 재산권 문제가 이 범위에 들 수 있다.
③ 업계 표준 - 프로젝트는 시스템 간 여러 인터페이스를 사용하므로 그런 것들을 통제하는 어느 표준이 있는지 알아두어야 한다. MS는 WBEM(Web-Based Enterprise Management) 표준을 사용해서 한 곳에서 다른 곳으로 데이터를 이동시킨다. 개발하고자 하는 새로운 시스템이 WMI (Windows Management Instrumentation) 인터페이스를 어떻게 사용해서 이 기종 간 시스템을 지원하는지 알아 두어야 한다. 어느 특정 기법과 승인된 코드가 프로젝트에 사용되어져야 하는지 결정해 둘 필요가 있다.

이런 것들을 고려해 두어야 정해진 시간 안에 프로젝트 범위를 규정하고 정확한 제품을 만들 준비를 하게 된다.

1.2 벤더 입찰

때때로 프로젝트 착수는 외부 벤더로부터 입찰을 받아 시작되는 경우가 있는데, 프로젝트 요청이 새로운 기술을 포함해서 외부 전문가가 필요하거나 내부적으로 프로젝트 마감일까지 완성하지 못할 것 같은 경우이다. 만일 프로젝트나 프로젝트의 핵심이 조직 외부에서 완성된다면 문서를 작성하거나 RFP(Request For Proposal)를 제공해야 하는데, RFP는 제품이나 서비스를 제공하겠다고 제안한 벤더에게 보내지는 문서이다. 벤더가 선별되면 SOW(Statement Of Work)가 완성된다. SOW는 선택된 벤더가 어느 프로젝트나 서비스를 합의한 대로 일정 조건하에서 제공하겠다는 설명문서이다. 외부 벤더의 사용은 내부적으로 개발된 프로젝트엔 적용되지 않는다는 독특한 조건이 포함되기도 하는데, 계약은 프로젝트 범위와 전체 프로젝트 계획을 완성하게 하는 법률적 문서이다. RFP, SOW, 그리고 계약서는 조달계획의 일부분이 된다.

1.3 요구사항 문서화

일단 클라이언트가 해결하고자 하는 문제를 확인하고 직무적이고 비즈니스적이며 기술적인 요구사항을 정의했다면 이런 요구들을 문서화해서 제품설명을 완성해야 한다. 고급 요구사항 문서는 프로젝트 승인을 위한 공식요청이며 또한 프로젝트 범위와 소요 비용, 필요한 리소스, 그리고 개발 스케줄을 잡아주는 근본이 된다. 고급 요구사항은 다음과 같은 정보를 가지고 있어야 한다.

① 문제점
   (a) 이 요청에는 무슨 문제와 논의점이 있나?
   (b) 클라이언트가 원하는 특정 비즈니스적 필요는 무엇인가?

② 목적
   (a) 프로세스의 성공을 어떻게 정의할 것인가?
   (b) 최종 결과는 무엇인가?
   (c) 최종 결과에 이르게 하는 것은 무엇인가?
   (d) 목표는 무엇인가?

CHAPTER 2 프로젝트 착수

　　(e) 목표는 어떻게 측정될 수 있나?
③ 전략적 가치
　　(a) 이 프로젝트는 조직의 전략적 비전과 어떻게 들어맞나?
　　(b) 다른 제안된 것이나 진행 중인 프로젝트와 관련이 있나?
④ 요구사항
　　(a) 작업상 무슨 기능이 필요한가?
　　(b) 현재 시스템과 인터페이스가 있나?
　　(c) 성과 기준은 무엇인가?
　　(d) 지원 요구사항은 무엇인가?
⑤ 타이밍
　　(a) 커스터머는 언제 프로젝트가 완성되길 기대하고 있나?
　　(b) 관련 시장성은 있나?
　　(c) 프로젝트가 완성되지 않으면 심각한 사업적 손실이 발생하나?
　　(d) 프로젝트가 지연되면 조직 재정에 영향을 끼치나?
⑥ 과거 데이터
　　(a) 과거에 이와 유사한 프로젝트가 있었나?
　　(b) 그것이 성공적이었나?
　　(c) 이전 프로젝트의 일부가 이번 프로젝트에 재사용될 수 있나?

측정할 수 있는 목적과 전략적인 가치, 타이밍, 그리고 유사한 프로젝트의 과거 데이터 정보 등 지원 데이터와 분명하게 정의된 고급 요구사항은 프로젝트 승인뿐만 아니라 프로젝트에 관한 앞으로의 협의에서도 중요하게 사용된다.

⑦ 분해

프로젝트 매니저는 이해관계인이 승인한 직무적, 비즈니스적, 그리고 기술적인 요구사항들이 들어있는 착수 프로젝트를 작업할 수 있는 방향으로 분해한 뒤 그것들이 원래의 요구사항들과 같은지 판단해야 하는데 엄격한 구성 통제 안에서 추적기능을 유지해서 분해된 요구사항들이 원래 목적대로 계속해서 들어맞고 다른 것으로 변질되지 않게 해야 한다.

CompTIA Project+

요구사항의 예를 살펴보자.

① 이해관계인 요구

조직의 '53개의 브랜치'에 있는 사용자들이 '판매와 인벤토리 정보를 관리하기 위해', '브라우저를 통해', '중앙 데이터베이스' 시스템과 연결될 수 있어야 한다. 프로젝트 매니저와 이해관계인은 고급 요청에 동의하고 이 복잡한 요구사항들을 더 기본적인 요소들로 분해한다.

② 분해

이해관계인의 요구를 분해하기 위해서 중요한 요소를 끄집어내고 이런 요소에 들어가는 요구 타입을 결정한다.

(a) 53개의 브랜치 : 이 요소는 비즈니스적 요구에 해당되는데 조직이 53개의 브랜치를 가지고 있으며, 그곳에 있는 모든 사용자들이 중앙 데이터베이스에 연결될 수 있게 해야 한다.

(b) 중앙 데이터베이스 : 이 요소는 기술적 요구에 해당되는데, 모든 전송활동이 단일 중앙지점에 위치한 데이터베이스를 통해야 한다.

(c) 브라우저를 통해 : 이 요소는 직무적 요구이다. 모든 사용자는 시스템에 연결되기 위해서 브라우저를 사용할 수 있어야 하므로, 최근의 복잡한 네트워크 토폴로지에서 올바르고 적절한 표준을 선택하게 한다.

(d) 판매와 인벤토리 정보를 관리하기 위해 : 이것 또한 직무적 요구에 해당되는데 비즈니스적 요구와 혼동할 수도 있지만, 실제 사용자들이 직무적으로 시스템에서 뭔가 - 판매와 인벤토리 정보를 관리하고자 하는 것을 의미한다.

이런 요소들에 주목해서 프로젝트를 계속 진행해 나아갈지 이들 요구를 더 쪼개서 다른 작업, 종속성, 일정표, 혹은 필요한 다른 리소스로 만들어야 하는지와 이런 각 요구들이 원래 방향에서 이탈되지 않게 하는 여부는 전적으로 프로젝트 매니저에게 달려있다. 예를 들어 만일 영업부가 "우리 부서의 인터넷 연결이 너무 느린데 이 새로운 시스템으로 더 느려져 중앙 시스템에 연결할 수 없다."라고 말해오면 맥이 빠지기도 하지만, 영업부서의 이 말은 아주 기본적인 요소를 언급한 것이어서 반드시 집고 넘어가야 할 문제이지 프로젝트를 착수하는 초기의 고급 수준의 요구사항 변경은 아니다.

2 프로젝트 선별

프로젝트 요청을 받은 뒤 고급 수준으로 요구사항들을 정의하고 문서화하면 이제 프로젝트를 실제로 착수할 때라고 생각하기 쉬운데, 프로젝트를 승인받아야 하는 단계가 기다리고 있다. 프로젝트가 승인을 받을 수 있는 마지막 고비는 프로젝트 선별이다. 정해진 리소스와 예산으로 여러 프로젝트를 진행해야 할 때가 많은데, 어느 조직도 받은 모든 프로젝트들을 동시에 완성할 수 있는 역량을 가지진 못할 것이다. 조직은 프로젝트 요청을 평가해서 어느 프로젝트가 자금 지원과 인력 리소스를 쉽게 얻을 수 있는지 선별해야 한다. 어떤 경우는 클라이언트가 유일한 승인자일 수도 있지만 실무진 선에서 승인되는 경우가 대부분이다. 조직은 새로운 프로젝트를 선별하는데 도움이 될 만한 여러 기법들을 가지고 있는데, 이런 기법들의 기본을 이해해야 프로젝트 선별과정을 진행할 수 있으며 프로젝트에 대한 적절한 데이터를 제공할 수 있을 것이다.

2.1 선별기법

프로젝트 선별기법은 제안된 프로젝트 중 어느 것이 승인되어 진행될 수 있는지 결정하는데 사용된다. 보통 자금지원을 받을 수 있는 고도의 사항이 포함되는데 프로젝트 선별은 정식으로 문서화된 가이드라인이거나 정식은 아니지만 일정 수준의 관리를 승인받게 하는 것일 수 있다. 보통 고위 이사진이나 위원회가 프로젝트를 선택하는데 이 위원회는 본래 교차 직무적이고 조직 전반의 프로젝트 선택을 책임지는데, 선택이 부서별로 이뤄지는 경우도 있다. 기업체 수준에서의 위원회는 IT, 영업, 판매, 네트워킹, 그리고 고객관리 부서의 대표자들로 구성되기도 하고, 어느 조직에서는 모든 IT 프로젝트를 내부 IT 위원회가 검토해서 선택하기도 한다. 특히 신기술이 들어가거나 중요한 비즈니스 프로세스에 관한 변경이 있는 복잡한 프로젝트는 프로젝트 위원회의 선별 이전에 프로젝트 실현 가능성 조사를 추가로 실시하기도 하는데, 이것은 프로젝트 착수를 알리는 요청보다 더욱 상세한 검토과정으로 요청된 모든 면의 이익성을 포함해서 시장성, 위험성, 그리고 대안성 등이 평가되며 프로젝트를 요청하지 않은 사람들이 수행한다. 여기에는 몇 가지 기법이 있다.

CompTIA Project+

1) 살생부(Murder Boards)

만일 조직이 프로젝트 매니저와 기술자들과 프로젝트 개시 전에 인터뷰한다면 소위 살생부라는 것을 들이밀 것이다. 이것은 제안된 프로젝트에서 생각할 수 있는 모든 부정적인 요소들을 하나씩 제거해 나가는 일을 하는 위원회인데, 프로젝트에서 강점과 약점을 드러내서 자금을 투입할 때 위험한 요소를 미리 제거하는 작업이다. 프로젝트 선별 위원회나 포트폴리오 관리 위원회라는 명칭으로 쓰인다.

2) 점수 모델(Scoring Models)

무게점수 모델로도 알려진 이 방법은 프로젝트를 선택할 때 사용되는데 일반적인 가치를 이익, 복잡성, 수요자 요구, 내재 위험성, 시작비용, 그리고 투자회수에 초점을 맞춘다. 이 가치들 각각은 비중을 가지고 있는데 더 중요한 요소가 더 높은 비중을 차지하게 된다. 프로젝트가 이런 가치로 점수가 매겨지고 제안된 프로젝트가 어느 값을 가지는지 비교하는 것이다. 당연히 더 높은 값을 가지는 프로젝트가 선택 우선순위에서 더 높게 된다.

3) BCR(Benefit/Cost Ratios)

이 모델은 비용 대 이익률을 조사하는데, 예를 들어 일반적인 측정은 프로젝트를 끝내는 데 드는 비용으로, 현재 진행하려는 프로젝트 제품의 비용을 예상이익과 비교한다. 예를 들어 새로운 소프트웨어를 만들고, 홍보하고, 1년간 지원하는데 8억이 드는 프로젝트일 때 제품의 예상 순 환원액이 1년에 15억이라면 이 프로젝트를 완성했을 때 창출되는 이익이 제품을 만드는데 드는 비용보다 더 크다. 이를 분석하기 위해서 좀 더 상세히 들어갈 수도 있는데 경쟁력, 홍보조건, 그리고 시장성 등의 요소를 고려해야 한다.

4) 회수기간(Payback Period)

프로젝트 제작에 들어간 비용을 환원하는데 얼마나 걸릴까? 예를 들어 프로젝트가 2년에 걸쳐 5억이 든다면 중요작업을 하는데 분기당 예상되는 지출될 현금유동이 6,500만 원이라면, 간단히 계산해서 5억을 65,000만 원으로 나누면 7.6분기쯤 되므로 2년 정도 걸리는 셈이다. 그러나 가장 간단한 이 방법이 가장 약한 방법이다. 이유는 현재 현금의 가치가 2년

뒤의 가치에 비해 감소되지 않았기 때문인데 이것이 금전의 시간가치이다. 지금부터 5년간 분기당 6,500만 원을 소비한다면 현재의 6,500만 원보다 떨어지는 가치가 된다. 지금 콜라 한 병이 1,000원이면 5년 뒤를 현재가치로 따졌을 때 콜라는 그대로지만 1,000원의 가치는 떨어져 있을 것이란 얘기다.

5) 할인 현금 흐름(Discounted Cash Flow)

할인 현금 흐름은 금전의 시간가치이다. 만일 50억을 5년간 투자자에게서 차용한다면 이자를 내야 할 것이다. 이것이 현재가치에 대한 금전의 미래가치인데 공식은, $FV=PV(1+I)^n$ 이다(FV는 미래가치, PV는 현재가치, I는 이자, n은 기간).

따라서 만일 50억이 투자되고 1년에 6%의 이자를 버는 꼴이라면 5년 후에는 669,112.79 ($FV=500,000(1+0.06)^5$)가 될 것이다. 프로젝트의 가치가 이 금액이 되지 않으면 투자자는 손해를 보는 셈이 된다.

한편 프로젝트가 7억 5천을 3년 내로 벌어준다고 하고 착수금으로 4억 2천을 지원받으면 투자자는 7억 5천의 현재 가치를 따질 텐데 미래가치의 현재가치 공식은, $PV=FV \div (1+I)^n$ 이다.

따라서 이자율이 6%라면 현재가치는 629,714.46($PV=750,000 \div (1+0.06)^3$)이 되는데, 일단 4억 2천으로 시작할 수 있다니 수지맞는 투자가 된다.

6) NPV(Net Present Value)

NPV는 복잡한 공식이지만 PV보다 좀 더 자세히 프로젝트의 가치를 예상하게 해준다. 이것은 위 예에서 5년 뒤에 프로젝트 투자에 대한 이익을 보지 않고 5년간 매해 투자에 대한 일정부분을 회수하는 방식이다. 예를 들어 1,000개의 매장을 가지고 있는 어느 회사가 매상을 좀 더 올리기 위해서 새로운 판매 소프트웨어로 교체하기로 했다면 소프트웨어 개발 프로젝트가 시작될 때 자금이 들겠지만 첫 매장에 설치되고 나면서부터는 이익이 창출될 것이다. 설치 프로젝트가 빨리 끝날수록 회사는 투자금에 대한 회수를 빨리 볼 수 있게 된다. 두 개의 프로젝트를 비교해서 선택한다면 이 방법이 좋다.

이자는 여전히 6%로 하고 5년 기간으로 계산해보자.

CompTIA Project+

① 기간 당 현금흐름을 계산한다(년수나 분기수로).
② 기간 당 총 현재가치를 구한다.
③ 기간 당 총 현재가치를 더한다.
④ 프로젝트에 투자한 비용을 차감한다.
⑤ NPV 값을 검사해서 0보다 크면 좋은 것이고 0보다 작으면 버려야 할 프로젝트이다. 이 경우 0보다 크므로 투자할 만하다.

기간	현금 흐름	현재가치
1	15,000	14,150.94
2	25,000	22,249.91
3	17,000	14,273.53
4	25,000	19,802.34
5	18,000	13,450.65
총계	100,000	83,927.37
투자비용		78,000.00
NPV		5,927.37

2.2 프로젝트 선별기준

프로젝트 선별위원회는 제안된 프로젝트를 평가하고 선택하기 위해서 일련의 기준을 사용하는데, 이런 선별방식은 조직이 프로젝트 선택에 최선의 결정을 내리게 하는 것 외에도 제한된 리소스를 가장 잘 사용하게 하는 전략적인 적합성을 확인하는 일이기도 하다. 정확한 기준은 변할 수 있지만 선별방식은 결정 모델과 전문가 판단을 조합해서 사용한다.

1) 결정 모델

결정 모델은 프로젝트 선별의 정형화된 모델로써 프로젝트 매니저가 제한된 예산과 인력 리소스를 가장 잘 사용하는데 도움을 준다. 여러 부서에서 필요로 하는 프로젝트 요청이 있을 수 있으므로 비교하는 수단이 없으면 그 우선순위를 정하기 어렵다. 영업부의 온라인 주문 응용프로그램과 고객 지원부의 온라인 도움말 추가기능에서 어느 것이 더 중요할까? 각 부서는 아마도 자기 부서의 필요가 프로젝트의 최우선 우선순위라고 생각할 수 있다. 하지만 문제는 이 두 가지 모두를 완성할 충분한 예산과 인력이 없어서 한 가지 요청은 받고 또 하나는 버릴 수밖에 없게 된다. 이 두 가지 요청의 경중을 비교할 수 없다면 결정은 주관적일 수밖에 없을 것이다. 결정모델은 프로젝트 요청을 평가하는 프로젝트 선별 위원회가 동의한 일련의 기준을 사용하는데, 각 프로젝트를 같은 기준으로 평가함으로써 가장 객관적인 결정을 내리게 한다. 여러 결정 모델을 사용할 수 있는데 기본적인 등급 매트릭스로부터 정교한 수학적 모델까지 있다. 결정 모델에는 기본적으로 두 가지가 있는데 이익 측정방법과 강제 최적화 모델이다.

(1) 이익 측정방법

이익 측정방법은 프로젝트 요청들에게 같은 기준을 사용해서 비교함으로써 얻어지는 이익을 비교하는 수단인데, 이 방법은 결정 모델이 두 가지일 때 일반적으로 사용된다. 이익 측정방법에는 '비용-이익' 분석, 점수 모델, 그리고 경제 모델 세 가지가 있다.

① '비용-이익' 분석 - 이는 예상되는 비용과 프로젝트의 예상수익을 계산한다. 만일 프로젝트의 선별에서 얼마나 빨리 지출감소와 수익이 늘어나느냐에 따라서 프로젝트 투자가 결정된다면 이 모델이 효율적이다. 하지만 이 방법을 사용할 때의 약점은 전략적 가치 같은 다른 중요한 점은 염두에 두지 않는다는데 있다. 짧은 기간에 프로젝트 자체로 수익을 내는 조직에선 이 방법이 중요해진다.

② 점수 모델 - 이는 해당 프로젝트와 관련해 미리 정의된 기준 리스트를 가지고 있는데, 각 기준은 점수범위와 중요요소가 매겨져 있고 중요요소는 여러 기준에 따라 중요도가 달라진다. 점수 모델에는 재정 데이터와 시장가치, 프로젝트를 완성할 수 있는 조직의 전문성, 혁신성, 그리고 조직 문화와의 적합성 등이 들어있다. 이 모델은 주관적이고 객관적인 요소의 조합을 가지고 있는데 각 프로젝트 요청의 최종 점수는 각 기준에 따라 점수와 중요요소를 계산해서 얻어진다. 일부 조직은 이 점수 모델의 최소기준을 정해놓고 있는데, 만일 이 최소기준이 충족되지 못하면 선별과정에서 그 프로젝트는 제외된다. 이 모델의 장점은 더 중요한 요소에 더 많은 비중을 둔 기준을 정

할 수 있다는데 있는데, 만일 제품의 혁신에 더 많은 비중을 둔 프로젝트라면, 프로젝트에 들어간 비용이 2년에 걸쳐 회수된다 해도 6개월 내로 모두 만회될 수 있는 프로젝트보다 더 선택될 수도 있다. 하지만 이 모델의 단점은 제품의 점수화가 기준에 맞는지와 점수의 기준이 중요요소에만 의존하는데 있다. 좋은 점수 모델의 개발은 복잡한 프로세스로써 실무진에서 부서 간 입력 데이터가 많아야 좋은 성과가 난다.

③ 경제 모델 - 이는 프로젝트 전반에 걸친 재정적인 데이터를 계산하는 것인데, 재정적인 가치계산은 매우 복잡한 일이고 여기서 깊게 알아볼 필요가 없으나 대신 일반적으로 접하게 되는 용어를 살펴봄으로써 이 모델을 이해하자. 여기에는 절감된 현금 흐름, 실제 현재가치, 그리고 내부회수율이 있다.

(a) DCF(Discounted Cash Flow) : 이것은 투자기간 동안 현금 흐름과 유출을 비교하는 것으로, 현금 흐름에서 깎이는 기회비용의 개념을 사용한다. 이 DCF와 관련된 몇 가지 측정방법이 있다.

(b) NPV(Net Present Value) : 이것은 비즈니스 활동과 관련해 절감된 장래 현금 흐름으로써 재산의 증식을 측정하고 현금투입이 자본으로 재투자된다. 한계회수의 측정법이다.

(c) IRR(Internal Rate of Return) : 이것은 자본 투자가 수행된 뒤 회수되어 얻은 것과의 비율을 측정함으로써 투자기간 동안 투자이익을 평균 퍼센트로 표시한다.

(2) 강제 최적화 모델

이 모델은 수학적 모델로써 일부는 매우 복잡해서 이 분야의 전문가를 필요로 한다. 보통 매우 복잡한 프로젝트에 쓰이며 통계와 기타 수학적인 개념이 들어있다.

2) 전문가 판단

요청된 프로젝트에 관해 전문성이 필요할 수도 있다. 프로젝트 스폰서, 중요 이해관계인, 기타 부서들, 컨설턴트, 혹은 업체들이 이 전문성에 도움을 줄 수 있다. 전문가 판단은 결정모델 중 하나와 연계해서 쓰일 수 있는데, 만일 결정 모델로부터 최고 프로젝트 요청으로 평가된 것들이 서로 비슷하다면 결정 모델과 전문가 판단이 병행되어 사용되는 경우도 자주 있다. 정식으로 프로젝트 선별을 하지 않는 조직은 전문가 판단으로만 프로젝트 선별

과정을 마치기도 한다. 비록 전문가 판단은 프로젝트를 선별하는데 필요한 데이터를 단순하게 하지만 이 한 가지 기법만으로는 위험성이 있다. 프로젝트 선별 위원회의 각 회원이 제안된 프로젝트의 각 분야에 모두 전문성을 가지고 있을 순 없으므로 비교할 만한 데이터가 없으면 누가 가장 슬라이드 프레젠테이션을 잘 했는지 혹은 누가 가장 잘 설명을 했는지에 따라서 프로젝트가 결정되는 경우도 있을 수 있다. 정치적인 입김 또한 전문가 판단에 영향을 끼칠 수 있는데, 많은 영향력을 가진 실무진이 특정 프로젝트가 선택되도록 위원회를 좌지우지할 수 있다.

3 프로젝트 이해관계인

고급 요구사항과 프로젝트 선별과정에서 가장 중요한 부분은 프로젝트 매니저가 매우 중요한 그룹의 사람들과 접촉할 때인데 그들이 바로 이해관계인이다. 프로젝트 이해관계인이라는 말을 들어보거나 본 적이 있을 것이다. 그러나 정확히 무엇이 이해관계인이며 왜 핵심 이해관계인을 알아두는 것이 중요할까? 이해관계인은 프로젝트에 적극적으로 참여하는 사람이거나 프로젝트에 의해 영향을 받는 사람을 말한다. 이해관계인은 무언가를 얻거나 잃을 수 있는 사람들로써 프로젝트 매니저는 그들의 기대에 부응해야 한다. 이해관계인은 프로젝트의 여러 단계에 흥미를 가지고 참여하기도 하지만, 일부는 새로운 프로젝트를 기존 운영시스템에 심각한 영향을 끼치는 위협으로 보고 프로젝트를 지지하지 않을 수도 있다. 변화는 한편 무서운 일이기도 한데, 비즈니스를 더욱 효율적으로 해주는 프로젝트가 오히려 직원 감축을 초래하기도 한다. 직업을 잃는 것이 두려워 일부 조직이나 사람들이 프로젝트에 반대할 수도 있다.

여러 일반 관리기법을 동원해서 이해관계인과 좋은 유대를 가지는 것이 매우 중요한데, 이해관계인끼리는 프로젝트에 대해 서로 다른 우선순위를 가질 수 있으므로 이해관계인 그룹과 잘 협상해야 한다. 여러 견해를 가진 그룹 안에서 일치를 끌어내는 협상을 통해서 프로젝트 내내 계속해서 의견교환을 해야 한다.

뒤에서 개별 이해관계인의 필요를 충족시키는 협의 계획과 틀을 어떻게 잡아가는지에 대해 자세히 알아볼 것이다. 이해관계인들을 알고 그들의 프로젝트에 대한 기대와 염려를 이해하기 위해선 프로젝트 초기에 회의를 하거나 면담을 해야 한다. 이들은 어디로 가지 않는다. 만일 이해관계인을 외면하면 나중에 문제가 있을 때 해결이 매우 힘들어지게 된다.

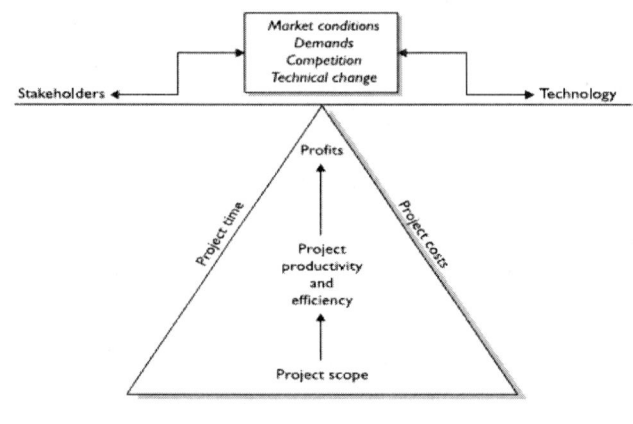

〈여러 이해관계인들의 균형 맞추기〉

3.1 프로젝트 스폰서

프로젝트 스폰서는 이해관계인 중에서 특정 타입을 말하는데, 비록 프로젝트엔 여러 이해관계인들이 있지만 프로젝트 스폰서는 한 명밖에 없게 된다. 스폰서는 조직을 통해 프로젝트를 총괄하는 사람이다. 스폰서는 프로젝트 매니저에게 충고하며 프로젝트 매니저는 갈등이나 잠재적인 리스크를 포함해 현재 프로젝트 상태를 수시로 알려야 한다.

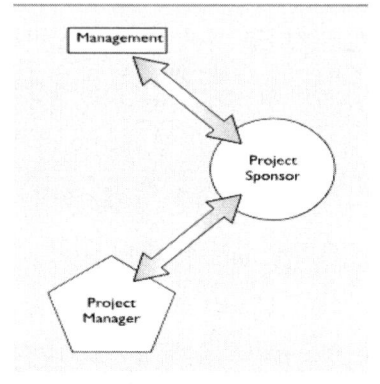

프로젝트 스폰서는 보통 다음의 것들을 책임지게 된다.

① 재정적인 리소스를 제공하거나 얻어냄
② 중요 이해관계인들을 분석함

③ 중요 이해관계인들로부터 지원을 협상함
④ 주요 일정에 따른 수행을 모니터함
⑤ 진척에 방해가 되는 것을 제거함
⑥ 프로젝트 매니저를 정치적으로 지도함

때때로 프로젝트 챔피언이란 말도 들어보게 되는데, 프로젝트를 지원하기 위해 프로젝트와 모든 것을 맞추는 기술자를 말한다. 많은 힘을 갖고 있진 않아도 프로젝트의 목표를 이해하고 프로젝트가 내내 잘 진행되게 하는 사람이다.

3.2 기타 이해관계인

이해관계인 리스트는 프로젝트와 조직에 따라 완성된다. 더 크고 복잡한 프로젝트일수록 더 많은 이해관계인이 있게 된다. 때때로 필요로 하는 수보다 더 많은 "이해관계인"을 가지게 되기도 하는데, 특히 고급 특성을 가진 프로젝트일수록 더하다. 프로젝트 매니저는 프로젝트에서 누가 이해관계인인지 스폰서와 함께 리스트를 검토해 보면 좋은데, 스폰서는 소위 '정치적'인 이해관계인을-프로젝트에 직접적으로나 명백한 연관이 없음에도 불구하고 조직 내에서 영향력을 지니고 프로젝트에 참여하기를 강력히 원하는 사람-더 잘 구별할 수 있다. 하지만 그들의 역할이 분명하지 않다는 이유로만 그들을 무시할 수 없으므로, 스폰서가 이런 이해관계인들을 구별해주는 도움을 줄 수 있다. 일부 이해관계인은 분명한 의도를 표시하기 때문에 구별하기 더 쉽다.

프로젝트 스폰서 이외에도 다음과 같은 이해관계인들을 대부분 일반적인 프로젝트에서 찾을 수 있다.
① 프로젝트 매니저-이제껏 프로젝트 매니저에 대해서 많이 살펴보았는데 프로젝트에 관한 일을 추진해 나아가는 사람을 말한다.
② 프로젝트 팀원-이들은 프로젝트와 관련된 작업을 수행해 나아가는 전문가들로써 조직의 구조에 따라 프로젝트 매니저에게 직접 보고하거나 혹은 단순히 다른 부서에서 제공한 매트릭스 보고서를 프로젝트 매니저에게 보고한다. 프로젝트 팀원은 풀타임이

나 파트타임으로 프로젝트 작업을 할당받는데, 대부분 프로젝트는 풀타임이거나 파트타임 리소스의 조합으로 이뤄진다. 만일 파트타임 인력이 있다면 이들 팀원에게 너무 많은 업무를 할당해서 주어진 시간을 넘기는 무리가 없게 배려해야 한다. 프로젝트 팀원은 다른 IT 그룹이나 조달, 법률, 홍보, 마케팅, 영업, 혹은 고객서비스 부서에서 온 인원들도 있게 된다.

③ 부서장들 - 만일 리소스가 다른 조직에서 제공된다면 이런 리소스를 지원해주는 부서장들은 매우 중요한 이해관계인이다. 보통 여러 프로젝트가 같은 리소스들에 의해 완성되므로 이런 부서장들과 좋은 관계를 유지하고 있어야 한다. 앞으로의 오해 소지를 없애기 위해 리소스들이 프로젝트에 얼마만큼 시간을 할애하는지와 리소스의 수급이 원활할 수 있도록 문서화해두는 것이 좋다. 또한 이들에 대해 승진과 고가 점수, 보너스 기회 등에 관해서 미리 협의해 두어야 한다. 부서장이 이런 분야의 결정권자이므로 만일 이런 문제에 대해 부서장과의 협의하게 되면 프로젝트 매니저의 역할과 권한에 대해서도 분명히 해 두어야 한다.

④ 커스터머/클라이언트 - 커스터머는 프로젝트가 만들어낸 제품이나 서비스를 받는 사람을 말하는데, 일부 조직에서는 이런 이해관계인이 클라이언트이기도 하다. 커스터머는 개인이기보다 주로 그룹이거나 조직인데, 만일 영업부서를 위해 새로운 서버 시스템을 설치하는 프로젝트라면 영업부서가 내부 커스터머이고 이런 새로운 시스템을 구매하는 사람들이 있다면 외부 커스터머가 될 것이다.

⑤ 엔드유저 - 엔드유저라는 용어는 프로젝트가 만든 제품을 직접 사용하는 사람들이다. 이 용어는 보통 프로젝트의 결과물을 구매하는 조직과 일상적으로 이를 사용하는 사람들을 구별하는데 쓰인다. 예를 들어 영업부는 온라인 입력시스템의 커스터머일 수 있고 오프라인의 영업직원들이 이 시스템의 엔드 유저로 볼 수 있다. 엔드 유저는 제품의 요구사항을 검토하거나 기능 테스트를 실행하는데 참여하기도 한다.

위의 일반적인 리스트에서 본 바와 같이 이해관계인은 프로젝트와 관련된 여러 직무와 매우 다양한 필요와 요구사항 분야에서 나타난다. 이런 모든 이들을 추적하기 위해서 이해관계인 매트릭스를 개발할 수도 있다.

3.3 IT 프로젝트 이해관계인 알기

보통 IT 이해관계인은 프로젝트를 요청한 조직의 비즈니스 부서에서 오게 된다. 실제로 IT가 조직의 모든 비즈니스 면을 감당하고 있기 때문에 시간이 감에 따라 지원하는 특정 IT에 따라 비즈니스 부서 연합이나 모두에게서 다양한 프로젝트 요청을 직면하게 될 것이다. 특정 이해관계인 그룹에 영향을 끼치는 세 가지 IT 프로젝트가 있는데 단일 비즈니스 프로젝트, 다중 비즈니스 프로젝트, 그리고 대규모 프로젝트이다.

1) 단일 비즈니스 프로젝트

단일 비즈니스 프로젝트에선 설계를 돕거나 특정 비즈니스 필요에 맞는 시스템을 원하는 영업부나 판매부의 대표자와 만날 수 있다. 이런 상황에서 영업부가 현재 사용중인 만족치 못한 시스템에 대해 자주 얘기할 수도 있는데, 대부분 비즈니스 이해관계인은 이미 그들이 원하는 것에 대해 연구했거나 COTS 응용프로그램으로 자신들이 원하는 시스템을 생각해 둔 경우가 많다. 프로그램 매니저는 소프트웨어 선택을 매우 신중하게 고려해야 하는데, 대규모 시스템이 가지는 스캘러빌리티(scalability : 시스템에 노드를 추가하거나 뺄 수 있는 여건) 요구에 맞지 않은 수가 많기 때문이다.

또 진행 중인 응용 소프트웨어가 고객 응용프로그램에 맞춘 타사 제품에서 그 코드를 차용해 사용할 예정이라면 그 응용프로그램이 안정적이고 믿을 만하며 자사의 IT 부서에서 지원할 수 있는지 등을 더욱 확인해 보아야 한다. 어느 경우에는 영업부서가 비즈니스 목적에 맞거나 비즈니스 문제를 해결할 수 있는 어느 소프트웨어를 모른 채 프로젝트 매니저에게 자신들이 원하는 대로 프로젝트가 되길 바랄 수도 있다. 이런 경우에 그들이 원하는 방향으로 프로젝트가 끌려가는 경우가 많은데, 일반적으로 말해서 COTS 응용프로그램의 내용이 매우 풍부해서 새로운 소프트웨어 응용프로그램을 영업부서의 요구에 비슷하게 맞춘 방법으로 찾아낼 수도 있지만 고객에 맞추어 새로 쓰여져야 할 때도 있다. 프로젝트 매니저는 시스템 분석을 통해 이런 문제의 해결책에 대한 결정을 내려야 한다.

CompTIA Project+

2) 다중 비즈니스 프로젝트

때때로 두세 개의 비즈니스부서에서 비즈니스 목적이나 비즈니스 문제를 해결하고자 시스템을 공동으로 사용할 때도 있다. 문서이미징 시스템(DIS)과 문서관리 시스템(DMS)이 이런 예에 해당되는데, 다중 비즈니스 프로젝트에선 그들 모두가 "함께 사용"할 수 있는 DMS를 위해 집단적으로 충분한 자금을 모을 수 있는 두세 개의 비즈니스 부서를 결정해서 지정할 때도 있다. 하지만 비슷한 목표가 있어도 서로 다른 기준을 요구하는 여러 이해관계인들이 있게 되므로 프로젝트 작업이 더욱 어렵게 될 수도 있다. 이런 여러 이해관계인들이 있는 환경에선 의견을 모으는 것이 매우 중요한 일이다. 또 각 비즈니스의 논리적 흐름을 이해해야 원하는 대로 시스템을 만들어 모두를 만족시킬 수 있게 된다.

예를 들어 한 비즈니스 부서는 자체 규정에 의해 송신자를 확인할 수 있으므로 입력 문서의 확인절차를 원하지 않을 수도 있지만, 다른 비즈니스 부서는 규정상 지속적으로 확인절차를 필요로 할 수도 있다. 이런 다양한 이해관계인들의 요구를 해결하는 것이 프로젝트 관리에서 처리해야 할 중요한 일들인 것이다.

공유된 DMS를 예를 통해 좀 더 알아보자.

> P씨는 조직의 A 비즈니스 부서의 IT 전문가로 일하고 있는데, 그의 부서장이 오래된 문서를 스캔해서 DMS 소프트웨어로 추출(archive)한 뒤 새로운 문서도 전자적으로 DMS에 자동 저장되게 하려고 한다. 또 다른 B 비즈니스 부서도 이와 비슷한 필요가 있어서 함께 프로젝트로 만들고자 B 부서의 장이 P씨의 매니저에게 작업을 요청해서 A와 B 두 비즈니스의 부서장이 새로운 시스템을 만들고 설치하는데 동의하게 되었다. 또 다른 C 비즈니스 부서는 IT 부서가 없기 때문에 P씨의 도움을 늘 받고 있다. 그 부서도 새로운 프로젝트가 시작되면 자금을 지원하겠다고 한다. 하지만 P씨는 새로운 DMS 서버가 들어설 데이터센터의 책임자가 아니기 때문에 중앙 IT부서(이를 Ops로 부름)에서 엔터프라이즈 운영을 책임 관리하게 될 것이다. P씨는 서버의 소프트웨어를 관리하고 Ops는 시스템의 서버 하드웨어와 데이터베이스를 책임지게 된다.
> 이런 경우 P씨는 복잡한 이해관계인 환경에 빠지게 된다. Ops와 다른 B, C 비즈니스 부서는 P씨의 A 비즈니스 부서가 만들고자 하는 시스템의 이해관계인들이므로 새로운 시스템의 성공과 실패는 이들 이해관계인들에게 달려있기 때문이다.

CHAPTER 2 프로젝트 착수

> 예를 들어 C 비즈니스 부서가 지금을 지원하지 않겠다고 하면 프로젝트는 곤경에 빠지게 된다. 또한 Ops가 서버를 관리하지 못하거나 않겠다고 하면 이들 비즈니스 부서가 다른 운영주체를 찾아야만 할 것이어서 잠재적으로 프로젝트의 비용과 기간이 늘어날 수 있다. 그러나 Ops도 사용자들이 시스템을 안정적으로 사용하게 하려면 새로운 DMS 소프트웨어는 P씨의 훈련에 의존해야만 하는 문제에 부딪치게 된다.

3) 대규모 프로젝트

또 다른 고려 사항으로 전체 조직에 끼치는 영향을 조사해 두는 것인데, 대규모(enterprise)란 여러 비즈니스 주체들이 집단으로 모인 상태를 말하며 조직의 모든 인력과 부서가 영향을 받게 된다. 이런 것을 의식하지 못할 수도 있지만 대규모 프로젝트는 부분적으로나 어떤 식으로라도 영향을 끼치게 된다.

두 가지를 염두에 두어야 하는데, 하나는 조직의 E-mail 시스템이고 또 하나는 조직의 인트라넷(Intranet)이다. 조직의 모든 직원들이 이 두 가지를 이용하고 있지만 기껏해야 IT 부서의 한 그룹 내에서 한 두 명만 이를 관리하고 있을 것이다. 대규모 프로젝트는 '이 대규모 프로젝트의 이해관계인들은 누구인가'라는 흥미로운 프로젝트 이슈를 만들어낸다. 일반적으로 누구나 이 시스템을 사용하므로 프로젝트 매니저는 각 그룹의 대표자를 중요한 이해관계인으로 만나기도 하지만, 반대로 어느 특정 선택그룹을 시스템의 핵심 이해관계인으로 봐야 하는 때도 있다. 예를 들어 새로운 E-mail 시스템을 구축하고자 할 때 조직의 문서 관리자 즉, 문서보관 정책을 설정하는 책임을 진 개인이나 그룹이 E-mail 시스템 구성의 모든 결정을 내릴 수 있기 때문에 이들을 핵심 이해관계인으로 볼 수 있다. 새로운 인트라넷 프로젝트를 구축한다면 모든 사용자들이 이해관계인일 수 있지만, 각 비즈니스 부서의 컨텐츠 공급자가 그 프로젝트의 핵심 이해관계인이 될 것이다.

4) IT 프로젝트 팀 구성원

IT 프로젝트 팀은 여러 위치에 있는 몇몇 이해관계인을 가지게 되는데 프로젝트를 실행하기 위해 구성하는 실행 팀과 다르다. 실행 팀은 전문가 별로 구성되므로 이해관계인들과 관련은 별로 없게 된다. IT 팀은 각 IT 분야의 전문가들로 이뤄지지만 다른 팀원의 역할도

CompTIA Project+

잘 이해하고 있는 이들이어야 한다.

  예를 들어 소프트웨어 개발자들은 데이터베이스도 꽤 잘 알고 있어야 사용자 입력을 데이터베이스의 어디에 두어야 할지 알고 프로그램을 짤 수 있다. 반대로 DBA(DataBase Administrators)는 소프트웨어 개발자들이 하는 일을 잘 알고 있어야 하며, 어떻게 서버가 작동되는지 또 어떻게 네트워크를 통해 데이터베이스와 연결되는지도 이해하고 있어야 한다. 또한 서버 관리자는 서버의 NOS(Network Operating System)만 알고 있는 것으로는 부족하고, 서버가 비즈니스 흐름에 어떻게 지원되는지 이해하고 있어야 한다. 따라서 프로젝트 매니저는 시스템 분석가, 비즈니스 분석가, 비즈니스 전문가, 그리고 다른 전문가들을 잘 배합해서 프로젝트가 제대로 이행되게 해야 한다.

  다음은 IT 프로젝트 팀에 합류할 수 있는 종류의 사람들로써 만들고자 하는 제품에 따라 인력배당이 다를 수 있다.

① 소프트웨어 개발자 – 이들은 보통 IT 프로젝트의 기본적인 리소스이다. JBOSS, MS BizTalk, 혹은 BEA WebLogic 등과 같은 응용프로그램 서버에서 실행되는 프로그램을 작성하는 전문가들과 사용자 인터페이스 개발자, 하드웨어 장치 내에서 작동되는 펌웨어(firmware) 코드 작성자, 데이터베이스 처리 개발자, 그리고 인터넷/인트라넷 개발자와 프린터나 통신용 모듈 개발자들로 구성된다.

② 서버 관리자 – 이들은 프로젝트를 유지할 Intel-, mid-, 혹은 Mainframe-기반 서버들을 설치하는 의무를 지닌 기술자들이다.

③ DBA – 데이터베이스 관리자는 데이터베이스 스키마(schema) 구조와 그에 관련된 요구사항들, 그리고 데이터 백업과 복원 방법을 제공하는 이들이다. DBA는 최적의 실행을 위해 테이블 구조를 줄이는 노멀리제이션(normalization)도 실행해야 한다.

④ 내부 네트워킹 전문가 – 이들은 라우터, 스위치, LAN 케이블링, 그리고 WAN 연결을 책임지는 전문가이다.

⑤ 통신 전문가 – 이들은 조직의 전화장비와 운영을 관리하는 통신 전문가이다. 사내에는 많은 장비들이 통신과 관련되어 있다. 전화-기반 메뉴 시스템을 IVR(Interactive Voice Response)로 부르는데 소프트웨어 개발자들은 들어오는 콜을 잡아내 콜러에게 메뉴 시스템을 제공해서 사내의 적절한 상대방에게 연결해주는 프로그램을 짜야 한다. IVR

CHAPTER 2 프로젝트 착수

소프트웨어는 서버에서 실행되지만 전화 백본에 연결되어 있다.

⑥ SA—시스템 분석가는 우선 주어진 IT 주제에 정통해야 하며, 시스템 요구사항을 시스템 개발자들이 프로젝트의 틀을 잡을 수 있도록 기능적인 수준에서 시스템 설계스펙으로 분해하는 이들이다. SA는 비즈니스 흐름에서 빠르고 정확한 시스템 모델을 잡아주는 Rational과 같은 프로그램을 사용하기도 한다.

⑦ BA—비즈니스 분석가는 보통 SA와 비슷하지만 비즈니스적 필요에 대해 더 높은 수준에서 작업하며 프로젝트에서 비즈니스 부서들이 원하는 바를 IT 전문가들이 더 잘 알게 해주는 역할을 한다. BA는 비즈니스 부서에서 IT를 잘 아는 이거나 IT 부서에서 비즈니스를 잘 알고 있는 전문가일 때가 많다.

⑧ 시스템 제작가—시스템 아키텍트(architects)는 시스템에 대해 기술적인 지식을 가진 이로써 제안된 시스템의 청사진을 그려낼 수 있는 전문가이다. 때때로 SA가 시스템 제작가일 때도 있지만 개발자나 프로젝트 매니저가 이를 겸할 때도 많다. 그러나 대규모 시스템에서는 실제 시스템 제작가의 도움을 받는 일이 많다.

⑨ 예산 분석가—특히 대규모 프로젝트에서 이 예산 분석가는 프로젝트의 예산과 그에 관련된 비용을 추적해 관리해주는 전문가이다.

⑩ 보안 분석가—보안 전문가는 비록 최근에 프로젝트에 참여하고 있지만 대부분 프로젝트 팀원의 필수적 존재가 되었다. 보안 분석가는 모든 보안과 관련된 것들이 철통같은지 확인하는데, 중급이나 대규모급 프로젝트에서는 실제 필요한 부분이다.

⑪ 기술 서기—대규모 프로젝트에서 기술 자료들을 정리하는 기술 서기는 프로젝트에 들어가는 모든 문서를 정리하는데(프로그램에 쓰이는 주석만 제외하고) 사용자 문서와 헬프데스크 "cheat sheets"와 다른 훈련용 문서도 포함된다.

이런 모든 사람들은 기술적 용어와 은어를 이해할 수 있어야 하고 역할을 충분히 감당하며 다른 이들과 융화될 수 있어야 한다. 서로 자유롭게 다른 분야에 대해서 물을 수 있는 분위기가 되어져야 하며, 서로 긴밀히 협조해서 프로젝트가 진행되는 정도와 방향을 상호 점검할 수 있어야 한다. 여기에는 독보적인 슈퍼스타나 다른 이들과 프로젝트를 공유하려고 하지 않는 소위 '외로운 늑대'가 있어서는 안 된다. 프로젝트 팀은 프로젝트의 목표를 이해하는 사람들과 서로 목적을 공유할 수 있는 이들로 구성되어져야 하며 그렇지 못할 땐

CompTIA Project+

혼란이 온다. 또 대규모 프로젝트 팀원들은 자긍심이 강한 전문가들로써 특정 시스템 설계에 별로 힘들어 하지 않고 작업하는 경험자들로 구성되는 경향이 많아서, 초보자는 자신이 해야 할 것을 지시해주는 이가 적은 대규모 프로젝트에는 적합하지 않다.

기술 프로젝트 팀의 프로젝트 매니저는 여러 분야의 다양한 개성을 가진 전문가들과 함께 하며 그들을 통솔해야 하므로 어느 정도 그들의 심리를 이해하는 일도 중요하다. 추진하는 프로젝트 제품에 대한 모든 기술적인 사항들을 확실히 알고 있어야 하며 동시에 팀의 원동력이 되어야 하는데, 팀원들이 서로에게 고도의 스트레스를 느낄 때 풀어줄 수 있어야 한다. 팀원들의 어려움을 함께 느끼고 논쟁을 잠재우며 수시로 이해관계인들에게 진척을 설명해야 할 때도 많고, 어느 팀원이 말하고자 하는 의도를 다른 팀원에게 잘 설명해서 의사소통이 되게 해야 한다. 분명하고 간략한 적절한 의사소통이 IT 프로젝트 관리에서는 필수적이다.

프로젝트를 제대로 설명하는 문서인 프로젝트 헌장(charter)을 프로젝트 팀원에게 맞추는 일 또한 중요한데, 팀원을 구성하기 전에 필요한 직종의 인원을 정확하게 알게 한다. 예를 들어 다음과 같은 헌장을 살펴보자.

"IT부서는 차량 서비스 부서가 보증기간 동안 행한 모든 차량을 추적하는 컴퓨터 프로그램과 데이터베이스 세트를 개발할 것이다. ① 이 시스템은 인트라넷 기반으로 일반 환경에서 브라우저를 통해 액세스될 수 있어야 하고, ② 데이터베이스는 이 부서에서 행한 모든 보증작업과 관련된 정보 필드를 가지고 있어야 하며, ③ 보상을 위한 보고서를 만들어 차량 제조사에 전자적으로 발송되게 할 것이다. ④ 사용자 인터페이스를 위해 드롭다운 식으로 테이블을 보게 해서 데이터 엔트리 시간이 최소가 되게 하고 불필요한 데이터 입력을 막아주며 중요 필드에선 지속적인 확인이 수행되어 VIN과 같은 데이터는 이중으로 확인되게 한다."

짧게 설명된 이런 헌장을 통해 Java, C#, 혹은 다른 인터넷 프로그래밍 언어를 사용하는 적어도 한 명의 웹 프로그래머가 필요하고, 데이터베이스가 만들어져야 하기 때문에 적어도 한 명의 데이터베이스 분석가가 필요하며, 데이터베이스를 저장하고 소프트웨어를 실행하기 위해 서버 관리자도 필요하며, 비즈니스 프로세스를 이해하고 이를 컴퓨터 프로그램으로 전환시키게 하는 비즈니스 분석가도 필요하다는 것을 유추할 수 있다.

3.4 이해관계인 매트릭스

만일 여러 이해관계인이 있는 대규모 프로젝트를 수행한다면 모든 사람들을 추적해서 관리해주는 적절한 이해관계인 매트릭스를 만들어 둘 필요가 있다. 이해관계인 매트릭스는 각각에 대해 다음과 같은 정보를 가진 리스트로 구성된다.
① 프로젝트에서의 역할
② 프로젝트로 충족되는 필요
③ 프로젝트에 투자
④ 프로젝트에 끼치는 영향

이 매트릭스는 프로젝트가 집행되는 동안 매우 유용한 도구가 되는데, 문제가 발생해서 프로젝트 매니저가 여러 조치들을 취해야 할 때 도움이 된다. 특히 프로젝트가 정치적인 이해관계인을 가지고 있을 때 범위를 정할 수 있어서 매우 요긴하게 쓰일 수 있는데, 프로젝트 이해관계인은 프로젝트 동안 서로 다른 시간에 들고 날 수 있으므로 프로젝트 매니저가 프로젝트 헌장과 프로젝트 계획을 검토해서 이해관계인이 특정 때만 프로젝트에 포함되게 할 수 있다.

4 프로젝트 헌장(Project Charter)

착수계획 프로세스의 결과물이 프로젝트 헌장인데, 이 문서는 프로젝트의 정식 승인물로써 프로젝트가 시작되고 프로젝트 매니저에게 프로젝트에 리소스를 사용할 권한을 준다. 이것은 또한 중요한 일정표로써 프로젝트 매니저를 인정하는 최초의 승인된 공식문서이다. 착수에서의 힘든 모든 일들이 이제 정식승인으로 보답받은 셈이다. 프로젝트를 승인한 개인이나 그룹이 프로젝트 헌장을 만든다. 만일 조직에 프로젝트 선별 위원회가 있다면 누가 프로젝트 헌장을 발급할 것인지 지정하게 되는데, 보통 고위 이사진이 되지만 조직과 부서에 따라 다를 수 있는데 조직이 프로젝트 스폰서가 될 수도 안 될 수도 있다.

헌장은 새로 집을 지을 때 사용하는 청사진처럼 프로젝트의 청사진으로 시작할 때와 마

CompTIA Project+

칠 때를 알게 해준다. 프로젝트 헌장의 특정 포맷이나 헌장이 지녀야 할 정보 지침은 조직의 표준에 따르는 수가 많으므로 프로젝트 매니저는 따라야 할 템플레이트나 포맷이 조직에 있는지 확인해야 한다. 헌장에는 최소한 프로젝트의 설명과 프로젝트를 만들게 한 비즈니스적 필요와 프로젝트가 시작될 수 있는 정식승인이 들어 있어야 한다. 만일 프로젝트가 정식 선별 프로세스에 있다면 프로젝트 설명과 프로젝트 팀원 정보, 목적, 목표, 그리고 고급수준의 비즈니스 방식, 정식승인 등 더 많은 데이터를 필요로 할 수도 있는데 나중에 이를 바탕으로 프로젝트 헌장을 만들 수 있다.

4.1 프로젝트 설명

프로젝트 설명은 프로젝트가 만들 제품의 핵심 특성이나 서비스, 그리고 제품을 만드는 데 필요한 작업들을 설명하는 문서이다. 헌장에 들어있는 설명은 고급수준으로 프로젝트 범위 설명을 개발할 때 더 자세해진다. 프로젝트 설명은 만들고 있는 제품과 프로젝트가 요청되게 한 비즈니스적 필요 사이의 관계를 문서화한 것이다. 이 설명은 다음 단계에서 필요로 하는 범위설계 프로세스의 기초가 되므로 매우 상세해야 한다. IT 프로젝트 설명은 프로젝트의 제품이 무엇을 하는지 짧고 간략하게 함축해서 읽기 쉬워야 한다. 프로젝트나 서비스에 대한 핵심특성과 만들고자 하는 서비스, 프로젝트에 필요한 작업 등을 문서화한 것이다.

다음에 IT 프로젝트 설명의 예가 있는데 하나는 앞에서 든 예이고, 또 하나는 추가해서 든 예다.

- "IT 부서는 차량 서비스 부서가 보증기간 동안 행한 모든 차량을 추적하는 컴퓨터 프로그램과 데이터베이스 세트를 개발할 것이다. ① 이 시스템은 인트라넷 기반으로 일반 환경에서 브라우저를 통해 액세스될 수 있어야 하고, ② 데이터베이스는 이 부서에서 행한 모든 보증작업과 관련된 정보 필드를 가지고 있어야 하며, ③ 보상을 위한 보고서를 만들어 차량 제조사에 전자적으로 발송되게 할 것이다. ④ 사용자 인터페이스를 위해 드롭 다운식으로 테이블을 보게 해서 데이터 엔트리 시간이 최소가 되게 하고 불필요한 데이터 입력을 막아주며, 중요 필드에선 지속적인 확인이 수행되어

VIN과 같은 데이터는 이중으로 확인되게 한다."
- "IT 부서는 바코드 시스템을 만들어 ① 두 조립 라인의 직원들이 라인의 모든 부품을 스캔해서 빠진 것을 데이터베이스 시스템에 입력할 것이다. ② 시스템은 조직의 ERP 시스템에 네트워크로 연결된 두 대의 컴퓨터로 구성되며, ③ 조립라인의 기술자들은 바코드기로 부품을 스캔해서 관련된 적절한 데이터를 찾아낼 수 있어야 한다. ④ 데이터는 ERP 장비 인벤토리 카탈로그에 지속적으로 게시되어 기술자들이 현장에서 부품사용 가능 여부를 언제든지 확인할 수 있어야 한다."

4.2 프로젝트 팀

프로젝트 헌장에는 공식적으로 프로젝트 매니저와 그의 권한이 명시되어 있어야 한다. 프로젝트 매니저의 권한을 초기에 작성해 두어야 오해와 프로세스 동안 있을 수 있는 문제를 예방할 수 있고, 인사관리와 예산집행 건도 문서에 들어있어야 한다.

① 프로젝트 매니저가 팀원을 고용하거나 해임할 수 있나?
② 프로젝트 매니저가 팀원의 평가와 급료 등을 정할 수 있나?
③ 프로젝트 매니저가 프로젝트 예산을 집행할 권한이 있나?
④ 스폰서나 다른 실무진의 허가 없이 얼마큼 금액을 사용할 수 있나?

또한 알고 있는 모든 프로젝트 팀원들이 리스트되어져야 한다. 헌장은 보통 프로젝트 팀원을 이름으로 리스트하는데 BA, SA, 프로그래머, 테스터 등 직군에 따라 필요한 리소스를 리스트해도 된다. 다기능(cross-functional) 프로젝트 헌장도 생산 관리자, 마케팅 통신 관리자, 훈련 개발자, 혹은 컨트렉터 전문가와 같이 알고 있는 다른 부서에서 온 팀원들도 리스트해야 한다.

4.3 목표와 목적

헌장은 프로젝트의 고급수준의 목표(goals)와 목적(objectives)을 문서화해야 한다. 프로젝트 헌장은 프로젝트가 무엇인지를 설명해주는 첫번째 문서로써 프로젝트가 만들어낼 최종

CompTIA Project+

결과물을 분명히 설명하고 있어야 하고, 성공여부가 어떻게 측정되는지와 목적과 목표가 반드시 분명하고 정확하게 설명되어져서 결과물이 목적에 대해 어떻게 측정되는지 표시해 주어야 한다. "빠른 고객 레코드 추출 시스템"이라고 하는 대신, "5초 내 고객 레코드 추출 시스템"이라고 측정될 수 있는 표현으로 목표를 기술해야 한다. 목표를 측정할 수 있고 보장할 수 있는 문서로 만들기 위해 클라이언트와 함께 일하는 것이 프로젝트 성공의 핵심이기도 하다. 클라이언트, 스폰서, 주요 이해관계인, 프로젝트 매니저, 그리고 팀원들이 같은 목적을 가지고 있어야 한다. 측정할 수 없는 모호한 목표는 프로젝트 성공을 다르게 보이게도 한다.

4.4 사업 방식(Business Case)

프로젝트 헌장의 승인은 또한 프로젝트 자금에 대한 최초의 승인이기도 하다. 프로젝트에 최초로 투입되는 자금량은 사업방식에 따라 달라진다. 프로젝트 선별 프로세스에 의해 만들어진 프로젝트 평가의 구성요소들을 문서화한 사업방식에는 분석방법과 그 결과 설명이 보통 포함된다. 일반적으로 사업방식은 프로젝트의 여러 과정에서 반복적으로 나타나게 되는 처음으로 만들어지는 고급수준의 단독문서이다. 사업방식에 대한 상세한 사항들이 프로젝트 계획 프로세스 동안 추가된다. 많은 조직들은 사업방식 템플레이트를 가지고 있는데 프로젝트 선별 프로세스 때 일부가 만들어지기도 한다. 프로젝트 헌장에서 사업방식 요약에는 고급수준의 비용, 이익, 그리고 (자금) 회수기간이 들어있게 된다.

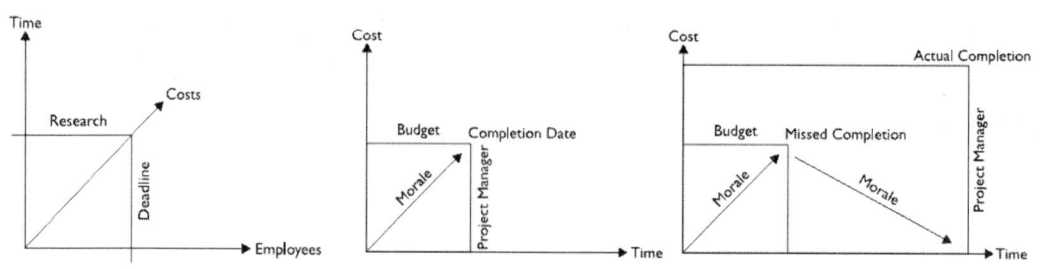

〈시간이 더 들면 비용도 더 든다.〉   〈프로젝트가 스케줄에 맞으면 예산과 의욕도 정상이다.〉

① 비용-프로젝트 승인 때 예상되는 모든 비용이 리스트되어져야 한다. 이 비용에는 재료, 장비, 인력 등이 들어있어야 하는데 유사한 프로젝트 때 소요된 비용에 근거한 최고 예상금액이거나 이와 유사한 프로젝트에 참여했던 전문가가 산출한 예상금액이 된다. 보통 IT 프로젝트에는 자본금과 지출비용이 있게 되는데 자본금에는 서버나 워크스테이션 등 장비 구매비가 들어있고 지출비용에는 급료, 여행경비, 훈련비용 등이 들어있게 된다. 당연히 마감일자가 촉박하거나 범위변경이 많아져서 프로젝트가 복잡해지면 비용적인 문제가 발생할 것이고, 내부적으로 정한 제품의 질이 떨어지거나 일부 기능이 빠질 수밖에 없을 것이어서 도덕성 문제도 제기될 수 있다.

② 이익-핵심적 이익은 수익인데 수익은 외부 커스터머가 제공하는 금전이거나 서비스 이용으로부터 유입되는 현금흐름으로, 모든 프로젝트가 수익을 내는 것은 아니지만 외부 커스터머에게 판매되는 프로젝트에서는 이것이 매우 중요한 요소이다. 초기 예상 수익은 목표 금액과 판매 예상치에 근거해 마케팅 부서에서 만드는 수가 많다. 수익은 정량적으로 측정할 수 있도록 예를 들어 새로운 제품이 출시되고 나서 처음 해에 2억을 벌도록 프로젝트될 수도 있다. 또 다른 형태의 이익은 고객의 만족도 증가와 같이 정량화하기 어려운 것도 있다. 금전으로 쉽게 측정할 수 없는 이익을 소프트 이익(soft benefits)으로 부르기도 한다.

③ 회수기간-회수기간이란 언제부터 프로젝트가 수익을 내기 시작하느냐를 말한다. 수익성 프로젝트에선 이것이 수익과 비교되어 프로젝트 비용의 기준이 될 수도 있다. 수익을 발생시키지 않아도 프로젝트에 관한 회수기간이 있을 수 있는데, 앞에서 예를 들었던 메뉴로 조작되는 새로운 콜 시스템은 콜 센터에 추가인원 없이 성장하게 하는 금전적 효과를 발휘할 수 있을 것이다. 이렇게 비용으로 계산될 수 없는 수치는 시스템이 스스로 수지를 맞출 수 있을 때를 계산해야 한다.

4.5 정식 승인

프로젝트 헌장은 권한을 가진 실무진이 서명을 해야 프로세스가 진행될 수 있게 되는데, 이 사람은 프로젝트 스폰서거나 프로젝트 클라이언트, 혹은 프로젝트 선별위원회의 대표자일 수 있다. 여기서의 핵심은 헌장에 서명해서 그 프로젝트를 승인한 그 사람이 조직 내에

CompTIA Project+

서 그럴 권한이 있는 사람이냐이다. 이 서명은 프로젝트 매니저에게 프로젝트를 끝내기 위해 필요한 권한을 주게 되므로 이 승인은 물품을 주문하거나 프로젝트를 지원하기 위해서 부서장이 정식으로 자기 부서의 리소스를 차출하기 전에 이뤄져야 한다. 프로젝트 헌장을 발급함으로써 프로젝트 착수단계는 계획단계로 넘어가게 된다. 누가 실제로 프로젝트 헌장에 서명했느냐와는 무관하게 이해관계인 그룹으로부터 프로젝트 매니저가 권한을 가지고 있다는 것이 확인되는 때이다. 모든 이해관계인과 헌장의 사본으로 헌장 확인회의를 통해 다음 단계를 점검하고 관심과 의문을 풀 시간을 가지는 것이 좋다. 회의에서 나온 모든 이슈를 협의하고 결의해서 이 내용들이 모든 이해관계인들에게 문서로 전해져야 여기서 논의되었던 문제들이 앞으로 부각되었을 때 즉시 해결될 수 있다. 이해관계인들이 염려하는 것을 무시하거나 이들을 멀리하는 일은 더 많은 문제를 낳게 하며, 문제가 더욱 복잡하게 될 우려가 있어서 프로젝트가 혼란에 빠지게 될 수 있다. 그들로부터의 지원을 유지하는 가장 좋은 방법이 필요한데, 지속적인 의견 교환을 통한 관리이다. 이해관계인들의 의견을 모으는 일은 프로젝트 내내 프로젝트 매니저의 핵심 의무이다.

1) IT 지휘 체계

프로젝트 전반을 고려해 볼 때 헌장의 내용과 프로젝트를 실행할 때 필요한 리소스 명단에서 이들 리소스들의 지휘체계를 살펴봄으로써 특히 누가 권한을 주었는지 알 수 있다. 대부분 IT 부서는 프로그래머 한두 명, 서버 관리자 한두 명 등으로 구성되어 그리 크지 않기 때문에 이런 그룹들은 독립예산을 가지고 직원을 부리게 되어 있는 경우가 많다. 예를 들어 프로젝트에 통신 분야의 작업자가 필요할 때 사오 명으로 구성된 통신부서에는 그들을 지휘하고 감독하는 관리자가 있을 것이고, 그가 프로젝트에 필요한 리소스를 차출해 줄 수 있는 지위에 있으므로 프로젝트 헌장의 명단에 그 관리자가 나와 있어야 한다. 예를 들어 다른 부서에서 온 프로그래머 B씨는 물론 직무상 관리자가 따로 있으므로 프로젝트의 프로그램 매니저가 함부로 B씨의 스케줄을 잡아 작업을 시킬 수 없다. 그러므로 기술 프로젝트에서 인력의 명령 지휘체계를 알고 있는 것이 매우 중요하다.

IT 지휘체계는 근무하는 조직의 규모나 조직형태에 따라서 많이 다를 수 있는데 일반적으로 말해서 소프트웨어 개발, 네트워크 운영, 서버 관리, 통신, 보안, 인터넷/인트라넷, 아키텍춰, 그리고 데이터베이스 팀 별로 매니저나 상급자가 있게 되고 이들 상급자나 매니저

CHAPTER 2 프로젝트 착수

는 사내의 최고 감독자 레벨이나 CTO(Chief Technology Officer), CIO(Chief Information Officer)(이 둘을 합해 소위 C-band로 부른다)에게 보고하게 되어 있다. 물론 이것은 조직의 규모에 따라 달라지는데 IT 보고 계층의 예를 아래 왼쪽 그림에 보였다. 이 그림에서 PMO(Project Management Officer)를 볼 수 있을텐데, 일부 대규모 조직에서는 프로젝트-기술적이든 아니든-를 관할하는 전문적인 프로젝트 매니저를 위시해 많은 이들이 프로젝트가 원활하게 되도록 애쓰는 것을 알 수 있다. 그래서 조직의 어느 프로젝트라도 여러 프로젝트 전문가들이 관리할 수 있도록 조직하며 책임지는 PMO가 있게 되는데, 모든 프로젝트 관리자들의 중앙 지점이 된다.

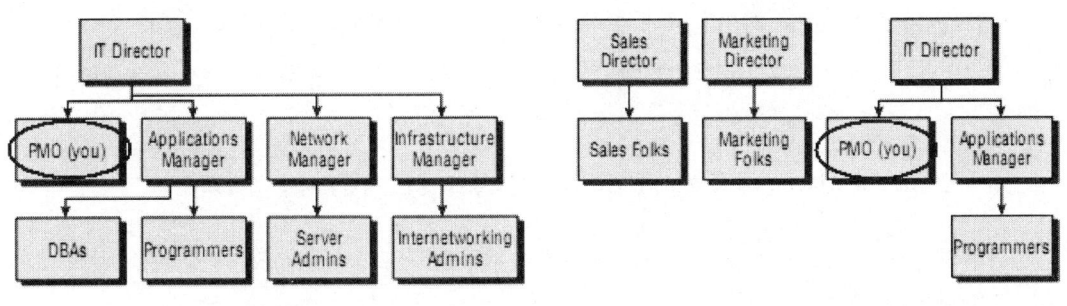

〈IT 보고 지휘체계〉　　　　　　　　　〈IT 계층조직과 비협조적인 부서〉

2) 계층적 조직의 어려움

헌장은 프로젝트를 완성할 수 있는 사람들의 타입(그들의 이름까지는 몰라도 어느 분야의 사람들이 필요하다는 것 정도)을 말해주기 때문에 명령 지휘체계를 보고 프로젝트에 참여할 리소스를 결정해주는 관리자를 알 수 있어서 리소스 차출이 훨씬 수월해진다. 예를 들어 A라는 프로그래머가 필요하다고 직접 규정할 순 없어도 A를 차출해줄 수 있는 프로그래밍 부서의 매니저는 알 수 있게 된다. 하지만 표준 IT에서 명령 지휘체제는 문제도 가지고 있다. 응용프로그램 개발의 목표지침이 운영지침과 다른 경우 이 둘을 프로젝트와 방향을 맞추어 프로젝트의 결과물이 모두를 충족시키게 하는 것이 PMO의 일원으로써 항상 쉬운 일은 아니다. 또 프로젝트 계획을 짤 때 많은 인력이 동원되는데 이 많은 인력을 차출할 때 각 부서의 매니저들과 협의해서 필요할 때 바로 인력을 쓸 수 있게 되는 것도 쉬운 일이 아니다. 또한 이런 여러 부서에서 필요한 인원을 제대로 제공해 주지 않아서 문제

CompTIA Project+

가 발생하기도 한다. 위 오른쪽 그림을 보자.

이제 여러 부서에서 인원을 차출하기 위해서 매니저뿐만 아니라 실무진들에게도 협조를 부탁해야 할 것이고, 사업부서의 목적이 IT를 실행하게 하는 실무진들의 목적과 다를 수 있다는 것만 제외하고는 CIO/CTO 모델과 마찬가지일 것이다. 영업 부서장이 처음엔 IT 인력을 사용하게 허가해주었어도 다른 긴급한 문제로 인해 마지막 순간에 취소할 수도 있다. 혹은 다른 IT 부서의 급한 작업 때문에 예정된 인력의 합류가 계속 미뤄지는 경우도 있을 수 있다. 불행하지만 이런 복잡한 문제를 조절할 수 있는 어느 확실한 방법은 없으며, 그저 프로젝트 매니저가 최선을 다해 이런 상황을 대비해서 프로젝트가 잘 진행되게 계획해 두는 것 외엔 방법이 없다. 사업부서에게는 중요한 IT 프로젝트에 필요한 직원이 있어야 할 때 다른 일보다 이 프로젝트에 우선 전념시켜야 한다는 것을 이해시키는 것도 중요하다.

유명한 Chaptal Wineries의 E-mail과 인트라넷 시스템에 관한 사업방식을 살펴보자.

이 케이스 연구는 프로젝트 전반에 걸쳐 이해하게 하는데 프로젝트에 필요한 모든 프로젝트 관리요소를 충분히 보여준다.

Cane씨는 캘리포니아 Sonoma 카운티에 있는 어느 중급규모의 와인 제조장에서 일한다. 여기서는 포도에 설탕으로 알콜 농도를 조절하는데, 영업이 매우 잘되고 있다. 이곳 포도주는 전국에서 인기가 짱이며, 와인 제조업자 Rachel Ranee씨는 와인업계에서 명성과 인정을 받고 있다.

제조장 주인인 Kim Cox는 칠레, 호주 남부, 프랑스 서부 등 세계 각처에 가게를 열기로 결정했다. Kim은 이들 지역에 견고한 파트너쉽을 갖고 있으며, 세 지역을 네트워크로 묶어 각 와인 제조에 관한 상태를 매일같이 확인하고 싶어 한다. 이 세 곳의 와인 제조는 다음과 같이 한다.

① 프랑스 : LaCroix는 프랑스의 Bordeaux 지방에 있으며 Chaptal의 Bordeaux 파트너인 Guillaume Fourche씨가 여러 소규모 와인업자로부터 와인을 구매해서 비법 비율로 섞은 뒤 판매한다. Kim은 Rachel의 와인 제조기법을 이용해서 LaCroix 판매를 주도하고 국제적인 유통체제를 갖추려고 하고 있다.

② 칠레 : Aconcaua계곡의 Metor Sanchez씨는 멋진 칠레 레드와인을 만들기로 유명한데, 국제적으로 브랜드를 키우고자 한다. 그래서 Chaptal과 같은 곳과 손잡는 것이 양쪽 와인업계를 위해서 이익이라고 생각하고 있다.

③ 호주 : Adelaide 지역은 새롭게 와인업계에서 떠오르는 별인데, 젊은 와인 제조업자인 Jason Jay는 Roo Wines사의 새롭게 출시된 멋진 블랙와인인 Shiraz에 매료된 Kim과 함께 손잡고자 한다.

이제 Kim은 이들과 금융적인 협정을 맺고 그들이 자신들의 와인을 원래 모양과 느낌을 가지게 한 채로 각 와인 조직의 최대 주주가 되었다. 각 조직에서 일하는 이들은 Kim에게 보고해야 하지만 최선을 다해서 자신들의 제품을 만들어야 한다. Kim은 그들을 간섭하지 않기로 했다. Chaptal의 IT 부서의 최고 책임자인 Cane씨는 Kim의 여러 초기 회계문서를 스프레드시트에 저장해 둔 작은 파일서버를 관리하고 있으며, Rachel의 포도에 담긴 설탕량을 추적하고 있다. 오늘 Kim은 Cane씨에게 다른 세 곳에 E-mail 서버를 구축해서 서로 연결한 뒤 빠르게 통신하고 싶다고 말한다. 또한 인트라넷 사이트를 구축해서 새로운 와인 출시가 즉시 알려지고 승인되게 하고자 한다. 이런 프로젝트의 경우 첫번째 회의에서 무슨 기본적인 요소들을 이해해야만 할까?

① 기본적 요구 : 다음 두 가지를 반드시 이뤄야 한다.
- 네 곳 사이에 E-mail 시스템과 인트라넷 설치

② 이해관계인 : 명백히 Kim은 프로젝트 스폰서이지만 이해관계인은 누구일까?
- Kim과 더불어 Guillaume Fourche, Metor Sanchez, Jason Jay 세 명의 이해관계인이 있다.

하지만 이 리스트 외에도 여러 직원이 새로운 변화로부터 이익을 얻을 수 있고, 와인의 제조를 지원하는 여러 엔티티들도 이해관계인이 될 수 있다.

CHAPTER

03 범위 계획하기

CompTIA Project+

이제 착수단계를 알아보았고 승인된 프로젝트 헌장을 가지게 되었으니 프로젝트 계획하기를 알아볼 때이다. 계획하기(Planning)는 프로젝트 관리에서 가장 간과하기 쉬운 부분인데, 일단 프로젝트가 승인되면 누구나 빨리 작업을 시작하기 원하게 되어 프로젝트 매니저는 조직이 계획하기에 시간을 할애하지 않고 있다는 것을 발견하기도 한다. 따라서 만일 고위층이 귀중한 시간을 허비하지 말고 빨리 프로젝트 작업에 착수하라고 했을 때 무슨 말을 해야 할지 알고 있어야 하는데 계획하기 프로세스를 잘 해두어서 실제 프로젝트를 집행하기 전에 프로젝트 관리에 관한 모든 면을 사전에 정의해 두면 만일 있을지 모르는 리스크를 차단하는 이익이 크다고 그들에게 말할 수 있겠다.

우선 프로젝트 범위(scope)를 알고 나아가자. 프로젝트 범위는 프로젝트를 완성하는데 포함되는 작업의 규모를 정의하는 일이다. 프로젝트 매니저로써 프로젝트에 무엇이 포함되고 무엇이 배제되는지 알고 있어야 한다. 범위 계획하기는 프로젝트 목적과 프로젝트에 포함되어져야 하는 것들을 아는데 도움이 된다. 범위 계획하기에서 프로젝트를 완성하는데 필요한 세 가지를 염두에 두고 있어야 하는데 범위설명, 범위 관리계획, 그리고 WBS(Work Breakdown Structure)이다.

CompTIA Project+

　범위설명은 프로젝트의 목표와 제품에 대한 문서화로 일반적으로 프로젝트를 이해하게 하며, 범위 관리계획은 프로젝트 주기를 통해 프로젝트 범위에 가한 변경을 관리하는데 사용될 과정을 문서화하는 것을 말한다. 그리고 마지막 WBS는 프로젝트 완성을 분할해서 작은 활동으로 나눠 작업기간, 할당 리소스, 그리고 비용 등을 예상하는 것을 말한다.

1 범위 개론

　예상, 한계, 혹은 만들고자 하는 것에 대해 잘 알지 못하면서 프로젝트를 진행한다는 것은 상상도 못할 일이다. 이런 것들을 모른 채 프로젝트를 진행해 나아갈 수 없다. 그러므로 프로젝트 업계에서는 프로젝트 매니저가 프로젝트의 한계를 정하는데 도움을 주는 규칙과 프로세스가 있다. 범위는 프로젝트의 범주를 정하게 한다. 범위는 토지에 울타리를 치는 것과 같아서, 어디서 이 땅이 시작되고 어디서 끝나는지 알게 하므로 어느 것이 이 구획에 포함되고 어느 것이 배제되는지 누구라도 알 수 있게 한다. 프로젝트에서 범위 계획하기도 이와 같은 역할을 한다.

　프로젝트 범위는 프로젝트나 서비스를 실행하기 위해서 수행되는 작업이다. 비록 이것이 단순해 보이고 직관적으로도 알 것 같지만 범위가 어설프게 정해지면 마감일을 놓치게 되거나 비용이 초과되고, 클라이언트들이 만족해하지 않는 결과를 가져올 수 있다. 좋은 범위설계는 프로젝트를 완성하는데 필요한 모든 작업들이 일관되고 문서화되게 하는 일이다. 범위설계는 프로젝트 헌장에서 밝힌 결과물에 세부사항을 정해서 추가하는 일이며, 앞에서 알아본 제품 요구사항을 실행하기 위한 활동을 정의하는 시작점이다. 프로젝트 착수단계를 완성하는 범위설계에는 작업의 세분화에 따라 제품의 상세한 분석, 비용/이익 분석, 그리고 대체 해결책 등이 포함된다. 범위설계에 필요한 작업이 이미 착수단계에서 끝나는 경우도 있고, 범위설계 요소를 정의하는 프로세스가 늘 연속적으로 일어나는 것이 아니어서 중복될 수도 있다. 순서와 무관하게 범위설계는 범위설명, 범위 관리계획, 그리고 WBS를 만들어내는데 이들에 대해서 알아보자.

CHAPTER 3 범위 계획하기

PMI는 A Guide to the PMBOK의 범위설명에서 주요한 과정을 쪼개서 WBS로 만드는 범위정의를 알아둘 필요가 있다. 범위정의는 범위설명과 범위 관리계획 등을 포함하는 여러 범위설계 요소들로 구성된다.

1.1 프로젝트 범위설명

혹시 집을 리모델링할 때 외부에서 견적을 받아 본 적이 있을 것이다. 보통 리모델링 견적에는 할 일과 주요한 작업, 시간과 비용 산정, 그리고 필요한 것들과 제약 등이 들어있을 것이다. 컨트렉터는 주방을 타일이나 조명 등을 교체해서(작업) 1주일 안에 500만 원으로 어떻게 리모델할 것이라고(시간과 비용) 문서로 나타내는데, 이 견적서는 현재 주방의 기본은 건드리지 않은 채 놔두고 일부만 바꾼다는 제약이 있다. 또 이 프로젝트에는 교체할 타일을 재고에 있는 것으로 할지 별도로 주문해서 할 것인지 정해서 들어있어야 한다. 견적서에는 컨트렉터와 집 주인 사이의 리모델링 범위에 관한 동의가 있어야 한다. 프로젝트 범위설명은 이 리모델 견적서와 유사해서 프로젝트 매니저와 이해관계인 간 프로젝트에서 행해져야 할 것들을 합의해서 문서화한 것이다. 이것은 프로젝트가 완성되게 하는 행동들을 정의한 기본이 되고 프로젝트에 가해지는 변경요청의 기본 프레임으로 사용된다. 어느 중요한 작업, 기능특성 등 이 범위설명에 들어있지 않은 것들은 변경(changes)에 해당된다. 보통 범위설명에는 프로젝트 정당성, 제품설명, 중요작업, 성공기준, 예상시간과 금액, 제약, 그리고 책임 등이 들어 있다.

1) 프로젝트 정당성

범위설명에서 프로젝트 정당성 부분은 프로젝트가 실행되는 이유를 설명하고 프로젝트가 있어야 하는 비즈니스적 필요를 문서화한다. 프로젝트를 요청하게 된 이유를 분명히 밝히는데 외부 커스터머를 위한 프로젝트 시행인지, 조직 내의 새로운 시스템을 위한 프로젝트 시행인지 혹은 합법적으로 실행되는 것인지 등이다. 프로젝트 정당성은 프로젝트 요청의 소스를 확인시켜 준다. 프로젝트 요청 이면에 있는 합법적 요구사항이 이 부분에서 문서화되는 것이 중요한데, 범위설명을 통해 요구사항들이 제대로 들어 있음을 알게 된다.

2) 제품 설명

제품 설명은 제품의 중요한 특징이나 기능을 간략히 설명한다. 설명은 제품이 유일하다는 것을 부각시켜야 하며(제품의 유일성은 프로젝트 정의의 일부분이다), 가용한 모든 데이터를 사용해서 될 수 있는 대로 정확하게 기술해야 한다. 제품이 가진 특성과 기능을 설명해야 할 뿐만 아니라 들어있지 않은 기능과 특성도 기술해서 제품을 분명히 알릴 수 있다면 그렇게 해야 한다. 프로젝트 헌장으로부터 제품 설명을 인용해도 되며, 확보된 추가적인 정보로부터 어느 변경이나 정의를 확인할 수 있어야 한다. 제품 설명은 포함되거나 배제되는 특성을 나열함으로써 만들고자 하는 제품에 필요한 기술적 작업들로 좁혀나가 확실한 범위로 만들어 커스터머가 나중에 추가적인 변경을 요청할 때를 대비하게 한다.

3) 중요 작업

범위설명에서 중요작업 부분은 제품을 완성하기 위한 작업을 요약해서 기록하는 것인데, 무엇을 기술할지 망설여질 때도 있으나 보통 전반적인 프로젝트에 대한 작업을 기록하면 된다. 결과물이 조직의 영업사원들을 위한 새로운 소프트웨어 응용프로그램이라도 응용프로그램 자체 이외의 작업들도 있을 수 있다-사용자 문서, 사용자 훈련, 혹은 헬프데스크 훈련 등과 같이 중요한 부분에 대한 것들을 빼먹으면 안 된다. 프로젝트 팀원이 소속된 각 부서를 위해 적어도 한 가지씩 작업이 포함되어야 한다면 프로젝트를 완성했을 때 포함되는 것들로 이뤄진 큰 그림이 그려지게 된다.

4) 성공 기준

범위설명에서 성공기준은 프로젝트가 만들어낼 측정 가능한 비즈니스 결과를 정의하는데 조직의 수익증가, 더 높은 생산성, 정식절차 순응, 혹은 직원감축 등과 같은 항목을 기술한다. 이 부분은 프로젝트가 끝나고 평가할 때 매우 중요한 도구가 되는데, 이해관계인이 프로젝트가 비즈니스에 끼치는 실제적 영향과 계획된 영향을 비교하는 부분이다.

성공 기준을 각각 측정되게 정의해야 한다. "업계 표준"이나 "세계적인 수준"과 같은 기준은 좋아 보이지만 측정될 수 없다. 영업수치, 손익수치, 혹은 고객의 대기시간 얼마 단축 등과 같이 측정될 수 있어서 프로젝트 완성 이전의 데이터와 비교되는 진술이 훨씬 더 좋다. 성공 기준 이면에는 프로젝트 성공 여하에 따라 득실을 따지는 사람들이 얻게 될 이익이 수치적으로 표시되어 있어야 한다.

5) 완성 기준

무엇이 완성 기준인지 나타내야 한다. 예를 들어 범위문서에서 프로젝트가 완성되면 시스템이 정상적으로 작동될 것이라든지, 혹은 3개월간 프로젝트 테스팅 뒤 모든 시스템이 정상적으로 작동될 것이라는 것을 표시해 두어야 한다.

6) 예상 기간과 금액

여기서는 프로젝트가 완성되는데 걸리는 모든 시간과 비용을 예상하는 부분인데, 이와 유사한 프로젝트에 든 실제 비용이나 기간 혹은 이 프로젝트에 들어가는 모든 것들을 잘 아는 전문가의 판단에 근거해 대략 산정된다. 꼭 정확할 필요는 없지만 고급 수준의 예상에는 시간, 비용, 그리고 어느 때는 최악의 경우, 최선의 경우, 그리고 가장 일반적인 경우 등 시나리오에 근거해 데이터가 들어있을 수도 있다.

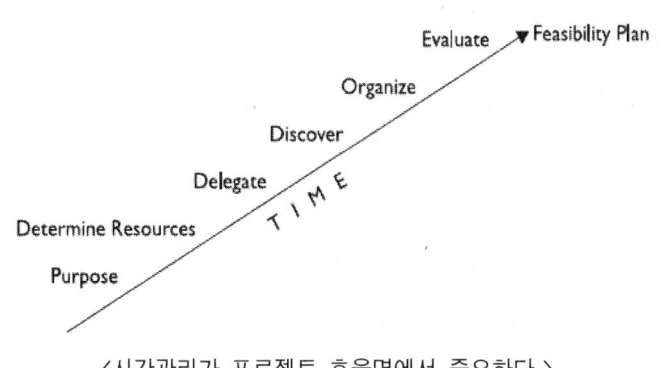

〈시간관리가 프로젝트 효율면에서 중요하다.〉

범위설계 동안 만들어지는 예상은 사용하는 예상방법에 따라 여러 가지로 진술될 수 있는데, 예상은 유사한 프로젝트로부터 실제 시간과 비용을 엄격하게 따져서 "프로젝트 XYZ의 결과에 근거해 새로운 프로젝트 ABC는 3개월에 5,000만 원이 들 것이다"와 대략적인 범위로 따져서 "새로운 프로젝트 ABC는 4~6개월에 3~5,000만 원이 들 수 있다"도 가능하고, 가장 일반적인 "4개월 동안 4,000만 원이 들 것이다"로 만들 수 있다. 시장수요를 근거로 만든 새로운 프로젝트의 예상은 시장에서 제품을 수용할 수 있는 기간을 기반으로 해서 만들게 된다.

(1) 목표 완성

프로젝트 완성에 대한 예정이나 목표 일자를 알려야 하는데 이 시점에서는 아마도 정확한 날짜를 예상할 수 있는 충분한 정보가 없을 것이나, 그래도 범위설명에서 날짜를 지정해 두어야 한다면 2012년 7월이나 2012년 4분기 식으로 달이나 분기를 사용하는 것이 좋다. 목표 완성기간을 밝혀야 한다면 항상 시작일자를 밝히는 것이 좋다. 그렇지 않으면 예상한 날짜보다 늦게 프로젝트를 착수했을 때 예상기간 6개월이 3개월로 줄어들어 버릴지도 모르기 때문이다.

(2) 확신 수준

프로젝트 예상은 프로젝트 매니저가 확신하는 정확한 예상에 관해 위험부담을 가지게 하는데, 범위설계 동안 예상은 매우 정확하지 않아도 되므로 클라이언트나 커스터머가 원한다고 해서 90% 확신하는 예정일을 말할 필요는 없다. 이 단계에선 예상비용도 실제비용의 75%정도 낮게 책정하는 것이 일반적이다(실제로 최종적으로는 25%가 더 소요된다). 여러 가지 비용과 범위 산정에 관해서는 뒤에서 좀 더 자세히 다룬다.

7) 전제

범위설명에서 전제는 프로젝트에 관해 팀이 공유하고 있는 믿음을 문서화한 것이다. 전제는 사실이라고 믿는 행동, 조건, 혹은 이벤트인데 문제는 이것들이 모든 프로젝트 팀원이나 이해관계인에게 공통적이지 않다는데 있다. 나는 어느 것이 명백하다고 생각하지만 문서로 정해놓지 않으면 다른 사람들은 다르게 받아들일 수 있다는 뜻이기도 하다. 전제는 공유되고 동의되며 문서화되어야 한다. 팀원들과 전제를 정의하고 검토함으로써 프로젝트에서 무엇이 빠지고 포함되는지에 대해 협의해 보아야 비로소 프로젝트 범위의 영역과 명확함을 확실히 알게 된다.

만일 사용자들을 위한 소프트웨어를 개발한다면 현재 사용자들의 머신에 이 소프트웨어가 배포될 것이라는 전제가 있게 된다. 클라이언트는 당연히 새로운 소프트웨어가 설치될 워크스테이션들도 프로젝트의 일부로(워크스테이션 구매비도 포함된 것으로) 볼 수 있으므로 이런 부분이 명백히 문서로 밝혀져야 한다는 것이다.

8) 제약

범위설명의 마지막 부분이 제약 리스트인데, 제약은 프로젝트의 결과에 영향을 끼치게 되는 제한이다. 여기에는 모든 프로젝트에 적용되는 제약과 특정 프로젝트에만 해당되는 제약이 있는데, 모든 프로젝트에 해당되는 것은 시간, 예산, 범위, 혹은 제품의 질에 관한 것이다. 프로젝트 착수 때부터 적어도 이런 분야 중 하나는 제한받을 수 있다. 만일 매우 적은 시장을 위한 소프트웨어를 개발한다면 시간이 가장 큰 제약이 될 수 있고, 정해진 예산에서 진행해 나아가야 한다면 금전적인 문제가 제약이 될 수 있다. 만일 시간과 금전 둘 다 제약이 있다면 제품의 질이 문제될 것이다.

프로젝트 범위를 논할 때 사전에 정해진 예산과 의무적 종료기한이 다뤄지므로 범위도 시간과 예산 제약에 따라 영향을 받게 될 것이다. 따라서 프로젝트 진행과 범위변경이 요청되면 범위도 시간과 금액, 제품의 질에 따른 제약으로 변경이 불가피할 때도 있다. 프로젝트 매니저는 묶여 있는 '트리플 제약' 때문에 늘 고심하는데, 일부 프로젝트 매니저 요람에는 이들이 시간, 금액, 그리고 품질 세 가지라고 말하며 프로젝트 관리에선 이들과 프로젝트 범위까지 포함시켜 네 가지라고도 한다.

두 번째 제약은 특정 프로젝트에만 한정되는 제약이라고 했는데, 스케줄 혹은 필요한 인력이나 테스트 시스템의 가용성 등 사전이행에 해당된다. 프로젝트 매니저는 프로젝트 주기 동안 프로젝트를 제한하는 이런 것들은 다뤄야 한다. 만일 제약이 계획단계 동안 시간, 금액, 범위, 혹은 품질에 관한 것이라면 이런 제약이 가져오는 영향에 대해서 이해관계인들과 논의해야 하는데, 프로젝트 매니저는 클라이언트가 이런 것들에 대해 우선순위를 어떻게 두는지에 관해 알고 있어야 하며 프로젝트가 진행됨에 따라 발생할 수 있는 시나리오에 대해 상의해야 한다. 예를 들어 비용이 계획단계에서 구체적으로 제시되면 클라이언트가 제품의 특성 중 일부를 포기하고 예산범위 내로 프로젝트의 범위를 줄이고 싶어 할 수도 있다. 따라서 범위설명은 프로젝트의 중요한 정보를 가지고 있게 된다.

CompTIA Project+

프로젝트 범위설명 샘플을 예를 통해 알아보자.

무선통신을 제공하는 조직에 근무하는 프로젝트 매니저가 새로운 VAD(Voice Activated Dialing)라는 소비자 제품을 개발하는 프로젝트를 책임지고 있다. 이 제품은 무선서비스 제공 시장에서 톱 3위 내로 진입하게 하는 중요한 프로젝트로 조직의 지대한 관심을 받고 있다. 고급수준의 요구사항, 프로젝트 헌장, 그리고 여러 팀 구성원과 이해관계인들로부터 원하는 바를 받아 프로젝트 범위 설명을 다음과 같이 만든다.

① 프로젝트 정당성 : 시장조사와 커스터머 반응으로부터 지난 3개월 동안 VAD의 수요가 40%나 증가했음을 알 수 있다. 우리 경쟁사 중 한 곳이 이미 이런 종류의 제품을 출시할 날짜를 발표했고, 다른 두 곳도 두 달 안에 제품을 출시하겠다고 밝혔다. 우리도 우리 제품에 VAD를 포함하지 못하면 시장에서 20%정도 후퇴될 것으로 예측된다.

② 제품 설명 : VAD에 들어있는 제품의 특징은 전화번호나 이름을 전화기에 대고 말하면 웹 사이트의 주소록 엔트리를 보고 전화기에 다이얼링할 수 있다. VAD는 전화기에 대고 말해서 주소록 엔트리나 개인정보 관리자를 추가/변경/삭제할 수 없다.

③ 중요 작업 : 제품요구 정의, 시스템요구 정의, 시스템요구 개발, 판매훈련 개발, 고객서비스훈련 개발, 시스템 개선, 3,000명 판매 컨설턴트 훈련, 500명 고객서비스 요원훈련, 모든 시장에서 통신플랜 마케팅 등으로 모든 시장에서 VAD를 이용 가능하게 한다.

④ 성공 기준 : VAD 출시는 조직에 연간 25억의 수익을 가져올 것임. VAD제품을 알리는 추가적인 판매컨설턴트 훈련은 총 판매컨설턴트 훈련시간에서 2시간 내이다.

⑤ 시간과 비용 예상 : VAD는 6개월 내로 완성되어 조직에서 판촉에 들어갈 수 있어야 한다. VAD 출시와 개발에는 7억 정도가 소요되는데 모든 IT 작업, 판매컨설턴트 훈련, 커스터머 안내장, 그리고 홍보비용이 들어있다. 이것은 이와 유사한 새로운 제품의 비용과 스케줄에 근거한 고급수준의 예상이다. 좀 더 세분화된 데이터가 나오면 예상은 좀 더 자세할 수 있다.

⑥ 전제 : 조직의 IT 부서는 VAD를 제공하기 위해서 6개월 안에 시스템 변경을 이룰 리소스를 가지고 있다. 우리 고객의 15%가 현재 서비스에 VAD를 추가할 것으로 예상되며, 시장에서 우리 제품은 15%의 점유율을 갖게 될 것이다. VAD는 월 5,000원으로 예상된다.

⑦ 제약 : 청구서는 분기별로 하되 VAD 개선책이 이런 기준에 맞춰 마련되어야 한다.

여기서 보는 바와 같이 매우 중요한 여러 정보가 프로젝트 범위설명에 들어있게 된다. VAD 샘플 범위설명에 제품의 전략적인 가치, 제품에 포함/배제되는 특성과 제품이 만들어내는 예상 수익성, 그리고 진척도 등도 들어있다. 이 문서는 클라이언트, 팀원, 그리고 다른 중요한 이해관계인들에게 분명하고 간략하게 프로젝트에 대한 개략을 주는데 사용된다.

9) 검토와 동의

일단 범위설명을 완성했다면 전체 프로젝트 팀원과 검토해서 모두가 동의하고 해결되지 않은 것들이 있나 체크한다. 팀원 개개인은 범위설명의 특정분야에서 작업하게 되므로 전체 문서를 정식으로 검토해서 모두가 동의하면 나중에 프로젝트 범위에 대해 오해가 없게 된다. 일단 프로젝트 팀이 어느 특정 문제들을 해결하고 나면 이제 이 범위설명을 이해관계인들에게 보내고 프로젝트 스폰서와 클라이언트로부터 승인을 얻는다. 다른 승인들은 조직의 정책에 따라 얻으면 된다. 만일 스폰서와 클라이언트의 검토기간 동안 어느 변경이 범위설명에 들어가게 되면 팀원들과 이에 따른 회의를 가져서 변경을 커버하고 프로젝트에 줄 수 있는 영향을 협의한다. 프로젝트 매니저로써 가장 중요한 일 중 하나가 팀원들이 계속해서 정보를 알게 하는 것이다. 프로젝트 팀원과의 의사소통에 대해선 뒤에서 좀 더 자세히 알아본다. 승인된 범위설명이 손에 들어오면 이제 범위관리 계획으로 들어가야 한다.

1.2 범위관리 계획

범위설명이 승인받으면 실제 작업이 시작되는 셈이다. 하지만 어떻게 이것이 통제를 벗어나지 않으면서 성공적으로 프로젝트가 완성되게 할 수 있을까? 이를 위해서 모든 프로젝트 매니저가 신경 쓰고 극도로 조심하는 범위추가(scope creep)를 이해하고 있어야 하는데, 범위추가란 별로 눈에 띄지 않는 작은 추가나 수정들이 나중에 걷잡을 수 없어져서 프로젝트를 완성하지 못하게 한다는 의미에서 유래한 용어이다. 이를 방지하기 위해서는 철저한 계획밖에 없다.

범위관리 계획문서는 어떻게 변경을 범위 내로 맞추는가 하는 것이다. 프로젝트 범위변경은 대부분 프로젝트에서 어쩔 수 없는 것으로, 범위변경을 다루는 핵심은 어떻게 이것을 취급하느냐에 달려있다. 경험상으로 프로젝트 초기에 시간을 가지고 어떻게 팀이 이미 정의된 범위에 가해질 변경을 다룰 것인지에 관해 기본 틀을 정해놓으면 프로젝트 실행 동안 많은 어려움을 줄일 수 있다. 만일 프로젝트 팀이 계획단계 초기에 기본적인 범위관리 프레임워크를 잡아놓았다면 각 팀원은 범위설명이 승인받은 뒤에 빼먹었던 변경을 나중에 요청하는 클라이언트와 이해관계인들과 토의할 때 이를 참고로 사용할 수 있다. 프로젝트에

CompTIA Project+

참여하는 모든 이들은 어느 프로젝트의 범위를 변경하고자 하는 요청을 처리해야 할 때 프로젝트 설정 때 정해진 규칙을 따라야 한다는 것을 이해하고 있어야 한다. 문서화된 원칙이 없으면 이해관계자들이 곧 팀원들에게 변경을 요청하게 되고 변화가 생기게 된다. 팀원들은 클라이언트의 필요에 맞추려고 할 것이지만 이런 변경에서 오는 영향을 분석해 두지 않으면 10~20줄의 코드라도 스케줄이나 예산을 위기에 빠뜨릴 수 있다.

범위관리 계획을 짤 때 다음과 같은 중요한 요소들을 고려해 두어야 한다.
① 범위의 안정성 - 아마도 이 시점에선 요구사항을 정의하기 위해 이미 준비한 작업에 근거해 설정된 범위가 얼마나 안정적인지를 확인해 두고, 프로젝트 헌장을 준비하고 검토하며, 범위설명을 정의해야 할 것이다. 만일 이해관계인들과 제품설명에서 불일치나 갭(gap)이 발견된다면 범위가 불안정하게 정의되었을 가능성이 높다.
② 범위변경의 영향 - 만일 정해진 기일로 인한 제약이 있다면 어떤 범위변경도 심각할 수 있다. 프로젝트의 범위추가는 예산에도 영향을 끼친다. 이런 추가적인 작업을 완수할 여유 리소스가 있는지 그리고 추가 예산확보를 위한 프로세스는 무엇인지 등을 알아 두어야 한다.
③ 변경 프로세스의 범위 - 프로젝트가 통제를 벗어나게 되는 중요한 이유 중 하나가 범위변경에 대한 문서화된 프로세스의 부족일 것이다. 클라이언트와 이해관계인들은 프로젝트 매니저도 모르는 사이에 직접 팀원에게 찾아가 범위설명에 들어있지 않은 작업을 직접 요청하는 수도 있다. 범위변경 프로세스는 적어도 다음의 것들을 포함하고 있어야 한다.
   (a) 요청을 제시하는 표준 폼 - 범위변경 요청에 관한 정보는 변경의 설명, 변경의 이유, 그리고 요청자 등을 포함하고 있어야 한다.
   (b) 요청이 끼치는 범위, 예산, 스케줄, 그리고 프로젝트의 품질에 관한 영향분석 - 이런 분석의 결과가 요청을 제출하는 폼에 들어있어야 모든 관련된 데이터가 한 곳에 있게 된다.
   (c) 요청을 승인하거나 거부한 프로세스 - 이것은 여러 임시 회의로부터 정식기준에 의해 정식 변경 검토위원회에 이르기까지 범위변경이 수용되었다는 것을 나타낸다.

(d) 이해관계인들이 계속해서 요청한 상태에 대해 알고 있게 하는 협의 계획

(e) 승인된 변경이 프로젝트 계획에 들어있게 하는 협력방안

이제 프로젝트 매니저들이 실제 작업이 시작되기 전에 프로젝트의 범위에 그렇게 공을 들이는지 이해할 수 있을 것이다. 일반적으로 말하자면 프로젝트의 범위정의와 스케줄을 빡빡하게 맞춰 놓은 채 사소한 변경을 수용하려면 오히려 현재 프로젝트를 예정대로 끝낸 뒤 "버전2"로 새로운 제품을 만드는 것이 나을 정도이다.

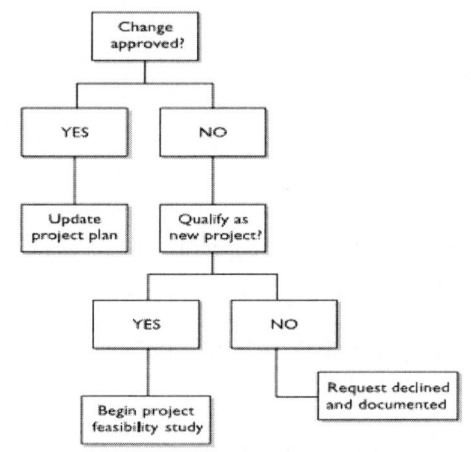

〈변경요청 폼〉　　　　　　　　〈변경수용은 새로운 프로젝트를 만들기도 한다.〉

1.3 WBS(Work Breakdown Structure)

범위 계획하기의 마지막 요소가 WBS인데 프로젝트 팀이 프로젝트 작업을 분해하기 시작하는 곳이다. 분해(decomposition)란 고급 작업들을 시간 예상, 리소스 할당, 그리고 비용 예상을 할 수 있게 작고, 관리하기 쉬운 요소들로 나누는 과정이다. WBS는 모든 프로젝트 작업을 정의하는 작업 중심 체계이다. 각 레벨은 이전 레벨보다 좀 더 세분화된다. WBS는 프로젝트 계획하기의 기본 중 하나인데 수많은 여러 계획하기 프로세스에서 입력으로 사용되어 활동기간 예상, 활동 리소스 할당, 작업 예상, 그리고 예산확보 등의 기준이 된다.

CompTIA Project+

WBS는 그래픽으로 표시하므로 프로젝트 범위를 논하는데 헌장이나 범위설명보다 더 나은 방법이다. 또 프로젝트 작업의 크기를 더 분명하게 세분화한다.

 WBS는 프로젝트의 경계를 정해주는데 WBS에서 정의되지 않은 작업은 프로젝트의 범위를 벗어난 것으로 여겨진다. WBS는 프로젝트 범위에 들어 있는 요소들에 민감한 커스터머, 팀원, 그리고 이해관계인들의 추적용 도구이다. 건물을 세우는 청사진처럼 WBS는 프로젝트란 제품을 세우는데 사용되는 문서로, 프로젝트 팀은 WBS를 개발하는데 적절한 시간을 투입하는 것이 중요하다. WBS 개발은 프로젝트의 모든 면과 영향 받는 비즈니스의 모든 영역에 초점을 맞춰져야 하며, 팀은 WBS를 완성하기 위해 여러 번 같은 일을 해야 할 때도 있다. WBS가 완성되었다고 팀원들이 동의하면 WBS를 검사하고 승인을 얻기 위해 클라이언트, 스폰서, 그리고 중요 이해관계인들과 검토 작업이 이뤄져야 한다.

1) WBS 조직하기

 WBS의 수준은 개발단계에서 올바른 리소스가 제몫을 제대로 해주느냐에 달려있다. WBS 세션을 스케줄하는 동안 가능한 한 많은 프로젝트 팀원들과 직무 대표들이 포함되도록 적절히 통지해주어야 하며, 그 기회에 프로젝트 팀원은 프로젝트 목표 리스트와 작업에 대한 여러 그룹이나 부서에 대한 생각을 가늠할 수 있다. 부서장과 필요하면 각 그룹을 대표하는 스폰서와 작업을 함께 하는 것이 좋을 수도 있는데, 프로젝트 매니저가 별도로 WBS를 개발하면 프로젝트의 핵심 요소들을 놓치는 경우가 있을 수 있고 입력이 필요한 데이터를 얻기 힘들 수도 있다.

 WBS는 보통 트리구조 도표나 개요 중 하나로 만들어지는데, 트리구조는 프로젝트 팀과 작업할 때 가장 잘 맞아서 작업을 쓴 스티커 등으로 칠판 위에 그려서 붙이기도 한다. 이렇게 함으로써 프로세스 동안 작업이 이동될 수 있다. WBS를 개발하는 동안 모든 참여자가 작업의 진행을 보게 해서 모두가 머리를 짜내고 자세히 검토해서 프로세스 동안 특정 활동을 없애거나 옮길 수 있다. 모든 참여자는 헌장이나 범위설명과 같은 이전 문서의 사본을 가지고 수시로 검토하고 점검할 수 있어야 한다. 이런 것들이 WBS를 만들고 의문이 있을 때 참조하게 하는 시작점이 된다. 다음 그림을 보라.

CHAPTER 3 범위 계획하기

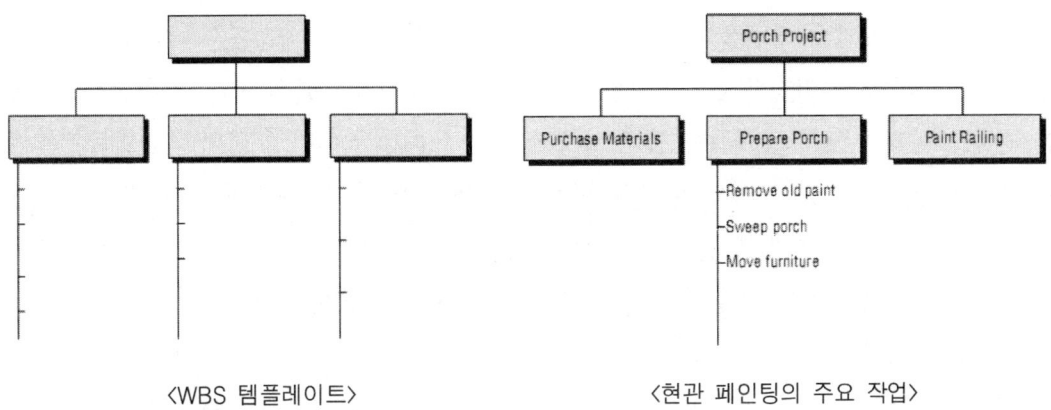

〈WBS 템플레이트〉　　　　　　〈현관 페인팅의 주요 작업〉

2) 주요작업 분해하기

　분해하기, 즉 프로젝트의 작업들을 쪼개서 작은 요소들로 만드는 것은 힘든 일이 될 수도 있다. 위 트리 도표를 자세히 보고 의미 있는 WBS를 만드는 과정을 살펴보자. WBS 트리의 가장 높은 레벨은 전체 프로젝트를 아우르는 것으로 level1로 불린다. 다음 레벨인 level2는 범위설명에 나와 있는 고급 프로젝트 작업을 가리킨다. 이 레벨은 보통 작업 자체의 리스트 형태로 나타내는 수가 많은데 프로젝트 주기상 단계, 프로젝트에 관여하는 부서들, 혹은 지리적인 위치들로 표시되기도 한다. WBS를 만드는 정확한 방법은 없지만 특정 프로젝트를 분해하는 논리적인 방법이어야 한다.

　집 현관을 칠하는 프로젝트를 예로 들어보자. 위 오른쪽 그림에 이를 위한 몇 가지 프로젝트 작업을 보였다. 그림에서 보는 바와 같이 다음 분해단계로 옮기기 전에 level2를 통해 작업해야 프로젝트의 목적을 커버할 수 있다. 각 하위레벨은 상위레벨을 나눈 것으로 현관 페인팅 작업에서 Prepare Porch를 택한 뒤 세부적으로 하위 작업으로 쪼갰다. 이 프로세스는 작업이 더 이상 쪼개지지 않을 때까지 진행되는데 관리할 수 있는 세부적인 활동들까지만 가능하며, 추적이나 통제할 수 없는 상세 레벨까지는 포함하지 않는다.

　PMI의 A Guide to the PMBOK은 WBS의 최하위 레벨을 작업패키지(work package)로 부른다. 이 작업패키지는 단지 작업을 분해해서 얼마나 멀리까지 내려갈 필요가 있는지를 알려준다. 트리구조를 이용한 프로젝트 계획하기는 트리 도표와 칠판에 수많은 스티커 메모를 사용해서 머리를 맞대고 연구하면서부터 WBS를 시작한다.

• 83

도시 근처의 여러 곳에 흩어져 근무하고 있는 2,000명의 직원들을 신축건물 한 곳으로 모두 옮기는 프로젝트 작업을 해야 한다고 가정하자. 각 부서의 직원들은 나름대로의 직무를 하며 자신들의 관리자와 근무일정을 가지고 있을 것이다. 이들의 모든 컴퓨터들을 새로운 건물로 옮기고 모든 것이 순조롭게 진행되게 하기 위해선 이런 작업에 포함되어져야 할 것들이 무엇인지와 있을 수 있는 모든 장애와 이뤄질 작업들을 생각해 보면 된다. 프로젝트 매니저는 여러 이해관계인들을 한 곳에 모아놓고 의견들을 경청한 뒤 스티커 메모에 적어서 칠판에 붙여두면(이를 플립차트(flip chart)로 부름), 누군가가 이것들을 논리적인 순서로 정리할 것이다.

예를 들어 어느 이해관계인은 모니터가 모두 작동되는지 확인해야 한다고 하고, 또 다른 누군가는 월요일에 출근했을 때 E-mail을 확인할 수 있으면 좋겠다고 할 수도 있다. 이런 각 메모들은 근본적으로 머신이 제대로 작동되고 네트워크에 연결되어 있어야 가능한 일들이다. 이 프로젝트의 여러 요소들을 정리해서 칠판에 스티커로 붙이면 곧 잎이 무성한 나무 모양(이를 논리나무(logic tree)로 부름)이 될 것이다!

3) WBS 만들기 지침

WBS 만들기의 시작은 때때로 힘든 일이 될 수도 있다. 이 프로세스를 처리할 때 많은 사람들이 작업부터 시작하려는 경향이 많은 것을 볼 수 있는데, 작업을 여러 개의 작은 작업으로 분해하면(이를 작업순서(sequencing)로 부름) 순서적으로 작업부터 하고자 하는 유혹에 빠지기 쉽거나 활동의 길이로 예상인력을 배치하는 수가 많다. 하지만 불행하게도 이런 행동은 아직 많은 작업들이 제대로 정의되지 않았기 때문에 중요작업을 놓치거나 작업순서를 정확하게 정하지 못하게 한다. 시간은 흐르고 작업자들은 열심히 일하지만 철저한 WBS를 만드는데 시간이 할당되지 않았기 때문에 올바르게 일을 하고 있는 것이 아닐 수도 있다.

비록 WBS를 완전하게 만드는 왕도는 없지만, 올바른 WBS를 만드는데 프로젝트 팀이 검토해야 할 몇 가지 필요한 지침은 있다.

① 지식과 가용한 리소스를 모아라-시간을 절약한다고 혼자서 WBS를 직접 만들지 말라. 해당 작업의 전문가가 아니면 핵심요소를 놓칠 수 있고, 또 팀원들이 일하게 해서 자신들이 만들어 놓은 것을 완수하게 해야 한다. WBS를 만들 때 팀원들의 지식을 사용하는 것이 누군가가 완성한 WBS를 이용하는 것보다 프로젝트 전반에 관해 협의하기가 훨씬 수월하고 효율도 좋다. 만일 프로젝트에 포함될 팀원들은 있지만 이 세션에 참여하지 못한다면 별도의 세션을 만들어 이 작업에 참여하게 해야 한다. 이상적으로는 모두를 한 곳에 모으는 것이 좋지만, 만일 그것이 가능하지 않으면 다른 식으로도 입력을 받아두는 것이 좋다.

② 다음 레벨로 가기 전에 level2에서 모든 항목을 철저히 해두어야 한다-프로젝트의 전체 작업이 고급 레벨에 표시되어야 하는데, 팀이 함께 WBS를 완성했다고 해서 즉시 팀이 작업을 시행하려는 경향을 통제해야 한다. 사람들은 작업을 보면 그것이 무엇을 만들어낼까 생각하기 시작하는 자연스러운 경향이 있다. 하지만 프로젝트 매니저는 이런 상황을 통제해야 하며 모든 고급 작업이 확인될 때까지 팀원들이 어느 것도 분해하지 않게 해야 한다. 그렇지 않으면 실제 작업할 필요가 없는 일도 하게 되거나 핵심적인 작업을 놓쳐버리게 되는 수가 있게 된다. 모든 팀원이 커버해야 할 고급 작업을 확신할 때까지 그들을 범위설명으로 되돌아가 내용을 숙지하게 해야 한다. 그리고 나서 작업을 분해하기 시작해야 한다.

③ 낮은 레벨의 각 항목은 상위 항목의 요소여야 한다-낮은 레벨의 모든 항목들을 완성하는 것은 점차로 고급 레벨을 완성해 간다는 것과 같은 의미이다. 체크리스트로 항상 낮은 레벨의 항목들을 점검하고 팀원에게 그런 항목들이 완성되어서 다음 상위 레벨로 가도 되는지 확인해둔다. 만일 이 질문의 대답이 "No"라면 하위 수준의 모든 작업을 확인하지 않은 셈이 된다.

④ 모든 작업들을 리스트하고 그것들을 부분 요소들로 분해한다-많은 팀이 리소스 할당과 예상이 적중되어 팀이 만족할 만한 수준에 도달한 뒤 WBS를 완성했어도 각각 별개의 활동인 작업 순서화, 리소스 할당, 그리고 예상과 같은 별개의 작업에 이외로 많은 시간을 허비하는 것을 볼 수 있다. 팀은 작업 활동은 그럭저럭 분해했지만 작업 순서화에 대해선 혼동하곤 하는데 이런 작업들이 WBS의 목적은 아니다.

⑤ 해야 할 일(To Do) 리스트를 만들지 말라 – 쉽사리 작업들을 쪼개놓거나 실천하기 힘든 수준까지 분해하면 안 되며, 의미 있는 작업들이 되게 해야 한다. WBS는 프로젝트 스케줄의 근간이 되기 때문에 통제할 수 없는 수준까지 분해해서는 안 된다. 만일 매우 짧은 일련의 순서적인 작업들로 만들었다면 이런 작업 모두를 관리하긴 힘들 것이다.

여기서 위에서 예로 들었던 현관 페인트칠에 대한 물품구매 작업을 살펴보자. Purchase Materials 아래 사포(sand paper), 실러(sealer), 페인트(paint), 솔(brush) 등 구매해야 할 모든 항목들을 리스트해두면 된다. 그러나 만일 WBS에 Shopping List를 둔다면 구매활동을 실제 리스트할 수 없게 되어 현관 프로젝트를 완성하기 위한 구매항목들이 물품구매와 관련된 활동으로만 보일 수 있다. Shopping List는 WBS에 있는 "Make a List" 활동으로 대체하면 된다.

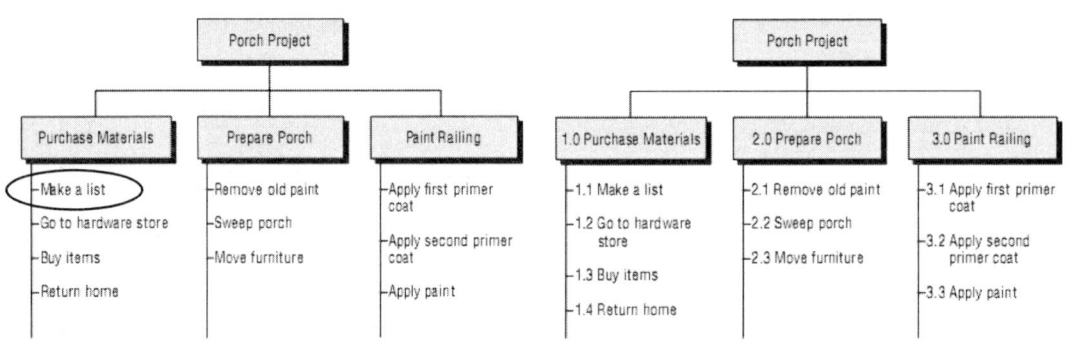

〈현관 프로젝트 WBS와 수치 구별자가 있는 WBS〉

⑥ 각 단계에서 적절한 레벨 수를 사용한다 – 각 중요한 목표는 예상과 리소스 스케줄링을 위해서 다른 레벨로 분해된다. 어느 단계는 세 개의 레벨을 갖기도 하고 또 어느 단계는 일곱 개의 레벨을 가질 수도 있다. WBS를 균형 있게 하는 것보다 관리할 수 있는 활동으로 만든다는 것에 주의해야 한다. 만일 모든 작업에 짝수 레벨로 억지로 맞추려고 하면 일부 단계에선 작업이 세밀하지 않게 분해되거나 간단한 작업이 너무 장황하게 되는 경우가 있게 된다.

⑦ WBS의 각 항목에서 여러 구별자(identifier)를 만든다 – 이것은 수치를 사용해서 개괄

적으로 표시하는 형태인데, WBS의 왼쪽으로부터 시작해서 아래로 진행해 나아간다. 중요한 작업은 1.0, 2.0, 3.0, …등이고 하위레벨로 내려갈수록 두 번째 숫자가 늘어난다. 1.0 작업 아래로 갈수록 1.1, 1.2, 1.3, …이고 2.0 아래로는 2.1, 2.2, 2.3, …식이다. 위의 오른쪽 그림이 현관 프로젝트에서의 WBS에 추가된 수치 구별자이다.

4) WBS의 장점

WBS는 자주 성공적인 프로젝트의 중요한 요소 중 하나에 든다. 나중에 보게 되겠지만 ① WBS는 여러 프로젝트관리 프로세스의 입력이 된다. 프로젝트 매니저는 WBS는 여러 다른 장점들도 가지고 있음을 알게 되는데, ② WBS는 우선 팀 구성과 팀 의사소통에서 멋진 도구가 될 수 있고, ③ 중요한 작업과 그 하위 활동에 대해 그래픽으로 표시되어 팀원들이 프로젝트의 큰 그림을 볼 수 있으며 그들의 활약이 어디서 발휘되는지 알게 한다. ④ 주어진 활동과 중요작업 사이의 직접적인 연결 또한 팀원 개인의 영향을 극명하게 보여준다. ⑤ 프로젝트에 새로운 팀원이 투입되어도 WBS는 이들에게 즉시 작업속도를 붙여줄 수 있다. ⑥ 좋은 WBS는 앞으로의 유사 프로젝트에 대한 템플레이트도 될 수 있다. 소프트웨어 개발 프로젝트는 자주 비슷한 주기를 가지고 있어서 이전 프로젝트의 결과물이 새로운 프로젝트의 시작점이 될 수 있다. 이것은 팀이 기존 구조를 새로운 프로젝트에 적합하도록 수정하게 하고 또 팀이 스스로 알아내지 못했던 프로젝트의 새로운 분야를 깨닫게도 한다. ⑦ WBS가 제공하는 프로젝트 범위의 큰 그림은 클라이언트와 이해관계인들과 협의하는데 훌륭한 도구가 되기도 한다. 사람들은 프로젝트의 목표와 이 목표를 달성하기 위한 행동들에 관한 도표를 보기 전까지 프로젝트의 규모를 충분히 이해하지 못하는 때가 많다. ⑧ 또 리소스 필요나 예산을 협의할 때 사용되는 도구이기도 하다. 프로젝트에 무슨 작업이 포함되는지 분명하게 보여주어서 만일 프로젝트 목표와 지원 활동들에 빠진 것이 있다면 그것은 그 프로젝트에 해당되는 부분이 아닌 것으로 판단하게 한다. ⑨ 상세한 WBS는 중요한 작업이 간과되지 않게 하며, ⑩ 변경을 통제하게 한다. 만일 프로젝트 팀이 프로젝트 목표에 대해 분명한 그림을 가지고 있다면 프로젝트 범위에 해당되지 않는 것에 덜 신경 쓰게 될 것이다. 그렇다고 WBS가 변경을 받아들이지 않는다는 것이 아니다. 프로젝트 동안 변경은 늘 있게 마련인데, WBS는 변경요청이 변경인지 원래 프로젝트 범위에 해당되는 부분이 아닌지 등을 분명하게 해준다는 것이다.

CompTIA Project+

2 IT 프로젝트 범위평가

IT 프로젝트 매니저가 수행하는 프로젝트 범위는 WBS에서 이미 정해 놓은 한계에서 멀리 벗어나진 않는다. 그러나 예상치 않게 원래 범위에서 멀리 벗어나 표면으로 드러나는 요소들이 IT 분야엔 있게 마련인데, 프로젝트 범위에 결정적으로 영향을 끼치고 원래 범위평가와 계획하기를 넘어서는 재미있는 억지와 뉘앙스와 마주칠 때가 있다. IT 프로젝트의 범위를 평가할 때 생각해 보아야 할 것들을 알아보자.

2.1 IT 분야의 규모

IT 분야의 규모는 프로젝트의 범위에 직접적으로 영향을 끼치는데, 만일 몇 명의 인원만 있게 되면 모두가 끊임없이 한두 가지 프로젝트에 겹쳐 매여 있게 되며 그렇게 되면 새로운 프로젝트의 범위는 그들의 스케줄에 맞춰질 수밖에 없게 된다. 이럴 때 중요한 제약은 보유하고 있는 인력이 될 것이다.

예를 들어 모든 팀원이 어느 프로젝트에 매달리고 있는데 조직에서 더 중요한 프로젝트가 새로 떨어졌다고 해보자. 하던 프로젝트를 멈추고 새로운 프로젝트를 맡을 것인가, 아니면 진행 중이던 프로젝트를 끝내고 새로운 프로젝트를 맡을 것인가? 이런 일들은 작은 인력을 보유하고 있는 프로젝트 팀에게 있어선 흔한 일이다. 만일 첫번째 프로젝트를 실행할 때 적절한 예상(e.g, "현재 프로젝트는 더 중요한 작업으로 인해 방해받을 수 있다"는 식)을 해놓지 않으면 커다란 딜레마에 빠질 수밖에 없는데, 하던 프로젝트에서 허겁지겁 돌아와 새로운 프로젝트를 맡게 되면 여러 가지가 헷갈리기도 해서 범위와 시간, 그리고 비용에(혹은 품질까지도) 영향을 입게 될 것이다. 더 중요한 것은 충분한 인력이 없는 IT 분야의 작업은 새로운 프로젝트는 고사하고 새로운 프로젝트를 맡을 여력도 없을 것이다. 그러나 커스터머의 요구에 부응하기 위해서 새로운 프로젝트도 충분히 감당할 수 있다고 선뜻 수용하고픈 유혹도 있을 수 있다. 그렇게 되면 서버관리자가 데이터베이스나 그 외의 것들도 관리해야 할 것이다. 이와 같이 최소한의 인원만 가지고 있는 여건에선 IT 프로젝트가 지원문서는 말할 것도 없고 충분히 알지 못하는 요구사항과 잘 개발되지 않은 WBS로 진행될 때 어려움을 겪을 수밖에 없다.

소수의 IT 인원으로 개발되는 프로젝트에서는 요구사항이 충분히 이해되고 WBS가 매우 분명하게 정리되어 있으며, 프로젝트 계획이 보유한 IT 인원으로 소화해내기 적당한 수준으로 만들어진 뒤 추진하는 것이 필수다. 다른 말로 해서 새로운 Oracle 데이터베이스 서버 프로젝트를 맡았다면 정신없어 하는 직원들을 데리고 며칠 내로 온라인에서 사용되도록 프로젝트를 추진할 수 없다면 일부 서버 관리자들이 그 프로젝트를 맡아서 야간으로 작업하게 할 수밖에 없는데, 이런 상황을 비즈니스 커스터머와 충분히 얘기하는 것이 중요하다. 프로젝트가 단기간에 끝날 수 없다고 이해관계인들에게 충분히 설명하면 외부 리소스를 고용하게도 하지만, 또 수많은 이유로 내부직원과 마찰이 생길 수 있는 문제이므로 조심스럽게 이런 문제에 접근해야 한다.

2.2 프로젝트 작업의 정의

보통 명확한 요구사항을 가지고 있는 IT 프로젝트라면 작업을 정의하는 일은 쉽다. 예를 들어 특정 필요를 위해 새로운 소프트웨어 응용프로그램을 원하는 비즈니스 매니저를 만났다고 하자. 필요한 정보를 얼마간 얻고 나면 원하는 소프트웨어가 어떤 것인지 확신할 수 있다. IT 부서 직원들과 얘기한 뒤 대부분 서버는 Windows 2003이고, 데이터베이스 서버는 MS SQL 2000이라서 이런 종류의 응용프로그램은 맡을 수 있다고 결정해버릴 수도 있다. 얼핏 보기에 이 작업은 매우 수월해 보여서 프로그램을 어떻게 사용자들이 이용할지(e.g, thin-clients나 thick-clients)와 프로그래밍 환경도 정해놓고 진행해 버리는 수가 있다.

예를 들어 현재 사용 중인 헬프데스크 소프트웨어를 더 강력한 상용 소프트웨어로 대체하는 프로젝트를 한다고 하자. 해야 할 작업은 새로운 서버나 소프트웨어를 돌리는 서버구성이라고 쉽게 단언하기 쉽지만 오래된 헬프데스크 데이터베이스 데이터를 새로운 데이터베이스로 옮기는 작업도 있어야 하고, 새로운 시스템을 사용하도록 직원훈련과 새로운 시스템에서 예전 데이터로 보고서를 작성하는 것 등도 들어있어야 한다. 프로젝트에서 실행할 모든 작업들-일부는 현재 보이지 않아도-을 고려해 두어야 한다. 앞에서 말한 것처럼 이해관계인들을 훈련시키고 지원 문서를 만드는 두 가지 작업만 해도 프로젝트의 결과를 철저히 점검해보지 않으면 간과하기 쉽다.

2.3 비즈니스 클라이언트와 작업하기

IT 분야는 비즈니스 유닛과 엔드 유저의 필요를 위해 존재한다. 더 넓게 보면 IT 분야는 조직의 비즈니스 프로세스 안에서 누구에게도 예속되지 않는 대신 성공적인 프로젝트를 만들기 위해 입력과 비즈니스 유닛의 전문성에만 의존한다는 얘기다. 바꿔 말하면 비즈니스 유닛을 위해 일하지만 그것의 일부분이 될 필요는 없다. 그 관계에 빠지면 프로젝트의 범위에 나쁜 영향을 끼치는 모든 종류의 것들을 다 겪게 된다. 프로젝트 중반에 프로젝트의 결과물에 대해 관심이 식은 비즈니스 유닛의 어느 매니저를 예로 보자.

이 매니저는 프로젝트 스폰서 중 한 명이므로 이 사람의 관심과 지원이 없다면 프로젝트를 만족스럽게 해 나아가기 힘들 것이다. 비즈니스 유닛이 너무나 복잡해서 프로젝트를 비즈니스적 필요에 실제 맞추는 작업을 도와 줄 SME를 그가 프로젝트 팀에 투입시켜주지 않는다고 생각해보라. 매일같이 근무하는 사용자들이 무엇을 필요로 하는지 신뢰할 만한 입력이 없다면 비즈니스 유닛이 무엇을 실제 필요로 하는지 단순히 추측하는 것만으로는 매우 작업이 어려울 것이다. 많은 프로젝트가 이렇게 진행되어서 어설픈 결과물을 내놓기 십상이다.

또 어떤 비즈니스 유닛이 새로운 COTS 응용프로그램을 가지고 스스로 모든 것을 연구한 뒤 필요한 것을 생각해내어 마지막 순간에 프로젝트 제품에 첨가시켜 줄 것을 부탁해오면 어떻게 해야 할까? 비즈니스 유닛의 이해관계인들이 프로젝트 범위에 대한 생각을 프로젝트 매니저와 매우 다르게 하고 있다면 또 어떻게 해야 하나? 이런 요소들은 범위설명의 전제 부분에 첨가시켜 둠으로써 처리할 수 있는데, 예를 들어 "마케팅 부서는 프로젝트 팀에 한 명의 풀타임 비즈니스 대표자를 프로젝트 처음 30% 진행 시 투입해 주어야 한다"는 식이다.

2.4 정의하기 힘든 성공기준

새로운 전자상거래 소프트웨어 응용프로그램을 맡았다고 해보자. 이 응용프로그램의 한 가지 요구사항이 '매우 안전'해야 한다는 것이라면 보안과 해킹 대비가 시스템에 적용되어져야 할 것이다. 그런데 시스템이 안전한지 평가할 때 도대체 어떻게 그것이 안전한지 알 수 있을까? 또 그 응용프로그램이 시스템에 잘 적응된다 해도 운영체제에서 시스템이 불안하니 시스템 패치코드를 적용하라고 하면 어떻게 되겠는가? 이 패치가 새로 만든 응용프로그램에 잘 적응되는지 어떻게 알 수 있을까? 패치가 시스템에 영향을 끼치지는 않는지…, 조직에서 요구하는 연간 성과검사 평가항목과 보고서에서처럼 때때로 세부 항목에 어느 기준을 들이대기가 쉽지 않을 때가 있다. 하지만 왜 프로젝트를 진행하는지는 확실히 알아두어야 한다. 작업을 통해 커스터머가 무엇을 얻으려고 하는지 말이다.

2.5 보조 시스템과 밝혀지지 않은 프로세스 요소들

아마도 정해 놓은 프로젝트 범위를 가장 혼란스럽게 하는 것은 의심의 여지없이 완전한 비즈니스 프로세스를 알지 못했을 때인데, 엔드 유저들이 계속해서 사무자동화 프로그램에서 어떤 요소를 찾고 있거나, 그들과 인터뷰할 때 메인 시스템에서 주로 사용하는 요소들을 모두 말해주지 않았거나, 고의로 감추고 있었던 것들을 알아냈을 때이다. 이런 문제들 중엔 보조 시스템도 포함되는데, 사용자들이 계속해서 스프레드시트나 엑셀과 같은 소형 프로그램을 찾아 별도로 사용하는 것과 같은 예이다.

예를 들어 30년간 사용하고 있는 메인프레임 기반 응용프로그램을 가지고 있다고 하자. 그 기능이 현재(혹은 한동안) 사용자의 요구에 충분히 부응하지 못해서 이 시스템의 단점을 극복하고자 보조 시스템이 개발되어 사용되고 있었다. 프로젝트 매니저가 이들과 인터뷰해서 요구사항과 비즈니스에서 필요로 하는 프로세스들을 모을 때 사용자들은 이런 보조 시스템을 사용하고 있다는 것을 말하지 않는다 - 그들은 아마 언급조차 안 해서 결과적으로 프로젝트 제품은 중요한 기능이 빠진 제품이 되어버리고 만다. 혹은 사용자들이 무슨 이유에서인지 비즈니스에 필요한 프로세스 요소들을 충분히 안 알려주기도 하는데 비즈니스에 필요한 모든 과정을 잊어버렸을 수도 있지만, 슬프게도 사용자가 새로운 제품에 대한 거부감으로 그것들을 밝히기 꺼려하는 수도 있다. 이상하게 들리는가? 하지만 사실이다. 프로젝트 목표에서 중요한 요소를 빠뜨리고 프로젝트 작업을 해 나아간다고 상상이나 해보라!

범위를 망쳐버린 보조 시스템의 예를 하나 들어보자. 조직의 IT 부서의 응용프로그램 개발 매니저는 최근 비즈니스 유닛 중 한 곳으로부터 그들의 작업을 수월하게 해주는 인력과 시간이 많이 소요되는 자동화 시스템개발 요청을 받았다고 하자. 프로젝트를 위해 시스템

CompTIA Project+

분석가를 정해서 사용자와 함께 비즈니스 프로세스를 이해한 뒤 프로젝트에서 필요한 사항들을 정리해 나가는 작업에 착수했다. 마침내 현재 프로세스의 흐름을 보여주는 **DFD**를 포함해 잘 정리된 문서 초안을 보내왔다. 모든 것이 좋아 보여 프로젝트를 진행해 나아갔다. 시스템 코드를 반쯤 완성했을 때 일상적인 이해관계인들과 프로젝트에 대한 이야기를 나누다가 여기저기서 시스템 분석가가 일상적인 분석과정으론 발견하기 힘든 몇 가지 사소한 요소들이 빠져 있다는 것을 알았다. 분석가가 처음 만나 보았던 사용자들과 재차 면담을 가지자마자 사용자들은 분석가에게 말해주지 않았던 보조 시스템에 대해 얘기해 주었다.

예를 들어 한 명은 비즈니스 업무를 위해 계산을 해주는 작은 **Excel** 파일을 사용하고 있는데, 이런 기능은 새로운 시스템에 반드시 포함되어져야 하는 중요한 정보였다. 또 다른 사용자는 작업 프로세스를 책상 모서리에 쪽지로 붙여놓고 참고하고 있었는데 이런 과정도 새로운 시스템이 해결해 주어야 할 중요한 요소였지만, 이 역시도 프로젝트를 진행할 때에는 전혀 모르고 있었던 사실이었다. 이럴 때 어떻게 해야 하나? 다시 칠판으로 가서 이런 중요한 기능들이 프로세스에 추가되도록 새로운 설계를 해야만 할 것이다.

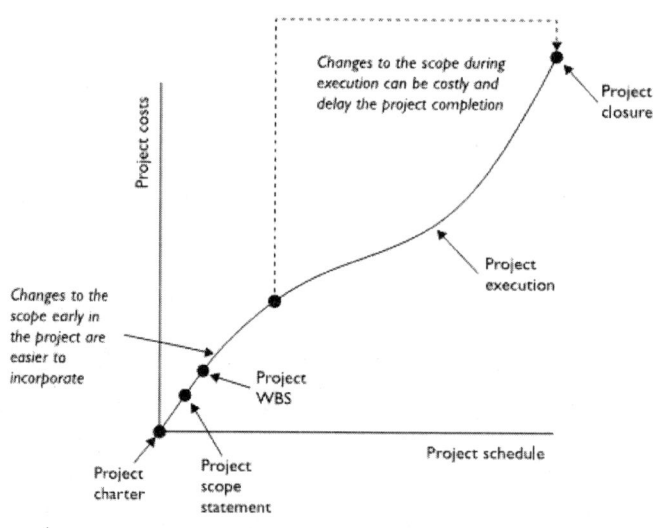

〈초기 범위변경이 그나마 비용과 작업면에서 효율적이다.〉

CHAPTER 3 범위 계획하기

2.6 "미니-프로젝트"에서 벤더/컨트렉터와의 관계

벤더/컨트렉터와의 관계는 규모가 작은 프로젝트에서와 대규모 예산이 들어가는 프로젝트에서 다를 수 있다. 소규모 프로젝트에서 벤더나 컨트렉터가 분명히 도와준다고는 했지만 당장 실행해야 할 다른 프로젝트를 진행하고 있어서 바로 투입되지 못하고 있다면 무미건조하게 기다릴 수밖에 없다. 컨트렉터가 돌아올 때쯤이면 그동안 계획했던 범위가 무용지물이 되는 경우도 있을 수 있다. 부수적인 작업도 범위개발 때 적절하게 알아내지 못하면 프로젝트 범위에 영향을 끼치는 또 다른 문제점인데, 예를 들어 대규모 **SAN/NAS** 프로젝트를 실행할 때 서버 렉(rack)의 레일작업과 같은 간단한 작업이 속을 썩여서 중요한 프로젝트 완성일자가 한 달이나 지연되는 수도 있다. 서드파티 공급자에게 주문을 넣었는데 벤더가 잘못된 레일을 보내 주어서 이를 수정하고 다시 받는데 시간이 많이 걸린 경우이다.

2.7 중견 프로젝트 기술자의 사임

중요한 WBS 작업을 팀원 중 중견 기술자에게 맡겼는데 그가 다른 조직으로 이직한다고 해보자, 어떻게 할 것인가? 그 보다 못한 기술자에게 그 일을 맡길 것인가? IT 부서는 그리 크지 않을 수 있어서 누군가를 새로 고용할 때까지 그 일을 감당할 인력이 없다면 범위설명이 엉망이 될 수 있다. 다시 한 번 강조하지만 전체설명에는 가용할 수 있는 대체 인력도 들어 있어야 한다.

2.8 프로젝트가 여러 IT 부서에 걸칠 때

서로 다른 비즈니스 유닛에 속하는 여러 IT 분야가 있는 조직을 예로 보자. 회사의 제조부서나 법률부서의 조직이 매우 커서 자신들의 IT 팀을 따로 가지고 있을 수도 있다. 조직 전체에서 사용되는 중요한 작업, 예를 들어 조직 인트라넷을 통해 게시되는 전자 근무시간표를 만드는 프로젝트를 수행한다면 그 시스템을 사용할 엔드유저의 필요에 맞게 다른 부서의 IT 인력에서 지원을 얻을 수도 있는데, 제조부서는 다른 부서와 다르게 자신들에게

CompTIA Project+

맞는 근무시간표가 되도록 조정 작업을 할 수도 있다. 그런 경우라면 CEO가 "그대로 하라"라는 지시가 없는 한 프로젝트 관리는 다분히 정치적인 색채를 띠게 되어 모두에게 일괄적으로 적용되는 것이 아닌 부서별로 필요한 것들을 모으는 일이 될 수 있다. 이런 상황에서 범위는 전반적인 프로젝트에 역점을 두기보단 각 부서의 우선순위에 따라 정해지기도 한다. 인력 지원은 필요하면 제조부서의 IT에서 그래픽 전문가를 주당 30% 끌어다 프로젝트 작업에 투입시킨다는 식이다.

2.9 좋은 정의를 필요로 하는 테스팅 요소들

여러 IT 프로젝트는 요구사항에 맞는지 작업을 확인하는 테스팅 요소들을 가지고 있다. 예를 들어 소프트웨어 개발은 광범위한 테스팅을 거쳐 사용자의 필요에 맞게 프로젝트 요구사항 문서에서 정한 대로 코드가 작성되었는지 확인해야 하는데, 여기에는 세 가지 테스팅 형태가 있다.

① 단위 테스팅(Unit Testing) – 이 테스트는 전반적인 작업 패키지에 들어있게 될 모듈이나 요소를 테스트하는 기술자가 행하는데, 예를 들어 서버 관리자가 열심히 서버를 구성해 놓으면 테스트 팀이 정해진 대로 성과가 나오는지 테스트해보는 식이다. 모듈을 완성한 프로그래머가 예상한 대로 모듈이 작동하는지 다양한 테스트를 실행해보는 일도 해당된다. 이 단위(unit) 테스팅을 단일(single)로 생각하면 되는데, 한 명이 한 요소를 테스트하는 것으로 이해하면 쉽다.

② 종합 테스팅(Integrated Testing) – 이 테스팅은 전체를 이루는 여러 요소들을 함께 묶어 테스팅한다. 예를 들어 이제 막 구성이 끝나 로드밸런싱(load-balancing)을 이루도록 여러 서버들로 구성된 웹서버를 테스트한다면 각 서버를 개별적으로 테스트하는 것이 아니라 이 모든 서버들이 연동된 전체를 테스트하는 것이다. 프로그램 팀은 여러 모듈이 연합된 형태로 완성된 프로그램으로부터 각 모듈을 테스트하게 되는데 한 프로그래머는 프린트 모듈을, 다른 이는 계산 요소를, 그리고 또 다른 이는 보고서 작성을 코드했을 것이다. 이것들이 모여 어느 계산을 수행하고 보고서를 만들며 성공적으로 프린트되어야 한다. 종합 테스팅은 해당 프로그램이 이렇게 되는지 보는 것이다.

③ 사용자 승인 테스팅(UAT : User Acceptance Testing) - 테스팅의 마지막 단계는 목적한 사용자들이 직접 시스템을 사용해보는 것이다. 이것은 시스템을 이용할 사용자가 직접 시스템을 테스트해보는 것이므로 프로젝트 팀의 실력을 보여주는 일이며, 최종 제품의 수준을 나타내는 일이므로 반드시 거쳐야 할 테스트이다. 제품에 대해서 가장 적나라하게 평가가 내려지는 부분이기도 하다. 테스팅의 어느 단계에서라도 문제가 발생되면 즉시 수정에 들어가야 하며, 심각한 테스팅 오류가 발생하면 이는 틀림없이 범위를 벗어난 것으로 시간과 비용이 들더라도 문제를 해결하는데 노력해야 한다. 이 것이 프로젝트 매니저가 해당 작업에 가장 적합한 작업자를 쓸 줄 알아야 하는 이유이고, 그럼으로 해서 그가 작업한 것이 예상대로 잘 수행되어졌음을 확신하게 된다.

앞에서 보았던 Chaptal Wineries의 E-mail과 인트라넷 시스템으로 예를 보자.

이제 Cane씨는 Bordeaux로 날아가 Fourche씨를 만나서 E-mail 서버와 인트라넷 사이트에 대한 얘기를 하고 실제 물리적으로 연결되는 요소들을 알기 위해 각 사이트를 방문해야 한다. 예를 들어 서버를 어디에 둘지, WAN 연결을 T1으로 할지(유럽에서의 E1), 서비스 제공자는 누구로 할지, 혹은 Fourche 사이트의 디마크(demarc)는 어디인지 등 통신망에 대해서도 알아두어야 한다. 이와 똑같은 작업을 Sanchez씨와 Jason씨 사이트에 대해서도 해야 할 것이다. 돌아오자마자 다음 사항들이 들어 있는 범위문서를 작성한다.

① 비즈니스적 필요 - Chaptal Wineries의 사장인 Kim Cox는 새로운 해외 세 곳에서도 E-mail과 일정관리 및 당분비율이나 제조번호, 상표, 규정 등과 같이 중요한 포도주 생산의 필수정보가 공유되기 원한다. 이를 위해 네 곳을 묶어주는 E-mail 시스템과 인트라넷 시스템 두 가지가 있어야 한다.

② 작업설명 - 작업은 각 사이트에 서버(들)을 설치하는 것인데, 서버는 WAN으로 묶여야 하며 E-mail 소프트웨어가 각 서버에 설치되어 단일 E-mail 조직으로 되어져야 한다. 사용자들은 일반 프로그램으로 온라인에서 일정관리와 E-mail 소프트웨어를 사용할 수 있어야 한다. 또 인트라넷 사이트는 Chaptal 서버에 탑재되어 각 해외 사이트 사용자들이 인트라넷에 중요한 정보를 올리도록 교육받아 모든 직원들이 중요하고 완전한 데이터를 가질 수 있게 한다.

③ 중요작업 - 작업은 다음과 같은 요소들을 가진다.
  (a) 각 사이트에 고성능 서버를 설치하는데, 서버는 동일한 벤더제품을 사용하며 각 서버는 같은 사양이어야 한다.

(b) 국제적으로 잘 알려진 E-mail 소프트웨어를 설치한다.
(c) 사이트끼리 WAN으로 연결한다.
(d) 각 사이트에 라우터나 방화벽같이 적절한 내부 장비를 설치한다.
(e) 인트라넷 사이트를 만든다.
(f) 훈련과 문서작업이 있어야 한다.

④ 성공 기준 - 성공 기준은 다음으로 알 수 있다.
(a) 서버가 각 사이트에 설치되고 기준에 따라 100% 기능이 발휘되어야 한다.
(b) E-mail 소프트웨어가 각 사이트 서버에 설치되고, 사이트는 다른 사이트 서버에게 연결되며 언어 호환이 100% 이뤄져야 한다.
(c) 통신사에 의해 설치된 사이트는 표준으로 연결되어져야 한다.
(d) 각 사이트의 ISP가 정해지고 결정되어야 한다.
(e) 라우터 설치와 라우터 테이블이 구성되어져야 하고, 방화벽이 설치되어 구성되며 기준에 맞아야 한다. 관리자는 네트워크 안에서 각 사이트 서버에 ping할 수 있어야 하며, 각 사이트로 E-mail을 테스트할 수 있어야 한다. 포트 스니퍼(port sniffer)로 FTP 20과 21, HTTP 80, 그리고 HTTPS 443 포트만 열려 있고 다른 포트들은 닫혀 있음을 확인한다.
(f) 작성된 인트라넷 사이트와 비즈니스적으로 필요한 모든 초기 요소들이 작동되어야 한다.
(g) 사용자를 위한 훈련과 문서가 제공되며 유지되어져야 한다.
(h) 모든 사이트의 사용자들은 서로 언제든지 100% E-mail을 주고받을 수 있어야 하며, 언제나 작업상 중요한 정보에 100% 액세스할 수 있어야 한다.

⑤ 전제 - 다음과 같은 가정하에 진행된다.
(a) 하드웨어 등에 변경이 있으면 안 된다.
(b) 각 국의 통신사는 적절한 WAN 설치와 설정을 할 수 있어야 한다.
(c) 평균 T1/E1 비용은 월 USD360$이 넘어서는 안 된다.
(d) 인트라넷 개발시간은 2명이 30일간 일해서 60일치로 한다.
(e) 모든 사이트는 설치와 보안, 기후변화, 전력공급 등에 유연해야 한다.
(f) 라우터는 OSPF(Open Shortest Path First) 라우팅 프로토콜을 사용한다.
(g) 라우터 구성엔 외부 리소스가 계약으로 투입될 수 있다.

⑥ 제약 - E-mail 서버와 인트라넷 사이트에서의 제약은 다음과 같다.
(a) 언어 호환상 문제가 있을 수 있다.

(b) 주어진 사이트에서 적절한 인력이 와인 제조에 관한 문제가 있을 때 필요한 설정을 도울 수 있다.

(c) 수확과 숙성기간을 고려한다.

⑦ WBS - 최종적으로 WBS를 나타내는 리스트는 다음과 같다.

  (a) 1.0 하드웨어 조달 - Chaptal 관리자

    1.10 서버와 NOS(Network Operating System) 라이센스 구매

    1.20 네트워킹 장비 구매

  (b) 2.0 WAN 통신연결 조달 - 사이트 비즈니스 관리자와 함께 Chaptal 관리자

    2.10 French telco에서 E1 연결 제공

    2.20 So. Australian telco에서 T1 연결 제공

    2.30 Chile telco에서 T1연결 제공

    2.40 California telco에서 T1 연결 제공

  (c) 3.0 내부 네트워킹 설치 - 컨트렉터가 설치

    3.10 컨트렉터는 프랑스 사이트에 라우터와 스위치를 기준에 맞게 설치하고 테스트한다.

    3.20 컨트렉터는 호주 사이트에 라우터와 스위치를 기준에 맞게 설치하고 테스트한다.

    3.30 컨트렉터는 칠레 사이트에 라우터와 스위치를 기준에 맞게 설치하고 테스트한다.

    3.40 컨트렉터는 캘리포니아 사이트에 라우터와 스위치를 기준에 맞게 설치하고 테스트한다.

  (d) 4.0 서버 설치 - Chaptal 관리자가 설치한다.

    4.10 프랑스 사이트에 서버를 기준에 맞게 설치하고 테스트한다.

    4.20 호주 사이트에 서버를 기준에 맞게 설치하고 테스트한다.

    4.30 칠레 사이트에 서버를 기준에 맞게 설치하고 테스트한다.

    4.40 캘리포니아 사이트에 서버를 기준에 맞게 설치하고 테스트한다.

  (e) 5.0 Chaptal 관리자의 E-mail 소프트웨어 설치

    5.10 프랑스 서버에 E-mail 소프트웨어를 기준에 맞게 설치하고 제대로 작동하는지 확인한다.

    5.20 호주 서버에 E-mail 소프트웨어를 기준에 맞게 설치하고 제대로 작동하는지 확인한다.

    5.30 칠레 서버에 E-mail 소프트웨어를 기준에 맞게 설치하고 제대로 작동하는지 확인한다.

    5.40 캘리포니아 서버에 E-mail 소프트웨어를 기준에 맞게 설치하고 제대로 작동하는지 확인한다.

CompTIA Project+

(f) 6.0 인트라넷 개발 - 컨트렉터
    6.10 인트라넷 페이지 개발
    6.20 인트라넷 테스트

(g) 7.0 사용자 훈련 - Chaptal 관리자
    7.10 프랑스 사용자 E-mail 사용법 훈련
    7.20 프랑스 사용자 인트라넷 사용법 훈련
    7.30 호주 사용자 E-mail 사용법 훈련
    7.40 호주 사용자 인트라넷 사용법 훈련
    7.50 칠레 사용자 E-mail 사용법 훈련
    7.60 칠레 사용자 인트라넷 사용법 훈련
    7.70 캘리포니아 사용자 E-mail 사용법 훈련
    7.80 캘리포니아 사용자 인트라넷 사용법 훈련

(h) 8.0 단위, 종합, 그리고 사용자 승인 테스팅
    8.10 단위 테스팅
    8.20 종합 테스팅
    8.30 UAT

여기에 트리구조 도표를 넣어서 이 작업의 흐름을 보면 다음과 같을 것이다.

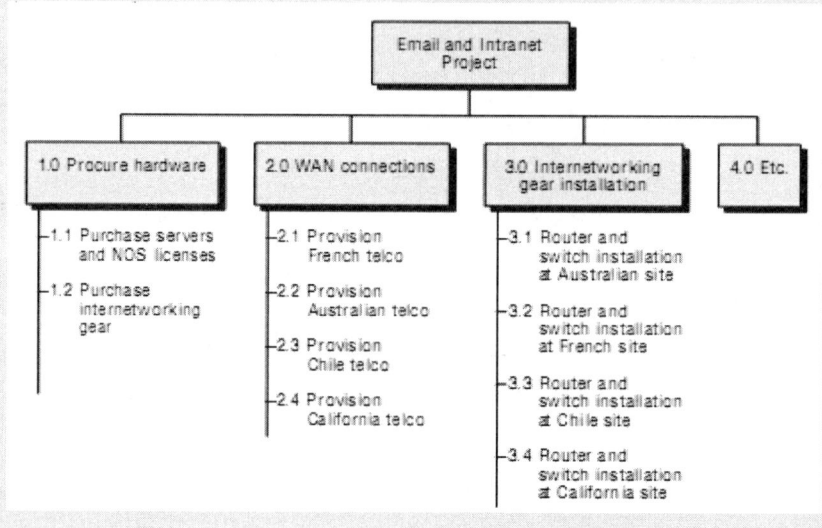

CHAPTER 04 스케줄 계획하기

CompTIA Project+

일단 범위설명이 승인되면 클라이언트와 이해관계인들에게 프로젝트 팀이 가능한 한 빨리 프로젝트를 완성하겠다고 말하고 싶지만 얼마나 걸릴지는 아무도 모른다. 누구나 마감일 없이 일하고 싶어 하지만 마감일이 없으면 제품과 서비스가 출시되었을 때 이를 측정할 방법이 없게 된다. 예산은 제품과 서비스가 언제 판매될 수 있는지에 근거하고, 관리자는 새로운 시스템에 팀원을 배치시킬 준비를 하고 있을 것이며, 부서장은 자기 직원이 얼마나 더 프로젝트에 있어야 하는지 알고 싶어 할 것이다. 이런 것들 때문에 프로젝트 매니저는 실제 프로젝트를 시작하기 전에 프로젝트 스케줄을 개발해야 할 필요가 있다.

대부분 프로젝트 스케줄에 대해 들어보았을 텐데 스케줄을 개발하거나 프로젝트관리 소프트웨어 패키지로 만들어지는 스케줄을 보기 위해선 입력을 제공해야 한다. 얼핏 보면 스케줄에 입력하는 일이 쉬워 보이지만 스케줄은 프로젝트에 포함된 모든 계획된 작업의 시작과 끝의 문서화이다. 할 수 있는 것으로는 WBS에서 작업 패키지를 MS Project에 입력해서 스케줄을 얻어내는 것인데, 대단한 일은 아니지만 이 일에 얼마만큼 계획이 필요할까? 추측한 대로 좋은 프로젝트 스케줄엔 많은 '계획하기'를 필요로 한다. 프로젝트에서 알아야 할 모든 것은 스케줄을 만들기 위해서라고 생각하면 된다. 모든 작업이 확인되고, 각 작업이 수행되는 순서로 순서화가 이루어지며, 각 작업은 또한 완성하는데 걸리는 시간이 예상

CompTIA Project+

될 수 있어야 하며, 마지막으로 이 모든 데이터가 전반적인 프로젝트 스케줄로 조직되어져야 한다.

프로젝트 스케줄은 프로젝트가 끝날 때까지 프로젝트 매니저의 일상적인 일과 중 하나로써 스케줄에서 벗어난 진척과 상태(status) 업데이트 또한 정기적으로 이해관계인들에게 제공되어야 한다. 만일 프로젝트 매니저가 스케줄 계획하기에 시간투자를 하지 않으면 프로젝트 진행 내내 스케줄을 변경하느라 또 작업이 예정대로 완성되지 못하고 있는 이유를 설명하느라 많은 시간을 쏟게 된다. 이제 얼마나 스케줄이 중요한지 알았다면 스케줄 계획하기를 자세히 알아보자.

1 활동 정의

프로젝트 스케줄 개발의 기본은 프로젝트를 완성하기 위한 활동 리스트이다. 만일 해야 할 작업을 알지 못한다면 스케줄에 입력할 알갱이가 없는 셈이 된다. 활동정의는 앞에서 알아본 WBS처럼 작업을 쪼개서 하위 작업들로 나누는 과정이다. 비록 A Guide to the PMBOK에 의한 업계표준은 작업 패키지를 쪼개서 별도 작업과정으로 정의하고 있지만, 현실적 정의는 보통 독립적 프로세스가 아니라 WBS를 쪼개서 상호 연계되도록 관리할 수 있는 수준으로 만드는 분해과정이다. WBS가 잘 세분화되어 있다면 이 단계가 이미 끝나 있을 수도 있다. 작업을 얼마나 쪼갤 수 있느냐에 대해서 많은 지침이 있지만 주어진 상황에 적합한 것이 없을 수도 있다. 너무 상세해서 큰 작업 스케줄을 가지고 쩔쩔매는 프로젝트 매니저도 자주 볼 수 있는데, 15분 만에 할 수 있는 작업을 쪼개는 것은 프로젝트 성공에 오히려 걸림돌이 될 수 있고 프로젝트 매니저가 큰 그림을 보지 못하고 작게 쪼개진 스케줄에 맞추느라 애만 쓰다가 스케줄 추적을 포기하고 스케줄 목록을 무용지물로 만드는 결과가 나올 수도 있다.

활동정의의 핵심은 작업을 구별하고 이런 작업들이 주어진 시간과 예산 안에서 충분히 시행될 수 있는 작은 분량인지 확인하는데 있다. 이것은 작업 활동들을 효율적으로 관리될 수 있는 수준으로 유지해야지 각 팀원이 "해야 할 일" 리스트만 추적하면서 시간을 보내게 할 순 없다. 만일 주간별로 프로젝트 팀원의 업데이트 상태를 보고받는다면 하루나 한두 시간별로 계속 업데이트해서 상태를 추적해 파악할 필요는 없다. 전반적인 프로젝트가 매우 짧은 일정을 요구하지 않는다면 1~3주에 걸쳐 완성해야 할 활동들을 정리해 두는 것이 좋은데, 만일 매우 중요한 단기작업이 있다면 예외로 만들어 특별 상태점검 일정을 잡아도 된다. 일단 모든 활동들에 대한 정의를 끝냈다면 이것들을 완성할 순서화(sequence)에 입력할 준비가 된 것이다.

2 활동 순서화

모든 프로젝트 활동들이 병행으로 시행될 수만 있다면 프로젝트 매니저는 참 편할 것이다. 프로젝트에서 일하는 각 작업자도 자신이 책임진 활동 리스트를 가지고 거기에 쓰인 것만 완성하고 자신의 부서로 돌아가면 그들도 편할 수 있다. 각 팀원은 주어진 작업을 완성하는데 얼마나 걸릴지 예상할 수 있으므로 프로젝트 완성일 또한 가장 길게 잡은 예상을 근거로 해서 정해지면 좋겠지만, 불행하게도 프로젝트 작업을 완성하는 것이 그렇게 쉽지 않다. 많은 프로젝트 작업들이 독립적으로 시작되지 못하기 때문인데, 프로젝트 팀원의 작업은 두 작업 사이의 관계에 따라 종속적으로 될 수밖에 없는 경우가 많다.

활동 순서화(Activity Sequencing)는 프로젝트 활동들 사이에서 종속성 관계(dependency relationship)를 확인하는 프로세스이다. 우선 종속성 타입을 알아야 하고, 다음에 활동들에 대한 특정관계를 정의해야 한다. 이런 데이터를 사용해서 모든 종속성들을 표현하는 작업을 그림으로 표현할 수 있다. 우선 종속성 타입을 알아보고 그 다음으로 여러 가지 종속성 관계에 대해 살펴보자.

2.1 종속성 타입

활동 순서화를 진행할 때 종속성의 세 가지 범주를 알아둘 필요가 있는데, 강제 종속성(mandatory dependency)은 프로젝트가 요구하는 작업 타입에 따라 만들어진다. 케이블을 묻는 도랑이 만들어질 때까지 새로운 하위작업 군에 속한 유틸리티 조가 케이블을 매설할 수 없는 경우이고, 임의 종속성(discretionary dependency)은 프로젝트 스케줄에 따라 임의적으로 실행할 수 있는 것을 말하는데 작업을 순서화할 때 대안적 수단이 있어도 조직의 방침에 따라 특정 순서대로 작업을 완성해야 하는 경우이다. 또 외적 종속성(external dependency)은 프로젝트 작업과 그 작업을 스케줄링하게 하는 프로젝트의 외적요소 사이의 관계를 말하는데, 벤더가 계약한 대로 새로운 서버장비를 가져왔다면 설치할 수밖에 없는 경우이다. 임의 종속성이 강제 종속성보다 더 융통성을 가지게 하는데, 이런 타입을 이해해서 구별해 두는 것은 프로젝트를 완성해야 할 시간이 없을 때 요긴하다. 일단 두 작업 사이의 연계를 이해하고 있으면 프로젝트 매니저와 팀원은 이런 관계가 정확히 어떻게 연동되는지 알 수 있게 된다.

2.2 종속관계 작업

두 작업 사이에 연계가 있다는 것을 아는 것만으로는 충분치 않다. 몇 가지 다른 의문들도 해결할 수 있어야 하는데 종속성이 각 작업의 시작과 종료에 어떻게 영향을 끼치는지, 어느 작업이 먼저 시작되어져야 하는지, 그리고 첫번째 작업이 끝나기 전에 두 번째 작업을 시작할 수 있는지 등인데 이 모든 변수들은 어떻게 전체적인 프로젝트 스케줄이 보여지는지에 영향을 끼치는 요소들이다. 두 작업 사이의 종속성을 이해했다면 그 종속관계가 무엇인지 결정해서 작업순서를 적절히 짤 수 있다. 우선 이 종속성 문제에서 자주 출현하는 핵심 용어들을 살펴보자.

전임작업(predecessor)이란 다른 작업과 함께 일반경로에 있는 작업으로써 문제가 있는 작업 전에 발생한 작업을 말하고, 후임작업(successor)은 다른 작업과 함께 일반경로에 있는 작업으로써 문제가 있는 작업 이후에 발생한 작업을 말한다. 다음 그림에서 Task A와 Task B 사이의 전임/후임 작업관계를 보이고 있다.

CHAPTER 4 스케줄 계획하기

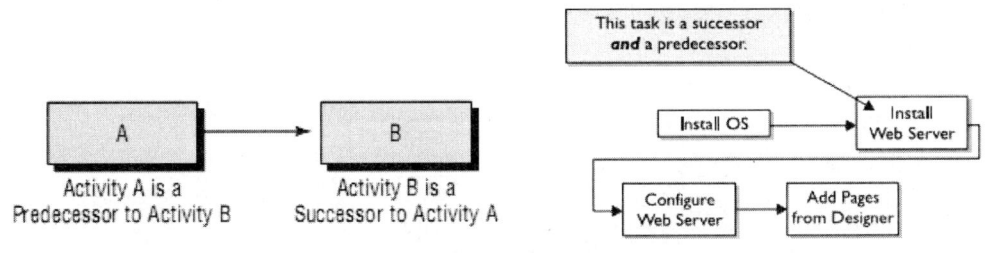

〈전임/후임 작업관계〉

전임작업과 후임작업 사이에 네 가지 종속성 관계가 존재하는데, 정확한 스케줄을 짜는 데 있어서 이들의 관계를 잘 이해하는 것이 중요하다. 종속관계의 타입에 따라 작업을 병행하거나 전임작업이 끝날 때까지 후임작업이 기다리게 스케줄을 짤 수 있다. 이런 관계를 잘못 이해하면 스케줄에 정확성이 떨어진다. 네 가지 종속성 관계란 다음과 같다.

① 끝내고 시작하기(FS : Finish to Start) - 이 관계에서는 전임작업이 종료되어야 후임작업이 시작된다. 이것이 가장 일반적인 작업관계이어서 대부분 프로젝트 추적 소프트웨어 패키지의 디폴트 설정이다. 예를 들어 사용자 지침문서는 요구정의가 시작될 때 시작되고 요구정의가 지연되면 사용자 지침문서도 지연되게 된다.

② 시작하고 시작하기(SS : Start to Start) - 이 관계에서는 전임작업에 종속된 후임작업이 시작되어야 전임작업이 시작된다. 이런 경우는 병행으로 진행될 수도 있지만 첫 번째 작업이 지연되면 이어지는 작업도 시작될 수 없다. 예를 들어 사용자 안내문서는 요구정의가 시작되면 시작될 수 있지만, 만일 요구정의가 지연되면 사용자 안내문서도 지연된다.

③ 끝내고 끝내기(FF : Finish to Finish) - 이 관계에서는 전임작업의 종료에 종속된 후임작업이 끝나야 전임작업도 끝나게 된다. 예를 들어 새로운 제품은 커스터머 매뉴얼이 완성될 때 끝나게 되는데, 커스터머 매뉴얼이 지연되면 제품의 시장출시도 따라서 지연된다.

④ 시작하고 끝내기(SF : Start to Finish) - 이 관계에서 후임작업의 종료가 전임작업의 시작에 종속된다. 이런 경우는 많지 않는데 예를 들어 기술지원 업무는 기술지원 팀이 시작할 때까지 완성되지 못한다.

CompTIA Project+

이들의 관계를 다음 그림에 표시했다.

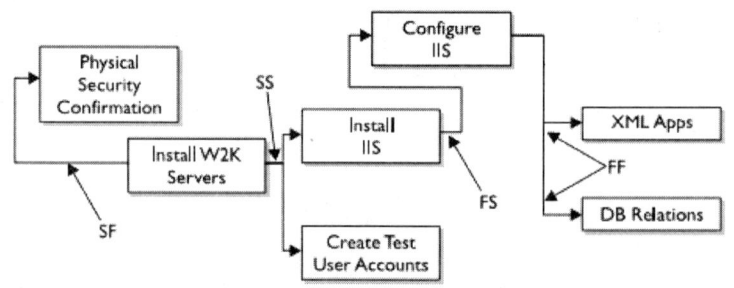

〈작업 사이의 관계도: FS, SS, FF, SF〉

2.3 네트워크 도표 만들기

활동 순서화를 위해 프로젝트 관리자가 사용하는 기법이 네트워크 도표(network diagram)인데, 활동관계를 이해하고 있어야만 한다. 일단 작업 종속성 관계가 구별되면 프로젝트 팀은 언제 여러 가지 중요한 작업이 시작되고 끝나는지 그림을 그릴 수 있게 된다. 이 그림이 네트워크 도표이다. 다음 그림에서 프로젝트 활동과 이런 활동들의 내적관계를 표시한다.

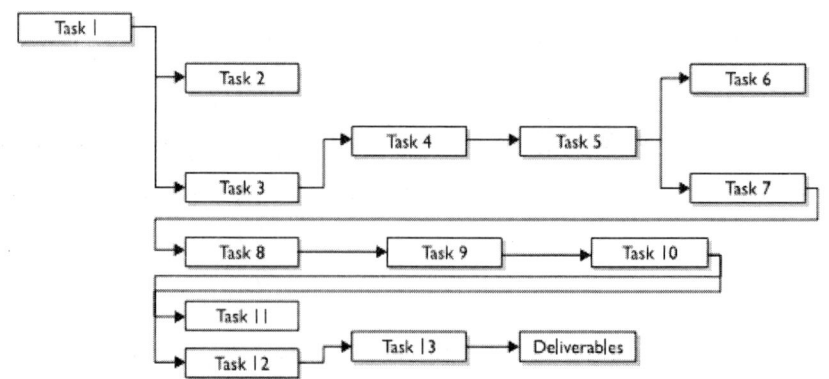

〈네트워크 도표는 작업 사이의 관련성을 보여준다.〉

CHAPTER 4 스케줄 계획하기

실제로 어떻게 작업이 흐르는지 모를 수 있기 때문에 네트워크 도표는 프로젝트 팀에게 있어서 큰 개발도구가 된다. 칠판과 포스트잇으로 활동을 옮기고 변경을 만들 수 있다. 가장 네트워크 도표에서 널리 사용되는 것이 PDM(Precedence Diagramming Method)인데, PDM은 프로젝트 활동을 나타내는 박스와 종속성을 묘사하는 박스 사이에 화살표를 이용한다. 아래에 작업의 종속성이 시작되고 끝나는 것을 나타낸 그림이 있다.

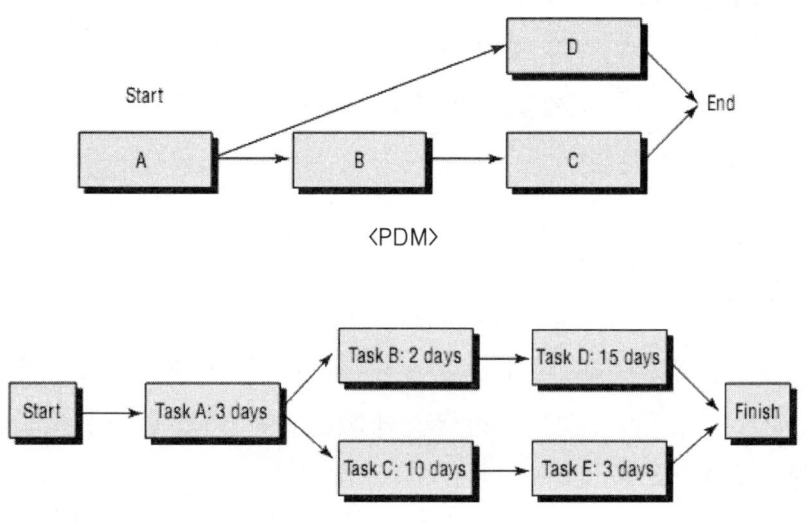

〈PDM〉

〈작업 기간이 있는 네트워크 도표〉

네트워크 도표에는 CCM(Critical Chain Method)과 CPM(Critical Path Method)가 있는데, CCM은 CPM과 유사하지만 프로젝트 리소스들의 가용성을 전제로 하고, CPM은 프로젝트 리소스들이 프로젝트 작업 동안 항상 가용하다는 전제를 가진다. 또 GERT(Graphical Evaluation and Review Technique)는 프로젝트 작업의 결과에 따라 진행할지, 후퇴할지, 혹은 우회할지를 정하게 하는 의문점, 지점, 그리고 루프백으로 접근하게 한다.

이제 작업의 종속성에 따라 활동들이 순서화되었으면 각 활동이 끝나는데 얼마나 걸릴지 예상하는 기법을 알아보자.

• 105

CompTIA Project+

3 활동기간 예상

활동들을 정의했고 작업 사이의 모든 종속성을 알아보았으며, 프로젝트 작업의 흐름을 묘사해주는 네트워크 도표를 점검했으면 프로젝트 스케줄을 완성해보자. 하지만 아직 매우 중요한 것을 알아보아야 하는데, 각 작업이 끝나는데 얼마나 오래 걸리는지이다. 활동기간(Activity Duration)은 활동 리스트에 있는 각 활동들이 끝나는데 얼마나 걸릴지 예상한 것이다. 기간을 정의하는데 사용되는 가장 일반적인 측정법은 몇 날, 몇 주지만 프로젝트 규모에 따라서 달라진다. 이 기간예상을 완성하기 전에 활동기간이 무엇을 의미하는지부터 알아보자.

3.1 기간 정의하기

기간을 예상할 때 활동을 완성하기 위해서 소요된 총 경과시간을 볼 필요가 있다. 만일 하루 8시간 매달려도 5일이 걸리는 예상 작업이 있는데, 이 작업에 할당된 리소스가 하루 4시간밖에 작업에 투입될 수 없다면 실제 기간은 10일이 된다. 또한 작업일(work days)과 달력일(calender days)이 다를 수 있다는 것도 확실히 해두어야 한다. 만일 작업 요일이 월요일에서 금요일까지라면 목요일에 시작되는 '작업일 4일'인 작업은 토요일과 주일에는 작업이 없으므로 작업 기간이 '달력일 6일'이 된다.

6 Calendar days, 4 work days					
Thursday	Friday	Saturday, No Work	Sunday, No Work	Monday	Tuesday

〈주말로 나뉜 4 작업일〉

위 그림에 이것을 설명해 두었다. 물론 휴일과 휴가 기간도 이와 마찬가지이다. 만일 프로젝트 활동기간 예상을 프로젝트 팀과 함께 논의한다면 매우 주의해야 한다. 이것은 큰 문제를 가져올 수 있으므로 작업일이나 달력일 중 어느 날을 기준으로 할지 모두의 충분한 의견을 들어 일치시켜야 할 문제이다. 프로젝트관리 소프트웨어 패키지로 쉬는 날을 표시해서 달력을 만들 수 있으므로 기간을 예상할 때 이 날들을 계산에 넣지 않게 하고 작업일을 기준으로 하는 것이 편하다.

3.2 예상하기 기법

작업기간 예상은 도대체 어떻게 이뤄질까? 비록 일부는 다트게임하듯이 기간을 용케 맞추기도 하지만 더 나은 방법이 있다. 일부 예상기법은 프로젝트에 대해서 정확한 정보가 많지 않을 때 기간 차이가 많이 나기도 하지만 일반적으로 작업을 완성하는데 포함되는 작업들의 성격에 근거해서 만들면 비교적 정확해진다. 작업기간 예상에 왕도는 없다. 다음 기법들은 각 작업이 완성되는 기간 예상이지 100% 정확한 기간을 말하는 것이 아니라는 것을 명심해야 한다.

몇 가지 기법이 작업기간 예상에 사용되는데, 가장 일반적으로 사용되는 세 가지를 보고 이 기법을 사용해서 비교적 정확하게 예상하는 방법을 살펴보자.

① 유추 예상(Top-Down 방식)—이 방식은 이전에 유사했던 프로젝트 활동의 실제기간을 참고해서 사용한다. 이것은 프로젝트에 대한 정보가 부족한 프로젝트 초기 계획하기 때부터 가장 널리 사용되는 방법으로, 유사한 활동기간에 근거해 대략적인 작업 기간을 알아내므로 가장 정확하지 않은 예상이다. 똑같은 두 개의 프로젝트가 있을 수 없고, 참조하는 프로젝트로부터 유추해서 예상하므로 현재 프로젝트와 유사하지 않을 수 있기 때문이다. 하지만 만일 기간 예상을 하는 전문가가 두 프로젝트를 잘 알고 있고 활동기간에 영향을 주는 요소들의 차이도 충분히 이해하고 있다면 이 유추 예상으로부터 얻은 결과가 가장 정확할 수도 있다.

② 전문가 예상—이 방식은 예상되는 작업에 가장 정통한 전문가를 이용하는 방식으로, 작업하는 프로젝트 팀원들이 예상하는 것이 이상적이다. 만일 모든 팀원이 아직 확정되지 않았다면 예상해야 할 그 작업에 전문적인 사람에게 물으면 된다. 하지만 그 작업에 전문가인지 어떻게 알 수 있을까? 만일 내부전문가가 누구인지 즉각적으로 알수 없다면 유사한 프로젝트의 팀원들에 대한 문서를 참조하거나 이해관계인들에게 문

의해 보면 된다. 이전 프로젝트에서 유사한 작업을 했었던 전문가에게 이 프로젝트에 소요되는 예상을 해달라고 부탁할 수도 있다. 가장 정확한 예상은 이전에 이와 유사한 작업을 경험을 했고 현재 이 팀에서 작업을 완성할 팀원이 내리는 판단이다. 프로젝트 기간에 대한 변수 중 하나가 작업을 수행할 팀원의 작업수준과 전문성이다. 중견 테스터의 기간예상은 신입 테스터가 내리는 기간예상보다 짧을 것이다. 만일 작업을 완성할 작업자가 작업 완성기간을 예상하지 못한다면 그 작업에 그가 적합한지 자문해야 한다.

③ 정량적 예상-이 방식은 어느 작업량이 만들어질 때 사용되는데 기간을 측정하는 공식이 있다. 정량적 예상을 적용하기 위해선 작업하는 리소스의 생산성 비율을 알거나 해당 작업에 적용되는 조직이나 업계의 표준이 있어야 한다. 생산성 비율에 작업 단위를 곱해서 기간이 구해지는데, 만일 케이블 가설에 일반적으로 하루에 **50m**를 작업할 수 있다는 표준이 있으면 **500m**를 가설하려면 **10일**이 걸리는 셈이 된다. 이런 예상방식은 반복적이고 표준 생산성 비율로 기술적 변수를 설명할 수 있어서 비슷한 상황에서 작업이 수행되어 많은 데이터가 있는 작업에서는 매우 정확하다. 이 기법을 사용해서 주어진 프로젝트의 기간을 예상하려면 프로젝트 매니저는 조직이나 업계표준의 기준을 잘 알고 있어야 한다.

대부분 프로젝트는 이들 예상기법을 조합해서 사용하는데, 만일 어느 프로젝트 작업이 기존의 생산성 비율 공식에 꼭 맞아 떨어지면 양적기반 기법을 이용하는 것이 최상이며 작업을 잘 아는 전문가의 판단으로 자료들이 입력될 수 있다면 전문가 판단을 사용해서 예상하면 된다. 일단 프로젝트에 가장 잘 맞는 방식일 것으로 판단해서 어느 예상기법을 사용할지 결정했다면 네트워크 도표에 있는 모든 작업에 예상기간을 할당해서 팀원을 이끌면 된다.

4　스케줄 개발

스케줄 개발은 프로젝트의 각 활동에 대한 시작일과 종료일을 다시 정립하는 것이다. 스케줄 개발은 스케줄 계획하기로부터 모든 작업을 모아놓는 일인데 정확한 스케줄은 모든 활동과 이런 활동들의 순서, 그리고 각 활동의 기간을 필요로 한다. 지금까지 해온 모든 작업은 큰 프레임의 일부분이다. 실제로 여러 가지 스케줄 계획하기와 프로젝트 스케줄 만들기에서 온 모든 데이터들을 함께 모으는 일은 가장 복잡한 작업 중 하나인데, 프로젝트 스케줄을 개발하기 위해서 여러 기법들이 사용될 수 있다. 여기에 쓰이는 가장 일반적인 세 가지 기법이 CPM, 기간압축, 그리고 프로젝트관리 소프트웨어 사용이다. 프로젝트 스케줄 개발은 또한 일정 날짜를 사용해서 중요한 프로젝트 이벤트의 마감을 표시해준다.

4.1　스케줄 개발 기법

비록 모든 프로젝트 활동에 대해 충분한 정보를 가지고 있다고 해도 스케줄이 없으면 주먹구구식이 될 것이다. 처음엔 모든 활동들을 모으는 일이 쓸데없는 것처럼 보여도 여러 기법을 사용해서 이들을 의미 있는 스케줄로 모을 수 있다. 스케줄 개발을 위한 수많은 기법이 A Guide to the PMBOK에 들어 있는데, 이 중에서 가장 일반적으로 사용하는 세 가지를 집중적으로 알아보자.

① 수학적인 분석(특히 중요경로 기법(critical path method))
② 기간압축(compression)
③ 프로젝트관리 소프트웨어

1) CPM

A Guide to the PMBOK은 수학적인 분석을 "어느 리소스 제한에 관계없이 모든 프로젝트 활동들에 대해 시작과 종료 날짜가 빠른지 늦는지 이론적으로 계산하는 것"으로 정의한다. 다른 말로 해서 언제 어느 리소스가 가용한지 따지지 않고 다른 작업과의 종속성 관계에 근거해서 각 작업이 언제 시작되고 끝나는지 보는 것이다. 개별 활동기간을 모으면 프

로젝트 전체기간이 나온다. 가장 많이 사용되는 수학적 분석기법이 CPM인데, 프로젝트 스케줄에서 가장 긴 활동순서인 중요경로(critical path)를 알아내는데 사용된다. 그러므로 프로젝트의 마감날짜를 좌우하게 된다.

중요경로에서의 활동은 유동시간(float time)을 가지지 않는다. 유동이란 어느 작업이 늦게 시작되어도 프로젝트 완성에 영향을 끼치지 않는 작업을 말하며, 이를 완성하는데 소비되는 시간을 유동시간이라고 한다. 중요경로에서는 유동이 0인데 그런 작업에는 많은 주의가 주어지기 때문에 지연될 수 없기 때문이다. 만일 중요경로 작업이 스케줄대로 완성되지 못했을 때 다른 변경도 수행되지 못한다면 프로젝트 마감일이 영향을 받게 된다. 이럴 때에는 뒤에서 알아볼 프로젝트 통제를 통해서 조절하면 된다. 프로젝트를 완성하는데 드는 전체적인 시간을 계산하는 것과 중요경로에 있는 작업을 확인하는 것에 더해서 CPM은 다른 유용한 데이터도 제공해준다. 나중에 시작될 수 있는 작업이 어느 것인지 혹은 프로젝트의 마감일을 넘기지 않으면서 계획보다 더 오래 걸리는 작업이 어떤 것인지 알아내어 주는데, 이런 정보는 프로젝트 실행 내내 프로젝트 매니저가 전체 프로젝트 완성 날짜에 가장 영향을 끼치는 작업에 초점을 맞추게 한다.

이제 간단한 CPM 계산을 해보자. 다양한 소프트웨어 도구가 이런 CPM 계산을 해주므로 수동으로 하는 경우는 적다. 그러나 이런 소프트웨어가 하는 작업 이면을 이해하지 못하면 이것이 말해주는 의미 또한 이해하기 어렵다. CPM 계산의 두 가지 핵심 요소는 활동 순서화로부터 만들어진 네트워크 도표와 작업기간 예상이다. 앞에서 알아본 작업기간이 있는 네트워크 도표를 생각하면서 다음을 살펴보자.

① 앞으로 진행(Forward Pass) - 중요 경로를 결정하는 첫번째 단계가 네트워크 도표에서 앞으로 진행하는 일인데, 네트워크 도표에서 왼쪽부터 오른쪽으로 작업해 나간다는 뜻이다. 여기서 각 활동에 대해 두 가지 계산이 있을 수 있다. 빠른 시작(ES : Early Start)은 네트워크에 의해 논리적으로 정해진 어느 활동이 시작될 수 있는 가장 빠른 날짜이다. 도표에서 첫번째 활동의 빠른시작은 0이다. 그 활동에 대한 빠른 종료는 그 활동의 기간만큼 더하면 되고, 빠른 종료(EF : Early Finish)는 네트워크에 의해 논리적으로 정해진 어느 활동이 종료될 수 있는 가장 빠른 날짜이다.

아래 그림에서 Task A의 빠른 시작은 네트워크에서 처음 활동이기 때문에 0이다. A

의 기간은 3일이므로 빠른 종료는 3일이다. A의 빠른 종료는 그 후임작업인 Task B에게 빠른 시작이 된다. 이 네트워크 도표에 나타난 각 작업의 빠른 시작과 늦은 종료(LF : Late Finish)를 "Finish"까지 계산해보면 다음 표와 같을 것이다. 앞으로 진행 방식으로 계산했을 때 이 프로젝트의 완성은 20일이다.

작업(Task)	빠른 시작(Early Start)	늦은 종료(Late Finish)
A	0	3
B	3	5
C	3	13
D	5	20
E	13	16

② 역으로 진행(Backward Pass) - 중요 경로를 완성하는 다음 단계는 뒤부터 올라가면서 작업을 완성하는 일인데, 이것은 네트워크 도표의 종료에서 시작해 각 경로를 역으로 진행해서 시작에 도달할 때까지 계산하는 것이다. 여기서 두 가지 계산을 할 수 있다. 늦은 종료는 어느 활동이 프로젝트의 마감 일자에 영향을 끼치지 않고 끝날 수 있는 가장 늦은 날짜이고, 늦은 시작(LS : Late Start)은 프로젝트의 마감 일자에 영향을 끼치지 않고 시작할 수 있는 가장 늦은 날짜이다.

다음 그림에서 끝나는 마지막 활동은 Task D이고, 그 작업을 끝낼 수 있는 가장 늦은 날짜는 20일이다. 이 활동에 대해 늦은 시작을 계산해보면 늦은 종료로부터 15일 기간을 빼서 5일이 된다. Task D의 늦은 시작은 전임작업 Task B의 늦은 종료가 되게 된다. 네트워크 도표를 통해 뒤부터 진행해서 도표의 각 작업의 늦은 시작과 늦은 종료를 계산하고 뒤로 진행해서 Task E를 시작하는 두 번째 경로를 계산해 보아라. 프로젝트 종료일이 20일이므로 Task E의 늦은 종료도 20일이 된다. 3일 기간을 빼면 늦은 시작으로 17일을 얻게 된다. 네트워크의 각 활동에 대해 늦은 시작과 늦은 종료를 계속 계산해 보면 다음 표와 같을 것이다.

CompTIA Project+

작업(Task)	빠른 시작(Early Start)	늦은 종료(Late Finish)
A	0	3
B	3	5
C	3	17
D	5	20
E	17	20

③ 유동(Float) - 중요 경로를 결정하는 마지막 단계는 네트워크 도표에서 각 활동에 대한 유동을 계산하는 일인데, 유동은 각 활동에 대해서 늦은 시작에서 빠른 시작을 빼거나 늦은 종료에서 빠른 종료를 빼면 된다. 앞의 두 표로부터 계산을 해보는데 Task A로부터 진행한다. 빠른 종료는 3일이고 늦은 종료도 3일이므로 유동은 0이다. 네트워크 도표에서 각 활동에 대한 유동 시간을 계산해 보면 다음과 같이 될 것이다.

작업(Task)	유동(Float)
A	0
B	0
C	4
D	0
E	4

이제 중요경로를 정할 수 있게 되었다. 중요경로에서는 유동이 없어야 한다고 했으므로 위 표에서 Task C와 E는 유동이 있으므로 중요경로가 될 수 없고, A-B-D는 유동이 0이므로 중요경로가 된다. 만일 중요경로의 어느 작업이 제때 시작되지 못하고 예정보다 더 오래 걸리면 프로젝트의 마감일이 영향을 받게 된다. 20일 내로 끝내지 못할 때이다. 프로젝트 내내 작업이 스케줄대로 진행되게 하려면 중요경로 작업의 상태에 매우 특별한 주의를 기울여야만 한다. 하지만 불행하게도 네트워크 도표를 완성하고 중요경로를 계산했으며 프로젝트의 기간을 결정했어도 이해관계인들이 이를 수용하지 않거나 적법한 요구사항 등

CHAPTER 4 스케줄 계획하기

으로 기간 내에 완성하지 못할 때도 있게 마련이다. 만일 이런 상황에 직면하게 되면 기간 압축 기법을 사용하면 된다. 다음 그림처럼 해도 된다.

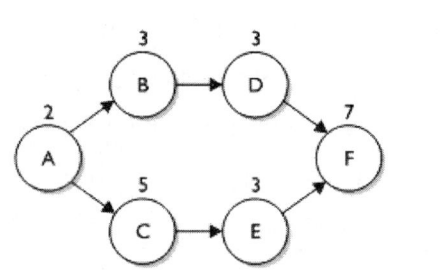

<가장 긴 경로가 중요경로이다.>　　<ES와 EF날짜가 앞으로 진행을 완성한다.>

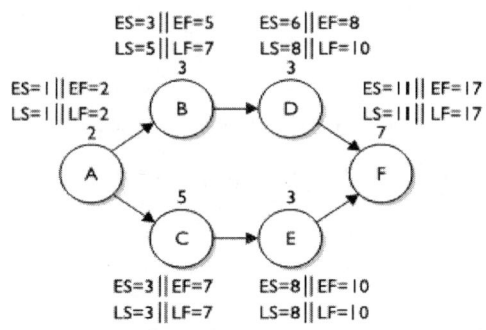

<LF와 LS는 역으로 진행해서 드러난다.>

2) 기간 압축(Duration Compression)

프로젝트 작업에 대해 네트워크 도표를 만들고 **CPM**을 사용해서 프로젝트 스케줄을 짜는 법을 알았다. 하지만 만일 계산한 총 프로젝트 기간이 목적한 프로젝트 완성일보다 더 길어졌을 땐 어떻게 할까? 이럴 때 기간압축 스케줄링 기법이 효과를 발휘한다. 이 기법은 예정된 프로젝트의 기간을 단축시키거나 프로젝트 실행 동안 스케줄이 어긋났을 때 사용될 수 있다. 두 가지 기간압축 기법이 있는데 집중과 빠른 추적이다.

• 113

CompTIA Project+

(1) 집중(Crashing)

이것은 더 빨리 작업을 완수하려고 작업에 더 많은 리소스를 투입하는 방식이다. 하지만 예산에 영향을 끼칠 수 있으므로 스케줄과 예산 두 가지를 염두에 두고 결정해야 한다. 추가적인 리소스 투입에 관한 흔한 오해가 만일 리소스를 두 배로 쓰면 기간이 반으로 준다고 생각하는 것인데, 만일 두 프로그래머가 4주 동안 코드를 작성했다면 네 프로그래머가 2주 동안 그 작업을 할 수 있을까? 실제로는 그와 정 반대이다. 보통 새로운 리소스를 투입하면 원래 있는 리소스는 덜 생산적으로 된다. 작업이 재 할당되면 작업 자체에 걸리는 시간을 빼앗는 셈이 된다. 중견 팀원이 신규 팀원을 교육하는데 시간을 뺏기기도 한다. 또한 보답(returns)이 줄어드는 문제도 있다. 더 많은 리소스가 투입될수록 각 리소스가 기간 단축에 끼치는 영향은 줄어들게 마련이다. 집중은 잘 사용되면 바람직한 결과를 가져오지만 프로젝트 범위에 근거해 비현실적인 일정의 해결책은 되지 못한다.

(2) 빠른 추적(Fast Tracking)

프로젝트를 빠른 추적으로 시행하면 순서적으로 실행되는 작업을 병행해서 진행할 수 있다. 예를 들어 서로 상호 연동되는 네 대의 서버를 구축하는 프로젝트를 하고 있다고 하자. 우선 서버 한 대씩 차례로 구축해 나아가는 작업을 할 것이다. 그렇지만 이 프로젝트를 빠른 추적으로 진행한다면 서버 관리자에게 물어서 서버 네 대를 거의 동시에 한꺼번에 구축하게 할 수 있다. 서버 관리자가 Server 1의 하드웨어를 조립하고 OS를 설치하는 동안 Server 2로 넘어가서 하드웨어를 조립하고 OS를 설치하는 식으로 하면 귀중한 프로젝트 시간을 절약할 수 있게 된다. 하지만 이 빠른 추적에는 커다란 리스크가 있는데, 만일 이 방법을 사용해서 프로젝트 스케줄을 압축한다면 무엇이 잘못되었었는지 팀원에게서 입력을 받아 확인해 두어야 하고 모든 리스크를 문서화해서 그것들을 스폰서, 클라이언트, 그리고 다른 주요 이해관계인들에게 보내고 승인을 받아야 한다는 것이다.

많은 프로젝트 매니저들은 품질과 같은 부분에 끼치는 영향에 관해선 별로 협의하지 않고 프로젝트를 빨리해서 일정 맞추기만 급급해 할 때가 많다. 모든 이들이 잠재적인 문제를 이해하게 하는 것이 중요한데, 예를 들어 위 서버 예에서 볼 수 있는 주된 리스크는 서버 관리자가 서버를 구축하는 과정을 혼동해서 제대로 구성을 하지 못한 채 작업을 종료한 경우일 수 있다.

3) 프로젝트 관리 소프트웨어

프로젝트 관리 소프트웨어는 프로젝트 매니저에게 많은 시간을 절약하게 해주는 멋진 도구이다. 프로젝트에 대해 여러 가지 다른 견해를 보여주고 또 훌륭한 협의도구가 되기도 한다. 현재 우리가 알아보고 있는 활동 정의, 활동 순서화, 그리고 스케줄 개발 프로세스를 모두 프로젝트 관리 소프트웨어 패키지를 사용해서 완성할 수 있다. 우리가 입력 데이터만 주면 모두 알아서 해주는 이런 멋진 도구가 있는데 실제로 왜 이런 작업들을 일일이 예를 들어가면서 이해하고 넘어가야하는지 의아해 할 수도 있지만, 프로젝트관리 소프트웨어를 제대로 이해하기 위해서는 소프트웨어가 하는 일을 충분히 알아야 하기 때문이다. 그렇지 않으면 이 소프트웨어가 주는 정보를 충분히 누리지 못하게 된다. 혹은 입력방식에 따라서 소프트웨어가 원하지 않는 결과물을 만들어내는 수도 있기 때문에 당황할 수 있다. 이런 각 프로세스를 수동적으로 겪어봄으로 해서 이 소프트웨어 도구에 대해 지식과 이해를 가지게 되면 더 효율적으로 사용할 수 있다. 비록 프로젝트의 진척도를 추적하기 위해서 WBS를 만들고 예상을 정의하는 여러 기법을 사용한다 해도 팀이 현재 하고 있는 당면한 작업은 칠판 앞에서 포스트잇을 사용해서 수동으로 만들어진다는 것을 잊으면 안 된다. 이 데이터를 나중에 소프트웨어 패키지에 입력해서 추적하는 목적으로 쓸 수 있다.

만일 조직이 프로젝트 관리 소프트웨어 도구를 제공했는데 전혀 사용해 본 적이 없다면 인터넷이나 수업 등을 통해서 익히면 된다. 만일 이것이 불가능하다면 이런 소프트웨어를 사용했었던 기술자에게 현장에서 배워 익히면 된다. 프로젝트 관리 소프트웨어를 잘 이해하면 프로젝트 프로세스를 추적하기 시작하는 '프로젝트 실행' 부분에서 매우 요긴하게 쓰일 수 있다. 프로젝트 매니저는 이런 스케줄링 기법 한두 개를 사용해서 모든 프로젝트 활동들과 그것들의 종속성에 관한 시작과 종료일자 스케줄을 만들 수 있다. 필요한 일정 데이터를 추가해주면 스케줄이 더욱 완전하게 될 것이다.

4.2 일정(Milestone)

사용하는 특정 기법과 조직 내의 정책에 따라 프로젝트 스케줄에 일정 날짜가 필요할 수도 있다. 일정표는 프로젝트 주기에서 이벤트를 표시해주고 프로젝트에 포함되는 중요한 작업의 완성 일을 확인시켜 준다. 만일 스케줄에 일정을 사용하면 일정표에 들어가는 모든 활동들은 일정표에 정해진 날짜 이전에 끝나도록 스케줄되어야 한다. 일부 프로젝트 주기 방법론은 일정을 사용해서 프로젝트 단계의 종료와 다음 시작을 표시하기도 하는데, 보통 단계 사이의 일정은 출구(exit) 혹은 입구(entrance) 기준을 가지게 된다.

예를 들어 테스트 단계에서 배포 단계로 이동하는 시스템 개발 프로젝트 일정에는 테스팅 단계가 끝나기 전에 이 작업이 성공적으로 완성되었다는 특정 테스트 시나리오 리스트를 가지고 있다. 이것은 테스트 단계가 완성되어 다음 단계의 입구기준으로 들어가기 전에 반드시 충족되어져야 하는 출구기준이다. 프로젝트 매니저는 일정표상 날짜에 특히 주의해야 하는데 팀원들과 협의되어져야 하는 부분이기 때문이다. 이해관계인들도 중요한 작업이 완성되거나 프로젝트가 성공적으로 새로운 단계로 이동할 때 이를 알고 있어야 한다. 만일 이런 날짜들이 맞지 않게 되면 프로젝트 매니저는 현재 상태에 대해 협의해야 하고 프로젝트를 제 궤도로 돌려놓을 새로운 일정표 날짜를 정하는 계획을 짜야 한다.

4.3 기준 스케줄(Baseline)

프로젝트 매니저와 프로젝트 팀원은 완성된 프로젝트 스케줄에 어느 문제가 없는지 혹은 부각된 이슈가 있으면 이를 해결하기 위해 검토를 해야만 하는데, 프로젝트 팀은 스케줄을 소지하고 계획된 날짜에 맞추며 작업해 나아갈 필요가 있다. 스케줄을 쉽게 이해하기 위해서 각 팀원은 스케줄 표를 지니고 회의 전에 검토해 보아야 한다. 만일 프로젝트 스케줄이 프로젝트 관리 소프트웨어 패키지로 만들어진 것이라면 공유 폴더에 넣고 팀원이 액세스하게 하면 된다. 일단 팀원이 프로젝트 스케줄을 검토하고 일정표에 일자를 넣었다면 프로젝트 작업을 시작하기 전에 스케줄의 복사본인 기준 스케줄을 만들 차례이다. 기준 스케줄은 프로젝트 실행 기간 동안 프로젝트 매니저가 프로젝트 진척도를 모니터하고 의견을 교환하기 위해서 사용하는 도구이다. 프로젝트 매니저는 이해관계인들과 기준 스케줄에 대해 협의해야 하며, 이해관계인들에게 제공되는 상세 정도는 각 이해관계인이 요구하는 상세 정도에 따라 달라지지만 최소한의 중요 일정표 날짜는 들어있어야 한다.

5 현장에서 프로젝트 시간 조절하기

　　대부분 IT 팀은 보통 소수 인원에 늘 프로젝트에 대해 엄청 스트레스를 갖고 있는 것을 보게 된다. 여기에 더해 사용자 문제와 여러 주먹구구식 잡무로 인해 근무시간엔 프로젝트에 전념할 여건이 주어지지 못하기도 한다. 만일 누가 프로젝트에 전념하고 있다면 아마도 근무시간이 끝난 뒤일 것이다. 좋은 프로젝트는 훌륭한 계획하기와 좋은 시스템 분석 그리고 설계만 있으면 될까? 전혀 그렇지 않다.

　　일반적으로 말해서 조직의 규모에 따라 IT 분야는 다음 둘 중 하나다.
① 응용프로그램 개발, 개방형 시스템(e.g, UNIX, Linux, 그리고 Mac OS X) 서버지원, 메인프레임과 미니컴퓨터 지원, 헬프데스크, 그리고 PC-기술자, 데이터베이스 관리자 …이거나,
② 한두 명 인원이 위에서 말한 모두를 해내는 경우이다.

　　프로젝트가 떨어지자마자 본격적으로 프로젝트를 맡을 준비가 된 여러 IT 전문가로 구성된 전담 프로젝트 팀은 거의 드물지만, 그렇다고 위와 같이 소수인원으로 구성된 팀도 그리 나쁘다고는 생각되지 않는다. 어느 경우든지 대부분 조직은 IT 인원이 일상적으로 부서에서 IT 활동을 하기 바라고 IT 프로젝트가 있을 땐 거기에 전념하게 하는 형태를 갖게 될 것이다. 상황이 그러므로 바쁜 IT 작업자의 시간을 조절해서 프로젝트를 끝내게 하는 마술을 부릴 수밖에 없다!

　　다음과 같은 IT 인력의 평균적인 하루 일과를 이해해야만 한다.
① 서버 관리자—대부분 서버 관리자는 각 서버의 로그파일을 검토해서 눈에 띄는 에러가 있는지 검토하면서부터 하루를 시작한다. 만일 에러가 있으면 물론 무슨 일이 있었는지 상황을 어떻게 규정해야 하는지 연구하느라 시간을 보내게 될 것이다. 그리고 나서 서버 관리자는 보통 자신이 처리해야 할(e.g, 누군가가 패스워드가 만료되어 로그인할 수 없다는 등) 몇 통의 전화를 받을 수 있고, 만일 그날 시간이 남으면 새롭게 맡은 프로젝트에서 작업할 수 있게 될 것이다.

② 데이터베이스 관리자-DBA 또한 무엇이 잘못된 것은 없나 데이터베이스 로그파일을 점검하면서 하루를 시작하는데, 만일 에러가 있다면 그들 또한 무슨 일이 있었는지 상황이 어떻게 된 것인지를 생각하느라 시간을 보내게 될 것이다. 그러고 나서 DBA는 성능을 튜닝하고 저장 프로세스를 시작하고 인덱스와 트리거를 유지하고 레코드 삭제와 업데이트 등에 관한 새로운 요청을 처리하게 될 것이다. DBA는 보통 새로운 데이터베이스의 처음 설계와 배치인 데이터베이스 스키마(database schema)를 개발함으로써 새로 맡은 프로젝트에 참여하는데, 커스터머의 요구에 부응해서 민감한 데이터베이스 배치를 신경쓰느라 전체 데이터베이스 설계요소는 매우 길 수 있다. 이런 노력의 일환이 데이터베이스를 표준화(normalizing)하는 것인데, 데이터베이스의 각 테이블을 줄여서 거기에 있어야 할 가장 논리적인 요소들만으로 만든다. 테이블에 관련된 키 개념 또한 특히 중요한 데이터베이스를 다룰 때 많은 시간이 소요된다.

③ 응용프로그램 개발자-대부분 프로그래머는 할 일을 주기만 기다리고 있는 상황이 아니므로 응용프로그램 프로그래머의 스케줄을 여유 있게 잡을 수 없을 것이다. 대부분 프로그래머들은 다른 프로젝트의 작업을 프로그래밍하느라 바빠서 이 프로젝트에서 필요한 작업을 도와줄 상황이 되지 못할 때가 많다. 게다가 팀원 프로그래머가 이 프로젝트에서 필요로 하는 언어보다 다른 프로그래밍 언어에 더 익숙할 수 있고 수준이 떨어지는 수도 있다. 예를 들어 프로젝트에서는 필요한 여러 모듈을 짧은 기간에 짤 수 있는 노련한 Java 프로그래머가 필요한데, 팀원 C# 프로그래머는 Java를 잘 모를 수 있다는 것이다. 그래서 중급정도의 Java 프로그래머를 써서 작업을 추진하기도 한다. 또한 보통 개발 분야에는 필요한 만큼의 인원이 배치되지 않고 노련한 고급 프로그래머 한두 명만 있을 수도 있는데, 그들이 모든 작업을 커버하게 되면 너무 업무가 많아져서 다른 프로젝트를 맡을 여유는 고사하고 초급 프로그래머가 묻는 질문에 모두 답해줄 시간조차도 없을 수 있다. 이런 모든 상황으로 볼 때 프로젝트 매니저가 프로젝트가 끝날 때까지 중요한 프로젝트 작업에 우선순위를 두고 추진하지 않는다면, 부서장이 프로그래머에게 다른 작업을 중지하고 이 프로젝트의 작업부터 끝내라고 말할 때까지 그 작업은 지연될 수밖에 없게 된다.

④ 통신과 내부 네트워킹 전문가-매우 자주 통신과 내부 네트워킹 전문가들이 IT 분야에 포함되지 않는 것처럼 여겨지는데, 다른 분야에 속하고 다른 관리자에게 보고할

뿐이지 이들도 IT 프로젝트에서 필요로 하는 인력이다. 그리고 그들도 다른 우선순위와 다른 프로젝트 때문에 매우 바쁘다.

이런 이들을 어떻게 해야 프로젝트에 충분히 확보해서 어려운 작업들을 스케줄해 나아갈 수 있을까? 작업의 우선순위를 두고 처리하는 것이 얼마간 답이 될 수 있겠다. 만일 프로젝트가 중요하고 어느 날짜에 맞춰 작업을 반드시 끝내야 한다는 압력을 받는다면 필요한 인원을 충당할 수 있는 수완이 있어야 한다. 그렇지만 이런 수완도 그 압력이 어디서 왔느냐에 따라 달라진다. 예를 들어 프로젝트가 영업부서에서 왔다면 그 부서는 매우 조급히 채근하겠지만 조직의 다른 이들은 별로 그렇게 긴급한 일로 느끼지 못할 수도 있다. 하지만 만일 프로젝트의 결과를 CEO가 즉시 보고자 한다면 필요한 인원수급에 별 문제가 없을 것이다. IT 분야에서 프로젝트를 관리한다는 것은 프로젝트에 딸린 전담 작업자가 없고 필요한 작업자들도 일정 기간만 가용될 수 있기 때문에 매우 어려운 일이다. 현재 작업 상태를 보아가면서 작업 스케줄을 짜야 하며, 억지로 마감일을 정하지 말고 실제 예상되는 마감일을 협의해서 정하는 것이 좋다.

데이터 표준화와 시간이 걸리는 전환의 예를 알아보자. 조직의 일부 엔지니어들이 자신들의 부서에 매우 필요한 Access 데이터베이스를 만든다고 했을 때 결과적으로 두 가지가 문제가 되었다.

시스템을 변형시켜 동시 접속자를 3~500명이 되게 해야 하는데 문제는 MS Access는 그런 사용자들을 수용하지 못한다는 것이 하나이고(Access는 그런 목적으로 만든 프로그램이 아니다), 그래서 엔지니어들은 보완작업으로 자신들의 요청을 변환시켜 MS SQL서버 기반으로 하기로 한 것이 두 번째이다. SQL 서버는 DTS(Data Transformation Services)를 가지고 있어서 Access 데이터베이스를 SQL로 이동시킬 수 있다. 비즈니스 요구사항 분석 동안 DBA에게 데이터베이스 자체를 검토하라고 부탁했는데 DBA가 데이터 표준을 잘 모르는 엔지니어들이 이미 시스템을 어느 정도 구축해 놓았다고 보고해 왔다. 여러 가지로 볼 때 별 문제는 없으나 데이터베이스 자체가 혼란스러워 SQL 서버에 맞게끔 전환하는데 시간이 상당히 들 것으로 생각되었다. DBA는 Access 데이터베이스를 검토한 뒤 SQL 서버 데이터베이스에 가장 적합하게 테이블과 컬럼에 데이터를 적절히 맞추는 복잡한 데이터베

CompTIA Project+

이스 전환을 시작했다. 이 전환 프로젝트에 3주가 걸릴 것으로 예상했지만, 다른 테이블에 있는 새로운 컬럼의 데이터 소스를 보고서로 작성할 때 문제가 있는 것으로 판단되어서 시스템을 전체적으로 다시 설계해야만 했다.

또 현재 SQL 서버가 추가적인 부하를 견딜 수 있는지와 새로운 ODBC 연결을 설정할 수 있는지도 확신하지 못했다. MS Access(와 일부 이와 유사한 프로그램인 dBASE, FoxPro와 FileMaker Pro 등)는 새로운 사용자가 비즈니스적 필요에 맞게 빠르고 복잡한 시스템을 쉽게 만들게 해준다. 그렇지만 IT 부서가 참여함으로써 시스템을 전환하는 프로젝트로 만들어 버렸다. 사용자들은 프로젝트 완성에 그렇게 많은 시간이 걸리는데 놀랐다. 기존 것으로 간단히 해결할 수 있는 일인데 괜히 불필요한 짓을 해서 호들갑을 떤 셈이다.

이제 위에서 줄곧 보와 왔던 Chaptal Wineries의 WBS를 자세히 살펴보자.

> 이미 수동으로 작성한 WBS를 검토한 뒤 종속성과 날짜에 대해 생각해 볼 차례이다. 예를 들어 만일 서버를 설치하고 사용자 훈련을 책임지고 있다면 각 나라로 날아가 할 일을 하고 다른 곳으로 가야 한다. 프랑스에서 호주로 비행하는 것을 생각해보라. 비행기에서만 2일을 보내야 할 것이고 서버를 구성하고 실행하는 시간도 들게 되며 직원교육도 해야 할 것을 고려하면 많은 작업시간이 들게 된다. 그것도 4곳에서 모두 같은 일을 해야 한다! 서버 설치는 잘 될 것이다. 각 나라에 있는 동안 MS Windows Server 2003과 Exchange Server 2003을 사용하면 같은 조직 내에서도 별도의 사이트를 구축할 수 있고, 만일 WAN 연결이 설정되어 실행된다면 소프트웨어 설치도 별로 문제될 것이 없을 것이다. 또한 Internet Information Server(IIS) 6.0을 인트라넷 기반으로 설치할 수 있다. 각 지역에서 2일이면 이 모든 것들을 할 수 있고 문제가 생기면 해결할 여유도 조금 가질 수 있다. 지역 인터네트워킹 벤더를 믿을 수 있다면 Cisco 라우터를 더 잘 아는 벤더와 계약해서 라우터를 설치하는 것이 그 나라의 Cisco SE(System Engineer)와 작업하는 것보다 더 좋을 수도 있다. 각 지역의 WAN 연결을 제공하는 telco 업체가 전체 프로젝트의 근간이 될 수 있으므로 지역 통신사와 계약을 위해서, 중요한 문서작성 중계를 위해서, 설치 예상기간을 알아보기 위해서, 그리고 계약서 서명과 설치일자를 확인하기 위해서 그 지역의 대표자와 함께 일을 보아야 할 것이다. 여전히 T1/E1 회선이 대부분 telco의 주력품인데 설치 후 30일 동안 어느 심각한 문제가 없는지도 확인해야 한다. WAN 설치에선 추가예산이 들지 않아도 되는데 T1이 주는 속도 1.544Mbps로 충분하기 때문이다.

CHAPTER 4 스케줄 계획하기

MS Project 2002를 설치하고 나서 변경과 정확한 작업 기간, 그리고 선행하는 작업을 중심으로 프로젝트 스케줄을 잡아야 한다. 다음 그림에 WBS와 Gantt 차트로 결과를 보였다. Gantt 차트는 프로젝트 작업과 시간과의 관계를 막대그래프로 보인 것이다. 프로젝트 매니저는 Gantt 차트 사용을 반기는데 빠르게 시각적으로 작업을 보여주며 얼마만큼 진행되었는지 알게 하기 때문이다. 프로젝트 관리 소프트웨어는 자동으로 Gantt 차트를 만들어 주는데, 일정과 같은 중요한 프로젝트 특성에는 이중선을 그어서 표시해준다.

MS Project 화면의 메인 창은 왼쪽에 프로젝트 작업을 보이고 오른쪽에는 Gantt 차트를 보여준다. 이 창에서 Early Start, Late Start, Early Finish, 그리고 Late Finish 란을 포함시켜 Project가 후임작업과 유동에 근거해 계산하게 하면 된다.

⟨MS Project⟩

CompTIA Project+

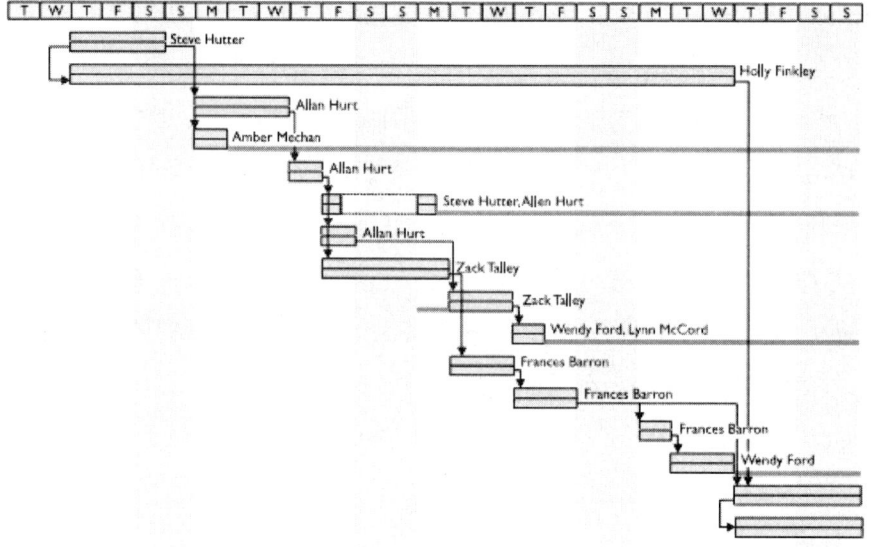

〈Gantt 차트는 프로젝트 일정과 활동을 매핑한다.〉

CHAPTER

05 비용 계획하기

CompTIA Project+

    지금까지 왜 모든 것들을 계획해야 하는지 궁금해 왔을 수도 있다. 만일 프로젝트의 범위를 알고 프로젝트를 끝내는데 필요한 작업들을 확인했다면 왜 바로 시작하지 못할까? 프로젝트 매니저로써 프로젝트 범위와 기간을 관리할 수 없으면 비용도 관리할 수 없게 된다. 프로젝트에 드는 비용을 예상하고 예산을 관리하기 위해서 프로젝트와 관련된 모든 비용을 확인해내야 한다. 비용을 알아내고 관리해야 적절한 예산 안에서 프로젝트를 완성할 수 있다. 이상적으론 조직이 무한으로 자금을 대고 프로젝트의 완성품을 기반으로 프로젝트를 승인해 주는 것일 것이다. 그러나 실제로 프로젝트는 예산을 가지게 되고 비용초과는 좋은 일이 아니다.

    금전은 언제나 뜨거운 감자이다. 예산은 항상 부족하기 마련이고 조직은 적은 예산으로 더 많은 것을 요구한다. 프로젝트가 진행되는 동안 달려가 더 많은 예산이 할당되도록 부탁하는 것도 좋은 일은 아니므로 필요한 자금 계획을 위해서 가능한 한 최상의 작업을 해야 한다. 프로젝트 비용을 예상하는 일은 복잡한 것 같지만 프로젝트 관리 소프트웨어가 유용한 도구와 기법을 제공해서 이런 노력을 도와준다.

    리소스 계획하기는 프로젝트를 완성하는데 필요한 리소스 타입을 확인해 주고 작업설명이나 프로젝트의 각 작업에 따라 리소스를 할당하는 일이다. 비용 계획하기는 프로젝트에

CompTIA Project+

서 작업을 완성하기 위해 무슨 리소스가 필요한지 정하는 일인데, 세 가지 비용예상 타입이 있다. 유추(analogous) 예상, 변수(parametric) 모델링, 그리고 확정(definitive) 예상이다. 비용예산 만들기는 프로젝트 예산을 만들기 위해 프로젝트 일정에 있는 모든 프로젝트 리소스에게 승인된 비용을 할당하는 일이다. 어느 작업이 시작되기 전에 프로젝트 예산 계획하기가 기본이 된다. 이들을 알아보기로 하자.

1. 리소스 계획하기

프로젝트를 끝내기 위해서 누가 무엇이 필요한지 알 것처럼 생각되지만 막상 리소스들을 모으고 작업을 할당하려고 했을 때 프로젝트가 정체되어 있는 것을 발견한 경우, 앞에서 알아보았던 모든 작업 종속성들을 기억해야 한다. 순서적으로 진행되어져야 하는 작업을 끝내기 위해서는 리소스도 연속적으로 있어야 한다. 따라서 프로젝트에서 필요한 모든 리소스를 확인하는 시간을 가지고 실제 그것들이 필요할 때 인력과 장비가 있어줘야 한다.

비용 계획하기의 첫 단계는 리소스 계획하기인데 프로젝트가 필요로 하는 인력, 장비, 그리고 자재와 같은 리소스와 프로젝트 작업을 끝내는데 필요한 각 리소스의 량(e.g, 서버 두 대, 네 명의 작업량 등)을 결정하는 것이다. 결국 프로젝트를 완성하는데 드는 리소스를 확인할 수 없다면 프로젝트의 정확한 비용도 예상할 수 없게 된다. 하지만 다행히도 이전의 계획하기 과정이 리소스를 확인시켜 주는 입력을 제공해 줄 수 있다.

예를 들어 요구사항 모으기 때 받은 입력인 "시스템은 일반 사용자 브라우저 기반으로 인터넷으로 접근할 수 있어야 한다"와 같은 것이다. 그러면 직관적으로 웹 프로그래머 작업자와 개발된 제품을 조직의 인트라넷에 맞추는 인력과 요소가 있어야 한다는 것을 알게 된다. 리소스 계획하기 과정을 시작하기 전에 범위설명과 **WBS**를 검토하고 유사한 프로젝트로부터 리소스 정보를 얻을 수 있는지 등도 조사해 둔다. 유사한 프로젝트로부터 리소스를 이해하고 있으면 프로젝트가 올바른 방향으로 진행되게 하는데 많은 도움이 된다. 또 프로젝트에 인력을 배치할 때 조직의 방침을 따르는 것도 좋은 생각이다. 예를 들어 조직에는 "자기 부서가 아닌 인력을 40시간 이상 사용하려면 사전에 해당 부서장의 정식 승인을 얻어야 한다"와 같은 정책이 있을 수 있다.

CHAPTER 5 비용 계획하기

PMO(Project Management Office)에게서 좋은 점 중 하나는 조직의 수뇌들이 프로젝트 관리과정을 형식화하는 것을 이해하고 있어서 어떻게 프로젝트가 시작되고 실행되는지에 관한 정식 표준과 정책을 승인할 것이라는 것이다. 비록 프로젝트 팀원은 리소스 계획하기에 가장 많은 주의를 기울이지만 필요한 인력 이외에도 더 많은 것들이 필요하게 되는데, 비용을 예상하기 전에 알아 두어야 할 세 가지 프로젝트 리소스 타입을 살펴보아야 한다.

1.1 리소스 타입

프로젝트 리소스를 말할 때 생각나는 첫번째가 프로젝트 활동을 끝내게 하는 인력이다. 비록 작업자는 중요하고 가장 주의를 기울여야 할 요소지만 리소스 계획하기는 프로젝트 팀원이외에도 훨씬 더 많은 것들을 가지고 있다. 작업자에게만 초점을 맞추면 작업할 워크스테이션이 없거나 실습실에 전력이 부족하다는 것을 잊는 수가 있어서 프로젝트가 본 궤도에서 벗어날 수 있다. 세 가지 똑같이 중요한 리소스 타입을 계획해야 하는데 인력, 장비, 그리고 자재이다.

1) 인력

인력은 프로젝트 스케줄의 정해진 작업들을 끝내는 경험과 기술을 가진 사람들을 말하는데, 프로젝트에 관련된 사람들이라는 것을 잊어서는 안 되지만 올바른 사람을 찾아내는 일은 더 어려운 문제이다. 주어진 작업에 지식을 가진 사람들이란 각 프로젝트 작업을 위해 제공하는 기술을 확인하는 일로도 볼 수 있어서 프로젝트 팀원이나 리소스를 제공하는 부서장이 포함될 필요가 있다. 웹 프로그래밍 프로젝트를 위해서 응용프로그램 개발부서의 장보다 누가 더 최적의 인력을 잘 추천해 줄 수 있을까?

프로젝트 인력요청은 프로젝트의 성격에 따라 많은 내부조직으로 확장되는데, IT 프로젝트이기 때문에 모든 리소스가 IT 부서에서만 온다고 생각해서는 안 된다. 예를 들어 사용자 훈련패키지를 개발할 때 IT 기술에 관한 책을 쓰는 작가라고 해도 만일 사용자가 이해할 수 있는 언어로 쉽게 개념을 잡아줄 수 없다면 최적의 선택은 아니다. 오히려 클라이언트 조직에서 온 비즈니스 방법에 관한 책을 쓰는 작가가 더 나을 수 있다. 각 활동에 관한

CompTIA Project+

기술 세트를 구별해서 어느 그룹이 어떤 적절한 인력을 제공할 수 있는지 결정할 데이터를 가지고 있어야 할 것이다.

2) 장비

장비에는 프로그래밍 팀을 위한 특정 테스트 도구로부터 새로운 서버나 추가적인 PC까지 포함된다. 장비는 IT 프로젝트에서 매우 중요한 요소인데, 일부 장비는 (프로젝트) 요청이 있을 때부터 오랫동안 중요한 역할을 하게 되므로 계획하기가 매우 철저해야 한다. 만일 새로운 응용프로그램 소프트웨어를 개발해서 현재 서버에서 실행해야겠다고 생각한다면 이것이 옳은 생각인지부터 확인해 보아야 한다. 현재 서버에 여유 공간이 있다고 해도 다른 응용프로그램에게 예약되었을 수도 있다. 만일 프로젝트에 광범위한 테스트를 실시한다면 현재 테스트 장비로도 가능한지 혹은 특수 장비가 필요한지 결정해야 한다. 개발, 테스팅, 혹은 제품의 성능을 위한 어느 작업이라도 작업을 완성하는데 관련된 장비가 필요하기 마련이다. IT 분야 이외의 필요한 것들에도 주의해야 한다. 만일 프로젝트 스케줄에 사용자 승인 테스팅이 포함되어 있다면 어떻게 이것이 수행되어져야 하는지, 장소가 정해졌다면 그 장소에 사용자 테스트를 완성할 수 있는 장비가 있는지, 그리고 프로젝트가 진행되고 있는데도 하드웨어 스펙이 정해지지 않아서 추가비용이나 스케줄 지연이 생기는지 등이다.

3) 자재

자재의 범주에는 소프트웨어, 전기나 물과 같이 프로젝트에서 필요한 모든 공급품이나 유틸리티 요구사항, 다른 소비재들이 포괄된다. 자재에 대해서 철저히 생각해 두지 않거나 계획이 없다면 나중에 큰 문제가 될 수도 있다. 만일 프로젝트가 훈련 실습실을 필요로 한다면 필요한 장비계획을 세울 때 PC는 있어야 한다고 생각하지만, PC를 이어주는 전력이나 조직 LAN과의 연결 등은 생각하지 못할 수도 있다. 만일 훈련 실습실을 설치한다면 그 곳에 무엇이 있어야 하고 프로젝트와 관련된 훈련을 수행하려면 무엇을 제공할 필요가 있는지 알고 있어야 한다. 이런 것들은 프로젝트 작업을 완성하는데 필요한 특정 작업공간에 해당된다. 만일 생각한 것이 일상적으로 하는 업무의 일부분이라는 것을 잘 이해한다면(혹은 반대로 그 프로젝트에만 있는 것이라고 생각한다면) 자재 준비는 좋은 경험이 될 것이

CHAPTER 5 비용 계획하기

다. 물, 지우개, 종이, 펜, 그리고 파일 바인더 등은 생각해내지 못할 수 있지만 각 팀원이 MS Project 응용프로그램을 필요로 할 것이라고 생각된다면 프로젝트 요구사항에 포함시키면 되고 의문이 있으면 부서 정책을 따르면 된다.

웹 응용프로그램을 테스트할 때 직면할 수 있는 재미있는 문제가 웹 사이트가 견딜 수 있는 부하(load)를 예측하는 것인데, 한꺼번에 얼마나 많은 방문자가 들어와서 작업할 수 있는지 아는 능력이다. 자재 리소스 계획하기 항목 중 하나가 많은 방문자를 견뎌내는 능력을 테스트하기 위해서 웹사이트 로드를 알아내도록 개발된 로드 소프트웨어이다. 아마도 리소스 계획하기에선 이런 요소들을 생각해내지 못했을 수도 있는데, 바로 이런 이유로 프로젝트에서 일할 기술자들은 여러 리소스들을 알고 있어야 한다. 이제 관련된 리소스들을 알았다면 프로젝트 작업에 리소스들을 배치할 때이다.

1.2 리소스 요청 정의하기

세 가지 프로젝트의 리소스인 타입, 범위설명, 그리고 WBS를 알았다면 프로젝트를 끝내는데 필요한 리소스 정의를 시작할 때이다. 이 과정은 리소스 계획하기, 즉 리소스 요청에 대한 결과를 도출해 준다. 리소스 요청문서는 WBS의 모든 각 작업 패키지항목에 세 가지 리소스 타입으로 필요한 리소스를 설명한다. 다음은 범위설명 폼에 있는 리소스 요청이다.

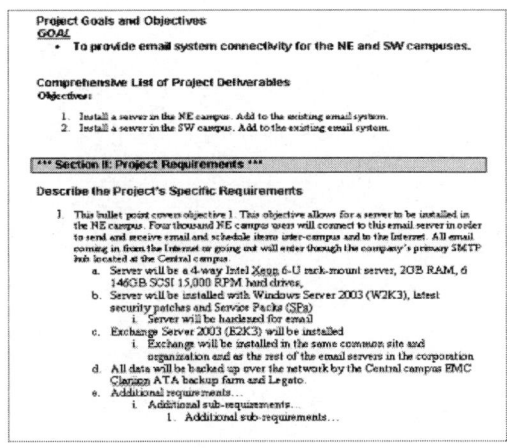

〈리소스 요청〉

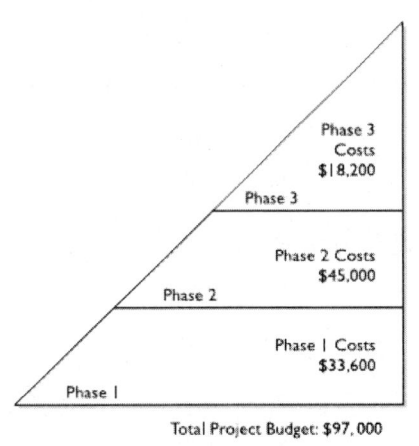

〈WBS는 단계에 따른 비용예상을 한다.〉

CompTIA Project+

　리소스 계획하기 과정동안 작업을 완성시킬 작업자들의 이름을 알아둘 필요는 없다. 리소스 요청에서 알아야 할 것은 작업명이나 작업설명에 표시되는 직종인 "웹 프로그래머"나 "서버 관리자"면 족하다. 조직 계획하기의 추가 계획하기 과정에서 실제 작업자를 얻는 법에 대해서 자세히 살필 것이다.

1) 직종 설명과 직종명

　인력 리소스를 개발하는데 매우 유용한 도구가 인력풀(resource pool) 설명인데, 이것은 조직 내의 모든 직종 리스트이다. 만일 매우 큰 조직에서 근무하고 있다면 특정 부서와 연관된 직종만 원할 수도 있다. 이 리스트는 직종에 대해서 간략히 설명하고 각 직종에 현재 근무하는 인원수가 들어있다. 인력 관리자와 확인해서 이런 정보가 조직에 있는지 알아보고 인력 리소스 계획하기에 쓰일 수 있는지 알아보라. 만일 이런 데이터가 없거나 비밀이면 유사한 프로젝트로부터 리소스 정보를 참조해서 필요한 여러 직종의 지침으로 삼아도 된다. 조직 인력배치도 또한 비록 직종에 대한 설명은 없지만 직종에 대한 정보로 활용할 수 있다. 일부 작업에서 필요로 하는 리소스의 정확한 이름은 알 수 없어도 특정 부서의 누군가가 필요하다는 것을 알릴 수 있고, 다른 작업에는 외부에서 계약직으로 리소스를 조달할 수도 있다.

2) 장비와 자재 설명

　이용할 수 있는 장비나 자재 리소스 설명이 직종이나 직종 설명 리스트와 같지 않아서 그런 리소스를 구별해내는 작업을 따로 할 수도 있다. 어느 자재와 인력이 프로젝트 팀원에게 제공되느냐는 알아야 한다. 조직에서 사람들이 프로젝트에 배당되면 그 일을 하기 위한 장비가 갖춰져 있어야 한다. 보통 부서장이 프로젝트 팀원으로 배치하면 대부분 팀원은 기존 작업도구인 PC, 전화기 그리고 노트와 펜 등이 갖춰진 작업공간을 가지게 된다. 어느 경우에는 프로젝트 팀원이 모아진 뒤 새로운 프로젝트 작업공간으로 이동하는 경우도 있다. 사람과 함께 장비가 이동되는지 프로젝트 매니저가 모든 것을 제공하는지는 조직의 정책에 따르면 된다. 만일 팀을 모은다면 현재 작업공간으로 충분한지 혹은 프로젝트 예산으로 새로운 장소로 이동할 수 있는지 결정해야 한다. 새로운 응용프로그램 프로젝트는 그곳

CHAPTER 5 비용 계획하기

에 서버와 메인프레임도 필요한데 만일 무슨 하드웨어 플랫폼을 사용해야 한다는 표준이 있다면 응용프로그램 프로젝트는 허락된 장비에서 실행되어져야만 하므로, 기존 하드웨어로 응용프로그램을 실행시키거나 새로운 하드웨어를 구매할 수도 있겠다. 만일 프로젝트에 하드웨어를 구매해야 한다면 전력이나 환풍과 같은 새로운 장비를 수용할 수 있는 자재도 겸해서 알아두어야 한다.

개발 환경에 대해서 잠시 알아보자. 대부분 응용프로그램 개발 분야에서 응용프로그램 개발 관리자는 세 개의 별도 환경을 좋아하는데 개발(Dev), 테스트(Test), 그리고 제품(Prod)이다. 보통 응용프로그램 프로그래머(coder)와 데이터베이스 관리자(DBA)는 Dev 환경의 소프트웨어 모듈에서 작업한다. 모듈을 테스트할 준비가 되면 테스트가 진행되는 Test 환경으로 옮겨지고, 모든 것이 정상이면 코드는 Prod 환경으로 옮아간다. 더 크고 엄연히 분야가 다르다면 Dev에서 Test로 옮기는 작업을 하는 인력과 Test에서 Prod로 옮기는 인력이 다르다. 만일 Dev/Test/Prod 환경이 없다면 소프트웨어 프로젝트를 실행하는 동안 이들 환경이 갖춰진 곳에서 작업했을 때보다 코드상 문제가 더 많이 발견될 수 있다.

3) RAM(Responsibility Assignment Matrix)

모든 리소스 요청을 추적하기 위해선 일부 도구나 템플레이트가 있어야 하는데, 리소스 요청을 정의하고 문서화하는 좋은 도구가 RAM이다. RAM은 WBS 작업과 필요한 리소스를 매치해주는 차트이다. 프로젝트 예산에 리소스의 월급자와 시급자의 비용이 들어있어야 한다.

아래 표에서 작업을 끝내기 위해서 필요한 리소스를 확인하고 각 리소스가 각 작업에 얼마나 필요한지 알 수 있게 되어서, 각 작업에 필요한 리소스와 각 리소스의 인원(량)도 파악할 수 있는데 매트릭스에는 세 개의 직종인 프로그래머, 테스터, 그리고 기술 작가가 있고 외부 커스터머와 대화할 마케팅부서의 직원도 필요하지만 특정 직종명으로 정하진 않았다. RAM은 또한 자재와 장치를 설명하는데도 쓰이는데, 다음 표에서 Task C는 새로운 서버를 필요로 한다. 다음에 IT 개발 프로젝트의 RAM을 보였다.

CompTIA Project+

Task	Programmer	tester	Marketing	Tech Writer	Server
A				1	
B	2				
C		3			1
D	4				
E			1		

〈프로젝트 RAM〉

　리소스 요청을 확인하기 위해서 RAM 이외에 다른 도구도 사용하는데, 프로젝트 팀이 (범위 계획하기에서 만든) WBS를 사용해서 각 작업에서 필요로 하는 것을 기록한다. 리소스 요청은 또한 프로젝트 관리 소프트웨어를 사용해서 문서화하거나 혹은 이전 프로젝트의 도구나 템플레이트를 사용해도 된다. 모든 것을 직접 확인하는 것이 리소스 확인보다 더 중요하다. 팀은 리소스가 모든 작업에 배치될 때까지 작업 리스트를 작업해 나아가는데 필요한 리소스를 확인했으면, 이제 각 리소스에 드는 비용을 예상할 차례이다.

여기서 비용 예상의 한 가지 예를 보고 넘어가자.

> Mark씨는 대규모 조직의 프로젝트 매니저인데, 조직은 새로 건물을 지어 모든 부서를 한 곳에 모으려고 생각하고 있다. 임대료를 줄이고 직원들이 모여 있으면 일의 효율도 늘 것으로 예상하고 있다. Mark는 1,000명 가까운 직원을 6차례에 걸쳐 새로운 빌딩으로 이동시키는 프로젝트를 맡았다. 프로젝트를 받자마자 건물 작업자들을 만나 부서를 어떻게 배치해야 하는지, 데이터 센터는 어디에 둘지 등에 관해 협의를 했다. 업자들은 Mark에게 회사의 엔지니어들은 데이터센터 내의 주렁주렁한 전기선을 줄이고 싶어 하므로, 내장 콘센트로 심어두면 비용도 절감할 수 있고 자신들이 충분히 그런 작업을 할 수 있다고 말했다. Mark는 회사에 중앙 IT 부서가 있지만 각 부서와 협의해서 데이터센터 내에 서버 장비를 둘 별개의 소규모 IT룸 7곳과 중앙 IT 부서를 함께 만들었다. Mark는 작업자들이 여러 IT 이해관계인들의 필요에 맞춰 충분한 전력을 제공할 것으로 믿었다.

CHAPTER 5 비용 계획하기

> 첫번째 직원들이 이주해 들어오자 데이터센터 내로 서버들을 들여왔고 관리자들이 연결을 시작했다. Mark는 건물에 가설된 모든 전원선이 이미 거의 사용된 것을 보고 놀라고 말았다. 아직도 이주해 들어올 장비들이 많은데 전력 코드(콘센트)가 부족한 것이다. 또 들여올 서버들을 확인해 보니 일부는 15Amp용이지만, 다른 것들은 20Amp를 사용하는 것들도 여럿 있었다. 급히 건물 작업자들을 만나서 얘기해본 결과 그들은 늘 하던 대로 일반건물에서 사용하는 15Amp만 가설했다는 것이었다. 그들은 서버도 일반 가정 전등과 같이 15Amp만 사용하는 줄로 알고 있었던 것이다! Mark는 서둘러 RAM을 적용해서 앞으로 얼마나 많은 회선이 필요한지 확인하고 장래의 확장도 고려해보니 15Amp는 여섯 개, 20Amp는 십여 개가 더 필요한 것을 알았다. 작업자에게 새로운 회선 추가를 견적내 보니 3,000만 원정도가 되었다. 너무 떨렸으나 맡은 작업은 완수해야 해서 Mark는 프로젝트 스폰서인 부사장에게 보고하고 자신이 전력수요를 간과했음을 설명한 뒤 많은 금액 차이로 작업을 완성했다. Mark는 LA 근처에서 지금 택시운전을 하고 있다나?

2 비용 예상하기

프로젝트에 필요한 리소스 요청을 문서화했으니 비용 예상하기를 해야 하는데, 모든 프로젝트 리소스에 드는 비용을 대략적으로 산출하는 과정이다. 비용 예상은 프로젝트 예산을 개발할 때 사용되는 입력이다. 이 비용 예상에서 기억할 것은 "대략적"인 추측이다. 프로젝트에 비용이 얼마나 들지 정확히 알 수 없고 어느 예상기법이 다른 예상기법보다 더 정확할 수도 있다. 추측을 좀 더 정확하게 하기 위해서 모든 가용한 데이터와 도구를 사용해야 한다. 비용 예상은 프로젝트 이해관계인들과 협의해야 하는데, 프로젝트에 드는 비용 예상이 무시되는 수도 있으므로 프로젝트 매니저는 특히 계획하기 프로세스 초기에 만들어지는 잠재적인 예상이 정확한지 잘 알고 있어야 한다.

만일 프로젝트 계획하기 과정에서 여러 예상이 만들어졌는데 어느 새로운 예상이 많은 차이를 보이면 항상 이해관계인 그룹과 협의하고 내용과 정확성에서 이전의 예상들보다 이 새로운 예상이 왜 그렇게 다른지 배경을 충분히 설명해 주어야 한다. 협의를 할 때 처음 예상을 했을 땐 없었던 정보가 지금은 있으므로 이 부분이 강조되어져야 한다.

CompTIA Project+

비용 예상을 하는 여러 방법이 있는데 세 가지를 주로 사용한다. 유추예상, 변수 모델링, 그리고 확정예상이다.

2.1 비용 예상 기법

이는 프로젝트 매니저가 정확한 예상을 하기 위해 얼마나 세밀히 정보가 제공되느냐에 달려 있다. 프로젝트 계획하기의 각 단계에서 일일히 예상하거나 활동의 일부분에 한 가지 방식을 사용하고 나머지 활동들에 대해서 다른 방식들을 사용해도 된다. 이 방법들은 정확도에서 서로 다른 정도를 보이므로 각 방법의 결과치도 다르다. 따라서 비용 예상을 할 때 어느 방법을 사용했는지 설명하는 것이 중요하다. 이들이 어떻게 다르고 어떻게 작동하는지 알아보자. 이들을 크게 대별하면 Top-Down 방식과 Bottom-Up 방식이 있는데 이것들을 알아보자.

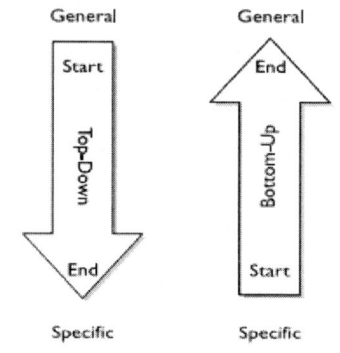

1) Top-Down 예상

이는 프로젝트 매니저가 과거 유사한 프로젝트에 소요된 예산을 보고 책정하는 방식으로 몇 가지 유추 기법들이 있다.

(1) 유추예상(Analogous Estimate)

비용 예상하기에서 이 방식은 대략적인 것으로, 초기 프로세스 동안 top-down 방식으로 산출한 것이다. 이 유추방법은 정확도가 낮아서 실제 프로젝트 비용의 -25%~+75% 범위이다. 유추예상은 이전의 유사한 프로젝트로부터 이 프로젝트에 드는 비용을 고급수준에서 대략 정하는데, 'Rough order of Magnitude 예상'으로도 불린다. 이 타입의 예상은 보통 프로젝트에 대한 세부사항이 별로 없는 착수 프로세스나 범위 계획하기의 초기 계획단계에서 비즈니스 분석의 일부분으로 이뤄진다. 유추예상은 프로젝트 전반에 걸친 커다란 그림에서 예상을 책임진 전문가의 노련한 판단과 과거 데이터를 사용한다. 유추예상은 프로젝트를 대략적으로 혹은 선택된 단계나 주요작업만 보고 판단하지, 작업 패키지 각각을 세세히 보고 예상하는 기법이 아니다.

예를 들어 만일 비즈니스 컨설턴트 데스크톱 도구가 2년 전에 5천만 원에 이뤄진 것을 알고 있다면, 이번 커스터머 관리 데스크톱 도구 프로젝트도 리소스와 인플레이션을 감안할 때 거의 5,500만 원쯤일 것으로 유추해서 예상할 수 있다. 새로운 프로젝트인 경우 정확한 이전 프로젝트를 찾는 것은 힘들 수도 있는데, 만일 예전에 똑같은 프로젝트를 했었다면 무엇하러 이런 유추작업을 하며 왜 또 새로운 프로젝트를 하겠는가? 만일 운이 좋다면 규모와 범위가 비슷한 프로젝트를 찾아 참조할 수도 있겠다. 이 유추 예상법은 프로젝트 초기에 프로젝트에 대한 정보가 별로 없을 때 요긴하다고 했는데, 여기서의 핵심은 모든 이해관계인들이 이 예상이 정확하지 않을 수도 있다는 것을 인식하고 있어야 한다는 것이다. "이 프로젝트가 저에게는 매우 생소해서 유추방식으로 비용을 예상했기 때문에 매우 정확하진 않을 것입니다"라고 하는 말해두는 것이 좋다.

(2) 변수 모델링(Parametric Modeling)

이 예상은 광범위하게 초기 계획하기 프로세스 동안 top-down 방식으로 산출한 것이다. 범위는 -10~+25%이고 'Budget Estimate'로도 불린다. 변수 모델링은 비용을 계산하기 위해서 수학적인 방법을 사용하는데, 작업하는 프로젝트 타입에 따라서 이 방법이 가장 적절할 예상 기법일 수도 있다. 변수 모델링이 가장 널리 사용되는 곳이 건설업계이다.

주택 건설업자는 보통 새로운 주택건설을 평당 가격으로 산정해서 비용을 예상한다. 이 방법이 IT 업계에서 가장 널리 사용되는 분야가 아마도 소프트웨어 개발을 위한 'COCOMO(COnstructive COst MOdel) II'일텐데, 소프트웨어의 복잡성, 팀의 능력, 제품개발 프로세스, 그리고 개발도구를 고려한 변수를 사용한다. 많은 조직은 내부용으로 변수 모델링을 개발하지만 상업용도 있다. 이 방법은 모델을 만들 때 사용되는 데이터의 정확성에 따라 정확도가 달라지고 모델이 유연하지 못한 것이 가장 큰 단점이다. 만일 조직이 변수 모델링을 사용한다면 사용되는 특정 모델에 대해서 더 알아야 하며, 그 방법이 현재 프로젝트에 적합한지도 검토해 보아야 한다.

COCOMO나 변수 모델링에 대해서 더 알고자 하면 NASA Parametric Cost Estimating Handbook을 www.jsc.nasa.gov/bu2/PCEHHTML/pceh.htm를 참고하거나 http://sunset.usc.

edu/research/cocomosuite/suite_main.html에서 USC Center for Software Engineering을 참조하면 된다.

2) Bottom-Up 예상

여기서는 필요한 총 지출을 완성한 뒤 같은 템플레이트를 사용해서 한 단계씩 역으로 끝까지 올라가서 프로젝트의 각 단계의 비용을 만드는 식인데, 여기에도 몇 가지 유추기법이 있다.

(1) 확정예상(Definitive Estimate)

이 기법은 가장 정확한 예상기법으로 총 비용예상을 각 작업패키지에 배분하는데, 후기 계획하기 프로세스 동안 bottom-up 방식으로 산출한 것이다. 범위는 -5~+10%이다. 이 예상에선 WBS와 프로젝트 리소스 요청이 중요한 입력이다. 가장 낮은 활동(WBS의 맨 밑)에서 시작해서 각 낮은 레벨의 작업비용을 계산하고 이런 낮은 레벨 예산들을 모으면서 위로 올라가 총 프로젝트 비용을 예상하는 방법인데, 스케줄 계획하기에서 프로젝트의 기간을 정할 때 각 작업의 예상 기간을 정해서 합하는 것과 유사하다. 비용 예상은 어느 작업이 시작된 때부터 작업이 끝날 때까지 아무것도 하지 않았을 때 한 명이 그 작업을 끝내는데 드는 총 시간인 작업 투입(work effort) 대비 예상을 기본으로 한다. 작업 투입 예상은 또한 'Person-Hour 예상'으로도 불린다.

예를 들어 스케줄 계획하기에서 기술문서를 쓰는 작업이 활동기간 4일 예상이라면 비용 예상하기에선 만일 기술 작가가 하루에 5시간을 프로젝트에 할당한다면, 기술 작가가 작업을 끝내기 위해서 사용하는 총 경과시간 예상은 작업 투입 예상 20시간이 되게 된다. 작업 기간과 작업 투입의 차이가 혼란스러울 수 있다. 스케줄 계획하기에서 완성기간 예상은 프로젝트가 끝나는데 얼마나 기간이 걸리는지를 정의하는데 쓰이고, 비용 계획하기에서 작업 투입 예상은 프로젝트에 얼마나 비용이 드는지를 정의하는데 쓰인다. 스케줄 예상에선 작업이 4일 걸린다는 것과 비용 예상에선 그 작업이 20시간 걸린다는 것을 구별해야 한다.

이제 RAM에 작업 투입 예상을 작업에 추가해서 어떻게 이것이 적용되는지 알아보자. 다음 표는 이런 각 활동들에 대해 예상되는 작업 투입을 샘플로 보여준다. 확정비용 예상을 위해 필요한 마지막 데이터는 각 리소스에 대한 비율이다. 작업 투입과 임대장비 비율은 보통 시간당 혹은 일당으로 계산된다. 중앙 혹은 공유시스템에 액세스하는 것은 사용금액에 포함되고 자재나 장비 구매는 고정금액이다.

Task	Resource	Work Effort
A	Tech Writer	20 hours
B	Programmers (2)	100 hours
C	Server	N/A
C	Testers (3)	60 hours
D	Programmers (4)	200 hours
E	Marketing	30 hours

〈샘플 프로젝트 작업 투입 매트릭스〉

비용 예상하기에 사용될 정확한 요율을 정하는 것은 복잡한데, 아마도 유사한 항목의 자재와 장비에서 현재 비용을 정확하게 얻을 수 있겠다. 여러 프로젝트에서 가장 많이 차지하는 전체비용은 인력, 즉 노동비용인데 이 비용이 가장 예상하기 어렵기도 하다. 작업하는 작업자 비용의 실제 요율은, 비록 동일한 직종이라도, 학력과 경력에 따라 다르게 된다. 만일 작업의 일부를 끝내기 위해서 외부인이나 컨설턴트와 계약한다면 요율은 또 달라진다. 보통 주어진 직종의 평균요율이나 요율범위 중 하나에서 정보를 얻게 된다. 개별적 인력에 대한 비용예상을 할 때 작업의 복잡성에 근거해서 어느 범위를 선택하는 것이 가장 정확한지 결정해 둘 필요가 있다. 유경험 테스터를 필요로 하는 작업에 무경험 테스터를 사용하면 작업에 비해 더 낮은 요율이 적용될 것이다.

다음 표는 샘플 프로젝트에서 사용할 각 리소스에 할당된 요율을 보여준다. 이 예에서 서버의 현재 시장가격과 기술 작가와 테스터의 작업자 요율은 요율범위를 사용했고 프로그래머에게는 표준조직의 계약요율을 적용했다. 마케팅 컨설턴트는 Task E를 마케팅에서 예상한 예상요율로 작업했다.

Task	Resource	Work Effort	Rate
A	Tech Writer	20 hours	$30/hr
B	Programmers (2)	100 hours	$50/hr
C	Server	Fixed rate	$100,000
C	Testers (3)	60 hours	$30/hr
D	Programmers (4)	200 hours	$50/hr
E	Marketing	30 hours	$60/hr

〈샘플 프로젝트 리소스 요율〉

이제 리소스 요청과 연관된 작업노력, 각 작업요율을 가지고 있으므로 표에 총계 칸을 추가해서 비용예상을 완성하면 총 프로젝트 예상비용이 나오게 된다. 다음 표는 샘플 프로젝트에서 작업을 완성한 비용예상을 보여준다.

Task	Resource	Work Effort	Rate	Total Cost
A	Tech Writer	20 hours	$30/hr	$600
B	Programmers	100 hours	$50/hr	$5,000
C	Server	Fixed rate	$100,000	$100,000
C	Testers	60 hours	$30/hr	$1,800
D	Programmer	200 hours	$50/hr	$10,000
E	Marketing	30 hours	$60/hr	$1,800
TOTAL				$119,200

〈샘플 프로젝트 비용예상〉

(2) 3점 예상(three-point estimate)

최고와 최저 예상 시나리오를 가지고 최대 허용치를 예상하는 방식으로 평균을 잡는다. 대부분 프로젝트는 이 방식을 선호한다.

CHAPTER 5 비용 계획하기

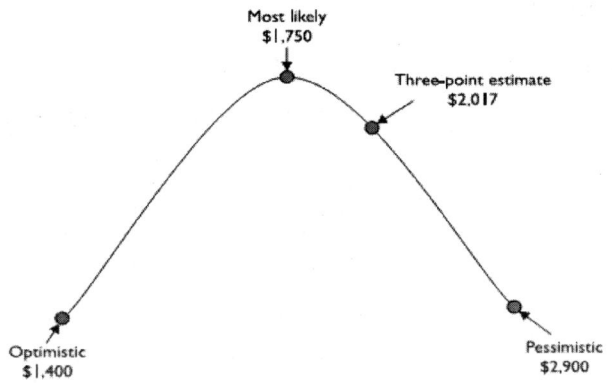

〈3점 예상은 시간과 비용의 평균값이다.〉

이런 예상 타입에서의 퍼센트는 표준적인 것으로 조직이 자신들의 특정 변수범위를 개발하기도 한다. 예를 들어 여러 번 비슷한 커스터머 프로젝트를 맡은 IT 작업자는 보통 어느 프로젝트에 얼마나 비용이 들지 알고 있다. 프로젝트 작업에 대해서 더 잘 알수록 프로젝트 비용을 쉽게 예상할 수 있게 된다. 예상했던 것보다 프로젝트 범위가 많이 달라지면 프로젝트에서 알 수 없는 것들을 반영하는 변수범위를 사용한다.

(3) PERT 예상

Bottom-Up 기법에서 평균비용을 보려면 최고와 최악의 시나리오를 생각해서 좀 더 복잡한 방식으로 활동대비 기간을 예상해주는 기법인 PERT(Program Evaluation Review Technique)로 활동들을 끝내는 시간을 예상할 수 있다. 다음에 이런 간단한 예를 표로 보였다.

Component	Pessimistic	Most Likely	Optimistic	PERT Result
Server	9,500	8,000	7,000	$8,083.33
Application	5,500	4,000	3,600	$4,183.33
Licensing	6,500	6,000	4,500	$5,833.33
Development	10,200	9,000	8,500	$9,116.67
Testing	7,500	5,000	4,500	$5,333.33
Documentation	7,000	6,000	5,500	$6,083.33
Training	9,500	8,000	7,500	$8,166.67

3) Zero-Based 예산 짜기

이것은 프로젝트의 예산을 그와 유사한 프로젝트의 예산으로부터 유추하는 대신 0부터 시작되어져야 한다는 것인데, 주로 새로운 회계연도에서 사용된다. 다음 그림을 보라.

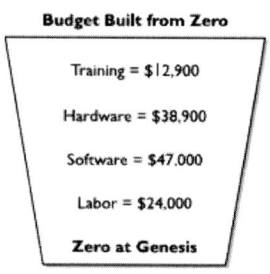

2.2 예상하기 조언

비용 예상하기는 매우 복잡하지만 이렇게 해서 얻은 비용 예상은 세부사항의 적절한 레벨을 알기 전까지 공식적인 프로젝트 비용으로 사용된다. 비용 예상을 할 때 원하는 모든 정보를 다 알 수 없는데 그것도 프로젝트 관리의 속성이다.

예상과정을 수행하면서 명심해야 할 몇 가지 조언이 있다.
① 프로젝트 팀과 연구하기 - 비록 각 활동비용을 사용해서 세부적인 비용 예상을 얻는 것도 좋은 방법이지만 특정 작업과 연계되지 않았거나 여러 작업들로 확장될 수 있기 때문에 계산해야 할 항목을 놓칠 수도 있다. 프로젝트 팀원 중 누가 특정 훈련을 필요로 하나? 만일 프로젝트가 소프트웨어 배포라면 여행경비가 들어있는지 혹은 원격에서도 설치가 가능한지? 팀원을 모아서 기타 가능한 비용들에 대해 토의하는 것이 이런 항목들을 놓치지 않게 한다.
② 예상타입 협의하기 - 프로젝트 비용예상이 빠르게 구체화될 수는 있지만 참조한 예상 타입에 대해서 분명히 해 두어야 한다. 만일 이전의 유사한 프로젝트에 근거해서 유추예상으로 했다면 프로젝트의 실제비용에서 얼마 만큼은 차이가 날 수 있다는 것을 분명히 해두어야 한다. 예상을 유추할 때 실제 프로젝트와 이전 프로젝트 사이에서 영향을 끼칠 수 있는 중대한 차이비용을 지적해야 하고, 이로 인한 리스크나 불확실

성도 상세히 설명되어야 한다. 또 유추예상이 가지고 있는 잠재적인 부정확성을 강조하고 더불어 이해관계인들에게 이 유한적인 예상의 한계치를 제공해야 한다. 만일 프로젝트 스폰서가 왜 현재 예상이 막연한지와 더 정확한 예상을 위해서 무엇이 있어야 하는지 둘 다 이해하고 있다면 제안한 비용이 나중에 프로젝트의 실제비용보다 75% 정도 낮게 나온 것도 이해할 수 있을 것이다.

③ 가용 템플레이트 사용하기 - 많은 조직은 '비용 - 예상하기' 템플레이트나 워크시트를 사용한다. 그것들이 꼭 필요하진 않아도 사용하는 것이 좋은데, 자본과 비용의 모든 가능한 범주를 살펴봄으로써 비용예상에 모든 것이 들어 있는지 확인할 수 있는 좋은 체크리스트가 되기 때문이다. 템플레이트는 또한 요율예상의 좋은 소스가 된다. 프로젝트 팀원의 급료는 직종과 특수 직무로 인해 다를 수 있어서 이 비용 예상하기를 위해 표준요율이 만들어졌다. 표준 예상요율은 보통 특정 직종이나 의료, 산재, 혹은 연금과 같은 직원 베네핏(benefits)을 커버하기 위해 급료의 몇 퍼센트인 부담률(loaded rate)과 평균급료 중 하나에 근거해서 만들어진다. 조직의 정책으로 부담률이 프로젝트 비용예상에 포함되는지 확인할 수 있다. 일부 프로젝트 매니저는 작업자(급료가 포함된)와 자재 리소스가 들어있는 신뢰할 만한 프로젝트 템플레이트(이를 리소스 로딩(resource loading)으로 부른다)를 사용한다.

④ 작업자에게서 예상 얻어내기 - Bottom-Up 예상이 가장 정확하다는 이유는 작업 투입 예상이 각 작업 패키지에 적용되기 때문인데, 이 정확도는 예상하기 작업에 익숙하지 않은 작업자가 작성했을 땐 떨어지게 된다. 만일 프로젝트가 조직에서 새로운 것이거나 검증되지 않은 방법을 사용하는 것이라면 작업 투입 예상을 위해 외부의 도움을 받을 때도 있는데, 공표된 업계 표준이나 이 프로세스를 도울 컨설턴트를 고용하는 일 등이 될 수 있다.

⑤ 팀 포상비용 포함시키기 - 모든 프로젝트 매니저는 프로젝트에 많은 공헌을 한 팀원에게 보상하기를 원하지만 자금이 없으면 힘들 것이다. 여러 가지 보상방법이 있는데 프로젝트가 끝날 때 축하해 주거나, 뛰어난 업적을 포상하거나, 혹은 현금 보너스를 주던 간에 어디선가 돈이 나와야 한다. 모든 조직이 상이나 보상을 허용하지 않기도 하지만 스폰서에게서 이런 보상을 위해 도움을 얻어낼 수도 있다.

CompTIA Project+

⑥ 모든 전제 문서화하기 – 만일 내부 리소스에 기반해서 시간당 비율을 정했다면 그 정보를 예상하기에 기록해야 한다. IT 프로젝트는 자주 계약직을 사용하는데, 시간당 요율이 다를 수 있다. 따라서 만일 차후에 계약직을 사용해야 할 것 같으면 이해관계인들에게 즉시 새로운 요율로 예산을 개정해야 할 필요가 있다고 알려야 한다.

여기서 앞에서 잠시 나온 리소스 로딩에 대해서 알아보자.

리소스 로딩(loading)이 매우 복잡한 이유는 운영인력이 너무 광범위한 것과 관련이 있다. 예를 들어 4명의 프로그래머로 구성된 팀을 가지고 있다고 하자. 가장 중견 프로그래머는 스스로 작업을 시작하지 않기 때문에, 이 매우 유능하고 언제 무엇을 해야 할지 잘 알고 있는 그를 움직이려면 프로젝트 매니저가 열심히 일해서 불을 붙여주어야 할 것이다. 반대로 항상 일을 끝내고 다음 작업을 기다리는 신입 팀원을 사용해서 불을 붙일 수도 있는데, 신입은 다른 프로젝트 작업이 없으면 새로운 기술이나 직무에 필요한 더 많은 것들을 온라인에서 찾는다. 나아가 그 신입이 작업을 끝냈을 때 그 작업이 정확하고 제대로 된 것이라고 인정해 주면 금상첨화로 주변에 충분한 자극제가 된다. 중견 프로그래머는 베네핏을 포함해서 시간당 85$를 벌고 신입 프로그래머는 50$를 번다. 매니저가 중견 프로그래머로 하여금 스스로 일을 하게끔 자극한다면 작업의 복잡성에 따라 신입이 일주일 걸리는 작업을 하루 만에 끝낼 수도 있다. 그래서 만일 프로젝트에 리소스 로드를 결정한다면 누구를 선택하겠는가? 모든 프로그래밍 작업에 시급 85$ 작업자를 중시할까 혹은 시급 50$, 아니면 그 중간급인 시급 70$ 작업자를 사용할까?

또한 일부 자재 리소스는 거의 변하지 않은 채 프로젝트에서 자주 사용되지만 그래도 리소스 로딩에 문제가 없다는 것도 알아두어야 하는데 T1 데이터 통신회선을 생각해 보자. 이것은 대학 캠퍼스에서 두 건물 동을 연결하는 일반적인 방법이다. 보통 설치비용과 월 사용료, 설치시간은 telco에서 주어지므로 예산을 유추할 때 시간이 들지 않는다. 그렇지만 그런 리소스들도 "대략"이라는 것을 기억해야 한다. 즉, 변경될 수 있고 다르게 작업될 수 있으며(옵션에 따라), 비율과 금액 등이 늘어날 수도 있다.

3 비용 예산편성

　모든 리소스 계획하기와 비용 예상하기로 프로젝트에 실제 어느 금액이 나오는 것은 아닌데, 대부분 조직에선 자금부에서 프로젝트에 자금을 할당하는 정식 프로세스가 있기 때문이다. 프로젝트 매니저는 프로젝트의 비용 예상을 모으고 요약해서 예산 프로세스의 입력으로 사용한다. 프로젝트 비용 예상은 자금요청에서 예산 승인 과정으로 전환된다. 비용 예산편성은 비용 예상하기, WBS, 그리고 스케줄을 사용해서 프로젝트 승인자금을 여러 활동에 배분하는 프로세스이다. 프로젝트 리소스의 모든 비용은 프로젝트 일정에 따라 예산에서 할당되며, 팀이 프로젝트를 시작하면 실제 비용발생이 예상 예산에 맞는지 추적된다. 프로젝트 예산은 주어진 기간 안에 리소스 범주에 얼마나 지출될지 협의하는데 사용된다. 대부분 예산은 월별로 나뉜다. 특히 사용하는 리소스에 비용코드가 정해지면 예산에 들어 있는 모든 항목의 코드를 아는 것이 쉽진 않다. 프로젝트를 시작하기 전에 부서의 프로세스가 무엇인지 결정해야 한다.

　예산 구조를 확인할 때 다음과 같은 것들에 대해 질문할 필요가 있다.
① 모든 프로젝트 비용이 승인을 위해 프로젝트 매니저에게 제출되었나?
② 프로젝트 매니저는 프로젝트 팀원의 일정표를 승인했나?
③ 프로젝트 매니저는 프로젝트 참여 인력으로부터 주간보고를 받고 있나?
④ 스폰서나 클라이언트로부터 승인받아야 하는 비용이나 액수가 있나?

　금전이 집행되기 전에 이런 질문들에 대한 답을 알아두면 프로젝트 후반에 생길 수 있는 문제나 혼란을 막을 수 있다. 프로젝트가 진행되면서 드는 비용을 추적하는 것이 항상 프로젝트 매니저의 책임은 아니다. 비용 예상이 승인되고 프로젝트 예산이 짜여지면 실제 자금추적은 중앙부서에서 할 것이다. 자금부는 프로젝트 예산을 포함해 모든 예산을 추적한다. 일부 조직은 PMO가 있어서 모든 프로젝트를 감시하고 프로젝트 관리표준, 도구, 그리고 템플레이트를 정의하며 프로젝트 예산을 추적할 수도 있다. 혹은 일부 조직에서처럼 각 부서가 자체적인 재정과 예산 관리인을 가지고 부서의 예산을 추적하기도 한다. 만일 이런 부서에서 어떤 작업을 위해 작업자를 차용해 왔을 때 그 부서에 일정 등을 보고할 필요는 없지만 보통 리소스 코드를 받아서 작업시수를 기록해 줄 순 있는데, 그 리소스 코드('cost-center'나 기타 명칭)는 직접 다시 금전으로 환산되어 그 부서의 예산으로 편성될 것이다. 프로젝트 매니저는 어디서 예산이 추적되고 프로젝트에 무슨 종류의 보고서가 있는지 정도는 알고 있어야 하는데, 비록 매니저나 팀원이 직접 예산을 추적하진 않아도 어떻게 금전이 사용되는지 책임져야 하며, 주어진 예산 안에서 프로젝트를 끝내야 한다. 날짜에 맞춘 예산집행 보고서는 프로젝트 매니저가 예산집행에서 어느 심각한 초과가 있는지 확인하고 바로잡는데 중요한 도구가 된다.

프로젝트 기금을 끌어온 여러 부서를 위해 각 예산 분석가들과 주기적인(e.g, 주간, 격주 등) 회의를 갖는 것이 좋은데, 그렇게 함으로써 서로 이미 사용한 금액과 남은 금액을 알고 있게 된다. 예산 분석가는 예산이 곧 떨어질 것이라고 말하기보단 현재 자금이 부족하다고 호의적으로 말하지만 주의해서 들어야 한다. 예산 프로세스는 복잡하다. 이제 특수 기금을 포함해서 프로젝트 예산을 만들고 예산기준을 정하며, 앞으로의 예산목표를 설정하는 법을 알아보자.

3.1 예산 만들기

승인된 비용 예상과 프로젝트 스케줄을 사용해서 프로젝트 예산을 만들어야 한다. 그러나 프로젝트 예산을 만들기 전에 프로젝트 예산에 들어가는 두 가지 종류의 자금을 알아보자. 예비자금(contingency fund)과 운영기금(managerial reserve)은 일부 조직에서 사용하는 특수 자금인데, 이들 자금이 모든 프로젝트에 할당되진 않는다. 만일 조직이 이들 예산 중 어느 하나를 사용한다면 자금 할당과 자금 사용처에 대한 정책에 따라야 할 것이다.

① 예비자금 - 이것은 비축해 놓은 금액으로 계획하기 프로세스에선 발견되지 않았으나 원래 프로젝트 범위 안에서 발생된 예상치 못한 비용을 커버하기 위해서 프로젝트가 사용하는 것으로, 기금의 액수는 정해져 있지 않지만 이 자금은 총 프로젝트 비용의 일정 퍼센트로 정해진다. 예비자금은 리스크를 줄이는데 사용되므로 리스크 계획하기에서 나중에 알아볼 것이지만, 프로젝트 매니저가 여유자금으로 이 금액을 요청해서는 안 된다. 또 이 기금은 보통 "중요한" 프로젝트로 여겨지는 곳에서 사용된다. 여러 가지 프로젝트의 비용 예상은 이전 데이터가 없고 필요한 활동에 경험이 별로 없을

수 있으므로 정확하지 못할 수 있다. 만일 이 기금이 할당된다면 보통 프로젝트 매니저가 통제한다.
② 운영기금-이것은 예상할 수 없는 장래 상황을 커버하려고 고급관리 차원에서 비축해 놓은 금액이다. 예비자금처럼 운영기금의 액수도 보통 총 프로젝트 비용의 일정 퍼센트로 정해진다. 하지만 예비자금과 다른 점은 이 기금을 누가 관리하느냐이다. 보통 고급관리자가 운영기금을 통제하고, 프로젝트 매니저는 이 고급관리자의 승인이 없으면 자금을 사용할 수 없다.

프로젝트 예산은 보통 특정 비용범주로 나뉘는데 여기엔 급료, 하드웨어, 소프트웨어, 여행경비, 훈련비용, 그리고 자재비가 들어간다. 일부 조직에서는 재정 대표자나 PMO에서 온 작업자가 프로젝트 예산을 직접 개발하거나 프로젝트 매니저가 개발할 때 도움을 주기도 한다. 하지만 다른 곳, 특히 소규모 조직에서는 프로젝트 매니저가 예산을 개발해야 한다. 어떤 방식이든 각 범주에 들어있는 특정 비용항목 리스트가 있는 조직의 비용항목 사본을 얻어야 어떻게 각 리소스가 분류되어 있는지 알게 된다.

예산은 보통 월 단위나 분기 단위로 쪼개져 스프레드시트 포맷으로 만들어지는데, 아래 표에서 보인 것을 기준으로 해서 3개월 단위로 스케줄해보자. 3개월간 급료와 계약직에 드는 비용은 작업이 언제 스케줄되느냐에 따른다. 새로운 서버 구매비는 2월에 지불될 것이다. 이를 표로 만들었다.

	Jan	Feb	Mar	Total
Salary	$600	$900	$2,700	$4,200
Contract Labor	$5,000	$5,000	$5,000	$15,000
Hardware Server		$100,000		$100,000
TOTAL				**$119,200**

〈샘플 프로젝트 예산〉

정확한 프로젝트 비용 기준선을 만드는 것은 어려운데, 수많은 실제 비용이 적용될 때 변수로 영향을 끼치기 때문이다. 이런 이유로 프로젝트 매니저는 비용 특히 급료를 쪼개서 매월로 할당한다. 이렇게 하면 예산편성이 쉬워지지만 이런 접근은 실제 비용을 추적해야 하는 프로젝트 실행동안 문제를 가져오기도 한다.

3.2 비용 기준선

완성된 프로젝트 예산을 프로젝트 팀이 검토해 보아야 한다. 누가 실제로 예산을 만드느냐에 따라서 회계부서나 PMO의 대표자가 검토하게 하는 것이 적절한 방법이지만, 프로젝트 팀도 스케줄과 예산 사이의 중요한 연결을 이해할 필요가 있기 때문이다. 예산범주나 어떻게 비용이 프로젝트 일정에 배분되느냐에 관해 의문이 있으면 이 검토 때 논의되어야 한다. 일단 프로젝트 팀원들과 예산검토가 끝나면 프로젝트 작업을 시작하기 전에 예산 편성표인 비용 기준선을 만들 때이다. 이것은 앞에서 만든 스케줄 기준선과 유사하다.

비용 기준선은 계획하기에서 세워놓은 실제 프로젝트 실행동안 집행되는 비용을 추적하기 위해서 사용되는데, 날짜에 맞춰 무엇이 지출되었는지와 비용 예상에 근거해서 남은 작업에 지출될 프로젝트 장래비용에서도 참조된다. 비용 기준선에는 모든 예상 프로젝트 비용이 들어있지만 예비자금이나 운영기금으로 승인된 자금은 포함되지 않는다. 프로젝트 매니저는 비용 기준선에 관해 프로젝트 이해관계인들과 정보를 나누어야 하는데, 어떤 이해관계인은 총 예산 기준선의 복사본을 필요로 하기도 하지만 일부는 각 단계에서 무엇이 소비되는지에 관심이 더 있을 수도 있다. 예산목표에서 단계별로 지출되는 항목을 알 수 있다.

3.3 예산 목표

프로젝트 예산은 보통 회계부서의 기준에 맞춰 설정된다. 비록 예산범주와 월별 보고가 언제 어떻게 프로젝트 비용이 지출되었는지 표시해 준다고 해도 프로젝트 예산을 관리하는 데 이것만이 최상의 도구는 아니다. 프로젝트 매니저는 프로젝트의 특정 단계에서 얼마나 비용이 지출되었는지 보고할 필요가 있으므로 각 단계에 포함된 활동을 기준으로 목표를

CHAPTER 5 비용 계획하기

정하는 것이 좋은 방법이다. 프로젝트 실행으로 들어가서 실제 스케줄과 예산 둘 다 추적하기 시작할 때 이것들이 제 궤도에 있는지 아는 것이 필요하다. 각 단계의 지출비용을 설정해 두어서 만일 실제 지출비용이 보고서의 정상궤도에 있지 않으면 경각심을 갖게 될 것이다.

예를 들어 요구사항, 설계, 구축, 테스트, 그리고 제품출시 주기를 가지고 있는 표준 IT 개발 프로젝트를 생각해 보자. 요구사항 단계에서 5천만 원을 쓸 것으로 예상했고 프로젝트 스케줄 기준선에 따르면, 그 단계는 4주 걸려서 3월 31일에 끝나는 것으로 되어 있다. 3월 예산 보고서에 4,900만 원을 사용한 것으로 나와 있다면 누구나 비용이 남았으니 제대로 잘 해왔다고 여길 수 있지만, 스케줄 추적을 통해 검토한 결과 작업이 3월 31일까지 끝나지 못하고 2주가 더 걸릴 것으로 나와 있다면 프로젝트에 문제가 생겼다고 직감할 것이다. 이 과정에서 지출할 비용을 거의 다 썼는데 작업은 반밖에 끝나지 않았다면…, 이래서 예산에서 목표나 일정을 설정해 두는 것이 중요하다. 하지만 이런 상황에 처했다고 해도 어느 행동을 빨리 취해야겠다고 서두를 필요는 없는데, 확실한 예산을 세웠어도 나중엔 처음 계획한 것과 차이가 나게 마련이다. 이런 것을 "비용변수(cost variances)"라고 부른다.

여기서 Chaptal Wineries의 예로 예산에 대해서 알아보자.

> 각 작업장에서 일하는 작업자들의 급료와 이 프로젝트에 관련된 작업자의 급료가 시간당 50$이라고 했을 때 베네핏 퍼센트를 40%로 해서 포함시키면 총 급료는 70$까지 된다고 가정하자. 이제 MS Project로 들어가 '보기' → '리소스 시트'로 가서 급료 값을 넣는 곳을 찾는다. 이 프로젝트를 위해 여러 리소스를 이미 넣어두었다. 여기서 'Chaptal Admin'이 이 프로젝트 전체를 관리하는 Cane씨며, 그 외에 Croix, Fourche, Jay, 그리고 Sanchez가 이 프로젝트를 돕는 인력들이다. 또 각 지역에서 WAN(및 라우터와 스위치 등도) 설치를 도와줄 컨트렉터들도 필요하다. 이상적으로 이런 컨트렉터들을 T1/E1을 제공하는 통신사에서 지원해줄 수도 있지만, 보통 외부 서드파티에서 각 컨트렉터 당 시간당 225$ 정도를 들여 고용하는 것이 편하다. 이제 다음과 같은 리소스 시트가 만들어질 것이다.

CompTIA Project+

	Resource Name	Type	Initials	Max. Units	Std. Rate	Ovt. Rate	Cost/Use	Accrue At	Base Calendar
1	Chaptal Admin	Work	C	100%	$70.00/hr	$0.00/hr	$0.00	Prorated	Standard
2	St. Croix	Work	S	100%	$70.00/hr	$0.00/hr	$0.00	Prorated	Standard
3	Fourche	Work	F	100%	$70.00/hr	$0.00/hr	$0.00	Prorated	Standard
4	Jay	Work	J	100%	$70.00/hr	$0.00/hr	$0.00	Prorated	Standard
5	Sanchez	Work	S	100%	$70.00/hr	$0.00/hr	$0.00	Prorated	Standard
6	French Contractor	Work	F	100%	$225.00/hr	$0.00/hr	$0.00	Prorated	Standard
7	Australian Contractor	Work	A	100%	$225.00/hr	$0.00/hr	$0.00	Prorated	Standard
8	Chilean Contractor	Work	C	100%	$225.00/hr	$0.00/hr	$0.00	Prorated	Standard
9	Calif. Contractor	Work	C	100%	$225.00/hr	$0.00/hr	$0.00	Prorated	Standard
10	Calif. Web site contra	Work	C	100%	$225.00/hr	$0.00/hr	$0.00	Prorated	Standard
11	All	Work	A	100%	$575.00/hr	$0.00/hr	$0.00	Prorated	Standard
12	French Vendor	Work	F	100%	$125.00/hr	$0.00/hr	$0.00	Prorated	Standard
13	Australian Vendor	Work	A	100%	$200.00/hr	$0.00/hr	$0.00	Prorated	Standard
14	Chilean Vendor	Work	C	100%	$100.00/hr	$0.00/hr	$0.00	Prorated	Standard
15	Calif. Vendor	Work	C	100%	$225.00/hr	$0.00/hr	$0.00	Prorated	Standard

여기엔 각 사이트에서 테스트할 인트라넷 프로그래머와 Chaptal Wineries의 여러 사이트의 직원들(Croix, Fourche, Jay 등) 모두가 들어있는 "All"이란 리소스 시트를 사용하고 있다. 그래서 컨트렉터와 함께 일정한 테스트를 하는 작업자들의 시급을 모으면 다음 장과 같은 표가 만들어질 것이다. 마지막으로 실제 T1을 연결해주는(e.g, Demarc 지점, 테스팅, 회선점검 등 포함) 통신사 벤더에게 지출할 비용도 마련해야 한다. 여기서의 핵심은 이런 개인들의 시간당 급료가 얼마나 들 것인지 알아내는 것인데, 이런 정보를 실제 통신사로부터 얻을 수도 있고 이전 프로젝트에서 얻거나 최근에 이런 통신회선을 작업했었던 동료로부터도 얻을 수 있다.

모든 직원들이 exempt 상태로 있는 것은 과외근무를 줄 수 없다는 뜻이다. 만일 과외근무(non-exempt로 표시)한 직원이 있다면 이것도 강조 표시되어야 하는데, 보통 테스터, PC 정비 등에서 나타난다. 이제 다시 일반 프로젝트 시트로 가서 '보기' → 'Gantt Chart'로 간 뒤 '보기'에서 Fixed Cost, Total Cost, Baseline, Variance, Actual, 그리고 Remaining을 추가한다. 또한 여기서 각 작업인력과 그것을 수행하는데 걸리는 Resource Names와 Duration을 볼 수 있다.

CHAPTER 5 비용 계획하기

	Task Name	Resource Names	Duration	Fixed Cost	Total Cost	Baseline	Variance	Actual	Remaining
1	CHAPTAL INT'L EXPANSION		1 day	$0.00	$0.00	$0.00	$0.00	$0.00	$0.00
2	⊟ 1.0 Hardware Procurement		0.5 days	$0.00	$100,602.00	$0.00	$100,602.00	$0.00	$100,602.00
3	1.10 Purchase servers	ptal Admin	4 hrs	$78,879.00	$79,124.00	$90,000.00	($10,876.00)	$0.00	$79,124.00
4	1.20 Purchase network gear	ptal Admin	4 hrs	$21,233.00	$21,478.00	$20,000.00	$1,478.00	$0.00	$21,478.00
5	⊟ 2.0 WAN connection provision		1 day	$0.00	$10,180.00	$0.00	$10,180.00	$0.00	$10,180.00
6	2.10 E1 circuit/French telco	in,Fourche	8 hrs	$2,000.00	$2,980.00	$2,000.00	$980.00	$0.00	$2,980.00
7	2.20 T1 circuit/Australia telco	Admin,Jay	8 hrs	$1,500.00	$2,480.00	$2,000.00	$480.00	$0.00	$2,480.00
8	2.30 T1 circuit/Chile telco	n,Sanchez	8 hrs	$1,750.00	$2,730.00	$2,000.00	$730.00	$0.00	$2,730.00
9	2.40 T1 circuit/California telco	ptal Admin	8 hrs	$1,500.00	$1,990.00	$2,000.00	($10.00)	$0.00	$1,990.00
10	⊟ 3.0 Networking gear installation		4 days	$0.00	$17,200.00	$0.00	$17,200.00	$0.00	$17,200.00
11	3.10 French installation	ch Vendor	32 hrs	$0.00	$4,000.00	$0.00	$4,000.00	$0.00	$4,000.00
12	3.20 So. Australia installation	an Vendor	32 hrs	$0.00	$6,400.00	$0.00	$6,400.00	$0.00	$6,400.00
13	3.30 Chile installation	an Vendor	32 hrs	$0.00	$3,200.00	$0.00	$3,200.00	$0.00	$3,200.00
14	3.40 California installation	lif. Vendor	16 hrs	$0.00	$3,600.00	$0.00	$3,600.00	$0.00	$3,600.00
15	⊟ 4.0 Server installation		8 days	$0.00	$8,720.00	$0.00	$8,720.00	$0.00	$8,720.00
16	4.10 Install France server	ptal Admin	16 hrs	$1,500.00	$2,480.00	$0.00	$2,480.00	$0.00	$2,480.00
17	4.20 Install Australia server	ptal Admin	16 hrs	$2,000.00	$2,980.00	$0.00	$2,980.00	$0.00	$2,980.00
18	4.30 Install Chile server	ptal Admin	16 hrs	$1,300.00	$2,280.00	$0.00	$2,280.00	$0.00	$2,280.00
19	4.40 Install California server	ptal Admin	16 hrs	$0.00	$980.00	$0.00	$980.00	$0.00	$980.00
20	⊟ 5.0 Intranet development		14 days	$0.00	$25,200.00	$0.00	$25,200.00	$0.00	$25,200.00
21	6.10 Develop intranet pages	contractor	112 hrs	$0.00	$25,200.00	$0.00	$25,200.00	$0.00	$25,200.00
22	⊟ 6.0 Testing		9 days	$0.00	$33,350.00	$0.00	$33,350.00	$0.00	$33,350.00
23	6.10 Unit testing (CA)	contractor	16 hrs	$0.00	$3,600.00	$0.00	$3,600.00	$0.00	$3,600.00
24	6.20 Integration testing (internation	All	40 hrs	$0.00	$21,250.00	$0.00	$21,250.00	$0.00	$21,250.00
25	6.30 User acceptance testing (UA	All	16 hrs	$0.00	$8,500.00	$0.00	$8,500.00	$0.00	$8,500.00
26	⊟ 7.0 Training		17 days	$0.00	$8,330.00	$0.00	$8,330.00	$0.00	$8,330.00
27	7.10 Train French (email)	ptal Admin	16 hrs	$0.00	$980.00	$0.00	$980.00	$0.00	$980.00
28	7.20 Train French (intranet)	ptal Admin	24 hrs	$0.00	$1,470.00	$0.00	$1,470.00	$0.00	$1,470.00
29	7.30 Train Australian (email)	ptal Admin	16 hrs	$0.00	$980.00	$0.00	$980.00	$0.00	$980.00
30	7.40 Train Australian (intranet)	ptal Admin	24 hrs	$0.00	$1,470.00	$0.00	$1,470.00	$0.00	$1,470.00
31	7.50 Train Chilean (email)	ptal Admin	16 hrs	$0.00	$980.00	$0.00	$980.00	$0.00	$980.00
32	7.60 Train Chilean (intranet)	ptal Admin	24 hrs	$0.00	$1,470.00	$0.00	$1,470.00	$0.00	$1,470.00
33	7.70 Train California (email)	ptal Admin	8 hrs	$0.00	$490.00	$0.00	$490.00	$0.00	$490.00
34	7.80 Train California (intranet)	ptal Admin	8 hrs	$0.00	$490.00	$0.00	$490.00	$0.00	$490.00

MS Project는 보통 Bottom-Up 방식의 예산을 사용하는데 자금 규모에 대해서 모르는 경우 프로젝트에 지출할 비용과 프로젝트 예산을 맞추기 위해서 각 작업의 예상시간에 의존해서 작성한다. Top-Down 예산편성은 자금이 주어지고 그 범위 내에서 프로젝트의 주요 작업을 완성해야 하므로 관리하기가 조금 어렵다. 만일 예산이 넉넉하지 않다면 프로젝트의 기간과 작업의 윤곽을 정확히 짜고 프로젝트의 모든 요구사항들을 세밀히 알고 있어야 (잠재적으로 프로젝트에 드는) 비용면에서 실수하지 않게 된다. 때때로 조직은 새로운 서비스나 제품을 개발해서 이윤을 남겨야 할 경우라면 Top-Down 예산편성을 사용해서 프로젝트에 지출되는 금액이 이윤을 초과하지 않게 미리 정해두기도 한다.

위 표에서 급료에 강조된 것들을 보면 Project가 주어진 작업에 투입된 시간과 비용을 계산해서 보여주고 있음을 알 수 있지만, 투입되어야 할 다른 비용들(e.g, 하드웨어 비용, 여행경비 등)을 설명하진 않는다. 또 기준선 란이 있는데 이곳에 초기 예상치(품질예상 기법으로부터)를 넣으면 Project는 각 작업이 기준선에서 얼마나 떨어져 있는지를 보여주고

CompTIA Project+

중요한 작업의 소계와 프로젝트의 총계를 기록해준다.

만일 예비자금이 있다면 Project가 리소스처럼 관리하게 하거나 비상시 사용할 수 있게 별도로 놔두고 추적 관리해 나아갈 수도 있다. 예비자금이 있다고 해서 안전망으로 여기고 프로젝트를 방만히 운영하면 안 된다. 자금은 보이지 않는 것들을 위해 있는 것이다. 상급 관리자들은 프로젝트 관리자가 얼마나 잘 예상해서 얼마나 효율적으로 적기에 예산 안에서 자금을 프로젝트에 투입하는지 지켜보고 있다. 이 예비자금에서 자금을 많이 끌어다 쓰면 프로젝트를 제대로 관리하지 못한다는 오명을 쓸 수 있다.

3.4 프로젝트 관리 소프트웨어 사용하기

프로젝트 스케줄을 개발할 때처럼 비용 예상과 프로젝트 예산도 프로젝트 관리 소프트웨어를 사용해서 만들 수 있다. MS Project는 예를 들어 리소스 시트를 가지고 있는데 사용자가 프로젝트에 관련된 모든 인력, 장비, 그리고 자재를 입력하게 한다. 각 리소스를 위해 리소스 수나 고정요율 등을 입력하는 란이 있다. 리소스가 각 프로젝트 작업에 할당되면 소프트웨어는 이 리소스 시트를 근거로 총 비용을 계산해 준다. 리소스는 여러 작업에 할당될 수 있지만 비용 관련 데이터에는 한번만 입력될 수 있다.

MS Project는 중복입력을 막기 위해 Excel 스프레드시트와 연동될 수 있다. 프로젝트관리 소프트웨어를 사용해서 스케줄과 예산 기준선을 만들어 프로젝트 실행동안 목표를 추적하는데 사용하기도 한다. 대부분 소프트웨어 패키지는 다양한 보고서 포맷을 가지고 있는데 표준 예산보기, 작업 당 비용, 그리고 리소스 당 비용을 포함하는 비용 데이터를 표시할 수 있다. 프로젝트 실행과 프로젝트 통제에서 이 데이터가 어떻게 사용되는지 알아보자.

프로젝트 관리 소프트웨어와 어떻게 특정 패키지가 작동하는지 이해하는 것이 중요한데, 패키지에 관한 정식 훈련이 가장 좋은 해결책이지만 만일 이것이 가능하지 않다면 기본만이라도 이해하도록 멘토나 경험자에게서 도움을 얻으면 된다. 프로젝트 관리 소프트웨어는 이 도구의 입력 데이터와 결과 해석을 잘 알고 사용하는 사람에겐 매우 유용하다.

CHAPTER

06 기타 계획하기 1(인력과 품질)

CompTIA Project+

지금까지 알아온 것들로 계획하기가 끝났으면 이제 실제 프로젝트 실행으로 들어가야 할 것으로 보일 수도 있다. 범위, 비용, 그리고 스케줄을 계획했다면 다른 무엇이 남았을까? 물론 이것들이 프로젝트 계획하기의 기본이지만, 프로젝트 관리에는 몇 가지 다른 요소들도 계획하기 프로세스에 포함되어야 한다.

예를 들어 인력 계획하기는 프로젝트에 작업자를 어떻게 들일 것인가 – 프로젝트를 완성하는데 필요한 작업자를 확보하는 일이다. 품질 계획하기는 프로젝트의 품질기준을 결정하는 일로써, 측정해야 할 품질변수를 결정하고 어떻게 그것들을 측정해야 하는지를 포함한다. 이들을 알아보자.

1 인력 계획하기

앞에서 프로젝트의 비용을 확인하는 프로세스에서 리소스 계획하기를 알아보았는데, 여기서는 직종명으로 인력을 확인하는 법을 주로 알아보자. 각 중요한 작업에 정확히 매치되는 작업자를 아직 확보하지 못했다면 프로젝트 작업을 실제로 수행하기 전에 직종 요구사

CompTIA Project+

항에서 확인한 작업자를 실제 사람이름으로 바꿔야 한다. 또 프로젝트 완성을 통해 팀을 어떻게 조직하고 관리해야 하는지 생각해 두어야 한다. 인력 계획하기는 팀원의 역할과 책임을 정의하고 적절한 팀 보고체계를 세우며, 올바른 팀원을 확보해서 필요한 기간만큼 프로젝트에 투입시키는 일이다. 인력 계획하기는 프로젝트를 완성하는데 필요한 인력확보로 조직 계획하기 개발을 통해 이뤄진다.

1.1 팀원 계획하기

주어진 시간 내에서 유일한 제품을 완성해야 하는 일단의 사람들을 관리하는 일은 매우 도전적이다. 각 팀원은 자신들의 역할과 무엇을 수행해야 하는지에 대한 분명한 그림을 가질 필요가 있다. 또 팀원과 다른 프로젝트 이해관계인들은 팀이 어떻게 조직되는지 이해하고 있어야 한다. 8명의 IT 팀을 가지고 있는 팀의 보고체계는 4개 도시에 6개의 조직으로 편성된 대규모 150명 팀의 보고체계완 다를 것이다. 프로젝트 팀원 구축에 다른 잠재적 제약이 영향을 끼칠 수도 있는데 노조의 동의, 조직의 정책, 팀 선호도, 그리고 팀원의 지식 등이다. 조직 계획하기는 프로젝트 팀원의 역할과 책임을 정의하고 프로젝트 팀이 어떻게 조직되는지 확인하며, 인력 관리계획을 문서화함으로써 프로젝트 팀을 관리하는데 영향을 끼치는 인터페이스에 접근하는 프로세스이다.

> **여기서 지리적으로 분산되어 있는 팀들을 사용한 대규모 프로젝트를 살펴보자.**
>
> 대학 강사인 Jim은 대기업의 우주개발 컨트렉팅 부서에서 중견 시스템 분석가로 일하고 있는 엔지니어이다. 그의 수업내용은 온통 일단의 사람들 - 특히 매우 전문화된 우주 엔지니어들이 어떻게 한 곳에 모일 수 있느냐에 관한 것이다. 일부는 캘리포니아에 있고 다른 이들은 해외에 있다. 이들이 모여 로켓을 설계하고, 만들며, 조립하고, 출시한다. 기본적으로 Jim의 방법은 독특하다.
> ① 프로젝트를 정말 철저히 이해하고 있어야 한다. 모든 팀원은 자신들이 하는 일을 분명히 알고 있어야 하며, 목표에 관해 의문점이 없어야 한다.
> ② 큰 프로젝트는 '한 번에 조금씩'의 원칙을 가지고 접근해야 한다. 프로젝트를 나누어 관리할 수 있는 부분으로 만들고, 그 부분에 관심을 보이는 적절한 팀원들을 모아 그룹화한다.

③ 모든 프로젝트에는 핵심이 있다. 예를 들어 퓨즈를 먼저 설계한 뒤 거기에 맞는 엔진을 설계한다. 그리고 로켓 프로젝트의 모든 요소는 엔진 자체에 맞춰 있다. 그래서 엔진이 유명하고 정평 있는 품질이라면 나머지 부품들을 거기에 맞춘다. IT 프로젝트에선 대부분 그럴 것이다.
④ 지리적으로 떨어져 있는 팀인 경우 한 사람(e.g, 프로젝트 매니저)이 모든 나라와 지역을 다 다닐 수 있는 자금과 시간이 없으므로 그들(팀원)이 모여서 작업해야 한다면(Jim의 팀은 프로젝트 단계에서 매우 중요한 작업을 할 때 이렇게 한다), Jim과 그의 팀원들은 도면, 설계 특성, 그리고 프로젝트의 기타 요소들을 토론하기 위해서 소프트웨어, 오디오 장치, 그리고 화상카메라로 모든 팀원들을 인터넷으로 묶는 온라인 협력 작업을 이용한다. 이런 주제는 Jim에게 너무 중요해서 수업시간 내내 온라인 협력 작업의 기적과 같은 효능을 강조한다.
⑤ 필요한 기술을 가진 사람이 지리적으로 떨어져 있다고 걱정할 필요가 없다. 프로젝트 매니저가 조금만 이런 시스템에 신경쓰면 해결될 수 있는 일인 것이다.

인터넷의 위력으로 속도와 지역의 한계를 느끼지 않는 프로젝트 팀원들이 협의해서 멋진 결실을 맺을 수도 있다.

1) 프로젝트 인터페이스

조직 계획하기의 일부로 여러 가지 인터페이스를 고려해야 하는데, 프로젝트 팀원 선별과 팀이 어떻게 관리되느냐에 영향을 끼치기 때문이다.

① 조직 인터페이스-이것은 프로젝트가 여러 부서로 확장될 경우 연계성 관리에 해당되는데, 만일 여러 프로젝트를 다루고 있다면 팀원회의를 구조화하고 팀원에게 어떻게 피드백할지와 어떻게 협의할지 등이 각 프로젝트마다 다르게 접근되어져야 한다.
② 기술 인터페이스-이것은 프로젝트의 기술 작업이 어떻게 끝나는지에 관한 것인데, 예를 들어 현존 시스템과 연동하는 새로운 응용프로그램 소프트웨어를 개발하는 작업자들은 응용프로그램 인터페이스뿐만 아니라 새로운 프로그램이 얹혀질 운영체제 플랫폼도 이해하고 있어야 한다.
③ 상호 인터페이스-이것은 프로젝트에서 작업하는 작업자들 간의 보고체계이다. 이상적으로는 팀원 내에 갈등이나 논쟁이 없어야 하지만 현실에선 그렇지 않을 때가 있어서 프로젝트 매니저는 팀원들 사이의 갈등을 다룰 수 있어야 한다. 이전에 문제를 일

CompTIA Project+

으켰던 요소들을 알아봄으로써 팀원 선별 프로세스에서 좀 더 신중을 기할 수 있다.

조직 계획하기의 핵심 입력은 리소스 계획하기 프로세스 동안 리소스 요청 정의하기에서 만들어진 문서인 비용 예상하기로, **RAM** 혹은 다른 리소스 계획하기 문서가 조직의 역할과 책임을 문서화하는 시작점이 될 수 있다.

여기서 종합시스템(integrated system)의 예를 하나 알아보자.

조직의 고위 이사진이 새로 들여놓은 XYZ 시스템이 조직의 모든 청구서 시스템을 커버해 주어서 멋지지만 인트라넷과 인터넷에서 좀 더 사용자 친화적이었으면 좋겠다고 말하면서 기존 시스템과 연계될 수 있는지 물어온다면, 어떻게 대답할까 – 아마도 "물론이죠"나 "글쎄요" 중 하나일 수 있다. 보통 "불가능합니다"라고 말하긴 쉽지 않을 것이다. 우리가 새로운 기술을 기존 시스템에 융합시키거나 한두 개 전혀 다른 시스템을 기존 시스템에 적용시킬 때 종합시스템을 연상한다. 보통 MS와 같은 기업들은 전혀 새로운 기법이 기존 시스템과 연동해서 새로운 프로세싱으로 정보를 추출할 수 있다고 말하지만, 실제는 이론처럼 그렇게 쉽지 않을 수 있고 증명하기도 어렵다.

유명한 데이터베이스 시스템인 Adabas와 프로그래밍 인터페이스인 Natural이 실행되는 메인프레임을 예로 들어보자. 이 시스템이 지난 25년 이상 잘 작동되어 왔고 효율적이었다면 나름대로 기술이 들어있는 것이다. 사용자는 메인프레임의 초록색 모니터에서 작업하고 있으며, 메인프레임 프로그래머들은 현재의 청구서 시스템(e.g, 인터넷 청구)에 맞출 어느 방법도 알지 못할 수 있다. 이제 이 시스템에서 데이터를 추출하는 응용프로그램 서버 인터페이스를 들여와 XML 페이지로 화면이 뜨게 하고 커스터머 서비스를 하는 직원들에게 고객이 전화를 걸어오면 인트라넷으로 IVR(Interactive Voice Response) 시스템에게 보내고, 웹을 통해 도움을 청하는 커스터머들을 위해 인터넷으로 상담하게 하는 프로젝트를 맡았다고 하자.

어디서부터 시작해야 할까? 동료 기술자들은 하나같이 기존 시스템에 변경을 주게 되는 '응용프로그램 서버'로부터라고 말할 것이다. 그러나 여기에 들어있는 복잡함도 알고 있을까? 조직에서 그런 작업을 할 수 있는 기술자가 있을까? IBM의 메인프레임용 인터넷 인터페이스인 WebSphere는 말할 것도 없고 MS BizTalk, BEA WebLogic, JBoss와 같은 응용프로그램 서버가 필요한 요술을 보여줄 순 있지만 누가 이 요술지팡이를 가지고 조정하느냐이다. 그런 소프트웨어가 가지고 있는 내적 요소들을 충분히 이해하지 못한 채 프로젝트 매니저가 이런 소프트웨어 패키지를 구매해서 프로젝트를 진행하면 안 된다. 조직에서 이들을 관리할 직원이 없는 수가 있다.

> 결국 이 프로젝트를 다시 조직에 반납하고 조직은 외부에서 경험 있는 컨트렉터를 풀타임 직원(FTE : Full Time Employee)으로 비싸게 고용할 수밖에 없을 것이다. 나중에 이런 FTE에게 이들 프로그램을 다루는 법을 배울 수도 있지만, 그래도 프로젝트 스폰서 앞에서 이 프로젝트를 맡을 수 없다는 얘기를 해야만 할 것이다.
>
> 결국 새로운 시스템에 도전해 보는 모험을 하지 말라는 것이 아니라 정확히 잘 생각해 보라는 얘기이다. 벤더의 얘기만으로 혹은 자신이 두 개의 다른 시스템을 쉽게 연계할 수 있다고 상상하지 말라. 쉽지 않을 때가 더 많다. 자신이 다뤄보지 않은 작업들을 직면할 때가 있다 - 두 시스템 사이에서 자주 연결이 끊어지는 워크스테이션 연결과 같은 간단한 작업으로부터 웹 서버나 기타 서버들이 놓이는 내부 인트라넷과 외부 인터넷 사이인 DMZ(DeMilitarized Zone)에서 생기는 문제들까지 다양하다. 현명한 프로젝트 매니저라면 자신이 잘 모르는 분야의 프로젝트를 의뢰받으면 이전에 그 분야의 경험이 있는 기술자에게 어느 리스크가 있는지 등을 잘 물어서 수용여부를 결정해야 할 것이다.

2) 역할과 책임

역할과 책임문서는 프로젝트 팀원 개인이나 그룹의 역할과 그들의 책임을 열거한다. 만일 리소스를 각 작업에 스케줄에 따라 할당하거나 특정 작업을 수행할 리소스에게 활동을 매치시키는 **RAM**을 만들었다면 그들의 역할과 책임을 문서화해야 할 의무가 있다. 그러나 프로젝트 팀원의 역할과 책임은 할당된 작업 이외에 따라야 할 기준과 방법, 완성되야 할 문서작업, 그리고 시간보고 의무 등이 있다. 그래서 작업자에게 작업을 할당하는 것 이외에 작업할당에 다른 책임과 의무를 문서화하기 위해 템플레이트를 만들어 두어서 누가 어떤 책임을 지느냐를 명확하게 해두는 것이 좋다. 많은 팀이 역할과 책임 문서에 프로젝트 스폰서를 자주 포함시키는데, 언제 어떻게 스폰서를 프로젝트 작업에 합류시키는 일은 프로젝트 매니저와 스폰서 사이의 상호이해를 위해 좋은 방법이다.

역할과 책임은 표, 그래픽 포맷 등 여러 가지 방법으로 문서화될 수 있다. 조직에서 사용하는 템플레이트를 이용하거나 팀에게 가장 적합한 포맷을 사용하면 된다. 어느 포맷을 사용하든 간에 핵심은 각 팀원의 책임소재를 분명히 밝힐 수 있는 형태면 된다. 또 역할과 책임은 프로젝트가 진행되면서 바뀔 수도 있으므로 필요하면 수시로 문서를 업데이트해야 한다.

CompTIA Project+

프로젝트에서 역할과 책임을 개발하는 것은 프로젝트 헌장이 애매모호하거나 이런 정보를 다뤄보지 않았을 때 프로젝트 스폰서와 더불어 팀원들에게 프로젝트 매니저의 권한을 확인시켜 주는 일이기도 하다. 프로젝트 매니저의 권한은 역할과 책임에서 형식적으로 문서화되거나 스폰서가 자신의 대리인으로 일부 권한을 위임하는 비형식적으로 이뤄질 수도 있다. 고용이나 해고 권한 혹은 프로젝트 예산집행 권한이 문서화되어져야 한다.

여기서 역할과 책임에 대한 예를 하나 보자.

> 모든 팀원은 역할과 책임을 표시한 문서를 가지게 되는데, 여기엔 프로젝트 매니저도 포함된다. 그래서 음성작동 다이얼링 프로젝트를 맡은 프로젝트 매니저의 역할과 책임을 알아보자.
> ① 직종 : 프로젝트 매니저
> ② 역할 : 음성작동 다이얼링 출시에 관련된 프로젝트 관리활동을 이끈다.
> ③ 주요 책임 : 프로젝트 매니저는 다음과 같은 것들을 수행한다.
>   (a) 부서의 모든 프로젝트 관리표준을 확인한다.
>   (b) 프로젝트 계획하기의 모든 면에서 팀을 이끈다.
>   (c) 프로젝트 작업 실행에서 팀원을 관리한다.
>   (d) 스케줄을 개발하고 주별로 업데이트한다.
>   (e) 프로젝트 상황회의를 주별로 실시한다.
>   (f) 어느 프로젝트 이슈에 관한 진척을 추적, 할당, 그리고 보고한다.
>   (g) 돌발적 수행이나 완화계획을 추적한다.
>   (h) 주별로 중요한 이슈의 상황을 스폰서와 중요한 이해관계인들에게 제공한다.
>   (i) 월별로 이해관계인들에게 정식 프로젝트 상황을 준비해서 제출한다.

이와 유사한 문서가 각 프로젝트 팀원에게도 만들어 주어야 한다. 이 문서는 각 팀원에게 무엇을 책임져야 하는지 알게 할 뿐만 아니라 스폰서와 부서장, 혹은 다른 이해관계인들에게 설명할 때 사용될 수 있다.

3) 프로젝트 조직 차트

프로젝트 조직 차트를 만드는 것도 좋은 생각이다. 프로젝트에서 누가 작업하고 있는지 뿐만 아니라 보고체계도 보여준다. 프로젝트에 참여한 인원과 프로젝트의 복잡함에 따라 여러 보고 레벨이 있을 수 있다.

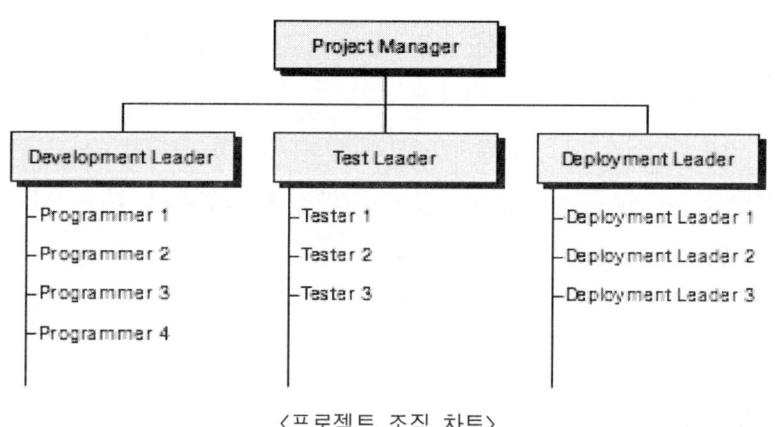

〈프로젝트 조직 차트〉

10명 이내의 소규모 프로젝트 팀에서는 모든 팀원이 직접 프로젝트 매니저에게 보고하지만, 대규모 응용프로그램 개발 프로젝트와 같이 여러 조직으로 분산된 100명 가까운 많은 인력이 동원되는 프로젝트에서 팀원은 프로젝트 매니저 이외의 다른 상사에게도 보고하게 되어 있을 것이다. 대규모 복잡한 프로젝트는 보통 프로젝트 팀 리더(team leader) 직위가 있다. 프로젝트 팀 리더는 영업, 훈련, 혹은 IT나 네트워크 등과 같은 특정 분야에서 온 팀원이나 개발, 테스팅과 같은 특정 단계에 할당된 인력을 책임진다. 위 그림이 프로젝트 팀 리더를 사용한 프로젝트 조직 차트이다.

4) 인력관리 계획

인력관리 계획은 모든 직원 데이터를 모아두는 곳으로 언제 어떻게 인력이 프로젝트 팀에 추가되고 방출되었는지, 팀원이었을 때 무슨 작업을 하고 있었는지 등에 관한 문서이다. 리소스를 추가하거나 방출하는 것은 조직에 따라 형식적이거나 비형식적일 수 있지만 프로젝트에서 팀원을 방출할 때 조직의 인사정책에 따르는 것이 나중에 문제의 소지를 없게 하

CompTIA Project+

는데, 특히 그 인력이 노조에 가입되어 있거나 할 때 특히 주의해야 한다.

프로젝트에 인력을 배치하거나 방출할 때 사전통지와 특정 프로세스에 관한 규정이 사용된다. 만일 프로젝트가 복잡한 인터페이스-조직이나 기술에서, 혹은 인간관계에서-를 가지고 있다면, 이런 인터페이스를 어떻게 관리할지 문서화해 두어야 한다. 만일 모든 소프트웨어 개발 테스팅이 특정 작업그룹에 할당되어져야 한다면 이 요구가 분명하게 확인되어져야 한다. 또 만일 팀원이 여러 도시나 여러 부서로 흩어져 있다면 이런 상황을 통제하는 계획도 문서화되어져야 한다. 팀원의 역할과 책임, 그리고 프로젝트 조직 차트가 모여서 직원관리 계획의 일부가 되고, 팀을 관리하는 모든 면을 커버하는 종합문서가 된다. 직원관리 계획은 고급레벨이거나 매우 상세할 수 있어서, 조직에 직원관리 표준이나 템플레이트가 있는지 확인해 보는 것이 좋다. 직원관리 계획이 프로젝트에서 인력관리의 청사진이 될 것이다.

1.2 팀원 확보하기

팀원 확보하기에서 마침내 프로젝트에 팀원을 배치하게 된다. 이 과정 동안 앞에서 알아보았던 일부 관리기법을 사용하게 된다. 프로젝트 매니저가 어떻게 실제로 팀원을 얻는지와 팀원 확보에 프로젝트 매니저의 의사가 얼마나 반영되는지는 조직의 상황에 따라 달라진다. 가장 좋은 경우는 프로젝트 매니저가 프로젝트 팀에 지원한 인력들을 인터뷰해서 뽑는 전권을 가지고 있는 것이지만, 많은 조직에서는 프로젝트 매니저가 리소스를 제공하는 부서장과 협상하는 것이 일반적이다.

1) 지원자와 인터뷰하기

프로젝트 매니저가 프로젝트 팀원을 뽑는 방법은 조직의 구조와 프로젝트 지원과 관련된 정책에 따라 다르다. 만일 매트릭스나 프로젝트화된 조직에 있다면 팀원을 뽑을 때 더 많은 권한이 주어지게 되는데, 팀에 지원한 지원자를 인터뷰한다면 선택에 참고가 될 질문과 그 작업에서의 핵심 요소들을 준비해서 알고 있어야 한다. 인터뷰 준비에 다음과 같이 여러 분야가 있을 수 있다.

① 기술수준
   (a) 지원자는 그 작업을 끝낼 수 있는 경험이나 훈련을 받았나?
   (b) 지원자의 경력이 그 작업을 끝내는데 필요한 것과 매치되나?
② 프로젝트 경력
   (a) 지원자는 프로젝트 팀에서 작업한 적이 있나?
   (b) 지원자는 어느 프로젝트에서 작업해 보았나?
   (c) 지원자의 이전 프로젝트에서의 책임은?
③ 대인관계
   (a) 지원자는 팀플레이를 할 능력을 보이나?
   (b) 지원자는 쓰기와 표현 기술이 좋은가?
   (c) 지원자의 장점과 약점은 무엇인가?

이것은 시작점이고 프로젝트의 특수성에 따라 이 리스트에 필요한 항목을 추가하면 된다. 프로젝트에서 간혹 프로젝트 헌장에 팀원이 배정되어져 있으면 어느 파트엔 이미 작업자가 배치된 경우도 볼 수 있다. 인터뷰의 목적은 어느 작업에 가장 적합한 작업자를 선별하기 위함이다. 성공적인 인터뷰를 위해서는 준비가 최선인데 각 지원자에게 물을 질문들을 준비하고 인터뷰 내용을 모두 기록해 둔다. 직업신청 시 제공되는 개인정보 규제 법률도 있으므로 만일 직업신청에 대한 인터뷰를 해본 적이 없다면 도와 줄 사람을 찾거나 인사과로부터 템플레이트나 체크 리스트를 받아서 활용하는 것이 좋겠다.

2) 부서장과 협의하기

여러 전통적인 조직에선 부서장과 협의해서 프로젝트 팀원을 확보하는 수가 많다. 예비 팀원과 인터뷰할 수도, 없을 수도 있는데 조직에서 직원을 어떻게 관리하는지에 따라 달라진다. 그러나 지원자와 인터뷰한다고 해도 부서장과 함께 작업해서 프로젝트 팀원을 확보할 때가 더 많다.

CompTIA Project+

여기서 프로젝트 인력선택의 예를 보자.

> 예를 들어 새로운 소프트웨어 개발 프로젝트를 맡은 중간규모 정도의 직원들로 이뤄진 프로젝트의 매니저라고 해보자. 여러 분야의 개발자를 팀원으로 확보할 수 없으므로 고급 레벨 개발자와 코드를 도와주는 초급 레벨 개발자를 때때로 활용하고 있다. 이제 프로젝트가 진행됨에 따라 가용한 초급 개발자 한두 명을 제대로 뽑아야 할 때가 되었다.
>
> 초급 레벨 개발자를 선택하는 것이 힘든 일은 아니나, 프로그래밍할 때 서툴기 때문에 개발시간이 길어질 수 있어서 이를 조절하는 것이 일이 된다. 물론 그들도 작업을 한다. 하지만 고급 기술자들이 이미 작업을 끝내고 다른 일을 착수할 때까지 그들은 여전히 애쓰고 있다. 어설픈 기술수준과 경력이 작업 기간을 늘려놔서 프로젝트의 완성일이 흔들리게 한다. 만일 프로젝트가 빡빡한 마감일을 가지고 있다면 - 즉, 스폰서가 어느 어느 날까지 마쳐야 한다고 말한다면 - 초급 기술자들과 오버타임으로 작업해야 하거나 고급기술자를 사용해서 마감일에 마쳐야 할 것이다. 아니면 프로젝트에 집중과 빠른 추적기법을 동원해야 할 수도 있다.

부서장은 리소스가 풀타임이나 파트타임으로 가용될 수 있는지 여부를 결정해 줄 수 있다. 만일 추가적으로 프로젝트에 할당될 인력이나 다른 소스를 확보할 수 있다면 각 작업자가 프로젝트에 쏟을 수 있는 시간 량에 대해 분명히 알고 있어야 한다. 프로젝트 팀원이 여러 상사들(e.g, 부서장과 적어도 한 명의 프로젝트 매니저)을 가지고 있는 매트릭스 조직에선 팀원의 책임에 관해 팀원의 동의가 있어야 하는데 주어진 작업의 결과만 책임지면 된다.

성과평가도 리소스를 선별할 때 고려되는데, 성과는 조직 정책상 프로젝트 매니저가 프로세스의 일부로 입력하거나 각 부서장과 프로젝트 매니저가 함께 피드백해서 동의한 성과평가를 기록한다. 프로젝트 매니저는 팀원을 논의하기 위해서 부서장과 협의해서 프로젝트에 배정될 인력의 동의를 얻어야 한다. 부서장은 여러 부서를 통솔하기도 하므로 프로젝트 팀들로부터 인력을 차출해 달라는 요청을 자주 받게 된다. 프로젝트 매니저는 필요한 것들을 분명히 밝히고 부서장과 협상하는 자세로 회의에 임해야 한다. 자연스럽게 이런 과정이 진행되게 하는 몇 가지가 다음에 있다.

CHAPTER 6 기타 계획하기 1

① 각 부서장과 개별적으로 회의하기 – 조직이 프로젝트 매니저들과 모든 관련된 부서장들이 포함된 정식 인력배분 프로세스를 가지고 있지 않다면 개인적으로 각 부서장들을 만나서 프로젝트의 특정 영역에서의 필요에 역점을 두어 부서장의 시간을 줄여주어야 한다. 또 회의를 주선할 때 목적을 분명히 하고 어느 이슈에 대해서도 충분히 토의할 수 있게 적절한 시간을 할애하며 작업실이나 개인 오피스에서 회의를 갖는다. 직원 협상프로세스를 엘리베이터나 식당에서 하면 안 된다.

② "드림팀"의 인력 확인하기 – 각 부서장에게 보고할 (차출 예정) 인력을 연구해서 잘 알고 있어야 한다. 직원을 선택할 수 있는 여건이라면 직원관리 계획, 역할과 책임 매트릭스, 가용한 리소스들의 경력과 능력에 관한 문서정보, 그리고 잠재적인 팀원의 작업 경력 등을 사용해서 팀원으로 끌어들이고 싶은 인력을 리스트한다.

③ 각 부서장에게 인력요청 계획하기 – 만일 팀에 특정 작업자나 어느 경력을 가진 작업자를 필요로 한다면 부서장에게 누가 필요하고 왜 그런지 이유를 설명한다. 모든 프로젝트 매니저는 가장 좋은 작업자를 원할 것이므로 우선 프로젝트의 간략한 브리핑을 준비하고, 프로젝트의 전략적 중요성을 설명한 뒤 이 작업에서 그 작업자가 프로젝트에 투입되어져야 한다는 것을 어필한다. 또 이렇게 요청한 인력을 얻을 수 없을 때를 대비해서 백업계획도 세워놓는다.

④ 가장 중요한 리소스부터 요구하기 – 원하는 인력을 모두 팀원으로 얻을 수 없는 경우가 많을 것이다. 일부 인력은 이미 다른 프로젝트에 투입되었을 수도 있고, 인력요청 시점에서 해당 부서와 갈등이 있을 수도 있다. 그러므로 직원의 필요도 우선순위를 두고 요청해야 한다. 어느 활동이 가장 복잡하고 중요경로에 있는지, 그리고 가장 높은 잠재적 리스크가 있는지부터 이해한 뒤, 이런 활동에는 적소에 적절한 사람이 있어야 하는 일이므로 그런 분야에 최적 작업자들을 배치하는 것부터 해야 한다. 하지만 꼭 원하는 인력이 아니더라도 부서장이 권하는 리소스를 받아주고 덜 복잡하거나 시간적 여유가 있는 활동에 대해선 유연하게 인력을 수용하면 될 것이다.

이런 단계를 따른다고 해서 항상 원하는 작업자를 얻게 되는 것은 아니지만 이런 일들을 전문가답게 처리한다면 부서장과 신뢰를 구축하는데 도움이 될 것이다. 회의에 참석하고 부서장과 좋은 관계를 유지해서 어느 결과가 나오더라도 순응하는 것이 좋은데 그들과 앞

CompTIA Project+

으로 다른 프로젝트에서 또 만날 것이기 때문이다.

3) 다른 팀원 구성하기

어느 상황에서는 직원을 두고 고민할 때도 있다. 오직 적소에 딱 맞는 기술을 가진 한 명만 가용한 상황에서 프로젝트 스폰서가 일부 팀원을 지원해 준다고 하거나 클라이언트나 다른 실무 이해관계인들이 특정 팀원을 지정해 올 수도 있다. 프로젝트 매니저가 작업자를 할당하는 것은 좋을 수도 나쁠 수도 있는 선택이기도 하다. 만일 이런 선택을 해야 한다면 필요로 하는 기술을 정확히 알지 못하면 판단을 내리지 않는 것이 좋지만 그 작업자가 그 작업에 적절하다면 최선을 다해서 일이 되게 해야 한다. 마지막 작업자에 관련된 것으론 외부에서 리소스를 조달하는 일인데, 만일 시간상 촉박한 프로젝트에 내부 리소스 중에서 적합한 작업자가 없거나 내부 리소스가 해당 기술을 보유하고 있지 못하다면 계약직을 들여올 수밖에 없을 것이다. 이런 조달 계획하기는 나중에 알아보자.

2 품질 계획하기

프로젝트 수행 시 생각해두어야 할 한 가지가 품질계획이다. 아마도 품질계획은 전반적인 프로젝트 계획에서 가장 등한시되는 부분일 것이다. 팀원은 프로젝트가 고품질이 되도록 최선을 다했기 때문에 좋은 제품이 나올 것으로 믿지만 다른 이들도 그 제품의 품질을 같게 평가하진 않는다. 따라서 만일 프로젝트를 품질면으로도 접근해 나아가지 않으면 최종 제품의 품질수준을 어떻게 결정할 수 있을까? 품질 계획하기는 프로젝트에 적합한 품질수준을 정해서 어떻게 제품을 이 수준에 맞출 수 있는지 결정하는 과정이다.

품질에 관해 수많은 책들과 기법이 있는데 품질 촉진에 관한 멘토격인 Crosby, Juran, 혹은 Deming을 들어본 적이 있을 것이다. 비록 이들이 품질에 관해 특정 접근법을 정의하진 않았지만, 적어도 품질에 관해 한 가지 철학을 주었다. "품질도 반드시 계획되어져야 한다"는 것이다. 품질관리는 어려운 주제인데, 품질관리 프로그램인 **TQM**(Total Quality Management)과 **Six Sigma**는 품질면에서 100%인 결과물을 만들기 위해 지속적으로 품질 향

상에 애쓰게 한다. 인터넷에서 TQM이나 Six Sigma, 혹은 ISO 9000을 서치해 보면 이 주제에 관해 더 많은 정보를 얻을 수 있을 것이다.

 품질 계획하기의 핵심 요소는 품질정책을 따르는 것인데, 조직에 그런 정책문서가 있으면 검토해 본 뒤 그 품질기준에 따라 프로젝트의 방향을 잡으면 된다. 조직의 품질 관련 문서를 팀원과 이해관계인들과 검토하고 모두가 만족할 수준으로 프로젝트의 품질수준을 잡는다. 프로젝트 계획에 있는 모든 단일 작업의 품질을 일일이 확인하는 것은 힘들 것이다. 따라서 품질관리 계획에서 품질정책을 잡은 뒤 무엇을 측정해야 하는지와 어떻게 측정해야 하는지를 정해주는 몇 가지 도구와 기법을 사용한다. 품질계획에서 품질측정에 관한 사항들도 문서화되어 있어야 한다.

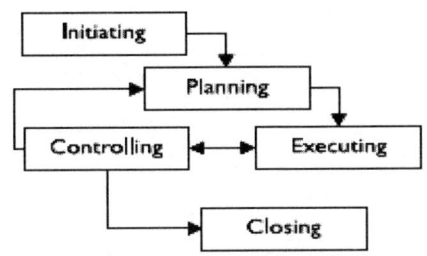

〈품질관리는 프로젝트 관리의 5단계에서 모두 필요하다.〉

2.1 품질 계획하기 도구와 기법

 이 시점에서 "무슨 품질활동이 프로젝트에 포함되어져야 하고 어떻게 그것들을 결정할 수 있나?"를 스스로 물어봐야 한다. 필요한 것은 프로젝트 성공에 영향을 미치는 품질 관련 이슈가 프로젝트의 어느 부분으로 나타나져야 하는지 결정하는 것이다. 집중해야 할 품질 영역을 정하는 방법으론 조직의 품질계획에 들어있는 유용한 도구와 기법을 사용하거나 각 프로젝트가 사용할 수 있는 표준 도구를 쓰면 된다.

 프로젝트 매니저가 신경써야 할 또 다른 분야는 산업표준이나 정부규제이다. 실제로 만일 규제가 있는 제품을 만든다면 그 규정에 맞춰야 한다. 규정에 맞지 않으면 벌금을 내는 등 문제가 생긴다. 규정은 또한 안전과 사용자/커스터머들을 보호한다. 조직에 품질 프로세

CompTIA Project+

스가 없거나 기존에 표준이나 규정이 없는 프로젝트를 실행한다 해도 프로젝트의 어떤 품질면이 측정되어져야 결정하는 여러 기법이 있다. 여기서 보편적으로 사용되는 네 가지를 들어보는데 비용-이익 분석, 벤치마킹, 플로차트, 그리고 품질비용이다.

1) 비용-이익(Cost-Benefit) 분석

비용-이익 분석은 앞의 프로젝트 선별에서 알아본 적이 있는데, 이 기법은 또한 품질관리를 계획하는데도 유용하다. 또 최소비용으로 최대이익을 만드는 이런 품질 활동들을 알아두어야 한다. 품질의 이익은 클라이언트 만족, 재작업 최소화, 그리고 전반적인 비용절감 등이다. IT 프로젝트는 보통 테스트 계획을 가지고 있다. 비용-이익 분석은 테스트 계획이 들어있는 개발단계의 각 지점뿐만 아니라 테스트 계획의 타입과 횟수를 확인하는데도 도움을 준다.

2) 벤치마킹(Benchmarking)

벤치마킹은 비교와 같은 유사한 행동들이 있을 때 사용하는 기법으로, 현재 돌아가고 있는 비즈니스의 방법을 변경하거나 업그레이드한다면 매우 유용한 기법이다. 하지만 작업환경이 바뀌어도 적어도 현재 상황과 같은 결과가 나오길 원할 것이다. IT 프로젝트 벤치마킹에는 새로운 시스템의 반응시간을 유사한 응용프로그램과 비교하거나, 보고서 작성속도나 현재 시스템의 처리속도를 비교하는 것들이 들어있어야 한다. 벤치마킹은 오리지널 시스템의 역량이 제대로 보여질 때 비교해서 충분히 그와 유사해야만 유용하다.

3) 플로차팅(Flowcharting)과 프로세스 도표(Process Diagrams)

플로차트와 DFD(Data Flow Diagram)의 개념은 같다. 둘 다 프로세스 흐름을 매핑하는 것이지만 DFD는 코드를 개발하기 시작할 때 확실한 부분들로 작업을 나눈다. 플로차트는 프로젝트의 여러 요소들 사이의 관계를 설명하는 도표이다. 플로차트나 일련의 DFD를 개발하면 언제 어디서 문제가 생길지 예상하는데 도움이 되는데, 다음 단계가 시작되기 전에 특정 활동의 품질을 평가하는 체크리스트를 만들 수 있다.

예를 들어 집을 개축하는 프로젝트를 한다고 했을 때 벽 개축을 끝내고 다른 작업으로

CHAPTER 6 기타 계획하기 1

들어가기 전에 가족사진을 걸어 둘 벽에 페인트칠이 제대로 되어있는지 먼저 확인해 보는 것과 같다. 다음 그림은 커스트머 서비스 웹사이트를 통해 조직과 연동되는 커스터머 플로 차트와 DFD를 보여준다.

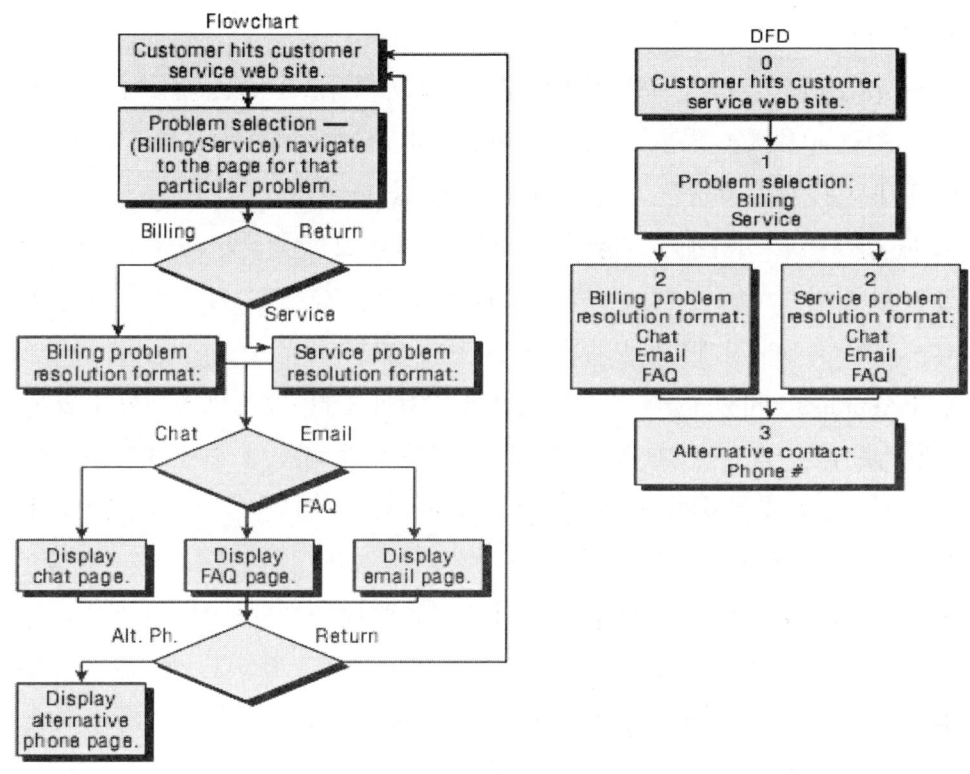

〈Flowchart와 DFD의 비교〉

얼핏 보면 플로차트는 일련의 DFD보다 해석하기 더 어려운 것처럼 보일 수도 있지만, 시작부터 끝까지 흐름을 설명해 준다는 것에 주목해야 한다. DFD는 소위 Context Zero 도 표로 시작되는데 0은 시작박스의 윗부분에 있고, 도표를 따라 내려가면서 레벨 1, 2, … 등 이 있다. 아래로 내려가면서 특정 내용에 대해서 더 많은 정보를 얻을 수 있어서, 어느 지 점에 도달했을 때 코드를 시작할지 확실한 위치를 알 수 있게 한다. 일부 CASE(Computer Aided Software Engineering) 도구로 DFD를 만들고 주어진 내용과 연관된 대부분의 코드 가 작성되게 할 수 있다.

4) 품질 비용(Cost of Quality)

품질은 프로젝트에 추가 작업을 필요로 하므로 비용이 든다. 품질비용은 프로젝트가 품질 기준에 맞추는데 필요한 모든 작업의 비용으로 품질을 보증하는 작업과 어설픈 품질을 수정하는 작업과 연관된 비용이다. 품질과 관련해 세 가지 비용이 있는데 예방, 평가, 그리고 실패 비용이다.

① 예방(Prevention) 비용 – 예방 비용은 품질문제를 피하고자 하는 활동에 관련된 비용이다. 이런 비용에는 품질 계획하기, 훈련, 그리고 어느 제품이나 프로세스의 테스팅이 포함된다. 예방 비용은 여러 단계에서 코드를 테스팅하는 것과 같은 활동을 계획할 때 발생된다. 여기에는 개별 유닛 테스트, 여러 모듈이 섞인 종합 테스트, 그리고 일부 경우 연속 시스템 테스트 등이 포함된다. 이런 테스트들의 목적은 작업이 진행되는 동안 초기의 잠재적인 문제를 잡아내는데 있다.

② 평가(Appraisal) 비용 – 평가 비용은 제품의 결함이 클라이언트에게 미치지 않게 하는 활동으로 검사, 테스팅, 그리고 정식 품질감사가 있다. 사용자 승인 테스팅은 평가 테스팅이다. 소수의 통제된 사용자 그룹이 제품이 출시되기 전에 새로운 시스템의 기능들을 테스트하게 된다.

③ 실패(Failure) 비용 – 실패 비용은 제품이 실패했을 때 수행되는 활동을 커버하는데 다운타임, 사용자 지원, 그리고 심각한 수정 재작업 등이 포함된다. 새로운 커스터머 지원 응용프로그램의 실패 비용에는 추가적인 사용자 훈련이나 온라인 지원 확장 등이 포함될 수 있다. 만일 제품이 외부 커스터머에게 배포되었다면 회수, 보증작업, 커스터머 방문, 그리고 조직의 평판 손상 등 더 많은 실패 비용이 들게 된다.

앞에서 알아본 것처럼 품질은 모든 프로젝트 매니저가 반드시 다뤄야 하는 의무로써 프로젝트에 대한 예산과 프로젝트의 목표를 달성하기 위해 주어진 시간 내에서 제품의 전체적인 품질을 균형있게 유지시켜야 한다. 품질은 저절로 얻어지는 것이 아니라 시간이 든다. 프로젝트 매니저는 적절한 품질관리를 위한 단계를 가지고 있어야 하며, 품질에 미숙함이 있을 때를 대비한 실패 비용 계획을 가지고 있어야 한다. 확인해야 할 특정 품질활동은 품질관리 계획에서 문서화되어 있어야 한다.

2.2 품질관리 계획

 품질관리 계획은 품질 활동, 품질관리 활동들을 수행하는데 필요한 처리과정과 필요한 리소스를 리스트해서 품질관리 계획하기 도구와 기법에서 나온 결과를 문서화하는 것이다. 이 계획은 프로젝트를 실행할 때 품질관리의 기본이 되는데, 품질 활동의 예상되는 결과와 정해 놓은 품질기준이 맞는지 여부를 결정하는데 사용된다. 이런 기준들을 평가하는데 사용되는 품질기준과 방법이 분명하게 정의되어져 있어야 한다.

 품질기준을 평가하는데 매트릭스, 체크리스트, 그리고 출구기준이 있다.

① 매트릭스(Metrics) - 매트릭스는 어느 특정한 것이 어떻게 측정되어야 하는지 정의한 측정기준으로써, 프로젝트의 어느 분야에도 적용될 수 있다. 웹 판매 응용프로그램을 예로 보자. 만일 검사 프로세스에서 품질을 측정한다면 커스터머가 검사 프로세스를 수행할 때, 매트릭스는 각 항목의 가격과 주문된 수량을 곱해서 프로그램의 판매세금과 운송비를 시가로 100% 계산하게 한다. 이 매트릭스는 계산단위에서 실행되는 코드와 사용자 승인 테스트에서 테스팅의 요소가 된다.

② 체크리스트(Checklists) - 체크리스트는 활동을 완성하는데 사용되는 일련의 단계를 리스트해주는 도구이다. 각 단계가 완성되면 리스트에서 삭제되는데, 단계가 시작되는 때와 끝나는 때 그리고 누가 작업을 시행하는지 등에 관한 문서이다.

사용자 승인 품질 체크리스트는 다음과 같은 항목들을 가지고 있다.

(a) 10명의 사용자를 선별해서 테스트를 스케줄해둔다.

(b) 20가지 테스트 시나리오를 마련한다.

(c) 시나리오를 검토하고 클라이언트의 승인을 얻는다.

(d) 각 사용자에게 시나리오를 복사해 준다.

(e) 10명의 사용자에게 시나리오 사용법을 훈련시켜 그 결과를 문서화한다.

(f) 사용자 결과를 검토한다.

(g) 결함을 문서화한다.

테스팅 프로세스를 전문으로 하는 컨트렉터를 고용해도 되는데, 이들은 특정 개발 프로세스가 제대로 되어 있는지를 잘 알고 있다. 이런 전문가를 IV&V(Independent Validation and Verification) 단체라고 부르며, 대규모 소프트웨어 개발과 배포 프로

CompTIA Project+

젝트에서 매우 귀중한 도움을 준다. 그들은 프로젝트에 전념해서 모든 관리기능을 수행하는데, NASA의 IV&V 사이트인 http://www.ivv.nasa.gov/business/ivv/index.shtml 에서 더 많은 정보를 얻을 수 있다.

③ 출구기준(Exit Criteria) - 앞에서 일정표를 말할 때 출구기준에 대해 간략히 알아보았다. 일정표는 프로젝트 주기에서 중요한 이벤트를 표시해 주는데, 만일 프로젝트 주기 방법론이 일정표를 사용해서 프로젝트 작업의 마감 단계와 다음 단계를 표시한다면 단계들 사이에 있는 일정표가 품질의 출구기준을 가지고 있게 된다. 이런 경우 품질 계획은 각 단계에서 그 단계가 끝났다고 생각되게 하는 기준을 문서화해 두어야 한다. 소프트웨어 개발 프로젝트는 자주 각 단계에서 중요한 작업에서의 품질을 확인해 주는 일련의 테스트를 요구하는데, 이런 테스트들은 출구 혹은 입구기준으로 세워진다. 예를 들어 유닛 테스트는 코드개발의 완성을 확인하는 기준으로 쓰인다. 품질관리 계획엔 또한 어떻게 품질활동의 결과가 프로젝트 스폰서와 다른 이해관계인들에게서 검토되는지도 들어있어서 정식 확인서명을 필요로 하는 어느 활동도 문서로 확인되어져야 하므로, 따라서 사용자 승인 테스트는 클라이언트나 관련된 대표자들이 결과를 승인할 때까지 완성됐다고 여겨질 수 없다.

3 관리 이론

관리적 관점에서 직원들과 어떤 관계를 가져야 하는지에 관한 이론과 이견은 계속 있어 왔다. 이런 관리 이론들은 프로젝트 매니저가 어떻게 팀원들을 대해야 하는지를 알게 해서 성공적으로 그들을 관리할 수 있게 해준다. 여기서 기본적인 이론 몇 가지를 알아보자.

3.1 Maslow의 본질적 필요(Hierarchy of Needs)

Maslow는 본질적 필요에 의해 직장에 다닌다고 한다. 우리의 가장 기본적인 필요를 충족하기 위해서 자발적으로 동기를 가지게 된다는 것인데 이를 위해 우리의 기술과 재능을 사용한다. 여기에는 5단계가 있다.
① 생리적 : 살기 위해 이것들이 필요한데 물, 공기, 음식, 의복, 그리고 집 등이다. 사람들은 일할 곳을 필요로 한다.
② 안전성 : 사람은 안전하고 안정된 것을 필요로 하는데 삶, 직장, 문화에서의 안정이다. 안전한 작업환경을 원한다.
③ 사회성 : 사람은 사랑하고, 인정받고, 친구를 필요로 하는 사회적 동물이다. 직장이나 기타 환경에서 동료들과 어울리고 싶어 한다.
④ 존중감 : 사람은 다른 이들로부터 존경, 감사함, 그리고 인정을 받고 싶어 한다. 보통 좋은 일을 하고 프로젝트를 완성하고 싶어 한다.
⑤ 자발성 : 필요가 극에 달했을 땐 사람은 개인적인 성장, 지식, 그리고 성취를 느끼고 싶어 한다. 자신들이 좋아하고 귀중하다고 느끼는 것에서 일하고 뛰어나고 싶어 한다.

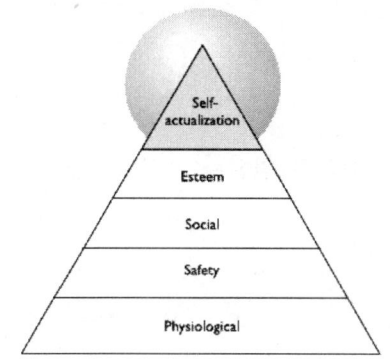
〈Maslow에서 자발적 동기가 최우선이다.〉

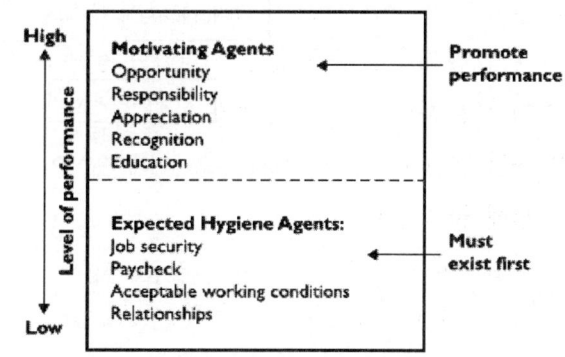
〈여건요소가 동기요소 이전에 있어야 한다.〉

3.2 Herzberg의 동기이론

Frederick Herzberg는 심리학자로써 작업동기의 권위자인데, 직업과 일 두 가지 요소가 사람에게 동기를 부여한다고 믿었다.
① 여건 : 이 요소들은 모든 작업자들이 가지길 원하는 것이다. 안정된 직장, 급료, 깨끗하고 안전한 작업조건, 소속감, 동료애 등이다.
② 동기 : 이 요소들은 사람으로 하여금 뛰어나게 한다. 책임감, 작업의 즐거움, 인정, 두

각을 보일 기회, 훈련, 그리고 금전을 넘어 작업과 관련된 기회 등이 포함된다.

이 이론은 여건요소들이 있다고 해서 사람들이 예상한대로 주어진 일을 수행하는 것은 아니지만 이 여건적 요소들이 없으면 작업자들이 동기를 가지지 못한다고 한다. 동기적 요인들은 작업자가 성공을 위해 애쓰게 하는데, 무엇이 작업자들로 하여금 동기를 유발시키는지 알게 한다. 동기요소는 이런 동기적 요소들이나 동료가 아닐 수도 있다.

3.3 McClelland의 후천적 필요(Acquired Needs Theory)

David McClelland는 사람의 필요는 오랜 기간에 걸쳐 습득되고 개발된다는 가설하에 이 이론을 세웠다. 이런 필요들은 환경, 조건, 그리고 개인의 경험에 의해 형성된다는 것인데, 세 가지 필요이론(Three Needs Theory)로도 알려진다. 개인의 경험에 따라 다음과 같다.

① 성취 : 이런 사람들은 성취가 필요해서 낮은 위험과 높은 위험을 피한다. 성취자는 혼자서 일하거나 다른 높은 성취자와 일하고 싶어 하는데, 자신들의 성취와 진척을 알기 위해 정기적으로 피드백한다.
② 동질 : 이런 사람들은 조화로운 관계를 찾고 그들과 융화되기 원하며 프로젝트팀의 규범에 늘 따른다.
③ 권력 : 이런 사람들은 권력이 필요해서 늘 개인이나 조직에서 힘을 과시하고 싶어 한다. 개인적인 권력을 추구하는 이는 다른 이들을 통제하고 지시하고 싶어 하며, 조직에서의 권력을 추구하는 이는 조직을 더 나은 방향으로 다른 이들을 이끌고 싶어 한다.

McClelland는 개인이 추구하는 것이 무엇인지 결정하게 하는 Thematic Apperception Test(주제 끌어내기)를 개발했는데, 일련의 그림으로 테스트받는 이가 그림에서 무슨 일이 있는지 설명하게 해서 알아낸다. 스토리텔링으로 그가 추구하는 것을 알아내는 방식이다.

3.4 McGregor의 Theory X와 Theory Y

Douglas McGregor의 이론 X와 Y에서는 작업자들을 보는 관리자의 견해가 두 개의 범주로 나뉘는데, 좋고 나쁜 것이다. X 사람은 게을러서 세밀한 관리가 필요하고 신뢰하지 못할 부류이다(나쁘다). Y 사람은 스스로 알아서 하는 멋지고 동기가 있으며 능동적으로 작업을 수행해 나아간다(좋다). 현실적으로 프로젝트 매니저는 시나리오, 관리하는 인력들, 그리고 시나리오가 만들어낼 결과물에 따라 X와 Y 요소 둘 다를 가지고 있을 것이 틀림없다.

3.5 Ouchi의 Theory Z

William Ouchi는 이론 Z를 참여관리에서 주장하는데 작업자들은 기회, 조직에서의 발전, 임무수행 등으로 동기가 유발된다고 한다. 작업자들은 조직 내에서 직급이 올라감에 따라 새로운 업무를 익히고 평생직장의 의식을 가지게 된다는 것이다.

3.6 Expectancy Theory(기대 이론)

이것은 사람들이 자신들의 행동이 가져올 결과를 예상하고 행동한다는 것이다. 다른 말로 해서 자신들의 작업에 대한 보상을 기대하면서 일한다는 것인데 노력의 대가를 바란다.

CHAPTER 07 기타 계획하기 2 (리스크와 회의, 조달)

CompTIA Project+

앞 장에서 알아본 인력과 품질 계획하기에 이어서 중요한 세 가지 계획하기인 리스크, 의사소통 회의, 그리고 조달 계획하기를 알아보자. 리스크 계획하기는 프로젝트에서 발생 가능한 리스크를 확인해주고 그 크기와 가능성을 측량하며 리스크가 발생했을 때 어떻게 대응해야 하는지 정의한다. 회의 계획하기는 어느 사람이나 그룹이 프로젝트에 관한 정보를 필요로 하는지와 이런 정보를 어떻게 제공해야 하는지 알게 해준다. 마지막으로 조달 계획하기는 만일 프로젝트를 위해서 외부 벤더로부터 자재나 서비스를 구매해야 한다거나 할 때 필요하다. 작업 설명과 벤더 선택기준, 그리고 여러 가지 계약타입 정의하기 등도 알아야 한다. 이들을 하나씩 알아보자.

1 리스크 계획하기

리스크란 우리가 일상에서 늘 겪는 것들이다. 어떤 사람들은 매우 위험성이 있다고 여겨지는 직업이나 여가 활동을 일부러 찾기도 한다 - 스카이 다이빙이나 등산, 혹은 고압전선을 다루는 작업에서 커다란 성취감이나 스릴을 얻기도 한다. 그렇지만 만일 프로젝트와 관련되었을 때엔 리스크란 단어는 무언가 부정적인 것을 떠올리게 된다. 그러나 리스크가 항상 나쁜 것은 아니다. 프로젝트 리스크는 부정적이거나 긍정적인 결과를 가져오는 단지 불확실한 요소일 뿐이다. 계속해서 병행으로 작업하면서 스케줄 기간을 줄이는 수단인 빠른 추적(fast tracking)을 기억해 보라. 확실히 작업이 중복될 리스크가 있지만 프로젝트를 더 빠르게 끝내고 클라이언트의 필요를 충족시켜 긍정적인 결과로 이끌 수 있는 자체적 리스크로 볼 수 있다. 하지만 많은 프로젝트의 리스크는 아마도 부정적인 결과를 더 가져 올 것이다. 리스크를 다루는 가장 좋은 방법은 그것을 늘 인식하고 대처해 나아가는 것이다.

이것을 좀 더 상세히 이해하기 위해서 프로젝트 정의를 다시 생각해 보자. 프로젝트를 정의하는 중요한 요소 중 하나가 유일한 결과물을 만든다는 것인데, 만일 결국엔 문제를 발생시킬 것이란 예측을 가능케 하는 몇 년간 적당히 운영되어 온 시스템을 손보지 않는다면 시스템에 리스크가 있다고 말할 수 있다. 비록 어느 프로젝트가 이전 프로젝트와 유사하다고 하더라도 나름대로 유일한 결과물을 만들 것이어서, 그 프로젝트 과정에서 무슨 일이 일어날지 정확히 알 수는 없다. 프로젝트를 궤도에서 이탈시키는 잠재적인 사고에 대처하는 계획을 가지고 있어야 한다. 리스크 계획하기는 프로젝트에서 불확실한 것들을 어떻게 다루느냐 하는 것인데, 여기에는 세 가지 중요한 요소가 있다. 프로젝트에 끼칠 잠재적 리스크 구별하기, 각 리스크의 잠재적 영향 분석하기, 그리고 각 리스크에 적절한 대응 개발하기이다.

1.1 리스크 구별하기

모든 프로젝트는 리스크를 가지고 있다. 프로젝트 팀원의 복잡한 작업 종속성을 가진 급박한 스케줄일 수도 있고, 팀원의 경험이나 벤더의 불확실성일 수도 있는 현재 프로젝트의 불안한 요소를 구별할 수 있어야 한다. 불행하게도 많은 프로젝트 매니저들은 프로젝트가 어디서 위험할 수 있는지에 관해 프로젝트 팀원과 다른 이해관계인들과 검토 시간을 별도로 갖지 않고 있다. 리스크 구별하기는 프로젝트를 궤도에서 이탈시킬 수 있는 잠재적 영역을 결정해서 문서화하는 과정이다. 리스크는 프로젝트를 전체적으로 그리고 프로젝트 스케줄에서 작업을 분석해서 따져보는 글로벌 레벨에서 검토되는데, 글로벌 리스크는 프로젝트에 할당된 자금수준, 핵심 프로젝트 팀원의 전반적인 경험수준, 프로젝트 관리수준, 그리고 글로벌 리스크를 확인해주는 클라이언트와 같은 항목들을 포함한다. 리스크는 또한 스케줄 예상과 주어진 시간과 예산 안에서 프로젝트 목적을 이루는데 필요한 작업을 기반으로 해서 프로젝트 팀에 의해 확인되기도 한다. 프로젝트의 특정 단계나 일부 중요한 작업과 관련된 리스크도 있을 수 있다. 프로젝트 스케줄에 있는 리스크는 모든 핵심 프로젝트 팀원과 특정분야 전문가가 참여해서 평가한다.

각 단계나 작업에서 리스크를 확인시켜 프로젝트 팀의 자세를 잡아주는데 사용되는 일련의 질문들이 있는데 다음과 같을 수 있다.
(a) 이 작업이 중요경로에 있나?
(b) 이 작업이 복잡한 것인가?
(c) 이 작업엔 새롭거나 익숙하지 않은 작업이 포함되어 있나?
(d) 이 작업은 여러 종속성을 가지고 있나?
(e) 이 작업과 유사한 이전 프로젝트에선 어떤 문제가 있었나?
(f) 이 작업은 외부의 영향을 받나?(허가, 조회 등)
(g) 이 작업에 미숙한 리소스가 할당되어 있나?
(h) 이 작업에 적절한 리소스가 할당되어 있나?
(i) 이 작업에 종합시스템이 들어 있나?
(j) 이 작업에 사용되는 소프트웨어와 하드웨어에 리소스가 미숙한가?

위 어느 질문들에서 'Yes'가 있는 작업에는 그 단계와 관련된 잠재적인 리스크에 관해 다음 질문들로 진행해 나아가면 된다.
(a) 무슨 이슈나 문제가 생길까?
(b) 과거에 이와 유사한 작업에선 무슨 문제가 생겼었나?
(c) 무엇이 이 문제를 일으켰나?

일단 프로젝트에서 모든 가능한 리스크를 확인했으면 실제 무슨 영향이 있을지 보기 위해서 리스크 분석을 사용해서 각 확인된 리스크를 자세히 검토하는 프로세스를 진행해야 한다. "무엇이 잘못될 수 있을까?"에 대한 질문에 대답하고 포스트잇을 사용해서 최종 프로젝트 팀원과 머리를 짜내서 '예비-프로젝트'를 해보는 것도 좋다.

팀원들이 자유롭게 생각하고 생각한 것들을 명확하게 한 뒤, 리스크 확인하기 단계에서 정말 귀중한 정보들을 얻어낼 수 있다.

1.2 리스크 분석하기

리스크(Risk)는 아직 발생하지 않은 확률적 사건이고, 이슈(Issue)는 발생해서 프로젝트의 발목을 잡고 있는 문제들이다. 결국 리스크가 오면 이슈가 생긴다고 할 수 있다. 그러므로 리스크는 이슈가 되기 전에 미리 대응책을 생각해내는 과정으로 볼 수 있다. 또 트리거(Trigger)는 리스크가 현실화되는 촉발점인데, 확률적인 모델을 사용해서 알아낼 수 있다. 리스크 분석은 프로젝트 성공에 가장 심각한 영향을 끼칠 수 있는 리스크들에 초점을 맞추고 확인해내는 과정을 말한다.

리스크 분석에 관해 많은 정보와 여러 기법들이 사용될 수 있다. ① 리스크 식별에는 Delphi 기법, 브레인스토밍, 인터뷰, 근본원인 식별, SWOT(Strength, Weaknesses, Opportunities, and Threats) 등이 있고, ② 리스크가 실제로 일어날 것 같은 가능성과 실제 일어났을 때 프로젝트에 끼치는 영향을 보는 정성적(Qualitative) 분석에는 리스크 확률, 매트릭스 분석, 리스크 범주가 있으며, ③ 그리고 리스크가 발생할 것 같은 가능성, 프로젝트 목표에 끼치는 영향의 규모, 그리고 전반적인 프로젝트의 결과들을 수치적으로 분석하는 수학적 접근방식인 정량적(Quantitative) 분석에는 인터뷰, 확률분포, 전문가 판단, 민감도 분석, 기댓값 분석, 결정 트리, 모델링, Monte Carlo 기법 등을 사용하는 시뮬레이션 등이 있다. 이런 기법들을 리스크 관리에 사용하는 조직에서는 보통 평가를 수행하거나 프로젝트 팀을 지원하는 전문가가 내부에 있다.

이 분석에 관한 더 많은 정보는 A Guide to the PMBOK을 참조하고 대략 중요한 것만 알아보자.
① Delphi 기법 : 전문가들이 물리적으로 회의 장소에서 얼굴을 대면하는 과정을 없애고 설문지를 미리 준비해서 객관적인 의견 일치를 이끌어내게 한다. 익명성을 보장한 자유로운 의견 개진과 피드백을 제공한다.
② 결정 트리 : 장래의 불확실에 직면해서 나타날 수 있는 여러 가지 결과를 분기점의 도

형으로 나타낸 것으로, 각 분기점에 대해서 일어날 확률을 생각한 뒤 그것으로 각 불확실에서의 기대이익이나 기대비용이 계산된다. 불확실한 사건과 그에 대한 결정의 결과로써 나타낼 수 있는 의사결정 문제의 분석에 쓰인다.
③ 기댓값 분석 : 확률론에서 확률 변수의 기댓값은 각 사건이 벌어졌을 때의 이득과 그 사건이 벌어질 확률을 곱한 것을 전체 사건에 대해 합한 값이다. 이것은 어떤 확률적 사건에 대한 평균의 의미로 생각할 수 있다.
④ 매트릭스 분석(Risk Rating Matrix Analysis) : 발생 가능성과 영향력을 평가해서 리스크의 우선순위를 결정한다.
⑤ Monte Carlo 기법 : 리스크 도표로 특정 항목에 대한 불확실성을 확률기반 도표로 나타낸 것인데 통계를 사용한다.
⑥ 민감도 분석 : 하나의 변수 값을 고정하고 다른 인자 값을 변화시켜 경과치의 변동효과를 관찰하는 기법으로, 특정 리스크 인자가 리스크에 미치는 영향을 파악할 때 사용한다.
⑦ 리스크 할증 : 특정 리스크에 대한 심리적 취향이나 민감도를 반영하기 위한 측정지표를 말하는데, 리스크 선택에 대한 확신에서 기인하는 기댓값과 리스크 결과로 나온 기댓값, 그리고 리스크 결과에 대한 주관적 확신을 반영하는 계수로 이뤄진다.

여기서 강조하고자 하는 것은 이런 기법들은 프로젝트 매니저가 특정 도구나 훈련 없이도 정량적 리스크 분석을 실행할 수 있는 단순한 접근기법들이란 것이다. 만일 조직이 더욱 정교한 도구로 이를 실행한다면 좋지만 그것들이 없어서 리스크 분석을 못한다곤 생각하진 말아야 한다. 템플레이트와 기준 표를 이용해서 팀이 주의해야 할 리스크에 집중하게 할 수 있다. 리스크 확인을 마치면 여러 페이지의 문서가 생기게 될 것이다. 프로젝트 스케줄에 들어있는 각 작업들은 그와 관련된 여러 리스크를 가지게 될 것이어서 이 리스크들을 모으면 엄청난 것처럼 보일 것이다. 하지만 모든 리스크가 똑같다고 생각하면 안 된다. 리스크 확인은 브레인스토밍으로 가능한 한 더 많은 잠재적인 리스크를 잡아내는 일이지만 모든 리스크가 실제로 다 나타나진 않는다. 그러므로 잠재적인 리스크를 정량적으로 가름하는 것도 중요하지만 프로젝트 성공에 가장 많이 영향을 끼치는 리스크엔 특히 주목해야 한다.

CompTIA Project+

① 리스크 심각성 – 팀은 템플레이트에 리스트된 각 리스크 항목에서 만일 잠재적인 문제가 실제 일어난다면 그 영향을 알아야 하는데, 다음과 같은 정도로 구분한다.
  (a) 높은 영향(H)
  (b) 중간 영향(M)
  (c) 낮은 영향(L)
  일부 문제는 영향이 매우 작아 프로젝트의 전반적인 성공에 영향을 끼치지 않지만, 일부는 프로젝트 완성을 지연시키거나 심각한 예산초과를 가져올 수도 있다. 팀원과 이전 데이터와 전문적인 지식으로 판단을 내려 각 리스크의 심각한 정도를 매길 수 있다.

② 리스크 가능성 – 중요한 리스크를 정량화하는 또 다른 요소는 잠재적인 리스크가 실제로 일어날 확률이다. 일부 리스크는 거의 확실하지만 일부는 가능성이 적다. 팀원과 이전 데이터와 전문적인 지식으로 각 리스크 발생의 확률을 매길 수 있다. 여기서도 심각성과 같이 높은 영향, 중간 영향, 그리고 낮은 영향으로 구분한다. 리스크 분석 프로세스는 다음 표와 같이 간단한 템플레이크를 사용해서 완성될 수도 있는데, 잠재적인 리스크가 있는 범주에서 매우 심각하고 높은 확률을 가진 작업이 높은 우선순위가 된다. 프로젝트에 가장 큰 잠재적인 영향을 끼치는 작업들에 대해 적절한 조치가 개발되어져 있어야 한다.

Risk	Severity	Probability
Risk A	H	H
Risk B	M	M
Risk C	L	H
Risk D	H	L

〈리스크 분석 템플레이트〉

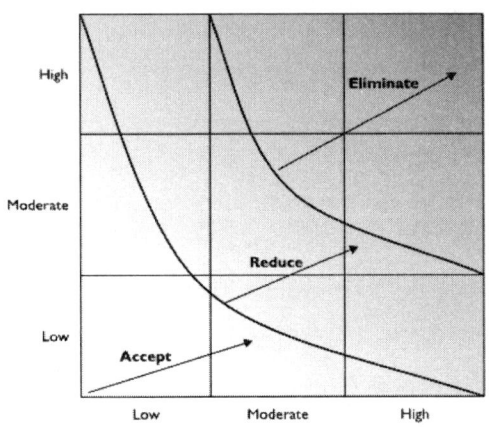

〈정량적 리스크 분석으로 리스크 심각성과 가능성 순서를 매긴다.〉

1.3 리스크 대응 개발하기

팀이 확인한 리스크 분석으로 모든 작업은 우선순위를 가지게 된다. 리스크 대응 계획하기는 만일 잠재적인 리스크가 프로젝트에서 발생하면 무슨 조치를 취해야 할지 결정하기 위해서 우선순위 리스트의 각 항목을 검토하는 프로세스이다. 리스크 대응 계획하기의 기법으로 A Guide to the PMBOK은 다음 네 가지를 보이고 있다.

① 회피-프로젝트 계획을 바꿔 리스크 발생 작업을 피한다.
② 전이-리스크 가능성 작업을 서드파티에 전가시킨다.
③ 완화-리스크의 가능성과 영향을 줄인다.
④ 수용-다른 대응전략이 없어서 리스크의 결과를 수용한다.

전이는 보험가입, 보증보험, 혹은 고정계약 등으로 금융적인 리스크를 줄이는 조치들을 말한다. 다른 기법들은 리스크에 반응할 때 취할 수 있는 두 개의 행동 그룹으로 묶을 수 있는데, 예방적 조치와 임시적 조치이다.

1) 예방적 조치

예방적 조치는 발생할 수 있는 어느 문제를 예방하거나 문제의 가능성을 줄이기 위해서 어느 행동을 취해야 하는지 결정하기 위해 잠재적 리스크를 검토하는 일이다. 이 조치는 회피와 완화기법의 조합으로 행동비용은 리스크 영향과 비교되게 된다. 누가 예방적 조치를 수행할지 기술 리소스를 결정해 두어야 한다. 예방적 조치를 추적하기 위해서 프로젝트 스케줄에 작업이 추가될 수 있는데, 예방적 조치를 확인하는 작업으로 프로젝트 팀에게 다음과 같이 질문할 수 있다.

① 문제가 발생하지 않게 하려면 무엇이 되어져야 하나?(원인 접근)
② 문제가 발생할 가능성을 줄이려면 무엇이 되어져야 하나?
③ 이런 조치들은 '비용-효율적'인가?
④ 이런 조치들을 수행하기 위한 가용한 리소스가 있나?

2) 임시적 조치

리스크에는 허용될 수 있는 리스크뿐만 아니라 예방조차 불가능한 리스크도 있게 되는데, 만일 문제가 보류나 작업 중지와 같이 프로젝트 팀이 완전히 통제할 수 없는 것이라면 프로젝트에 가장 영향을 끼치는 것과 그 영향을 해소하는 전략을 위해 다음과 같은 질문에 대답할 수 있는 임시계획이 개발되어져 있어야 한다.

① 만일 문제를 예방할 수 없다면 프로젝트에 가장 영향을 끼치는 것은 무엇인가?
② 그런 영향들을 줄이기 위해서는 무엇이 되어져야 하나?

리스크 관리계획은 다음과 같은 템플레이트를 사용해서 만들어질 수 있다.

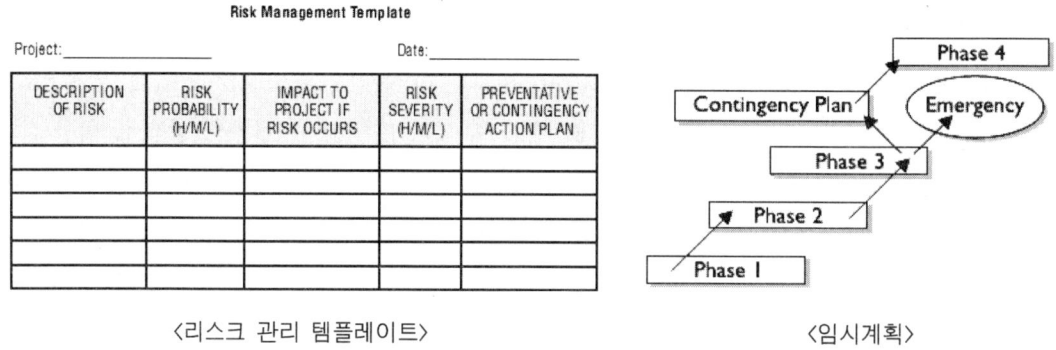

〈리스크 관리 템플레이트〉　　　　　　　　　〈임시계획〉

이 계획은 프로젝트 리스크와 행동계획을 다른 이해관계인들과 협의하기 위해 사용하는데 프로젝트 통제에서 사용되는 리스크 추적로그로 변환될 수 있다.

2 의사소통 계획하기

좋은 의사소통은 프로젝트 성공 열쇠 중 하나이다. 만일 프로젝트 매니저에게 어떻게 시간을 보내는지 물으면 대부분은 프로젝트에 관한 회의 등으로 근무시간의 5~80%를 소비한다고 할 것이다. 프로젝트 과정 동안에도 팀원이나 다른 이해관계인들과 계속해서 회의해야 한다.

CHAPTER 7 기타 계획하기 2

좋은 의사소통의 필요성은 프로젝트 헌장이 만들어지고 정식으로 프로젝트 매니저로 임명되면서부터 시작된다(혹은 이미 프로젝트 매니저의 역할을 형식적으로 수행하는 경우도 있겠다). 프로젝트 헌장은 이해관계인들과 검토해야 할 첫번째 문서이다. 하지만 프로젝트 매니저가 회의로 많은 시간을 보낸다고 해도 좋은 회의 계획을 개발하는데 시간을 별로 들이진 않는다. 좋은 회의는 할당된 리소스를 배치하는 것보다 훨씬 더 중요하다. 누구와 무엇을 협의해야 하는지 결정해주는 계획을 가지고 있어야 한다.

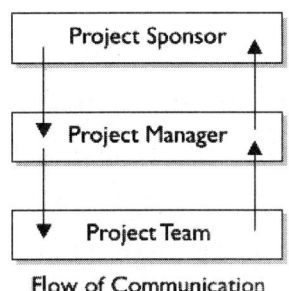
Flow of Communication

회의 계획하기는 작업자나 그룹이 프로젝트에 관해 무슨 정보를 받아야 하는지, 각 그룹은 무슨 정보를 필요로 하는지, 그리고 그 정보는 어떻게 배분되어야 하는지 등에 관한 프로세스이다. 의사소통 시스템은 프로젝트 상태를 모니터하고 프로젝트 이해관계인들의 다양한 의문을 충족시켜준다. 이제 일반적인 프로젝트 회의 전략을 알아보고, 프로젝트 팀원과 다른 이해관계인들 그룹과 의사소통을 위한 분야에 초점을 맞춰 알아보자.

과도한 의사소통이 꼭 좋은 의사소통은 아닌 예를 살펴보자.

일단 프로젝트 매니저가 E-mail과 문서로 배포 리스트를 만들어 원격에 있는 프로젝트 리더에게 보내면 리더는 받은 모든 자료들을 리스트에 있는 모든 팀원들에게 보낸다. 이로써 리더는 팀원들과 의사소통 면에서 할 일을 잘 했다고 생각하지만 팀원은 그렇게 생각하지 않는다. 팀원들은 프로젝트에서 자신과 관련 없는 작업들과 여러 쓸데없는(?) 데이터 속에 묻힐 것이어서 보내온 각종 자료들을 모두 볼 엄두도 내지 못할 것이다. 물론 이렇게 모든 자료를 읽지 않아서 팀원이 프로젝트에 필요한 정보를 잃는 수도 있겠지만, 프로젝트 매니저가 왜 자신에게 그렇게 많은 관심을 쏟고 있는지(?) 이해하지 못할 수도 있다(내 작업에 필요한 자료만 주면 되는데…). 의사소통 프로세스를 통하지 않고 아무 계획 없이 실행해서 생긴 문제이다.

CompTIA Project+

2.1 대화 전략

의사소통은 비즈니스나 개인에게 일상 일과 중 하나이다. 사람들은 항상 의사소통을 하기 때문에 의사소통 조직이나 계획에 대해 별로 깊게 생각하지 않는다. 스폰서, 팀원, 혹은 클라이언트와 대화하던 간에 좋은 대화가 되게 하는 다음과 같은 단계가 있다.
① 무엇을 대화하고 싶은지 결정한다.
② 누구와 대화할 것인지 결정한다.
③ 듣는 이의 편견에 대해 생각해 둔다.
④ 어떤 식으로 대화할지 결정한다.
⑤ 메시지를 작성하고 전달한다.

대화할 때마다 이런 단계들을 문서화할 필요는 없지만 이것들을 5분만 생각해 두면 대화의 핵심이 돋보이게 되며, 의사소통이 분명해지는 것을 알게 된다. 만일 메시지가 민감하거나 대화체라면 말하거나 쓰기 전에 대화를 계획해 두는 것이 더욱 중요하다. 처음부터 올바른 메시지를 분명하게 전달하는 것이 나중에 사과하거나 번복하는 것보다 훨씬 수월한 일이다.

다음과 같은 것으로 전반적인 문서를 만들 수 있다.
① 프로젝트에서 누가 이 정보를 필요로 하는지 결정한다.
② 대화의 목적을 리스트한다.
③ 대화의 수단을 확인해둔다.
④ 목적을 피력하기 위해 설명을 준비해 둔다.
⑤ 언제 대화가 이뤄지는 것이 좋을지 결정해 둔다.

CHAPTER 7 기타 계획하기 2

Communication Plan Example

Project:_____ Date:_____

STAKEHOLDER AUDIENCE (Who needs this information?)	OBJECTIVE (What do we want to communicate?)	MEDIUM (What is the communications vehicle?)	RESPONSIBILITY (Who is responsible for development and delivery?)	DATE OR FREQUENCY (When will this be completed?)
Project Team	Functional area dependencies Status of key project deliverables Issues impacting project milestones Risks	Project Schedule Issues Log Team meeting Launch Checklist	Project Manager	Weekly
Project Sponsor	Summary of progress Slipping critical tasks Issues Risks Financials	Project Report Card Schedule Summary Issues Log Escalation List Launch Checklist Project Review Budget Summary	Project Manager Functional Team Leads Finance Lead	Weekly Monthly
Functional Directors	Summary of progress Functional Issues Functional Risks Functional Financials	Functional Status Project Report Card Stakeholder Review	Functional Team Leads Project Manager Project Sponsor	Weekly Weekly Monthly
Executive Team	Milestone progress Cross-functional Risks Financials Launch status	Executive Review Voicemail Updates	Project Sponsor Project Manager	Monthly/Quarterly Weekly/As Needed

위 그림은 이런 방식으로 의사소통 계획하기의 예를 보인 것이다. 이 템플레이트는 모든 이해관계인 그룹들을 위해 전반적인 의사소통 계획을 만들 때 사용되지만 프로젝트 팀원과 회의할 때엔 필요한 몇 가지를 추가하면 된다.

2.2 팀원과 대화하기

프로젝트 매니저의 가장 중요한 일과 중 하나가 프로젝트 팀원과 대화하는 일인데, 모든 팀원이 프로젝트 목표와 목적을 이해하고 그들의 역량을 큰 그림에 어떻게 맞추느냐를 분명하게 해주는 책무이다. 하지만 이것도 회의 계획하기에서 자주 간과되는 영역이다. 프로젝트 팀원과 상호작용은 형식적이거나 비형식적인 대화로 이뤄질 수 있는데, 형식적 대화는 프로젝트 착수회의, 진척 상황회의, 서면 상황보고서, 팀 구성세션, 혹은 팀과 함께하는 기타 기획세션 등으로 이뤄진다.

• 181

CompTIA Project+

비형식적 대화는 팀원과 전화하기, E-mail하기, 복도에서 대화하기, 그리고 임시회의 등이 해당된다. 프로젝트 매니저가 가질 수 있는 부담은 각 팀원 개개인의 대화 스타일에 맞추는 일일 것이다. 팀원들의 이런 습성까지도 알아두면 그들과 더 나은 대화를 할 수 있을 것이다. 만일 프로젝트 착수나 기타 세션을 위해 팀 회의를 주관한다면 미리 팀 회의에서 다룰 논점이나 주제를 제안하게 한다. 팀원은 팀 회의 구조와 횟수 혹은 상황 보고서 포맷 등을 이전 프로젝트 경험을 근거로 해서 제안할 수 있다. 프로젝트 매니저가 모든 팀원의 제안을 수용할 순 없겠지만 한 동안이라도 팀원이 원하는 쪽으로 입력형식과 최종 포맷에 대해 협력할 수 있다. 누구나 자신들이 가장 편안해 하는 대화법을 가지고 있을 수 있는데 일부는 E-mail을 선호할 수도 있고, 다른 이들은 phone-message나 voice-mail을 선호할 수도 있다. 이런 일대일 의사소통에선 가능하면 각 팀원이 좋아하는 방법을 사용하는 것이 좋겠다. 일부 이해관계인들은 프로젝트에 어떻게 참여할지 모르고 있을 수도 있으므로 이런 사람들을 프로젝트에 참여시킬 별도의 조치도 있어야 한다.

2.3 이해관계인들 참여시키기

프로젝트에 이해관계인들을 위한 의사소통 계획을 개발하기 전에 그들이 누구인지부터 알아야 한다. 앞에서 전형적인 프로젝트 이해관계인들을 알아보았는데, 프로젝트 스폰서, 부서장, 커스터머, 그리고 엔드유저이다. 이해관계인들은 프로젝트의 결과물에 대해 긍정적이거나 부정적으로 영향을 받는 이들이라는 것을 기억해야 한다. 여러 부서에 걸치는 대규모 프로젝트에선 프로젝트에 참여하지 않거나 참여해도 자신들의 역할을 충분히 알지 못하는 이해관계인들에 대해선 특히 염두에 두어야 한다. 이런 일은 새로운 제품이 대규모 시스템 응용프로그램으로 멀티캐스트나 멀티캠퍼스 사이트와 같이 여러 곳으로 배포될 때 흔히 발생한다. 만일 커스터머들이 어떻게 자신들이 팀에 참여하는지 혹은 제품으로 인해 자신들에게 어떤 영향이 있을지를 모른다면 작업에 그들을 참여시켜야 한다. 하지만 바쁘거나 프로젝트에 관심을 보이지 않는 이해관계인들을 위해서도 단 5분간이라도 시간을 내주는 것이 매우 현명한 방법이다.

CHAPTER 7 기타 계획하기 2

Communications Plan Stakeholder Engagement Example

Project: _____   Stakeholder Group: <u>Customer Operations</u>

	HIGH LEVEL OVERVIEW (5 minutes)	KEY POINTS (30 minutes)	SUPPORTING DETAIL (1-2 hours)
WHY (are we doing this project?)	Expand product offering	Increase customer base and projected revenue	Market research
WHAT (does this mean to the stakeholder?)	All sales channels will require training	Product functionality highlights Training expectations	Product functionality detail Product demos
HOW (will the project goal be achieved?)	Launch product in selected channels on March 7	Channel sales goals Channel training dates	Sales channel product proficiency
WHEN (will the stakeholder be involved?)	Supply Core Team lead starting November 9	Development of training Delivery of training	Interface with Human Factors team Interface with Customer Care

〈이해관계인 참여계획〉

이런 미션을 성공시키려면 다음과 같은 핵심사항이 있는 참여계획을 마련하는 것이 필요하다.

① 프로젝트 계획에서 어느 분야를 대화할지 확인한다.
② 이해관계인들로부터 알려진, 이익이 될 것 같은, 혹은 관심 있어 하는 사항들을 리스트해둔다.
③ 각 이해관계인들에게 전달할 핵심 메시지를 정리해둔다.

새로운 제품 배포를 위한 커스터머 운영 시나리오를 사용해서 이해관계인을 참여시키는 계획의 예가 다음에 있다. 이 특별한 예는 이해관계인들이 할애할 수 있는 시간 수에 근거해서 시나리오를 작성한 것인데 두 가지이다.

① 시간이 제한되어 있다면 무엇을 말할지에 대해 생각해 둔다.
② 다음 회의를 준비하든지 혹은 더 많은 정보를 즉시 원한다면 현재 회의를 연장할지이다.

회의계획은 스폰서와 함께 검토해야 할 문서이다. 만일 프로젝트에서 중견 팀원들과 협의할 일이 생기면 스폰서는 무슨 정보가 어느 그룹에게 필요한지, 그리고 언제 어떻게 협의 할지 확인해서 의사소통 계획 개발을 도울 수 있다. 이런 협의구조에 더해 의사소통 계획에는 어떻게 정보를 모으고 비축하는지, 어떻게 회의 중에 정보를 얻는지, 그리고 어떻게 의사소통 계획을 업데이트하는지 등에 관한 정보도 들어있어야 한다.

3 조달 계획하기

　많은 프로젝트는 프로젝트 작업의 일부를 외부 리소스를 사용해서 완성시키는데 때로는 여러 가지 이유로 프로젝트의 전체를 외부에 맡겨 완성하기도 한다. 특정작업을 위해 컨트렉터가 들어있는 프로젝트 팀도 있다. IT 프로젝트는 특히 대규모 프로젝트에서 프로젝트가 끝나면 할 일이 없어지는 직원들을 고용하기 보다 아웃소스(out-source)를 자주 이용한다. 만일 프로젝트에 외부 리소스가 참여한다면 조달(procurement) 프로세스에 대해서 잘 알고 있어야 할 것이다. 조달 계획하기는 외부조직에서 프로젝트에 필요한 물품구매나 서비스를 조달해 오는 프로세스이다. 만일 프로젝트가 내부 인력만으로 완성될 수 있다면 외부 조달계획은 필요 없다. 프로젝트 매니저는 프로젝트에 필요한 물품이나 서비스의 구매자이므로 조달 프로세스를 바이어의 입장에서 살펴보면 이해하기 쉽다. 조달 프로세스는 매우 복잡해서 자주 법률부서나, 대규모 조직에서라면, 조직 전체의 조달 프로세스를 관장하는 별도의 조달부서가 있을 수도 있다. 이들에 관해서 자세히 알아 볼 필요는 없지만 기본 개념은 알고 있어야 한다.

　조달 계획하기는 조직 외부에서 물품이나 서비스를 조달하기로 결정하면서부터 시작된다. 일단 결정이 내려지면 어느 타입의 컨트렉터가 가장 좋은지 결정해야 하는데 정확히 벤더가 어느 작업을 해주어야 하는지에 관한 **SOW(Statement Of Work)**가 정의된 뒤 작업에 입찰하는 모든 벤더들에게 문서로 배포되어야 한다. 받은 입찰과 제안서를 평가하는데 사용될 벤더 평가기준도 마련되어져 있어야 한다.

3.1 구매 분석

　조달계획을 세우기 전에 무엇을 조달해야 하는지 정할 때 **Make or Buy Analysis**로 알려진 조달기법이 동원된다. 이것은 조직 내부에서 무언가 할 것(Make)에 대한 조직 외부에서 그것을 구할 것(Buy) 사이의 교환으로 볼 수 있는데, 이에 대해 몇 가지 생각해 볼 영역이 있다.

1) 장비

이것은 프로젝트 리소스 중에서 매우 단순한 것으로 만일 새로운 응용프로그램 개발에 새로운 하드웨어가 필요하다면 조직 외부에서 하드웨어를 구해 와야 하는데 하드웨어를 리스하거나 구매하기로 결정했다면, 응용프로그램 개발 주기뿐만 아니라 다른 응용프로그램도 이 하드웨어에서 실행되어져야 한다면 구매(리스)비용의 일부를 지원받을 수 있는지와 같은 것들도 고려해야 한다.

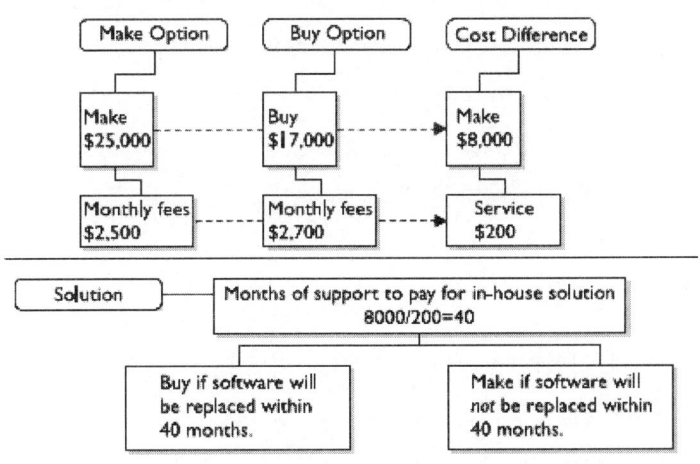

〈프로젝트 관리에서 주로 사용하는 Make-Buy 공식〉

2) 아웃소싱 증가(Outsourcing)

벤더에게 비용을 지불하고 외부 인력을 사용한다는 것은 전체 프로젝트를 실행하는 것부터 특정작업을 위해 특정 리소스와 계약하는 것까지 이른다. 벤더를 사용할 때는 조직에 그 분야의 전문가가 없는 경우일텐데, 만일 새로운 응용프로그램 작성에 그 프로그래밍 언어를 잘 아는 프로그래머가 사내에 없다면 이 분야의 전문가를 고용해야만 할까? 하지만 일단 그 분야의 작업이 끝나면 그 인력을 어떻게 해야 할까? 그래서 프로젝트를 끝내기 위

CompTIA Project+

해서 필요한 기술을 가진 프로그래머들과 작업별로 계약하는 것이 더 좋을 때가 많다. 만일 그 새로운 시스템이 프로젝트가 끝난 뒤에도 내부적으로 유지되어야 한다면 기존의 직원들을 어떻게 훈련시켜야 할지, 혹은 현재 유지 팀에 인력을 추가해야 할지 등을 결정해야 한다. 시간을 다투는 프로젝트 또한 현재 가용한 인력보다 더 많은 인원이 필요할 수 있는데 이런 경우에도 계약직이 더 좋을 수 있다.

3) 다른 물품이나 서비스

프로젝트는 벤더가 완성하는 것이 더 좋을 수 있는 특정 작업도 있다. 만일 새로운 상업 소프트웨어 응용프로그램을 사내에 설치한다면 조직에 전담 훈련 개발팀이 없으면 사용자 훈련을 개발하는 리소스를 따로 계약하거나 훈련코스를 구매하는 것이 더 좋을 수 있는데, 필요한 훈련을 개발하고 훈련시키는 리소스가 포함하거나 포함하지 않을 수도 있다. IV&V와 테스팅 서비스가 이런 아웃소싱으로 이상적이기도 한데 테스팅을 전문그룹에 아웃소싱해서 더 좋은 결과를 얻을 수도 있다. 일단 조직 외부에서 프로젝트에 필요한 것들을 조달하기로 결정했다면 그 작업을 제대로 하기 위해서 기본적인 계약타입을 이해하고 있어야 한다.

3.2 계약의 종류

계약은 수행할 작업과 작업의 보상방법, 그리고 미이행 시 책임 등을 커버하는 법률문서이다. 이런 내용들 또한 법률적인 과정으로 한참 배워야 할 부분인데 여기서는 계약의 차이 정도만 알아본다. 대부분 계약은 다음 중 한 가지 범주에 속한다. 고정가격 계약, 비용보상 계약, 그리고 시간과 자원 계약이다.

① 고정가격 계약-이것은 벤더가 제공하는 작업에 대한 고정비용이다. 이 타입의 계약은 제품이 매우 잘 정의되어 있고 좋은 작업 경험이 있을 땐 최상이다. 하지만 제품의 정의가 미흡하거나 이전에 이런 프로젝트가 없었을 때에는 수급자와 공급자 모두에게 매우 위험한 계약이다.

② 비용보상 계약-이것은 공급자에게 제품을 만드는데 든 모든 비용을 제공하는 계약으로, 비용에는 공급자의 이익도 포함된다. 이 타입의 계약은 수급자에겐 가장 위험한

계약인데 총 비용을 예상할 수 없기 때문이다. 하지만 비록 수급자 측면에선 가장 바람직하지 않은 계약 형태지만 만일 잘 정의된 제품이 없거나 전에 해본 적이 없는 무엇을 제공받는다면 이 선택밖에 없을 수도 있다.

③ 시간과 자원 계약-이것은 고정가격과 비용보상 계약 사이에 있는 계약인데, 수급자와 공급자는 프로그래머에 대한 시간당 급료와 같은 단위비율엔 동의하지만 총 비용은 알 수 없어서 제품을 만드는데 소요된 총 시간 수에 따르게 된다. 이 타입의 계약은 프로젝트에서 특정 작업을 처리하기 위해 계약직이 투입되는 곳에서 자주 사용된다. SOW에서 완성할 작업을 정의할 때 이런 계약의 종류를 염두에 두고 있어야 한다.

3.3 SOW(Statements Of Work)

만일 프로젝트에 외부 벤더를 투입한다면 그들이 정확히 무엇을 해야 하는지 알려주어야 하는데, SOW는 조달할 물품이나 서비스를 상세히 표시해 주는 문서이다. SOW는 그러므로 여러 면에서 프로젝트 범위설명과 비슷한데 프로젝트 설명, 중요작업, 성공기준, 그리고 어느 전제나 제약이 들어있고 벤더가 제공하는 보증과 금전 지불에 대한 것도 포함된다. 입찰을 통해 수행할 작업이 들어있는 프로젝트 범위설명 부분이 SOW의 시작점이 된다. 비록 SOW가 실제로 다른 부서에서 만들어진다 해도 프로젝트 매니저는 프로젝트 요구사항의 정확성을 위해 프로세스에 포함된다. 벤더는 프로젝트 작업에 입찰할 때 SOW를 보고 자신들이 할 수 있거나 관심을 가질 만한지 결정하게 되므로 매우 정확하고 분명해야 한다. SOW에 있는 무엇이라도 애매모호하면 만족할 만한 결과를 만들지 못할 수 있다. 많은 조직은 SOW를 만드는 템플레이트를 가지고 있는데 여기에 모든 필요한 항목들이 들어 있어서 벤더에게 지속적으로 정보를 제공하게 된다. 이제 SOW 작성이 끝났으면 벤더의 협력을 기대하면 된다.

3.4 벤더 협력받기

일단 프로젝트 작업 일부를 외부조직에 맡기기로 결정하고 원하는 것을 정의한 SOW를 개발했다면 벤더에게 통지해야 한다. 요청(solicitation)이란 벤더로부터 SOW에 문서화된 프로젝트 작업을 완성하겠다는 응답을 얻는 과정이다. 작업 수급자에게 통지하기 위해 보통 조달문서가 사용되는데 이 문서와 관련된 몇 가지 항목 중에서 중요한 세 가지는 다음과 같다.

① RFP(Request For Proposal)
② RFQ(Request For Quotation)
③ IFB(Invitation For Bid)

이들 용어는 보통 호환되어 사용되지만 다른 조직에선 다르게 사용되기도 한다. 이들 문서가 무엇으로 불리든 간에 그 곳엔 SOW와 어떻게 상응해서 수용되는지에 관한 정보와 언제까지 답변이 도달되어야 하는지가 들어있어야 한다. 예비 벤더는 정식 프레젠테이션을 하거나 입찰문서를 제출해야 할 것이다. 업계에 따라서 이런 조달문서가 매우 상세해야 할 때도 있다. 조달문서를 예비 벤더들에게 돌리기 전에 항상 조직이 이들 벤더들을 승인할지 여부를 확인해야 한다. 또 많은 조직은 벤더가 조직과 비즈니스를 개시하기 전에 일정한 정식 절차를 요구하기도 한다. 만일 조직이 그런 정책을 가지고 있다면 조직에서 승인한 벤더들만 입찰할 수 있다. 하지만 만일 그런 정책이 없다면 프로젝트 팀이나 조달부서가 인터넷이나 무역협회, 혹은 다른 가용한 정보로부터 예비 벤더를 찾아야 할 것이다. 조달문서가 배포되는 시점에서 입찰서, 제안서 등을 평가하는데 사용되는 기준도 만들어져 있어야 한다.

3.5 벤더 선택기준

프로젝트 매니저가 벤더를 선별하는데 쏟는 시간은 조직이 별도의 조달부서를 가지고 있는 여부에 따라 달라진다. 만일 조직이 벤더 계약을 전담하는 전문가 그룹을 가지고 있다면 제공해야 할 정보가 무엇인지를 알려줄 것이며, 나아가 그룹의 일원을 파견해서 프로젝트에 필요한 벤더 선별 프로세스를 관리하고 계약을 대신해줄 수도 있다. 만일 프로젝트 매니저가 벤더 선별을 책임져야 한다면 벤더 입찰이나 제안을 평가할 기준을 만들고 스폰서나 다른 핵심 이해관계인들과 함께 입찰문서 등을 검토해서 벤더를 선택하는데 도움을

CHAPTER 7　기타 계획하기 2

받을 수도 있다. 이들은 공동으로 선별기준을 개발하고 어느 기준을 적용할 땐 미리 동의가 있어야 한다.

소스가 한 곳인 문서의 예를 보자.

> 정부에서 일하는 사람들에게는 조달업무가 더 힘들 수 있다. 정부는 보통 승인된 벤더 리스트를 가지고 있을 뿐만 아니라-그래서 만일 리스트에 있는 벤더가 필요한 물품이나 서비스를 제공할 수 없다는 것을 증명하지 못하는 한 이 리스트에 있는 벤더들에게서만 구매할 수밖에 없다. 따라서 다른 벤더들이 더 나은 제품을 제공할 수 있다는 생각은 꿈도 꾸지 말아야 한다! 이 문제를 해결할 수 있는 유일한 방법은 필요로 하는 특정 용역을 설명하면서 왜 그 특정 벤더만 유일하게 이 용역을 제공할 수 있는지를 진술하는 소위 Sole-source 문서를 제출하는 것이다. 만일 필요한 것을 상세히 작성하고 특정 벤더의 용역만이 가용하다는 내용을 이유 있게 기술해서 담당자를 확신시키지 못하면 (정부조달 벤더 리스트에 있는) 다른 곳이 용역을 차지할 수밖에 없을 것이다.

벤더 평가기준을 작성해서 여러 가지 제안에 순위를 매길 때 사용할 수 있다. 기준은 목적과 주제 모두가 될 수 있는데 보통 다음과 같은 기준들이 들어있게 된다.

① 벤더가 제시한 전반적인 비용
② 벤더가 이해하고 있는 비즈니스적 필요
③ 벤더 리소스의 자질-관리와 기술면으로
④ 유사한 제품에 대한 벤더의 경험
⑤ 자사와 문화적으로 상응하는지 여부
⑥ 벤더의 재정상태

여기서 앞에서 여러 번 보아온 Chaptal Wineries의 프로젝트 계획하기 프로세스를 보자.

> 이제 Chaptal 프로젝트 계획을 시작할 수 있게 되었다. 안정적인 프로젝트 배포에 도움이 되는 최종 계획하기 요소에 초점을 맞출 필요가 있는데 역할과 책임 작업시트, 의사소통 계획, 감당계획 등을 개발하고 리스크 평가와 팀원 명시 그리고 조달 계획하기가 들어있어야 한다.

CompTIA Project+

① 역할과 책임 그리고 팀원 명시
  (a) 지위 : Cane - 프로젝트 매니저 겸 Chaptal의 IT 관리자
  (b) 역할 : 프로젝트 기획가, 착수자, 그리고 조율가(coordinator)
  (c) 주요 책임 : • 프로젝트의 하드웨어와 소프트웨어 확보, WAN 통신연결
           • 벤더 계약과 유지 협정
           • 작업을 수행할 컨트렉터와 다른 양조장 직원 관리하기
           • 필요한 일상적인 IT 작업하기
  (a) 직위 : Guillaume Fourche, Metor Sanchez, Jason Jay - 프로젝트 팀원
  (b) 역할 : 여러 사이트의 WAN 연결문제, 테스팅, 그리고 서버 배분 지원하기
  (a) 직위 : 인트라넷 컨트렉터
  (b) 역할 : Chaptal 양조 그룹이 사용하는 모든 인트라넷 페이지 개발
  (a) 직위 : 통신 컨트렉터
  (b) 역할 : 양조장 사이트로부터 통신망까지 T1/E1 연결제공
② 의사소통 계획

Winery Expansion Communication Plan

Project: Chaptal Wineries   Date: _____

STAKEHOLDER AUDIENCE Who needs this information	OBJECTIVE What do we want to communicate	MEDIUM What is the communications vehicle What will be communicated	RESPONSIBILITY Who is responsible for development and delivery	DATE OR FREQUENCY When will this be completed
Project Team 1. Chaptal IT Manager (Project Manager) 2. Jason Jay 3. Guillaume Fourche 4. Metor Sanchez	Functional area dependencies Status of key project deliverables Issues impacting project milestones Risks	*In-person (Kim) or con-call (Internationals)* Project Schedule Issues Log Team meeting (con-call) Launch Checklist	Project Manager	Weekly
Project Sponsor Kim Cox	Summary of progress Slipping critical tasks Issues Risks Financials	*In-person* Project Report Card Schedule Summary Issues Log Escalation List Launch Checklist Project Review Budget Summary	Project Manager Project Manager (for Finance Department)	Weekly Monthly
Vendors 1. Telecommunications providers 2. Internetworking contractors 3. Intranet contractor	Milestone progress Cross-functional Risks SOW and contract status Payment information	*Voicemail or Email* Executive Review	Project Manager Project Manager	Weekly Weekly

(a) Kim Cox : 사장이며 프로젝트 스폰서이다. 진척도를 매일 업데이트하기 원한다. 아직 E-mail이 없기 때문에 직접 혹은 전화로 보고받는다. 모든 것을 일일이 알고 싶어 하지 않으며 현재 당면한 문제나 작업을 알고 싶어 하고 프로젝트가 빨리 완성되기만 바란다.

(b) Guillaume Foreuche, Metor Sanchez, 그리고 Jason Jay : 이들은 프로젝트 매니저인 Cane씨로부터 아무 일이 없어도 적어도 최소 일주일에 한번은 소식을 듣고 싶어 한다. 이들은 Cane씨를 위해 자신의 사이트에서 주어진 과제를 완성하기 위해 애쓰고 있으므로 Cane은 이들과 대화하면서 소식을 듣고, 상황을 업데이트하며, 이슈를 찾아낸다.

(c) 모든 통신조직 : 이들은 필요할 때 직접 대화하면 된다.

(d) 인트라넷 컨트렉터 : 이들이 작업을 시작하면 상태 업데이트, 날짜에 맞춘 작업, 그리고 테스트 과정을 위해 매일 Cane씨와 대화하게 된다.

③ 품질계획 - 품질계획은 세 가지 요소로 이뤄진다.

(a) 서버 하드웨어와 소프트웨어 테스팅, 적합성 : 모든 서버 소프트웨어가 제대로 설치되고 모든 서비스 팩과 필요한 보안패치가 적용되었으며, 모든 하드웨어가 정상으로 작동하고 소프트웨어와 제대로 운영되는지 확인할 책임이 있다.

(b) 통신 컨트렉터 : 이들은 통신회선(T1이나 E1)이 작동하며 충분한 기능으로 에러가 없다는 것을 테스팅하고 정상인 것을 책임지는데, 통신사는 에러 없는 작동과 문제가 있을 때 처리하는 절차를 규정한 OLA(Operational Level Agreement)를 보장해 주어야 한다.

(c) 인트라넷 컨트렉터 : 이들은 중요한 유닛, 시스템 그리고 UAT 테스팅을 인트라넷 페이지에서 수행하는데 E-mail 시스템에도 UAT가 있어야 한다.

④ 리스크 사정 - Chaptal 관리팀의 Kim Cox는 다른 이들과 함께 리스크 분석을 한 뒤 그것들과 관련된 리스크 요소를 알기 위해서 다음의 주제가 결정되어져야 한다.

(a) T1/E1 회선 : 최소 1.44Mbps를 전송하는 회선이 정보를 로드하는 피크타임에서 병목현상이 일어날 가능성이 20% 있다. 리스크 완화에는 피크타임을 피하든지 이 중 T1과 같이 더 빠른 회선을 구매하는 방법이 있을 수 있다. Chaptal 관리자는 설치 때 회선 로드를 모니터해서 최소 병목현상으로 운영하는 것이 최선책이라고 생각하고 있다. 로드 테스팅은 회선에서 예상되는 것보다 더 심각한 로드 요소가 있는지 보여줄 것이다.

(b) 하드웨어 고장 : 전원을 켜고 나서 잠시 동안 운영할 때 하드웨어가 고장 날 확률은 2%인데 작동불능으로 진행될 수도 있다. 벤더는 현장에서 교환할 수 없는 모든 결함 있는 부품을 다음 날까지는 공수되게 해야 할 것이다. 그렇지 않으면 보증기간 안에서 교환해야 하는데 3시간이 걸리게 된다. 그래서 이런 문제를 해결하는 방법은 벤더의 보증서비스를 받는 것이 좋다.

(c) 소프트웨어 고장 : 소프트웨어가 정상적으로 구성되어 있다면 비정상적으로 작동될 확률은 1% 이내이다. 리스크 보호에는 소프트웨어 조직이 미리 소프트웨어의 기본 구성을 문서화했고 올바른 단계를 따라 모든 서비스 팩과 보안패치가 제대로 순서대로 적용했는지 확인하는 일이 포함된다. 해결책은 처음에 무엇이 잘못되었는지 결정한 뒤 다시 구성하는 것이다.

(d) 인터네트워킹 실패 : MTBF(Mean Time Between Failure)는 인터네트워킹 위치와 무관하게 모든 새 라우터와 스위치가 현장에 배치되었을 때 고장 날 확률은 0.2% 이내라고 한다. 해결책은 계약자에 의해 현장에서 3시간 내에 교체한다는 보증을 받아들인다.

(e) 프로그래밍 에러 : 벤더는 자신이 만든 여러 인트라넷 사이트를 문서로 제공하고 이전에도 같은 플랫폼으로 개발한 경험이 있으므로 1% 이내의 에러가 있을 것으로 보장한다. 그렇지만 SOW에 보장을 명문화하는데 충분히 테스트했고, 모든 시스템이 50%의 선불을 받기 전에 광고한 대로 작동되는 것을 보장한다.

⑤ 조달계획

(a) 서버 : 입찰과 SOW로 서버 하드웨어 벤더를 정할 수 있다.

(b) 조건 : Net30으로 Windows Server 2003과 25개의 클라이언트 라이선스 팩과 종합 커스터머 서비스계획이다. 벤더는 구매자가 지정한 대로 교체 없이 하드웨어를 제공한다. 서버는 각 사이트로 보내지며 별도의 운임비는 없다.

(a) 통신 : Kim Cox씨가 공급계약 협정서에 서명하면 바로 각 통신사가 제공한다.

(a) 인터네트워킹 : 받은 입찰과 SOW로 인터네트워킹 하드웨어 벤더를 정한다.

(b) 조건 : Net30으로 라우터, 스위치, 소프트웨어, 네트워킹 케이블과 전기 케이블은 그 나라에 맞아야 한다. 인터네트워킹은 각 사이트로 보내지며 별도의 운임비는 없다. 각국의 인터네트워킹 컨트렉타는 그 나라의 인터네트워킹 회사로부터 추천받는다.

(a) 인트라넷 컨트렉터 : 그 지역의 유명한 신문에 광고하고 입찰서는 밀봉해서 기한 내 도착한 것까지를 유효한 것으로 여기며, Chaptal 본사에서 작업의 성격을 설명하기로 함.

CHAPTER 08 종합 프로젝트 계획

CompTIA Project+

이제 프로젝트 계획하기의 마지막 단계에 와 있다. 모든 중요한 데이터가 앞에서 알아본 계획하기 단계에서 만들어졌으므로 이제 이 정보로 무엇을 해야 하며 어떻게 그것들을 추적해야 하는지가 남아있다. 여기서 중요한 것이 종합적인 계획하기 문서이다. 프로젝트에서 이 지점은 거의 프로젝트의 실행단계 직전이고 모든 계획하기의 결과물은 프로젝트 작업을 완성하는데 사용되는 지침서로 여겨지게 된다. 계획하기 데이터가 모여서 하나의 종합 계획문서가 되는데, 지금까지 우리가 다뤄 온 모든 계획하기 프로세스인 착수(Initiation), 범위(Scope), 시간(Time), 비용(Cost), 인력(Human Resources), 품질(Quality), 의사소통(Communications), 리스크(Risk), 그리고 조달(Procurement)이 들어있다. 전형적인 프로젝트 계획에는 관리, 계획하기, 템플레이트와 체크 리스트, 참조, 그리고 부록과 같은 몇 가지 범주가 있는데 여기서 알아볼 것이다.

프로젝트 계획의 개발은 모든 계획하기 문서들을 모아서 바인더로 묶는 것 이상이다. 의미있는 프로젝트 계획개발은 시간과 스폰서, 프로젝트 팀원, 그리고 다른 이해관계인들로부터 입력이 있어야 한다. 상세한 프레임이나 TOC(Table Of Contents), 그리고 그 프레임이나 TOC에 맞춰 계획하기 문서들을 조직하는 것이 계획을 개발하는 핵심요소이다. 마지막으로 검토, 정식승인, 그리고 프로젝트 계획의 배포가 프로젝트를 계획하기 단계에서 실행

CompTIA Project+

단계로 옮겨간다는 의미를 준다.

1 프로젝트 계획이란?

앞에서 알아본 것처럼 프로젝트 계획하기 프로세스는 착수로 시작되며, A Guide to the PMBOK의 모든 영역 프로세스들을 포함한다. 프로젝트 매니저가 모든 계획하기 데이터를 실행단계로 옮기고 프로젝트를 통제하는데 사용되는 하나의 문서가 바로 '종합 프로젝트 계획하기(Comprehensive Project Planning)'이다. 프로젝트 계획은 모든 프로젝트 단계를 일관성 있게 처음부터 끝까지 커버하는 문서를 만들기 위해서 계획하기 프로세스에서 나온 결과물을 이용한다. 프로젝트 계획은 프로젝트 내내 유지되고 업데이트된다. 종합 프로젝트 계획을 만드는 것은 자주 간과되지만 프로젝트 계획하기에서 매우 중요한 요소이다. 모든 계획하기 데이터가 하나의 종합된 문서로 만들어졌을 뿐이어서 별로 중요하게 보이지 않지만 그것이 없으면 프로젝트에서 필요로 하는 현장 질문들을 프로젝트 헌장, 범위설명, WBS, 혹은 다른 계획하기 문서들에서 계속해서 찾게 될 것이다. 또 계획하기 프로세스에서 많은 중요한 데이터가 만들어지는데, 만일 이 데이터들이 분명히 조직되지 않고 제대로 작업자들에게 배분되지 않으면 가치가 없게 된다.

프로젝트 계획의 목적은 프로젝트 데이터를 모으는 것 이상으로 프로젝트 실행과 통제 과정 동안 절실히 느끼게 되는 고품질의 계획이다.

① 목적-프로젝트 계획하기의 마지막 단계는 프로젝트 실행과 통제를 하는데 사용되는 형식적이고 승인된 문서를 만드는 일로써, 이 문서는 모든 프로젝트 관련 활동들을 관리하고 수행하는 근본이 된다. 프로젝트 계획은 프로젝트 실행과 통제 기간에 사용되며 프로젝트 성과를 추적하고 필요한 수정작업을 하게 하는 근간이 되고, 프로젝트 이해관계인들과 중요한 정보를 협의하는데 사용된다.

② 이점-프로젝트 계획은 프로젝트의 모든 핵심요소들과 관련된 정보의 단일 소스로 프로젝트에 관련된 모든 이들이 사용한다. 이 계획은 프로젝트 범위에 무엇이 속하는지와 속하지 않는지, 누가 핵심 이해관계인인지, 그리고 중요작업이 무엇인지와 같은 의

문들과 기타 많은 것들을 분명하게 해주는 참조 소스이다. 프로젝트 계획은 또 프로젝트 실행에서 팀원을 집중시켜 프로젝트가 한 방향으로 진행되게 해준다.

종합 프로젝트 계획이 무엇인지 더 잘 이해하기 위해서 전형적인 프로젝트 계획에서 발견되는 요소들을 살펴보자.

2 프로젝트 계획 요소들

종합 프로젝트 계획은 조직적이고 일관된 방법으로 수행된 여러 가지 계획하기 프로세스로부터 얻어진 정보들을 모은 것이다. 종합 프로젝트 계획을 만들기 위해서 여러 가지 방법으로 데이터를 모을 수 있다. 많은 조직은 프로젝트 계획을 위해 표준 템플레이트를 사용하는데, 비록 포맷과 구조는 다르지만 프로젝트 계획의 핵심요소는 보통 다음 것들을 가지고 있게 된다.

① 조직과 문서의 개정에 관한 관리정보
② 계획하기 프로세스의 결과
③ 프로젝트를 관리할 응용 템플레이트나 체크리스트
④ 참고자료
⑤ 부록

프로젝트 계획 문서의 순서를 정하는 표준은 없다. 요소들 자체와 요소 순서는 조직에 따라서 다를 수 있고 소규모 프로젝트에선 축약된 버전이 사용되기도 한다. 만일 조직에 **PMO**가 있다면 아마도 표준 프로젝트 계획 템플레이트도 있을 것이나, 만일 템플레이트가 없다면 이전 프로젝트를 샘플로 해서 자신의 프로젝트 계획을 개발해도 된다.

www.gantthead.com이나 www.techrepublic.com을 방문하거나 Google에서 'project plan template'를 입력하고 조사해 보아도 프로젝트 계획하기의 예시 자료를 얻을 수 있다.

프로젝트 계획을 협의할 때 사람들에게 친숙한 포맷을 사용하면 한결 쉽게 진행될 수 있다. 문서에서 필요로 하는 모든 데이터를 넣었을 때 날짜에 맞춰 계획된 활동들이 제대로

CompTIA Project+

만들어지는지 알기 위해서 완성하고 싶은 샘플 템플레이트를 주의 깊게 살펴보는 것은 좋은 방법이다. 아마도 템플레이트에서 필요로 하는 모든 정보들을 제공하기 위해서 팀이 추가적인 작업을 할 수도 있다. 이제 프로젝트 계획의 요소들을 살펴보자.

2.1 관리 요소들

종합 프로젝트 계획은 장황한 문서일 수 있다. 사용하기 쉽고 업데이트를 적절히 수행하기 위해서 프로젝트 계획은 다음과 같은 관리 요소들을 가지게 된다.
① 문서정보-이 부분은 업데이트와 계획 유지에 관한 정보를 가지고 있다. 문서 내력은 버전 번호와 개정날짜, 그리고 문서를 얻기 위한 연락처 등이 리스트된다.
② TOC-이것은 정보가 어떻게 구성되어 있는지 보여주어서 특정요소에 접근하기 쉽게 해준다. 만일 프로젝트 계획 템플레이트가 없다면 다른 프로젝트에서 예를 찾아보면 된다. 순서대로 데이터를 가지고 있어야 이용할 사람들에게 도움이 될 것이다.

2.2 계획하기 요소들

계획하기 요소들은 문서의 본체이며 TOC에 순서적으로 보여져야 한다. 특정한 표준을 따르는 것이 최선이지만 아래 나열된 요소들은 프로젝트 계획이 조직되는 방법에 대한 전형이다.
① 이사진 요약-이것에는 조직의 비즈니스 전략을 책임지는 이사진 혹은 자금 결정, 그리고 프로젝트에 영향을 미치는 관리자들과의 협의사항이 들어있다. 기술 용어가 아닌 일반 용어로 쓰인 고급정보이다. 이 이사진 요약은 보통 간략한 프로젝트 설명으로 시작되는데 비즈니스적 필요나 프로젝트 요청이 있게 한 원인 등을 설명한다. 또한 프로젝트의 전반적인 목표가 조직의 목표나 전략과 관련되어 있음을 설명하고 예상 완성일자와 전체 예산이 들어있게 된다. 이것의 목적은 바쁜 실무진들에게 프로젝트 전반을 빠르게 설명함으로써 그들이 무엇이 진행되는지 알게 하는데 있다. 프로젝트를 심도 있게 설명하진 않는다.

② 요구사항-이것에는 프로젝트 착수 동안 정의된 프로젝트에 필요한 기능, 기술, 그리고 비즈니스적 요구가 들어있다.
③ 범위-이것에는 클라이언트가 동의한 주요 작업들에 근거해서 프로젝트의 범위정의가 들어있다. 이 부분은 프로젝트가 만들어내는 제품에 포함될 것과 배제될 것 둘 다가 설명되어져야 한다.
④ 이해관계인들-이것에는 프로젝트의 성공을 책임지는 작업자들이 들어있게 되는데 스폰서, 클라이언트, 프로젝트 매니저, 그리고 프로젝트 팀원과 더불어 벤더와 같이 프로젝트 완성을 위해 도움이 되는 작업그룹이 들어있게 된다. 프로젝트 매니저를 이 부류에 넣는 것에 대해서는 이견도 있는데 6개월 이상 진행되는 대규모 프로젝트에선 계획하기 과정에서 만든 기본 리소스 리스트가 프로젝트 기간 동안 여러 번 변경될 수 있으므로 프로젝트에 참여하는 모든 팀원을 리스트하지 않는 것이 보통이다. 예를 들어 처음에는 김 대리가 프로그래머였는데 이직하는 바람에 박 대리가 그 자리를 맡을 수도 있다. 프로젝트 계획을 끊임없이 업데이트하는 대신 현재 프로젝트 팀의 조직 차트나 디렉토리를 얻기 위해서 프로젝트 매니저, 스폰서, 그리고 클라이언트만 리스트하는 것이 좋다. 이런 정보를 인트라넷 사이트로 올리는 것도 좋은 방법이다.
⑤ 예상 리소스들-이것에는 서버, 소프트웨어 등 인력이 아닌 리소스들이 들어있게 된다. 벤더를 여기에 넣어도 된다.
⑥ 전제와 제약-프로젝트 계획하기 프로세스 동안 협의된 전제(assumptions)와 프로젝트 결과에 영향을 미치는 일부 알려진 제약(constraints)이 여기서 문서화되는데 계획하기 프로세스의 결과이다. 보통 전제설명은 "벤더는 제때 공급해야 한다"와 같은 문구이다.
⑦ 중요 작업/예정된 작업-중요 작업 부분은 프로젝트의 수행 작업들을 요약해서 리스트한다. 여기엔 각 프로젝트 단계에서의 중요 작업들이 들어 있는데 이 정보는 보통 고급 WBS나 프로젝트 스케줄로부터 작업을 요약해서 만든다. 또 프로젝트 스케줄을 실시간으로 보는 방법도 제공해야 하는데 인트라넷 페이지나 다른 전자적 저장장치를 사용하면 된다. 프로젝트 스케줄 기준은 부록으로 들어갈 수도 있다.
⑧ 예산-이 부분은 전체 프로젝트 예산의 대략적 수치만 고급 레벨로 나타내거나 예산을 쪼개서 여러 지출 범주별로 표시하기도 하는데, 일부 계획에는 금전 출납부 프로

그램 등으로 프로젝트 자금과 지출을 추적하게 하는 방법도 들어있다. 예산기준도 부록에 들어갈 수 있다.

⑨ 리스크 – 프로젝트 계획과 성공에 영향을 끼치는 피해야 할 확인된 리스크나 리스크 해결책이 이 부분에 리스트된다.

⑩ 이슈 – 프로젝트 이슈를 확인해서 해결할 작업자 지정과 그 과정을 정의하며, 그리고 진척을 추적하고 보고하는 것들이 여기서 설명되어야 한다. 이 부분에는 또한 전체 컴퓨팅 환경과 정치적, 지리적, 그리고 종합 시스템 환경 등 프로젝트가 직면할 수 있는 전반적인 환경문제에 대한 논의가 들어있게 된다.

⑪ 협의 – 의사소통 환경은 스폰서, 클라이언트, 프로젝트 팀원, 그리고 이해관계인들과의 토의 방법과 횟수 등을 설명하는 부분인데 예를 들어 "스폰서와 협의 – 프로젝트 기간 동안 매 월요일 오전 10:00에 일대일로 회의를 갖는다"와 "팀 회의 – 프로젝트 기간 동안 격주로 매 목요일 오후 2:00에 E-mail이나 일대일로 회의를 갖는다" 등과 같다.

⑫ 실행계획 – 이것은 프로젝트 스케줄을 실행하는데 사용되는 방법론을 전체적으로 보여주는데, 개발, 하드웨어, 설치, 보안, 구성, 테스팅과 프로젝트 스케줄의 올바른 실행을 위한 계획들이 포함된다.

⑬ 지원계획 – 이것은 프로젝트가 끝나고 난 뒤 어떻게 새로운 시스템을 지원하는지에 관한 것으로 새로운 응용프로그램 업데이트와 시스템 유지, 하드웨어 비용으로 지원이 제한되는지 혹은 사용자들을 지원하는 기술그룹도 포함되는지 등이 들어있게 된다.

⑭ 훈련계획 – 여기에는 어떻게 새로운 시스템에 관해 엔드유저, 헬프데스크, 운영요원, 혹은 다른 그룹들을 위한 훈련이 들어있게 된다.

2.3 템플레이트와 체크리스트

기존 체크리스트를 사용하거나 계획하기 프로세스 동안 체크리스트를 개발한다면 다음과 같은 체크리스트들이 있을 수 있다.

① 설치 체크리스트
② 테스팅 체크리스트
③ 그 외에 품질 체크리스트

2.4 참고사항들

참고부분은 프로젝트 방법론, 조직의 표준, 혹은 최상의 수행에 사용되는 소스를 리스트 해주는데 다음 것들이 들어있을 수 있다.
① A Guide to the PMBOK
② 조직의 품질기준
③ 조직의 시스템 개발 방법
④ 조직의 프로젝트 관리 방법
⑤ ISO 9000 표준
⑥ 어느 응용할 수 있는 규정이나 표준

2.5 부록

부록은 보통 프로젝트 계획의 본문에 포함되지 않는 문서의 사본을 제공하는데, 다음 것들이 들어있게 된다.
① 프로젝트 스케줄 기준선
② 프로젝트 예산 기준선

고려해야 할 이 모든 요소들과 종합 프로젝트 계획 작성하기는 새로운 프로젝트 매니저에게 버거운 일임에 틀림없지만 걱정할 필요가 없다. 프로젝트를 검토하는데 필요한 모든 데이터를 모아서 자연스럽게 접근하는 방법이 있다.

3 종합하기

프로젝트 계획은 형식적인 문서로 모든 중요한 데이터를 모으거나 일련의 기존 문서들을 조직해서 만들 수 있는데, 회사의 방침에 따라 다르다. 만일 처음 계획하기 프로세스가 완벽하고 참여자가 그대로라면 프로젝트 동안 변경된 것들은 개정으로 표시할 수 있다. 만일 중요한 계획하기 활동이 부족하면 프로젝트 계획이 정확하지 않게 되고 중요한 데이터가 빠질 수도 있다. 프로젝트 계획하기를 끝내는 마지막 필요 단계는 다음과 같을 것이다.
　① 계획을 조직하고 작성하기
　② 계획 업데이트 프로세스 정의하기
　③ 이해관계인들과 계획 검토하기
　④ 계획하기 단계 끝내기

3.1 계획 조직하기와 작성하기

바로 작성하기로 넘어가고 싶겠지만 문서를 검토하고 조직해서 사용하고자 하는 프레임 즉, 템플레이트에 맞추는 시간을 갖는 것이 훨씬 더 중요하다. 그렇지 않으면 데이터를 이리저리 옮기거나 데이터를 여러 번 입력해서 중요한 핵심을 놓치는 수가 있게 된다. 또 만일 조직에 표준이 없다면 '문서통제 프로세스(document control process)'도 정의해야 하는데 개정되는 법, 시스템 버전 넘버링, 그리고 버전숫자 위치와 개정날짜 등이 프로젝트 계획 초안을 배포하기 전에 정의해야 할 항목들이다. 문서통제 시스템이 제대로 되어있지 않으면 모든 업데이트된 계획을 제대로 활용하지 못할 것이다.

프로젝트 매니저는 파일공유 기법으로 더 자주 전자적으로 프로젝트 데이터를 업데이트 하는데, 이렇게 함으로써 오리지널 프로젝트 계획을 프린트하고 배포하는데 드는 수작업이 없어지고, 계획이 업데이트되면 변경된 페이지를 쉽게 배포할 수 있게 된다. 따라서 문서작업을 시작하기 전 계획을 배포할 때 문서로 할 것인지 전자적으로 할 것인지 결정해 두어야 한다. 프로젝트 계획을 공유파일로 접근시키면 접근보안이 설정되어져야 하는데 파일이 저장되어 있는 서버에 모든 이해관계인들이 접근할 수 있어야 하지만, 서버의 문서가 변경되는 것을 막기 위해서 "읽기만"으로 권한이 설정되어져야 한다. 서버에 이런 보안과 접근권한이 설정되기 전까지 문서를 유출시켜서는 안 된다.

일단 이런 중요한 단계를 끝내고 모든 계획하기 결과물이 정리되어 형태를 갖추면 계획을 작성할 준비가 된 것이다. 계획은 조직의 레벨에 따라 부분적이나 전체로 읽힐 수 있으므로 계획의 각 섹션에서 문법과 스펠링 확인, 완성도와 데이터의 정확성 등도 확인해 둔다. 제대로 검토나 편집되지 않은 계획이 유출되면 프로젝트 자체가 철저하지 못하고 제대로 계획되지 않았다는 인상을 주게 된다. 계획의 최초 버전을 작성할 때도 업데이트를 위한 변경관리 프로세스를 염두에 두고 있어야 한다.

3.2 계획 업데이트하기

최초 프로젝트 계획문서를 완성한 뒤 모든 이해관계인들과 문서를 검토해서 정식 스폰서의 승인을 얻어도 프로젝트 계획에는 실행단계로 옮겨갈 때 여전히 변경이 있을 수 있다. 프로젝트 업데이트는 '일정 프로세스(iterative process)'라고 불리는데, 프로젝트 계획에서 문서화된 중요 요소가 변경되면 여러 부분이 업데이트되어져야 한다는 뜻이다. 범위가 변하거나 새로운 이해관계인이 포함되고 추가적인 중요 작업이 첨가되는 등의 변경이 있을 수 있다. 프로젝트 계획을 유지하는 일은 항상 현재 상태로 계획을 유지하고 프로젝트 팀, 스폰서, 그리고 다른 중요한 이해관계인들과 업데이트를 협의하는 논리적인 일이다. 함부로 업데이트된 계획들은 바로 부정확해지고 프로젝트 실행의 로드맵으로써의 유용함을 잃게 된다. 이런 문제를 완화하려면 변경 프로세스를 문서화해두어야 하고, 만약 PMO가 업데이트하지 않으면 변경을 실행할 작업자를 지정해서 개정된 페이지로 배포되게 해야 한다. 모든 이해관계인들과 계획 업데이트 프로세스를 협의해야 한다. 변경 프로세스로 통제되는 프로젝트 계획 데이터에 가해진 변경은 이에 상응하는 프로세스 결과로 만들어지고 범위에 가해진 변경은 정식 범위관리 계획 프로세스로 승인된 공식 범위변경이어야 한다. 예산과 스케줄 변경도 그런 변경을 승인하는 프로세스와 연계되어 있어야 한다. 계획하기 데이터를 모으는 프로세스를 통해 스폰서와 다른 이해관계인들과 앞으로의 스케줄을 검토할 수 있다.

3.3 계획 검토하기

좋은 프로젝트 계획은 프로젝트 매니저가 프로젝트 제품을 성공적으로 개발하기 위해 사용하는 문서이다. 프로젝트에 포함된 작업자들이 이 계획을 만들 때 참여하게 되는데 이 계획은 보통 여러 단계로 개발되며 계획하기 프로세스 동안 계속해서 변하므로, 스폰서와 다른 이해관계인들과 지속적으로 이를 검토하는 것이 프로젝트의 성공의 열쇠이다.

1) 스폰서의 검토

스폰서 검토는 윤곽, 즉 TOC를 개발할 때 시작된다. 계획의 윤곽을 검토하는 일은 스폰서에게 문서의 내용에 대해 필요한 언급을 할 기회를 주고 비록 승인된 템플레이트를 따른다고 해도 스폰서가 템플레이트의 내용을 잘 알게 하는 것이 프로젝트 매니저의 책임이다. 여러 섹션에 데이터를 추가할 때도 스폰서와 주기적으로 스케줄을 검토하는 것이 필요하다. 스폰서가 프로젝트 계획에 서명해야만 공식적인 것으로 된다. 이렇게 스폰서를 프로젝트에 수시로 참여하게 함으로써 여러 개발 단계를 통해 스폰서가 줄곧 보아온 과정의 결과물인 제품에 거부반응을 보이지 않게 될 것이다.

2) 다른 이해관계인들의 검토

종합 프로젝트 계획을 만드는 일은 실로 프로젝트 매니저가 이해관계인들이 프로젝트에 확실히 관여하고 있다는 것을 확인시키는 기회이기도 하다. 클라이언트, 프로젝트 팀, 그리고 다른 중요한 이해관계인들이 프로젝트 계획을 만들 때 참여하게 된다. 적어도 이런 관계인들은 TOC를 받게 되고 계획에 어느 정보가 들어있는지 알게 될 것이다. 프로젝트 계획에 쌓여진 정보들이 이해관계인들을 별로 매료시키지 못해서 프로젝트 계획에 대해 회의적일 수도 있으므로 이들이 느끼는 어느 이슈나 관심거리에 대한 해결책을 제시하는 계획을 미리 작성해두는 것이 좋을 수 있다. 복잡하고 상세한 프로젝트 계획에선 이해관계인들과 함께 중간 검토를 하는 것이 좋은데, 어느 이해관계인이 의문을 가지고 있으면 개별적으로 만나서 문제를 해결해주는 것이 좋다. 프로젝트 계획의 마지막 검토하기는 계획하기를 끝내는 중요한 프로세스이다.

3.4 계획하기 단계 끝내기

종합 프로젝트 계획을 완성함으로써 계획하기 단계에서 실행과 통제 단계로 넘어갈 수 있게 되었다. 최초 프로젝트 계획문서가 완성되면 종합 프로젝트 계획을 모든 이해관계인들에게 회람시켜 계획하기 단계를 정식 이해관계인 검토회의로 끝내고 실행과 통제 단계로 옮겨간다. 프로젝트 내내 프로젝트가 앞으로 나아가고 있는지 검사해야 하는데 계획하기 단계를 끝내는 검토회의가 이해관계인들에게서 프로젝트 실행에 관한 동의를 얻어낼 좋은 기회가 된다. 만일 프로젝트를 승인받은 최초의 비즈니스적 필요로부터 어느 미묘한 변화가 있어왔다면 프로젝트 실행 작업이 시작되기 전인 지금이 프로젝트가 계속 진행되어져야 하는지 평가할 때이다. 이 검토는 계획하기 프로세스에서 생긴 심각한 이슈들에 종지부를 찍는 세션이 되는데 먼저 발생된 이슈들부터 해결한다. 그러나 알지 못하고 드러나지 않았다고 해서 이슈가 없다고 생각하면 안 된다. 만일 이해관계인들이 계획하기 단계에서 해결되지 못한 이슈들로 맘을 쓰고 있다면 그들에게 직접 물어보고 해결해야만 한다. 여러모로 실제 프로젝트가 시작되기 전에 가능한 한 모든 문제들을 감지해서 해결해 두는 것보다 더 쉬운 일처리는 없을 것이다.

프로젝트 매니저는 어느 사람들의 눈에는 권력자로 비춰질 수 있다는 것을 알고 있어야 한다. 그들은 팀플레이를 못한다거나 조직의 화목을 깬다고 낙인찍힐까봐 두려워 문제를 알아도 제기하고 싶어 하지 않을 수도 있다. 솔직하고 진실되게 그들을 대해서 그들이 문제를 겪거나 감지했을 때 자연스럽게 말할 수 있게 해야 한다. 무슨 문제든지 마음을 열고 솔직히 말하게 하는 것이 중요하다. 프로젝트 매니저는 그들에게서 정보를 얻어내고 그들을 통해서 프로젝트가 제대로 굴러가고 있는지 감지할 수 있다. 계획하기 검토에서 또 다른 중요한 초점은 이해관계인들의 프로젝트에 대한 예상과 계획이 기술된 것과 같은지 확인하는 일인데, 만일 계획의 어느 요소에 놀라고 있다면 그들이 실제 기대한 것이 무엇이었는지 알아내야 한다. 프로젝트에 관여하는 모든 이들이 프로젝트의 최종 결과물뿐만 아니라 거기에 이르는 로드맵도 확실히 이해하게 하는 것이 프로젝트 매니저의 책임이다.

검토회의의 결과로 어느 변경이 생겼다면 그 계획은 정식으로 스폰서나 어느 경우엔 클라이언트로부터 승인을 받아야 한다. 승인된 문서는 모든 이해관계인들에게 배포된다. 실행과 통제단계로 옮겨가게 하는 계획검토 마감회의는 또한 프로젝트 작업이 시작되면 프로젝트 성과를 통제하고 모니터하는데 사용되는 지표로 사용된다. 프로젝트 성과지표(Project Performance Indicators)는 프로젝트 매니저가 프로젝트가 제 궤도에 있는지, 그래서 기준선이나 기준예산으로부터 어느 변동은 없는지 알게 한다.

CompTIA Project+

예를 들어 개발단계가 8주에 완성되게 기준이 스케줄되어 있다면 그 목표에 진척도가 맞고 있는지 추적해야 한다. 성과지표의 사용은 뒤에서 좀 더 알아볼 것이다. 계획하기에서 실행하기로 성공적으로 전환되려면 프로젝트에 참여하는 누구나 자신의 역할을 잘 알고 있어야 하며, 실제작업으로 들어간다는 기대감이 있을 때 좋은 결과가 나온다.

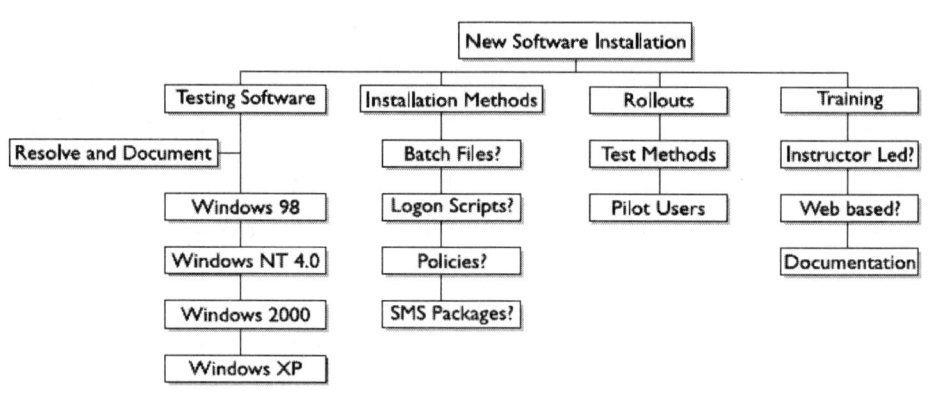

〈차트는 프로젝트에서 작업의 완성을 시각화해준다.〉

여기서 Chaptal Wineries의 최종 프로젝트 계획에 대해서 알아보자.

최종 프로젝트 계획을 준비하고 Chaptal Wineries의 사장인 Kim Cox에게 프레젠테이션하면 되는데, 다음과 같이 준비한다.

■ TOC
① 이사진 요약   ② 요구   ③ 범위   ④ 이해관계인들
⑤ 예상 리소스들 ⑥ 전제와 제약   ⑦ 주요 작업들   ⑧ 예산
⑨ 리스크   ⑩ 이슈   ⑪ 협의   ⑫ 실행계획
⑬ 지원계획   ⑭ 훈련계획

■ 설명
① 이사진 요약 - Chaptal Wineries는 최근 프랑스, 호주, 그리고 칠레에 있는 양조장을 구매했는데 이제 이들을 전자적으로 연결해서 각 지역에 있는 직원들이 E-mail을 주고받고 다른 일정들을 확인할 필요가 생겼다. 또 Chaptal 인트라넷 사이트를 만들어 생산된 와인 수량, 와인 상태, 제조자 표식, 그리고 가격과 같이 비즈니스에 중요한 정보를 전 사이트에서 알게 할 필요가 있다.

CHAPTER 8 종합 프로젝트 계획

캘리포니아 Sonoma에 있는 Chaptal의 IT 매니저가 필요한 하드웨어, 소프트웨어, 통신연결, 그리고 설치전문가 등을 조달할 책임을 진다.

② 요구

(a) T1이나 E1 통신회선을 새롭게 구매한 각 사이트에 가설해서 WAN 연결로 사이트들을 묶는다. 통신조직과 서드파티 벤더 대표자가 이 작업에 투입될 것이다.

(b) 네 사이트에 E-mail 시스템을 설치해서 모든 사이트가 서로 내부 E-mail 시스템으로 메일을 주고받아서 조직의 외부에 새로운 제품개발, 와인, 와인 제조 방법, 상표, 혹은 기타 비즈니스의 중요한 정보가 노출되지 않게 한다. 지리적으로 떨어져 있는 네 곳에 E-mail 서버를 설치해야 하는데 Chaptal IT 매니저가 서버구매와 설치 및 구성을 조달할 책임을 진다.

(c) 인트라넷을 설치하는데 인트라넷 서버는 Sonoma에서 호스트한다. 이 서버는 조직의 시간 추적, 와인 제조자의 메모, 바렐 통 테스트 메모, 상표, 손상, 와인 보관자 메모, 그리고 기타 와인과 제조에 관련된 성과 데이터 등을 처리하는 웹페이지를 호스트할 것이다.

(d) 모든 연결을 테스트하고 사용자들을 훈련시킨다.

③ 범위 - 이 프로젝트는 WAN으로 네 사이트를 연결하는데 필요한 요소들을 가지고 있고, 추가적으로 각 지점에 E-mail 서버를 설치해서 E-mail 시스템을 가동하며 인트라넷 서버와 이에 관련된 인트라넷 페이지 프로그래밍도 포함된다. 또한 필요한 모든 하드웨어와 소프트웨어의 조달과 설치구성, 테스팅, 배포, 유지, 그리고 훈련도 포함된다. 이 프로젝트에는 조직의 재정, 인력, 혹은(실제로 병을 만들고 상표를 붙이는 등과 같은) 조립공정/생산라인 관리는 포함되지 않는다. ERP(Enterprise Resource Planning) 소프트웨어가 이 기능을 담당하는데 차후 프로젝트로 새로운 세 곳 모두에 ERP를 사용하게 할 것이다.

④ 이해관계인들 - 이해관계인들은 다음과 같다.

(a) Kim Cox - 프로젝트 스폰서이며 Chaptal Wineries의 오너.

(b) Guillaume Fourche - 적포도주 전문가로 Bordeaux 상인. Fourche의 Cabernet Sauvignon 와인은 Les Chaptal Bordeaux Villages로 상표가 변경될 것이다.

(c) Metro Sanchez - Aconcagua 계곡에 있는 Chilean 양조장의 오너. Sanchez의 Syrah, Cabernet Sauvignon, 그리고 Malbec 와인은 Casa Sanchez Chaptal로 상표가 변경될 것이다.

(d) Jason Jay - Roo 양조장의 오너. Shiraz 포도주는 Chaptal Roo로 상표가 변경될 것이다.

(e) Others - Chaptal Wineries의 직원들로 UAT를 보조할 것이다.

⑤ 예상 리소스들
  (a) Intel 기반 중간급 서버 5대
  (b) Demarc 연결용 CSU/DSU(Carrier Sensing Units/Data Sensing Units) 1세트
  (c) 각 지점에 라우터와 스위치 각 1대
  (d) 통신벤더와 컨설턴트(Demarch 설치자와 라우터/스위치 인터네트워킹 전문가)
  (e) 인트라넷 페이지 개발과 테스트 컨트렉터
  (f) E-mail 소프트웨어
  (g) 웹 소프트웨어
  (h) 바이러스-스캐닝 소프트웨어

⑥ 전제와 제약
  ■ 전제
  (a) 하드웨어 등에서 이상 작동 없음.
  (b) 각국의 통신사는 적절한 WAN 연결 요청처리와 설치일정을 가지고 있음.
  (c) 평균 T1/E1 비용이 USD로 월 $350임.
  (d) 인트라넷 개발시간은 60일간 작업량임(2인이면 30일간 작업량).
  (e) 모든 사이트는 설치자가 접근 가능해야 하고, 전력은 안정되고 온도와 전력조절이 되는 룸이어야 함.
  (f) 라우터는 OSPF(Open Shortest Path First) 라우팅 프로토콜을 사용함.
  (g) 라우터 구성 때 컨트렉터의 도움이 필요함.
  (h) NOS(Network Operating System)은 Windows Server 2003이며 E-mail 서버 소프트웨어는 Exchange 2003이 사용됨.
  ■ 제약
  (a) 언어 장벽
  (b) 어느 사이트에서 양조과정에 문제가 있을 때 도울 가용인력
  (c) 수확기와 숙성기

⑦ 주요 작업들
  (a) 서버와 인터네트워킹 하드웨어 조달하기
  (b) WAN 연결 조달하기
  (c) 인터네트워킹 설치

(d) 서버 설치

　　　(e) E-mail 소프트웨어 설치

　　　(f) 인트라넷 개발

　　　(g) 사용자 훈련

　　　(h) 유닛, 종합, 그리고 UAT 테스트

⑧ 예산 - Chaptal IT 매니저의 정규 급료이외에 총 프로젝트는 USD $205,000이 넘으면 안 되며, Kim Cox는 예비자금으로 USD $25,000을 프로젝트를 위해 적립함.

⑨ 리스크

　　　(a) T1/E1 회선의 대역폭으로 충분하지 않을 수 있다.

　　　(b) 하드웨어가 고장날 수 있다.

　　　(c) 소프트웨어가 고장날 수 있다.

　　　(d) 인터네트워킹이 고장날 수 있다.

　　　(e) 프로그래밍 에러가 있을 수 있다.

⑩ 이슈 - 프로젝트는 9월 포도 '숙성'과 새로운 제품생산을 준비하기 전에 완성되는 것이 중요하다. Kim Cox씨는 어느 Chaptal 직원도 9월과 10월에는 와인에만 집중하라고 분명히 했다.

⑪ 협의 - E-mail과 인트라넷 서버가 아직 설치되지 않았으므로 모든 협의는 전화나 Hotmail과 같은 무료 E-mail을 사용할 수밖에 없을 것이다. Kim Cox씨는 매일 업데이트되길 바라고 Guillaume Fourche, Metor Sanchez, 그리고 Jason Jay씨는 매주 업데이트를 원한다.

⑫ 실행계획 - E-mail 소프트웨어 요구사항 때문에 WAN 회선의 조달과 설치가 우선 되어져야 하고 다음으로 인터네트워킹이 이뤄져야 한다. 그러고 나서 서버가 설치되고 인트라넷 프로그래밍과 테스트가 이뤄진다.

⑬ 지원계획 - Chaptal IT 매니저가 우선적 지원 엔티티며 각 사이트에선 지정된 작업자가 지원한다.

⑭ 훈련계획 - Chaptal IT 매니저는 모든 사이트의 훈련 일체를 담당한다.

CHAPTER 09

프로젝트 실행

CompTIA Project+

　이제 실제 작업할 때이다. 프로젝트 실행이다. 프로젝트가 성공적으로 완성되게 하려고 지금껏 관리해 왔다. 성공적인 프로젝트 실행은 프로젝트 팀 개발, 프로젝트 계획에 따른 수행, 정보 배포, 그리고 컨트렉터 관리를 포함한다. 프로젝트 동안 여러 개인이나 그룹들과 유대를 맺어놓으면 스폰서, 팀원, 벤더, 부서장들, 클라이언트, 사용자들, 그리고 재정이나 법률부서의 내부조직 사람들과 협상을 할 때 이렇게 형성된 관계 또한 역량을 발휘하게 된다. 베테랑 프로젝트 매니저에게 무엇이 성공적인 프로젝트를 만드는지에 관해 물으면 대부분은 프로젝트 팀이라고 말할 것이다. 이런 일시적인 일단의 인력들을 어떻게 하나의 집단으로 만드는지 이해하고, 거기에 적절한 훈련을 가미하며, 그리고 의미 있는 보상과 인정 계획을 넣으면 단결된 팀이 만들어진다.

　다른 이해관계인들과의 유대 또한 프로젝트 성공의 중요한 요소이다. IT와 클라이언트 조직간에 좋은 유대관계를 이루는 것이 힘들 수 있다. 그리고 프로젝트 스폰서와의 관계도 지속적으로 모니터하고 있어야 한다. 프로젝트 작업이 스케줄대로 진행되고 있는지 확인하기 위해서 데이터를 모으고, 계획하기에서 세워놓은 기준에 대한 성과를 검토해야 하며, 그리고 진척도를 문서화해서 보고해야 한다. 계약관리는 벤더와 작업할 때 매우 중요한 요소인데 프로젝트 매니저는 벤더의 작업성과를 검토하고, 프로젝트 팀원과 벤더 사이의 갈등을

CompTIA Project+

해소하며, 지연된 작업을 벤더와 함께 풀어나가며 그리고 지불에 대한 송장(invoice)을 승인한다.

1 팀 개발

프로젝트 팀을 관리하는 것은 직무상 부서를 다루는 것과 다르다. 프로젝트 팀은 여러 비즈니스 배경과 다양한 성격을 가진 전문가들로 구성되는데, 이들을 묶어 일시적이고 공동의 목표로 모두 함께 일하게 하는 것은 고도의 관리기법이 있어야 할 것이다. 하지만 프로젝트 매니저는 이 그룹을 다듬어 효율적인 팀이 되게 해서 정해진 시간과 주어진 예산 안에서 정의된 품질이 나오게 프로젝트 작업을 시행해야 하는데, 만일 풀타임/파트타임 팀원이 모여 있고, 기술자/비기술자가 모여 있으며, 어느 경우에는 팀원들이 지역적으로 광범위하게 흩어져 있는 것 등을 고려한다면 쉬운 일이 아니다. 프로젝트 매니저는 단결된 팀을 만들고 관리하는데 관심을 기울여야 하고, 팀원들을 적절히 훈련시키며 효율적인 보상과 인정 시스템을 갖춰야 한다.

1.1 단결된 팀 만들고 관리하기

임시 팀을 관리하는 기법을 논하기 전에 팀이 겪어야 하는 단계를 살펴보는 것이 도움이 되겠다. 이런 것들은 일반관리에서 보게 되지만 프로젝트 팀에도 적용된다.

① 형성 - 이 단계는 팀원들이 프로젝트의 목표, 프로젝트 매니저, 그리고 서로를 소개받는 과정이다.

② 갈등 - 이 단계는 팀원으로써 프로젝트 구조에서 자신을 드러내기 위해 작업에 독점, 권한, 그리고 우월감 등 영향력을 끼치려고 하는 과정이다.

③ 평상 - 이 단계는 프로젝트가 진행되고 팀이 일상적으로 안정되면서 서로 협력하고 유익하게 작업을 수행하는 과정이다.

④ 수행-이 마지막 단계는 상호 독립적이지만 응집력있게 높은 생산성을 보이는 과정이다.

팀이 이런 단계를 겪고 나아가게 하려면 시간이 걸리고 좋은 관리가 필요하게 되는데, 시작점은 프로젝트의 착수이다.

1) 프로젝트 착수
만일 새로운 프로젝트에 참여한다면 아마 다음과 같은 걱정을 할 것이다.
(a) 내가 왜 여기에 있지?
(b) 너는 누구고 내게서 뭘 기대하지?
(c) 내가 무엇을 하는 중이지?
(d) 어떻게 내가 작업을 잘 할 수 있을까?

프로젝트 매니저는 팀원들이 이런 질문에 스스로 답하게 하는 과정을 가져야 한다. 좋은 프로젝트 착수회의가 이런 질문들에 답할 수 있게 하며 팀원들의 마음을 다잡는 계기가 될 것이다. 프로젝트 착수회의는 정식으로 팀원과 다른 이해관계인들을 소개하고 같은 메시지를 동시에 여러 명에게 전하는 기회이기도 하다. 프로젝트 매니저가 팀원 모두를 모를 수도 있고 그들이 지원한 역할에 대해서 충분히 인터뷰할 기회가 없었을지도 모른다. 아직 유대감을 느끼기엔 이른 감도 있을 것이다. 어떤 경우에는 프로젝트 매니저가 별로 원하지 않는 팀원이 부서장에 의해 억지로 끌려온 경우도 있을 수 있다. 프로젝트 착수회의에서 사용하는 말투가 팀의 유대를 만들 수도 깰 수도 있다.

이상적으로 착수회의는 진지하면서도 재미있게 하는 것이 좋다. 이 회의의 목적은 팀원을 프로젝트의 목표에 맞추고 팀원이 서로에게 편안함을 느끼게 하는 것이다. 이렇게 해서 형성의 단계를 거치게 된다. 프로젝트 착수회의를 시간과 돈 낭비라고 여기고 싫어하는 프로젝트 매니저도 있지만, 이 회의는 애쓸 가치가 충분히 있다.

여러 가지 착수회의 형태가 있을 수 있지만 보통 다음과 같은 요소들이 들어있게 된다.
① 환영-팀원들을 소개하고 함께 일할 사람들인 것을 알게 하는 환영으로 시작하는 것이 좋다. 이 환영은 또한 그날 무엇을 할 것이지 알려주는 기회이다. 회의가 끝나면

참여자들이 무엇을 하게 되는지 무슨 활동들을 할 것인지 알려주는 약간의 시간을 갖는 것이 좋다.

② 소개-보통 소개는 작업자의 직무분야와 간단한 이력, 그리고 프로젝트에서의 역할을 말하는 시간인데 프로젝트 매니저가 적절한 길이와 상세함을 예로 보이며 시작할 수 있다. 팀원들이 공유할 적절한 정보를 제공해서 이런 시간이 귀하다는 것을 알게 한다.

③ 초청 연설-스폰서, 클라이언트, 그리고 실무 이해관계인들을 초대하는데, 팀원이 그들을 알고 프로젝트에 대한 그들의 일차 목표를 듣게 하는 것이 매우 중요하다. 회의 내내 머물지 못할 수도 있지만 적어도 그들이 이 회의에 얼굴을 보이고 팀에게 몇 마디라도 하게 하는 것이 좋다. 여기서 약간의 코치가 필요할 수도 있는데 실무 이해관계인과 연설 전에 잠시 시간을 가지고 전할 메시지를 조율하는 것이 좋다. 클라이언트는 보통 프로젝트에 대한 비즈니스 정의와 조직 전략의 연계성을 가장 잘 말해줄 수 있는 사람이다. 만일 클라이언트나 스폰서가 연설을 잘 하는 사람이라면 팀원들이 참여하게 될 프로젝트에 관해 열심을 갖게끔 좀 더 시간을 할애하는 것도 좋다.

④ 프로젝트 개괄 소개-프로젝트의 범위를 밝힘으로써 팀원들이 프로젝트의 궤도를 알게 한다. 프로젝트 각 단계에서의 중요한 작업을 요약하고 고급 스케줄과 예산을 팀원들이 알게 해서 어떻게 자신들을 프로젝트에 맞추어 큰 그림이 그려지게 할지 이해하게 된다. 착수회의는 모두를 한 곳으로 집중시킬 좋은 기회인데, 특히 팀원들이 늘 함께하지 못하는 경우라면 더욱 효과가 있다. 프로젝트를 실행할 때가 되면 처음부터 프로젝트에 참여해 온 작업자들과 비교적 최근에 프로젝트에 참여한 작업자들의 조합으로 진행되는 경우가 많다.

⑤ 프로젝트 매니저의 기대-여기서 프로젝트 매니저가 프로젝트를 어떻게 관리해 나아갈 것이며 어떻게 팀이 기능을 발휘해야 하는지 밝힐 때이다. 많은 팀원들이 프로젝트 매니저를 모르거나 그의 관리 스타일에 친숙하지 않을 수 있다. 여기서 진척 보고서 템플레이트 검토나 팀 회의 방향을 검토할 순 없지만 팀원이 매주 회의를 갖는다는 것과 진척 보고서에서 무엇이 들어가야 하는지, 그리고 어떻게 입력해야 하는지를 물어보게 할 수 있다.

⑥ 질의응답-이 착수회의에서 가장 중요한 것 중 하나가 팀원들이 질문할 시간을 주는 것인데, 패널이 있는 질의응답 시간이므로 프로젝트 매니저, 스폰서, 클라이언트, 혹

은 다른 실무 이해관계인들에게 직접 질문을 하는 것이 이상적이지만 프로젝트 매니저에게만 질문하게 하는 것도 괜찮은 방법이다. 프로젝트에 관한 어느 오해라도 분명히 매듭질 수 있는 기회일 뿐만 아니라 이상한 소문이 있다면 이를 잠재울 기회이기도 하다. 동시에 같은 사람에게서 같은 메시지를 듣게 되므로 혼동이 없게 된다.

⑦ 교제시간 – 이 회의의 또 다른 목적이 팀원들이 서로에게 편안함을 느끼게 하는 것인데, 서로 대화를 나눌 시간을 주는 것이 좋다. 팀원이 스스로 앞에 나서게 하는 일반적인 방법으로 자기소개를 하게 하거나 팀원들이 프로젝트의 핵심을 이해하고 있는지, 프로젝트에서 무엇이 좋고 나쁜지 의견을 말해줄 수도 있을 것이다. 교제는 자신과 자신의 생각을 밝힐 수 있는 좋은 기회이다. 사람들은 게임이나 어색함을 푸는 것에 있어서 각자 취향을 가지고 있기 때문에 쉬운 게임이나 프로젝트 계획에 의거한 낱말 맞추기 게임 등을 해도 된다. 팀원을 작은 그룹으로 나누어 서로 대화하게 하는 것이 목적이므로 이 점을 염두에 두고 진행해 나아가면 될 것이다. 또한 이런 기회는 앞으로 대해야 할 작업자들의 개성이나 성품을 아는 데도 도움이 될 것이다.

여기서 먼 곳에 떨어져 있는 팀원은 어떻게 해야 할지 잠시 알아보자.

프로젝트 착수회의에는 모든 팀원이 참석하는 것이 보통이지만 일부 팀원이 다른 도시나 해외에 있다면 어떻게 해야 할까? 그들은 아마 소외감을 느낄 수도 있는데, 특히 모든 행동을 결정할 권한이 있는 수뇌부 – 프로젝트 매니저, 스폰서, 그리고 이해관계인들이 모이는 회의라면 더욱 더 할 것이다. 먼 곳에 있는 팀원을 불러오는 것은 힘든 일이지만 반드시 해야 하는데 모두가 팀의 일원이라는 것을 느끼게 만들기 때문이다. 만일 먼 곳에 있는 팀원을 배제한다면 프로젝트가 시작되기 전부터 마치 그들이 덜 중요하다는 인상을 심어주기까지 할 수 있다. 요즘엔 많은 조직들이 스폰서의 사전 승인을 얻어 예산이 허용하는 범위 내에서 먼 곳에 있는 팀원을 불러오는 경비를 대고 있다. 프로젝트 스폰서에게 이 회의가 매우 중요하며 그 작업자가 프로젝트에 많은 이익이 될 것이라는 것을 충분히 인식시킨다. 그러면 스폰서는 그 작업자를 불러오는 것이 자신의 비싼 점심 한 끼보다 훨씬 더 중요한 일이라는 것을 이해하게 될 것이다. 그러나 스폰서가 도와주지 않으면 어떻게 할까? 그러면 방법이 없는 것일까?

CompTIA Project+

> 한 예를 더 들어 보겠다. 대규모 팀이 움직이는 프로젝트에서 조직은 과도한 경비를 줄이고자 했다. 스폰서는 업무 효율성을 위해 먼 곳에 있는 팀원들을 불러 한 도시에 데리고 있고 싶어 했지만 조직의 CEO가 허가하지 않았다. 하지만 그는 그대로 앉아있지 않고 즉시 클라이언트, 프로젝트 매니저를 그 먼 곳까지 데리고 가서 그들을 위해 별도의 착수회의를 그곳에서 열었다. 시간과 돈은 들었지만 그 프로젝트가 조직의 전략에서 매우 중요했고 그곳에 있는 인력들이 소중해서였다. 그렇게 해서 그들을 위로하고 원격관리에서도 확고한 토대를 마련해 둘 수 있었다.

2) 팀 성과 모니터하기

프로젝트 팀 리더의 역할에는 팀원들이 맡은 작업과 그 결과를 책임지게 하는 것도 들어 있다. 프로젝트 팀원들과 신뢰를 쌓고 유지하기 위해서 능력, 존경, 정직, 고결, 그리고 열린 마음을 보여야 한다. 또한 성과문제가 생기면 기꺼이 처리하겠다는 의지도 보여야 한다.

① 성과 피드백 - 팀원의 성과를 관리하는 것은 복잡한 일이다. 성공적인 프로젝트 매니저는 팀원들이 자신이 맡은 업무를 일일이 승인받지 않고 일하게 한다. 이것은 팀원들에겐 새로운 컨셉인데 보통 부서장이나 심지언 이전 프로젝트 매니저에게서 사사건건 통제를 받으며 작업해 왔기 때문이다. 팀원의 성과는 개인의 필요에 따라 조절되면 더 많은 성과를 낼 수 있을 것이다. 결과가 같고 범위, 스케줄, 예산 혹은 품질에 영향을 끼치지 않는다면 팀원이 알아서 자신의 일을 마치도록 자유를 주는 것이 좋다. 비록 팀원을 세세히 통제하지 않아도 자신들이 하는 일에 대해서 잘했는지 못했는지는 피드백시간을 가지면 알게 될 것이다. 대부분 팀원은 어느 분야에서는 성과를 내지만 다른 분야에서는 개선이 필요할 수도 있게 된다. 비록 조직 구조상 프로젝트 매니저에게 팀원에 대해 정식 고과표를 작성시키긴 않지만 성과 피드백을 게을리 해서 프로젝트 이슈를 관리할 때 잡음이 일지 않게 해야 한다.

다음은 팀원과 성과를 토론할 때 집중적으로 준비해야 할 중요한 영역들이다.

(a) 성과의 기대치를 정한다.
(b) 적절치 못한 성과를 확인한다.
(c) 우수한 성과엔 포상한다.
(d) 적절치 못한 성과엔 독려한다.

(e) 선택에 대한 결과치를 알려준다.

성과 피드백은 타이밍도 중요하다. 몇 주 전에 발생했던 것을 수정하는 듯한 행동은 전혀 도움이 되지 않는데, 당사자는 문제가 되었던 부분에 대해서 기억조차도 못하고 있을 것이다. 우수한 성과를 내면 공개적으로 보상하는 것이 좋지만 적절치 못한 성과를 논할 때는 항상 개별적으로 해야 한다. 다른 이들 앞에서 팀원을 평가하는 것은 절대로 적절치 못한 행동으로, 그를 화나게 하고 반감을 갖게 할 것이다.

이제 팀원이 갈등을 빚는 시나리오를 잠시 알아보자. 갈등을 빚는 이들의 스타일을 이해하고 있으면 팀 관리에 많은 도움이 될 것이다.

(a) 희생하기 - 희생하는 스타일을 가진 사람은 자신의 것을 포기해서라도 타인의 필요를 채워준다.
(b) 외면하기 - 갈등이 생기는 상황을 피해서 이슈를 상대방의 관심거리에 두지 않고 문제를 외면하고자 하는 스타일이다.
(c) 경쟁하기 - 이들은 자신의 필요에 따라 어느 행동이라도 해서 필요를 충족하는데 다른 이들을 희생시키기도 한다.
(d) 타협하기 - 이런 스타일은 부분적으로 양측이 만족할 수 있는 범위에서 문제를 해결하려고 하며 타협하기 위해서 서로가 조금씩 양보한다.
(e) 협력하기 - 이런 스타일에선 다른 이들과 대안적 해결책을 찾으려고 애써서 자신과 상대가 모두 만족할 수 있는 해결책에 동의하게 한다.

이런 갈등 관리타입을 알고 있으면 관찰한 행동을 이해하는데 그리고 팀원의 행동을 수정하는데 도움이 된다. 하지만 특별한 조치를 취해야 할 두 가지 경우가 있을 수 있는데, 팀원 간 논쟁과 불만을 가진 팀원을 다룰 때이다. 이들을 알아보자.
② 팀원 간 논쟁 - 여러 가지 배경과 다양한 전문성을 가진 프로젝트 팀원들 사이에 서로 일치하지 않는 부분이 있는 것은 당연한 일이다. 이슈가 있어도 참고 일할 때도 있지만 때로는 대화를 원할 수도 있고, 프로젝트 매니저의 중재를 필요로 할 때도 있다. 크게 불거지지 않는다고 해서 간단히 넘어갈 수도 있지만 이런 태도가 팀 분위기를 더 악화시킬 수도 있다. 따라서 사실을 알아내고 논쟁 이면에 있는 것도 이해하려고

애써야 한다. 만일 중견 팀원이 초급 팀원에게 이리저리 작업을 하라고 말한다고 해서 갈등이 있다고 보기 어려울 수도 있고, 초급 팀원이라도 계획에 따라 중견 팀원이 사용하는 방법과 다른 식으로 접근해서 작업을 완성해서 문제가 없다면, 문제가 있을 경우 중견 팀원을 배제한 채 상황을 논해도 된다. 상황을 조심해서 다루고 싶다면 어느 누구를 소외시켜서는 안 되며, 각 사람이 자신의 일에 책임을 져야 한다는 것을 설명해 주어야 한다. 중견 팀원이 작업에 여유가 있을 때 도움을 필요로 하는 초급 팀원을 도울 수도 있다.

팀원끼리 또한 작업에 대해서도 의견의 일치를 보지 못하는 경우가 있는데 작업을 더 잘 그리고 더 효율적으로 할 수 있다는 제안이 오히려 프로젝트가 궤도에서 벗어나게 하는 범위추가를 만들기도 한다. 이 경우엔 원래대로 작업을 하게 하며 이런 일에 관한 정책이 프로젝트 범위와 프로젝트 요구사항에 들어 있다는 것을 환기시키고 이를 따라야 한다는 것을 주지시킨다. 만일 작업이 문서화된 요구사항에 맞지 않으면 문제가 생긴 것이지만 작업을 좀 더 좋게 해 놓았다면 프로젝트가 제 궤도에 있다고 보아도 된다. 이런 타입의 이슈가 계획하기 단계의 작업승인 기준에 정의되어 있다면 골치아픈 문제는 아니다. 프로젝트 매니저는 이런 불협화음을 빨리 없애서 프로젝트 시간이 낭비되는 것을 막아야 한다.

③ 불만 있는 팀원 - 불만 있는 팀원보다 팀의 사기를 빨리 꺾는 경우도 드물 것이다. 이것은 프로젝트 동안 언제나 발생할 수 있는 문제이고 팀원 누구라도 이럴 수 있다. 불만을 가진 팀원의 행동은 여러 형태로 나타나는데, 회의에서 논쟁을 일삼거나 계속해서 프로젝트를 지연시키는 언급을 하곤 한다. 더 심한 경우라면 프로젝트에 가진 불만을 이리저리 다른 팀원들에게 옮기고 다니는 경우이다. 팀원들이 끊임없이 프로젝트가 엉성해서 실패할 수밖에 없다는 식의 얘기를 듣게 되면 팀 생산성에 영향을 끼치게 된다. 프로젝트 매니저는 시간을 내서 이런 팀원의 불만이 무엇인지 대화로 알아내야 한다. 이 팀원에게 프로젝트 범위를 충분히 이해시키거나 어떻게 자신의 역할이 프로젝트를 성공으로 이끄는지를 설명해준다.

극단적인 경우엔 그가 원하지 않는 직무를 맡았다는 얘기를 듣는 수도 있다. 듣는 것이 중요하다. 사실에 초점을 맞추고, 부정적인 시각에 대해 분명히 설명해 준다. 만일 잘못 알고 있는 정보를 계속 반복하며 프로젝트의 어느 면에서 문제를 찾아냈는데 누구도 그것을 들어주지 않는다고 느끼고 이슈를 만들어 떠들고 다닌다면, 그 문제가 무엇인지 알아내고 프로젝트를 나쁘게 말하는 것이 그 이슈를 해결하는 방법이 아니라는 것을 설명한다. 만일 그가 진심으로 이 프로젝트 팀원이기를 원치 않거나 자기에게 할당된 작업을 하고 싶어 하지 않는다면 부서장이나 스폰서와 빨리 상의해서 그 자리를 다른 인력으로 교체해야 한다. 팀을 개발하고 전반적인 성과를 증진하는 일 또한 팀 훈련을 통해 이뤄질 수 있다.

1.2 훈련하기

프로젝트의 성격이 무엇이든 간에 팀 개발의 또 다른 요소가 일부 혹은 전체 프로젝트 팀원을 훈련시키는 일이다. 팀원이 프로젝트에서 작업을 할당받는 것과 관련된 특전 중 하나가 자신의 기술영역을 확장하고 새로운 제품이나 프로세스에서 정보를 얻어 낼 기회를 갖는 것일 수 있다. 만일 새롭고 진보적인 기술을 사용하는 시스템을 개발한다면 그 프로젝트에는 아마도 그 기술을 습득할 연수과정이 프로세스에 포함되어 있을 수 있다.

새로운 제품 개발팀을 맡은 프로젝트 매니저는 그 제품 자체에 대해 전 팀원에게 훈련을 받게 해서 시뮬레이션으로라도 실습시키거나 팀원을 지정해서 사용자 예비그룹으로 편성할 것이다. 프로젝트 팀에게 부여되는 가장 일반적인 훈련타입은 프로젝트 관리훈련인데 이 훈련은 프로젝트 매니저가 개발한 세션, 사외에서 제공하는 정식훈련, 혹은 모든 프로젝트 팀원이 사용할 표준 기법, 도구, 그리고 템플레이트로 내부 PMO가 실시하는 훈련일 수도 있다. 팀 개발과 적절한 성과 피드백이 중요하지만 팀 개발에서 또 중요한 것이 보상과 인정이다.

1.3 보상과 인정하기

일부 조직에서 프로젝트 매니저(더 일반적으로는 프로젝트 스폰서)는 프로젝트 팀원이 직무를 성실히 잘 수행하고 있다는 근무평가와 그에 상응하는 보상(rewards)을 하고 있는데, 프로젝트 작업 중에도 예외는 아니다. 프로젝트 팀이 열심히 일하고 프로젝트를 끝내기 위해 무리하게 작업을 해 나아가는 경우도 많다. 하지만 만일 직무조직 구조라면 프로젝트 작업이 부서장으로부터 적절한 인정(recognition)을 받을 수 없는 경우도 있으므로 팀원이 하는 작업을 인정해주고 보상 시스템을 세워놓는 일은 바로 프로젝트 매니저의 일이 될 때가 있다.

보상시스템은 보통 팀원이 뛰어난 성과를 보이거나 프로젝트의 마감시 보상으로 프로젝트 매니저가 현장에서 사용할 수 있도록 프로젝트 예산에서 할당된 자금을 사용하게 한다. 조직의 정책에 따라 상품이나 선물권으로 보상이 제한되는 수도 있다. 만일 보상시스템에 직접 예산이나 관리비용 형태로 사용할 자금이 있다면 어떤 성과를 보일 때 보상해야 하는지 결정해 두어야 한다. 보상할 때마다 왜 그 팀원이 무슨 일을 해서 보상하는지를 분명히 밝혀야 한다.

보상시스템에는 개별 성과보다 팀원 전체에게 보상하는 방법도 있는데, 보상시스템과 팀원을 결합한 것으로 어려운 특정작업이 끝나면 팀 전체를 스포츠나 문화 이벤트에 데려가거나 저녁을 함께 하든지 혹은 다른 기념될 만한 이벤트를 실시하는 것이다. 팀 보상은 모든 팀원이 프로젝트 성공을 위해 중요한 기여를 하게 하는 응집력 있고 높은 성과를 보이게 하는 매우 좋은 방법이다.

모든 프로젝트 매니저가 개인적으로나 집단적으로 팀원을 보상할 여력을 가지고 있지는 않지만 그렇다고 우수한 성과가 인정받지 못하는 것은 아니다. 가장 쉬운 방법은 그들이 이룩한 것을 잘 알고 있으며, 그들의 노력에 감사하다고 말해주는 것인데, 예를 들어 지난 달에 프로젝트에서 가장 많은 성과를 올린 팀원에게 "이달의 팀원"이라고 해서 감사장을 만들거나 트로피를 전하는 것도 좋다. 또 팀에서 수상자를 추천받을 수도 있겠다. 팀원의 부서장에게 보내는 감사장과 조직의 이사진과 스폰서에게 보내는 사본은 뛰어난 성과에 감사를 표시하는 매우 강력한 수단이 된다.

보상과 인정의 핵심은 프로젝트 팀원의 노력을 알아주는 프로그램을 구축하는 것이므로 금전, 상장, 추천서, 혹은 '감사'로도 표현될 수 있다. 보상과 인정이 어떤 식으로 표시되든 모든 프로젝트 팀원에게 계속해서 적용되어야 한다. 보상이 지속적이지 못하면 단지 일시적 편법으로만 여겨질 것이다. 프로젝트 실행 동안 프로젝트 매니저는 그룹만 상대하는 것은 아니다. 계속해서 모든 이해관계인들과도 유대를 가져야 한다.

2 이해관계인과 유대

프로젝트 매니저는 프로젝트 팀원을 개발시키는 일 이외에도 스폰서, 클라이언트, 그리고 다른 프로젝트 이해관계인들과 계속해서 유대를 지속해야 한다. 비록 그들과 빈번히 교류하진 못한다 해도 그들은 프로젝트 성공에서 매우 중요하다. 이제 생산적으로 IT/클라이언트와 유대를 맺고, 지켜보는 프로젝트 스폰서를 대하고, 그리고 부서장들과 직원 이슈를 해결하는 시나리오를 살펴보자.

2.1 클라이언트와 유대 관리

많은 조직에서 IT 그룹과 그 내부 비즈니스 클라이언트는 이상하지만 '적대관계'로 알려져 있다. 이런 현상은 연관된 사람들이나 프로젝트 자체에도 바람직하지 않은데, 프로젝트 매니저는 클라이언트와의 효율적인 유대를 가로막는 장애물을 인식하고 잘 접근해 나갈 필요가 있다. 클라이언트는 단순한 제품이 그렇게 복잡한 응용프로그램 개발과정을 거쳐야 하는지 이해하지 못할 수 있고, 반대로 IT 프로젝트 매니저는 비즈니스 특성을 제대로 이해하지 못할 수 있다.

클라이언트가 기술적으로 폭넓은 배경을 가지고 있는 경우도 많으므로 그들의 기술적 지식이 사용한다면 그들과의 유대는 더욱 더 중요하게 될 것이다. 하지만 클라이언트가 기술자가 아니라고 해서 기술적 측면에서 무시하면 적개심을 가질 것이다. 클라이언트가 의문을 가지고 있는 부분에 대해서 배경적인 몇 가지 질문을 한 다음 적절한 레벨을 찾아 대화하는 것이 좋겠다.

클라이언트와 좋은 관계를 유지하게 하는 몇 가지 기본 원칙이 있다.

① 빈번한 협의-클라이언트 그룹에 대해 정기적인 업데이트가 필수이다. 적대적인 마음과 통제하려는 정치적인 싸움은 관계증진에 아무 도움이 되지 않는다. 클라이언트에게 서면으로 프로젝트 진척도의 로드맵 상태보고서를 배포하는 것 이외에 어느 궁금한 것이 있는지 혹은 프로젝트에서 확인하고자 하는 일이 있으면 만나서 설명하겠다는 전화나 클라이언트의 의견을 듣겠다는 메시지를 보내는 등 적극적인 태도를 보이

는 것이 좋다.
② 팀에 참여시키기 - 프로젝트 착수회의나 어느 팀의 이벤트, 혹은 기념식 등에 클라이언트를 참여시킴으로써 팀의 중요한 구성원이며 조직에서 느낄 수 있는 적대적인 관계를 허무는 방향으로 가고 싶다는 의사를 밝힐 수 있다.
③ 동의 얻어내기 - 착수단계에서 요구사항 정의에 대한 동의를 얻기 위해 클라이언트와 작업할 때처럼 클라이언트를 문제해결과 이슈관리 과정에 참여시킨다. 프로젝트 관리자가 기술적인 이슈를 해결한다지만 클라이언트들이 범위나 작업에 영향을 끼친다면 클라이언트의 입력이 매우 중요해진다. IT로만 이슈가 해결된다면 클라이언트는 해결과정에서 설 자리가 없게 되므로 배려해주어야 한다.
④ 시기적절하게 결정하기 - 위기를 느끼는 감각도 중요하다. 만일 결정을 내리기 위한 추가적인 정보나 승인이 필요하다면 클라이언트에게 프로세스를 설명하고 언제 결정을 내리는 것이 좋은지 언급해준다.
⑤ 기대감 관리하기 - 프로젝트 과정에서 클라이언트는 계획하기 프로세스 동안 얻어진 요구사항, 전제, 제약, 그리고 다른 정보들을 세세히 기억하진 못할 것이다. 프로젝트 계획과 비교하면서 계속적인 프로젝트 진척을 검토하게 해서 클라이언트가 프로젝트로부터 기대하는 것을 구체화시켜줄 수 있다.
⑥ 소문 관리하기 - IT와 클라이언트 그룹 사이의 논쟁은 소문과 의심으로 더 확산될 수 있다. 만일 클라이언트 대표자가 프로젝트 작업에 대해 만족해하지 않는다는 얘기를 듣게 된다면 사실을 확인하고 실제 이슈가 무엇인지 알아내야 한다. 만일 작업이 문서화된 요구와 맞지 않는다고 하면 문제가 있다는 것을 인정하고 이런 상황을 수정하도록 작업해야 한다. 만일 클라이언트가 프로젝트 범위 밖의 것을 요구하면 범위설명과 요구사항을 검토해서 클라이언트가 기대하는 것들을 재설정해야 하고, 만일 필요하다면 범위변경 프로세스를 그들과 함께 해 나아가면 된다.

2.2 흔들리는 스폰서 관리

프로젝트 매니저를 힘들게 하려고 온갖 일이 꼬일 때가 있다. 정성을 기울여 프로젝트 팀을 응집력 있게 만들었고 클라이언트와도 좋은 관계를 가지게 해 놓았는데 전폭적으로 지원을 아끼지 않을 것으로 기대했던 스폰서가 흔들릴 때가 있다. 스폰서가 흔들리는지는 여러 가지 증상으로 알 수 있는데, 면담요청이 취소되거나 갑자기 프로젝트 문제에 대해서 언급을 하지 않거나 명백히 스폰서가 해야 할 일을 프로젝트 매니저가 다루게 한다거나 하는 경우이다.

스폰서는 다음과 같은 여러 이유로 인해 발을 빼려는 경우가 있다.
(a) 최고 경영진에서 새로운 조직의 전략변경을 추진하는 경우
(b) 프로젝트에 문제가 있다는 소문이 돌 경우
(c) 스폰서에게 과중한 업무상 증가가 있는 경우
(d) 인사문제가 있을 경우

왜 스폰서의 프로젝트에 대한 입장이 달라졌는지와는 무관하게 문제에 직면했으니 해결책을 찾아야 한다.

① 의심의 원인을 확인한다 - 스폰서를 만나서 문제를 꺼낸다. "이 프로젝트에 대한 흥미와 관심이 프로젝트를 계획할 때와 다른 것 같습니다…" 염려되는 것을 모두 정리하고 근거를 리스트해둔다. 스폰서에게 프로젝트가 어떻게 관리되고 이 상황을 바로 잡으려면 무엇을 해야 하는지를 스폰서에게 물어본다. 스폰서는 이 경우 두 가지 중에서 하나를 선택해야 하는데, 무엇인가 변경된 것을 알게 되었다든지 문제가 있다는 것을 부인해야 할 것이다. 말한 것과 말하지 않은 것, 그리고 스폰서의 몸동작, 표정까지도 주의해서 살펴야 한다.

② 조심스럽게 염려를 논한다 - 스폰서에게 어떻게 접근했던 간에 편안한 상황은 아니지만 절대로 스폰서를 몰아붙여서는 안 된다. 사실에 충실하고 사용하는 단어에 주의해야 하며 스폰서에게 대답할 시간을 충분히 주어야 한다. 만일 비평하고 판단하거나 비난하게 되면 스폰서는 더욱 거리가 멀어지게 될 것이다.

③ 도움과 영향을 줄 이들을 활용한다 - 협의할 때 만일 스폰서가 프로젝트에 방관적이지 않다고 말하지만 계속해서 비협조적이고 지원해주지 않는다면 어떻게 해야 할까? 부서의 이사진이나 스폰서에게 영향을 끼칠 수 있는 이해관계인들에게 스폰서가 가지고 있는 이슈가 무엇인지 물어보게 한다. 여기가 매우 중요한 포인트인데 사람을 잘 선택해야 한다.

만일 상황이 해결되지 않고 지속된다면 새로운 스폰서를 찾아야 할지 프로젝트를 취소해야 할지를 결정해야 하는데, 만일 스폰서가 전향적인 자세를 취하지 않는다면 아마도 스폰서를 바꿔야 할 것이다. 또 희미한 스폰서 지원으로 프로젝트가 더 이상 의미가 없어지면 누구에게도 이익이 되지 않는 프로젝트는 서서히 종결되게 될 것이다.

2.3 부서장들과 유대

부서장을 대하는 일은 프로젝트 리소스를 모으는 초기단계에서만 있을 것으로 생각하겠지만 오히려 그 반대이다. 프로젝트 계획하기 동안 모은 리소스들이 갑자기 가용되지 못할 때도 있고, 만일 계획된 리소스가 팀에 약속한 대로 나타나지 않거나 할당된 작업이 완성되기 전에 부서장이 그 리소스를 프로젝트에서 빼버리면 전반적인 팀 성과에 영향이 미치게 된다. 이런 경우 해당 부서장과 협의해서 양쪽이 만족할 수 있는 해결책을 찾아야 한다. 프로젝트에서 팀원이 빠지는 이유와 어떻게 대체인력을 제공할지도 알아야 한다.

만일 전환하는 공백기가 있어도 대체인력이 프로젝트 결과에 영향을 끼치지 않게 작업해 준다면 새로운 작업자를 팀에 합류시킬 수 있다. 때때로 프로젝트에서 매우 중요한 순간에 예정된 팀원이 변경될 수도 있는데, 만일 한창 개발단계에 있을 때 부서장이 전화해서 리더 프로그래머에게 자신들이 추진하고 있는 특수한 프로젝트를 맡기려고 한다고 말하면 현재 진행중인 프로젝트에는 부정적인 영향이 클 것이다. 따라서 현재 이 프로그래머의 작업이 이 프로젝트에서 얼마나 큰 비중을 차지하고 있는지와 이 시점에서의 변경이 얼마나 큰 영향을 끼치는지를 충분히 설명해서 문제를 해결해야 할 것이다. 만일 부서장이 협상하려 들지 않고 급조한 새 인력으로 대체해서 진행중인 프로젝트를 지연시킨다면 문제를 해결하기 위해서 프로젝트 스폰서에게 보고할 수밖에 없을 것이다. 리더 프로그래머를 놓쳤을 때 프로젝트에 끼칠 영향을 스폰서가 검토하게 준비를 하는데 부서장과 해결하려고 취했던 행동들도 충분히 설명해 두어야 한다. 프로젝트 스폰서가 실무레벨에서 프로젝트의 우선순위에 따라서 결정해서 해당 리소스를 이 프로젝트에 그대로 유지시켜 줄 수도 있다.

프로젝트 실행은 작업 결과를 볼 수 있는 단계이므로 프로젝트 팀 개발과 이해관계인들과의 유대관리와 더불어 전반적인 프로젝트 성과를 추적할 수 있어야 한다.

3 계획에 따라 작업하기

일단 프로젝트 작업이 진행되고 나면 프로젝트 매니저는 여러 항목들을 추적해서 프로젝트가 스케줄과 예산, 그리고 범위설명의 요구사항에 맞는지 확인해야 한다. 보통 실행중인 프로젝트에서 이런 작업들은 주별로 이뤄진다. 이런 모든 작업들을 통제하려면 프로젝트 매니저는 프로젝트 작업에 대한 데이터를 모으고 프로젝트 계획하기에서 작성한 기준과 프로젝트 진척을 비교해야 한다.

3.1 데이터 모으기

프로젝트 성과를 추적하기 위해서 많은 데이터를 모을 수 있어야 하는데, 데이터를 모을 때 조직적이고 일관된 방법이어야 한다. 데이터 수집에 사용되는 도구에는 진척보고서, 이슈 로그, 그리고 지출보고서가 있다.

1) 진척보고서

프로젝트 스케줄에 따라 작업이 진행되고 있는지 점검하는 작업진척과 관련해서 많은 데이터를 모을 필요가 있을 때 해야 할 첫번째가 바로 보고방식 포맷 정립과 팀원들에게서 정식 진척보고서(progress reports)를 받는 일이다. 모든 것을 추적해야 한다면 이런 보고서는 일관성이 있어야 빨리 훑어볼 수 있고 팀이 어떻게 작업하고 있는지 금새 알 수 있게 된다. 이런 보고서들은 각 팀원이 수행하고 있는 작업, 각 작업의 현재 진척도, 그리고 남은 작업을 리스트해준다.

Task	hours worked	hours left	percent complete	notes

〈샘플 진척보고서〉

CompTIA Project+

대부분 프로젝트에선 프로젝트 진척을 알기 위해서 팀원들로부터 주별로 작업진척을 보고 받는데, 팀원은 언제 어떻게 제출해야 하는지(e.g, E-mail, 서면)를 알고 있어야 한다. 일부 팀원이 보고서 제출을 미루는 경우도 볼 수 있는데, 프로젝트에서 이 일이 매우 중요해서 제때에 정확히 해야 한다는 것을 강조한다. 진척보고서를 모니터해서 보고서를 제출하지 않는 팀원을 확인하고 받아야 한다. 만일 지연시키는 것이 습관화되어 있다면 그 팀원과 성과평가로써 이 문제를 다룰 회의를 고려해야 한다. 만일 프로젝트 관리 소프트웨어가 중앙에서 업데이트되고 있다면 진척보고서는 스케줄 진척을 업데이트하는 입력으로 사용될 수 있다.

2) 이슈 로그

모든 프로젝트는 해결되어져야 할 이슈를 가지고 있는데, 이슈가 협의되고 해결되기 위해선 이슈 로그를 만들어 가지고 있어야 한다. 프로젝트 이슈를 추적하기 위해서 여러 가지 포맷이 사용되지만 PMO나 기타 프로젝트의 기존 템플레이트를 사용하기도 한다. 보통 여기에는 다음과 같은 요소들이 들어있다.

(a) 이슈가 무엇인지
(b) 이슈가 어떻게 프로젝트에 영향을 미치는지
(c) 이슈를 해결할 책임이 누구에게 있는지
(d) 이슈를 해결하는 현재 상태

〈이슈 추적 로그〉

이슈 로그는 주로 스프레드시트를 사용해서 추적되는데 날짜나 상태로 쉽게 분류될 수 있다. 앞에 프로젝트 이슈를 추적하는 로그의 예를 보였다.

이슈 로그는 특히 대규모 복잡한 프로젝트인 경우 매우 길 수 있으므로 문제가 된 이슈만 드러나게 하거나, 이슈가 로그된 다음 일정 기간 로그에 놔둘 수 있다. 이슈 로그는 보통 나중에 프로젝트 팀 회의 동안 재검토되고 업데이트된다.

3) 지출보고서

프로젝트 매니저가 프로젝트 관리를 위해 모아야 하는 또 다른 중요한 데이터가 프로젝트에 사용된 금전이다. 재정적인 데이터를 추적하는 일은 만일 프로젝트에 재정 시스템에 액세스해서 필요한 보고서를 만들어주는 재정분석 인력이 있다면 매우 쉽게 된다. 하지만 그렇지 못하다면, 프로젝트에 대한 공식적인 예산보고서를 받을 수 있는 조치를 해 두어야 하는데, 많은 프로젝트 매니저들은 프로젝트 팀원에게서 주별로 지출보고서와 프로젝트에 든 장비나 재료를 검토하거나 승인한다. 2달간 프로젝트를 실시한 뒤 지출을 추적했더니 공식비용으로 1억이나 추가 지출된 경우를 겪고 싶진 않을 것이다. 진척보고서, 이슈 로그, 그리고 지출보고서로부터 얻은 데이터는 모두 프로젝트 계획하기에서 만든 기준에 따라 프로젝트 작업을 완성하는데 필요한 중요한 입력이 된다.

3.2 기준대비 진척도

이제 범위 계획하기와 비용 계획하기에서 만든 스케줄과 예산 기준선의 중요성을 볼 차례이다. 이런 문서들은 프로젝트 실행 동안 프로젝트 작업이 계획대로 완성되었는지 결정하는 로드맵으로 사용되는데 스케줄 기준선, 비용 기준선, 그리고 범위설명은 계속해서 프로젝트의 실제 진척과 비교된다. 만일 이런 기준에서 달라진 것이 있다면 어느 조치를 취해야 하는지 결정해야 한다. 끊임없이 자문자답해야 해야 할 것이 "오늘 날짜로 프로젝트가 어디에 와 있는지"인데 스케줄보다 늦어져서 더 진척시켜야 하는지, 스케줄보다 앞서 있는지, 혹은 정상궤도에 있는지 등과 프로젝트 지출보고서의 금액이 스케줄 진척과 비교했을 때 계획보다 다소 더 많게/적게 지출됐는지이다. 프로젝트 기준선에서 벗어난 여부를 분석

CompTIA Project+

하고 리스크와 변경을 통제하는 것을 나중에 알아볼 것이다.

1) 스케줄 기준선

프로젝트 관리 소프트웨어 서버시스템에 프로젝트 팀원이 작업진척을 입력하거나 중앙 프로젝트 관리자가 진척보고서에 의거해서 작업을 업데이트시키는 수가 있는데, 어느 방법으로 하던 간에 프로젝트 매니저는 정기적으로 실제 작업진척을 스케줄 기준선과 비교할 필요가 있다. 진척 보고서 검토나 팀원과 회의하는 동안 잠재적인 문제에 대해서 경각심을 갖게 되기도 하지만 모든 잠재적/현존하는 기준선 이탈 문제가 관심을 끄는 것은 아니다. 팀원 개인은 전체작업보다 자기에게 할당된 작업에 더 초점을 둔다. 어느 한 작업이 이틀 정도 더 해야 끝난다면 단순히 생각할 땐 별로 큰일이 아니지만 그 작업이 끝날 때까지(작업 종속 등으로 인해) 세 명이 작업을 시작하지 못한다면 심각한 문제가 될 것이다. 프로젝트 매니저는 기준선에서 벗어난 모든 작업을 분석할 시간이 없을 수도 있지만, 중요경로 작업이나 여러 종속적 작업을 가진 작업에는 매우 주의를 기울여야 한다.

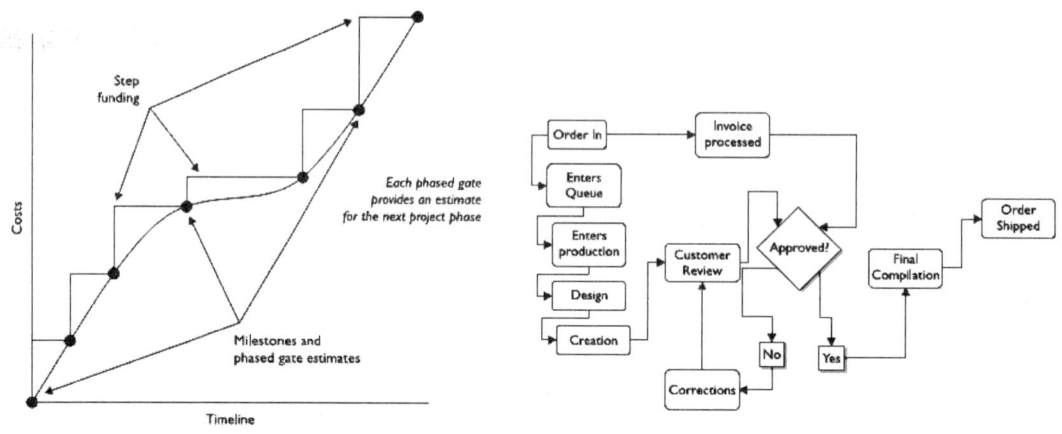

〈다음 작업을 예측하게 하는 그림〉   〈플로우차팅은 시스템 요소들의 관련을 보여준다.〉

2) 평가 비용

공적인 프로젝트 예산보고서에는 작업별로 혹은 예산 범주별로 할당된 금액과 실제 지출된 금액이 들어있게 된다. 프로젝트 예산보고는 계획금액을 실제 지출금액과 비교해서 프로젝트 어디서 과부족하게 지출되었는지 표시해준다. 예산보고서는 변수분석의 토대가 되는데, 작업시수 승인을 위해 제출된 송장(invoice)을 보고 지출이 계획과 매치되지 않는 것을 미리 알 수도 있다. 팀원이 프로젝트에 전념한 시간 수가 계속해서 계획보다 넘치고 있는 시수보고에는 특히 주의를 기울여야 하는데, 해당 작업의 예상이 정확하지 않아서일 수도 있지만 팀원의 능력이 부족해서일 수도 있다. 어쨌든 주간 시수기준에서 계획된 시간보다 더 작업한다면 급료예산에 더 많은 지출이 있게 된다.

3) 범위설명

작업이 정상궤도에 있는지 알려주는 또 다른 문서가 범위설명이다. 일정표상 중요한 작업이 완성되면 범위설명에 문서화된 그 작업과 매치되는지 확인한다. 또 잠재적인 범위추가를 표시해주는 붉은 기(red flag : 일정표에서 문제가 있을 때 표시해주는 표식)를 찾아내야만 한다. 만일 특정작업에서 여러 팀원이 계속해서 계획보다 늦어지고 있다면 그 작업이 끝날 때까지 기다리지 말고 원인을 물어봐야 하고, 변경요구 승인없이 범위가 변경되도 그 문제를 빨리 해결해야 한다.

4) 작업 승인

프로젝트가 진행되면서 프로젝트 스케줄엔 더 많은 작업들이 완성된 것으로 표시되게 되는데, 이 단계에선 기간이 많이 남아있는 소수 작업보다 '거의 끝나가는' 많은 작업들에 더 주목해야 한다. 이것은 팀원이 실력이 없거나 작업이 예상보다 더 복잡하다는 뜻이 된다. 다른 이유라면 작업을 마감했다는 것을 확신하지 못해서일 것이다. 몇 가지 중요한 질문을 해서 진짜 이슈를 알아낸 뒤 해결해서 작업을 완성하게 해야 한다. 일련의 작업을 수행해 가면서 중요 작업을 완성하게 되는데 특히 이 중요 작업의 완성에 주의해야 하는 이유는 스폰서나 이해관계자들의 검토나 승인이 필요한 일정표와 관련이 있기 때문이다. 만일 이 중요 작업에 어느 문제가 있다면 추가 작업이 시작되기 전에 수정해야지, 중요 작업의 승인이 늦어지면 일련의 재작업이 생길 수 있다. 이해관계인에 의해 모든 프로젝트의 중요 작업이 승인되는 것을 범위확인(scope verification)이라고 부른다. 중요 작업 데이터를 모아서 프로젝트 이해관계인들과 협의하게 된다.

CompTIA Project+

Milestone	July	Aug	Sep	Oct	Nov	Dec
Customer sign-off	△▼					
Architect signature		△	▼			
Foundation			△			
Framing					△▼	
Roofing					△	

Legend: △ Planned ▼ Actual

〈일정표는 계획과 실제일정을 추적하게 한다.〉

4 정보 배분

프로젝트 매니저는 많은 데이터를 검토하고 요약해서 다른 이들과 공유해야 한다. 정보 배분은 프로젝트 이해관계인들에게 그들이 필요로 할 때 원하는 정보를 나누는 것이다. 프로젝트에 관한 정보를 배분하는 것은 의사소통 계획을 실행하는 것으로 정보는 프로젝트 회의, 상황보고, 그리고 정식 프로젝트 검토 등 여러 가지 방법으로 배분된다.

4.1 프로젝트 팀 회의

프로젝트 팀 회의는 프로젝트 팀원 사이에 진행되는 협의로 가장 좋은 도구이지만, 한편으론 가장 커다란 좌절과 가장 큰 불평의 장이 되기도 한다. 성공적인 프로젝트 회의가 되려면 잘 조직되어져야 하고 한 곳에 초점이 맞춰져 있어야 한다. 잘 운영되는 회의는 프로젝트를 완성시키는 좋은 도구가 된다.

1) 회의 주도하기

프로젝트 팀 회의는 어떻게 회의가 진행되는지에 따라서 프로젝트 팀에겐 최선이거나 최악이 될 수 있는데, 팀원 중에는 아무 알맹이도 없는 끝없는 회의로 좀이 쑤신다는 불평을 자주 하기도 할 것이다. 생산적인 팀 회의는 프로젝트 매니저가 팀에게 지시사항을 전하고

CHAPTER 9 프로젝트 실행

프로젝트 작업의 완성을 위해 의문을 해결해 주는 중요한 기회가 된다. 성공적인 팀 회의는 그냥 이뤄지지 않는다. 계획과 실행 두 가지에 노력을 기울여야 하는데, 생산적인 프로젝트 팀 회의의 구축하려면 다음과 같은 여러 단계를 거쳐야 한다.

① 모두가 참여할 수 있는 날짜와 시간으로 택한다-팀원으로부터 미리 입력을 받아 회의를 개최할 최상의 시간과 날짜를 정한다.

② 지속적으로 참여하는 것이 중요하다는 것을 강조한다-팀 회의는 만일 핵심 작업자가 불참하면 맥이 빠질 수 있다. 팀원이 불참하게 되면 사전에 알리거나 대리인을 보낸다는 정책을 세워두면 회의에 지속적으로 참여해야 한다는 중요성을 강조할 수 있다.

③ 회의일정을 작성해서 배포한다-팀원은 무슨 주제가 토의되는지 그리고 각 주제에 할당된 시간을 알 필요가 있다. 비록 팀 회의 주제가 매주 같아도 일정에 있어야 회의와 토론의 필요성을 확실히 할 수 있다.

④ 정시에 회의를 시작하고 끝낸다-만일 팀 회의를 한 시간으로 정했다면 그 기간만 회의를 해야 한다. 여러 번 제시간에 회의를 시작하고 끝낸다는 얘기를 들었어도 습관적으로 늦는 팀원도 있을 수 있다. 제시간에 회의를 시작하지 않으면 나쁜 전례가 되고 제 시간에 온 사람들에게는 고역이 될 것이다. 만일 일부가 늦게 와서 이미 논의된 사항에 대해 질문을 하면 회의가 끝난 뒤 다른 팀원이나 자신에게 물으라고 하면 된다.

⑤ 일정에 따라 회의가 목적대로 진행되게 한다-이 주제에서 저 주제로 헤매는 회의는 참여자를 실망시키기 마련이다. 회의일정을 정했으면 팀원에게서 토의 주제를 입력받는다. 만일 특정 주제가 계획보다 더 시간이 걸리게 되면 회의일정에서 일부 항목을 빼거나 별도의 회의를 스케줄해서 그것에 더 많은 시간을 할애할 수도 있다.

⑥ 모든 팀원들이 참여하게 한다-말하기 좋아하는 일부 팀원들이 회의를 주도하지 않게 하고, 별로 발언하지 않는 팀원에겐 직접 질문함으로써 전체가 참여하는 회의가 되게 한다.

⑦ 회의에서 나온 결과를 배포한다-사람들은 회의의 결과가 문서화되지 않으면 팀 회의 동안 논의된 항목들에 대해서 자신이 이해한 대로 결과를 기억할 수도 있다. 회의에서 논의된 중요 요소, 권장사항, 그리고 행동 등 세부사항을 요약해서 배포해 준다.

CompTIA Project+

2) 회의 결과

프로젝트 회의는 주어진 작업을 업데이트하는 시간 이상으로써 효율적인 회의는 팀원 상호연계 개선, 이슈해결, 그리고 문제해결의 기회가 된다.

① 팀원 상호연계-팀 회의는 팀원 사이의 상호연계를 관찰할 수 있는 좋은 장이 된다. 만일 너무 인원이 많고 서로에게 할당된 작업 연계성이 별로 없다면 일부를 대기 형태로 운영되는 그룹으로 나누어도 된다. 팀원이 모든 작업의 사항을 다 알 필요는 없지만 팀원 사이에는 중요한 상호연계가 있어야 한다. 필요하면 중요한 작업들 사이의 핵심 종속성을 검토하기 위한 시간을 별도로 스케줄할 필요가 있다. 만일 내부 팀원 사이에서 의사소통이 원활하지 않아서 중요경로에 있는 작업 종속성에 영향을 미친다고 여겨지면 전체적인 작업을 책임지고 있는 작업자에게서 이미 끝낸 중요한 작업과 진척에 관해 필요한 정보를 얻어서 확인하게 하는 별도의 조치를 취해야 한다.

내부 팀원 사이의 어설픈 의사소통은 교차 기능적인 프로젝트에선 치명적 이슈이다. 예를 들어 커스터머 매뉴얼을 작성하는 클라이언트 대표자는 개발과 테스팅이 진행되는 동안에도 문서화 작업을 시작할 수 있으므로 제품의 스크린 화면과 중요한 기능적 특징에 대해서 업데이트된 정보를 늘 가지고 있어야 하는데, 만일 기술 팀원이 클라이언트 팀원과 연계하지 않아서 매뉴얼 작성이 늦게 시작되거나 여러 번 개정해야 한다면 프로젝트 마감일도 위험해질 수 있다. 모든 팀원들 사이의 효율적인 의사소통 문제는 프로젝트 매니저의 큰 의무이다.

② 이슈 로그 업데이트-이슈 로그 검토 또한 모든 프로젝트 팀 회의에서 다뤄진다. 이슈가 발생해서 이슈 로그에 추가되면 각 작업자가 알 수 있으므로 시간이 걸리는 일은 아니다. 현재 상황을 검토하는 책임을 진 작업자에게 이슈에 어떤 조치가 진행되는지 혹은 이슈가 해결되었지 물어보면 된다. 이슈를 해결하는데 드는 작업은 팀 회의 이후에 진행되게 한다.

③ 문제해결-만일 불완전한 정보가 있다면 팀원들이 계속해서 물을 것이다. 이것은 귀찮기도 하지만 한편으론 무서운 상황인데, 팀원을 문제해결 과정으로 이끄는 것도 프로젝트 매니저의 임무이다. 이 경우 덮어놓고 문제를 해결하는 쪽으로만 가려고 하지 말고, 문제를 분명히 정의한 뒤 관련 기술자들과 협의해서 문제가 맞는지 확인한 후 머리를 맞대고 해결해야 한다(무턱대고 성급히 문제를 해결하는 쪽으로 작업을 진행

하면 오히려 더 큰 문제가 발생할 수도 있기 때문이다).

프로젝트 팀 토론 때 등장하는 문제들은 프로젝트를 지연시키기도 하는데, 이를 해결하는 다음과 같은 일관된 접근기법이 팀을 더욱 효율적으로 만든다.
(a) 지연의 근본원인을 확인해 둔다.
(b) 해결할 팀원을 정한다.
(c) 수정행동 계획을 마련한다.
(d) 수정행동을 시행한다.
(e) 결과를 추적한다.

팀원 회의만 프로젝트 진척을 알 수 있게 하는 것이 아니고, 상황보고서도 프로젝트 정보를 공유하게 하는 또 다른 방법이다.

4.2 상황보고서

프로젝트 스폰서, 클라이언트, 그리고 다른 이해관계인들은 프로젝트 팀원처럼 프로젝트 진척에 관해 상세히 알 필요는 없지만 대략은 알고 있어야 한다. 이것이 대부분 프로젝트 의사소통 계획에 정기 상황보고서를 배분해야 한다는 사항이 들어있는 이유이다. 상황보고서는 공유 폴더, E-mail, 혹은 음성메일로도 배포될 수 있으므로 특정 배포방법이 의사소통 계획에 들어 있어야 한다. 성공의 열쇠는 일관성 있는 상황보고서 포맷인데, 프로젝트의 현재 상태가 분명히 드러나 있어야 한다.
일반적인 상황보고서에는 다음의 것들이 들어있게 된다.
(a) 스케줄과 비용 기준선을 비교한 프로젝트 진척 요약
(b) 어느 중요한 작업이나 일정의 완성
(c) 중요한 이슈의 상태

프로젝트에 관한 정식 정보교환 방식이 프로젝트 검토이다.

CompTIA Project+

4.3 프로젝트 검토

프로젝트 검토는 프로젝트 매니저나 프로젝트 팀원이 스폰서, 클라이언트, 그리고 다른 이해관계인들에게 행하는 정식 프레젠테이션이다. 일부 상황보고서도 프로젝트에 대해 대부분 알려주지만 원래 프로젝트 검토가 조직간 구조와 내용면에서 매우 다양하게 최적으로 나타내준다. 정식 프로젝트 검토문서를 정기적으로 발행하는 조직들은 월별 혹은 분기별 스케줄 세트를 가지고 있다. 프로젝트 매니저가 실무진들에게 제출하는 여러 프로젝트를 커버하는 실무수준의 프로젝트 검토를 볼 수 있는데, 여기에 들어있는 정보는 조직과 스폰서가 필요로 하는 것들이다. 스폰서에게 제출하는 검토문서에는 스폰서에게 필요한 정보만 있으면 되므로 비교적 준비하기 쉽지만, 클라이언트나 다른 실무진들에게 제출하는 문서라면 그들에게서 검토하고 싶은 것들에 관해 미리 알아두는 것이 좋다. 바쁜 실무진들과 회의할 땐 각 주제에 대해 핵심만 프레젠테이션해야 한다.

토의 주제에는 다음 것들이 들어있을 수 있다.
(a) 현재 검토기간까지 수행된 중요한 작업
(b) 예산 요약
(c) 중요 이슈
(d) 리스크 완화 혹은 임시계획
(e) 다음 보고기간 동안 계획된 작업

프로젝트 검토는 보통 문서나 슬라이드로 되어 있어서 프레젠테이션 룸에 이런 장비들이 준비되어 있는지 확인해 두어야 한다. 프로젝트 검토문서의 예가 다음에 있는데, 프로젝트 매니저나 프로젝트 팀원이 프레젠테이션에 참여할 수 있다. 여기서의 성공열쇠는 프레젠테이션하는 사람이 전하고자 하는 정보와 주어진 시간 제한을 분명히 알고 있어야 한다는 것이다. 만일 프로젝트 팀원이 프레젠테이션의 일부를 만들었다면 실제로 검토나 세션을 해 보게 하는 것도 좋다.

CHAPTER 9 프로젝트 실행

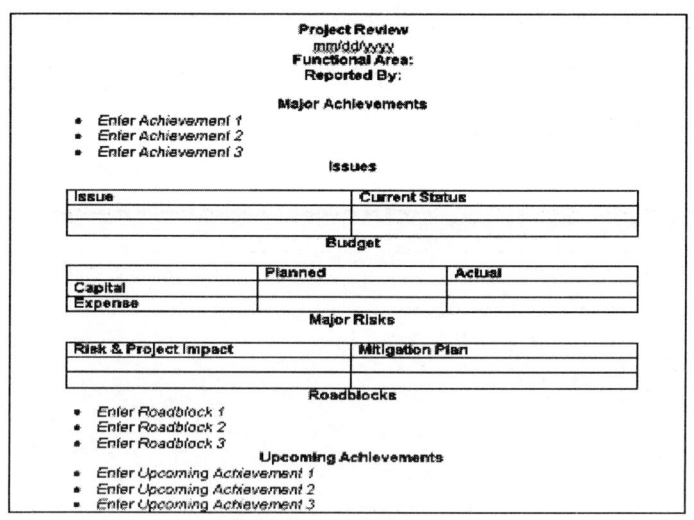

〈프로젝트 검토 템플레이트〉

이사진들에게 프로젝트 진척을 보고할 때 이들이 알고자 하는 중요한 것들을 문서로 요약해서 이해하기 쉽도록 준비해 두어야 한다. 일반적으로 프로젝트 운영상 결정을 내리기 위해서 그들이 알아야만 하는 기술적 이슈가 없다면 프로젝트에 관해 기술적인 면들은 빼고 대신 결정을 내리는데 관련된 다음의 사항들에 초점을 두고 작성해야 한다.

(a) 현재 진행 중인 작업
(b) 현재 당면한 이슈
(c) 완성 퍼센트
(d) 프로젝트 예산과 일정표에 근접해서 제대로 작업하고 있는지

일부 프로젝트 보고서는 프로젝트 매니저가 프로젝트에 대해서 관심을 가져야 할 요소들을 점검하게 하는데 예를 들어 모든 것이 제대로 잘 진행되면 동그라미, 약간의 염려가 들면 삼각형, 그리고 중요한 문제에는 체크표시를 해 두어서 나중에 집중적으로 검토하든지 필요한 정보를 더 모아서 살펴볼 수 있다.

PRB(Project Review Board)와 같은 정식 프로젝트 검토단에게 보고할 땐 프로젝트의 세부사항들에 대해 좀 더 검토할 시간을 가져야 한다. 하지만 여전히 기술적인 면은 배제해야 하는데, 대부분 사람들이 기술적인 대화를 싫어하기 때문이다. 그들을 괜히 화나게 해서

좋을 것이 없다. 여기서의 핵심은 기술적인 용어를 사용하지 않고도('서버'나 '라우터'와 같은 용어를 사용하지 않고서도 그들이 이 장비의 역할을 이해할 수 있게 하는) 그들이 필요로 하는 것을 어떻게 전하느냐이다.

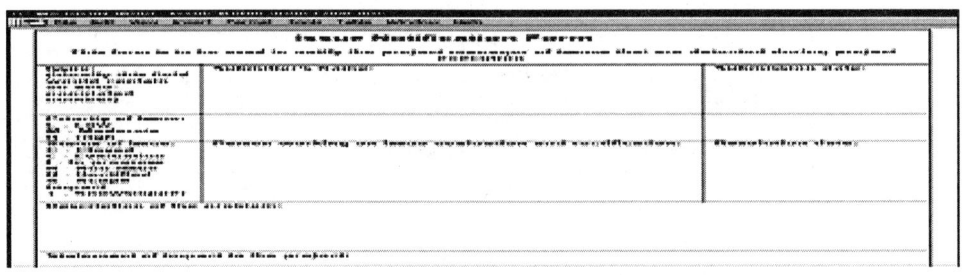

〈실무 프로젝트 요약 작업서〉

5 벤더와의 계약관리

많은 프로젝트가 서드파티 소스, 즉 벤더로부터 제품이나 서비스 없이 진행되기 쉽지 않다. 어느 프로젝트 작업을 벤더와 계약했다면 계약관리(contract administration) 역할도 새로이 맡게 되는 셈인데, 벤더가 합의한 조건들을 따르는지 추적해서 확인하는 일이다. 비록 계약관리가 별도의 조달부서에서 이뤄지는 경우도 있지만 벤더와의 관계는 프로젝트 성공에서 필수적이다. 벤더로부터 진척보고서를 받고 벤더와 팀원 사이의 불협화음을 해결하며 또 벤더지연에 대한 협상이 있을 수 있다.

5.1 진척 보고

벤더의 진척 보고도 팀원의 진척 보고와 마찬가지로 중요한데, 벤더의 중요한 작업은 프로젝트 스케줄의 일부이며 팀원들에게 할당된 작업과 종속성이 들어있기 때문이다. 벤더의 진척 보고 내용도 **SOW(Statement Of Work)**에 문서화되어져야 하며, 벤더와의 협의도 법률적으로 효력이 있으므로 벤더와의 작업은 더욱 형식에 맞아야 한다. 비록 진척 보고 요구사항이 SOW에 상세히 들어있어도 사용 가능한 포맷으로 데이터를 얻어야만 한다. 작성된 주간 보고서는 상세한 벤더의 작업상태가 나타나 있어야 하는데 완성된 작업 퍼센트, 목표 작업완성일, 그리고 작업에 영향을 줄 수 있는 어느 이슈나 리스크 등이다. 일부 프로젝트 매니저는 또한 벤더와 월별 정기회의를 가져서 진척을 검토하고 이슈를 논한다. 정기회의의 필요는 벤더작업의 복잡함과 벤더가 프로젝트에 참여하는 기간에 따라 달라질 수 있다.

5.2 벤더와의 이견관리

프로젝트 팀원과 벤더가 특정작업에 대해 항상 일일이 상의하며 작업하는 것은 아니기 때문에 어떨 때는 곤란한 상황에 빠지기도 한다. 벤더는 프로젝트에서 필요로 하는 분야(기술)에 경험과 경력이 있기 때문에 계약한 것이며, 벤더가 완성한 작업은 프로젝트에 포함된다. 그런데 만일 팀원이 벤더가 잘못된 방향으로 가고 있다고 말해오면 어떻게 할까? 우선 문제가 무엇인지 팀원에게 물어보아야 하지만 벤더의 얘기도 들어 보아야 한다. 이런 마찰의 원인은 여러 가지가 있을 수 있다.

1) 일부 팀원의 오해

불협화음의 단지 오해에서 비롯된 것일 수도 있다. 팀원들은 한 가지 계통에서 오래 작업해 온 그 분야의 경력자이기 때문에 새로운 제품에서도 예전 것과 비슷한 결과를 기대했는데 다르게 나왔기 때문일 수도 있다.

2) 일부 벤더의 오해

반대로 벤더가 팀의 실제 의도를 오해하고 제품을 납품했을 때 발생할 수도 있다. 벤더는 자신이 오해의 부분을 이해하고서 "이 제품은 여기에 맞지 않고 저 제품이 맞을 겁니다"라고 수정제안을 해올 수도 있다. 확실히 프로젝트 작업설계 때 이런 것을 발견하는 프로세스를 겪었으면 문제의 소지를 줄일 수도 있겠지만, 이런 문제는 항상 있을 수 있으므로 잘 대처해 나아가야 한다.

CompTIA Project+

3) 패러다임 변환

벤더의 제품이 팀이 원하는 것과 딱 들어맞지만 팀원이 새로운 제품을 사용하기 위해서 의식의 변화가 필요할 수도 있다. 오래된 메인프레임 프로그래머가 새로운 **OOP(Object-Oriented Programming)** 프로그래밍 기법이 나왔을 때 어떻게 해야 할지 생각해 보라. 팀에 여러 명의 절차적 프로그래밍 코드만 작성해 온 메인프레임 프로그래머에게 객체를 띄워놓고 그 객체의 하부 코드를 작성하는 방식인 객체 지향적 코드로 작업하게 하면 무척 곤란해 할 것이다. 의식변화가 필요하다. 불행하게도 예전에 **FORTRAN**이나 **COBOL**과 같은 프로그래밍 언어로 배웠다면 **JAVA**나 **C++**과 같은 OOP로 변환시키는 일은 특히 어렵다.

4) 이기적 요소들

슬프게도 IT는 많은 자존심과 자긍심이 들어있는 업계이다. 팀원 중에는 진행 중인 제품에 대해서 벤더보다 더 몰라서 벤더에게 할 일을 물어보는 경우도 있을 수 있다. 이런 상황을 관리하려면 벤더가 '공부 좀 해라'라고 우스개 소리로 말하듯이 그에게 '연구 좀 해라'라고 말하는 억지 사랑(?) 기법을 사용하거나(대부분 경우), 그 팀원의 작업을 신뢰할 수 없고, 남이 도와서 작업을 끝낼 수밖에 없는 상황이라면 프로젝트를 궤도에서 이탈시킬 것이어서 교체해야 할 것이다. 결국 작업을 잘 끝내서 기일에 맞게 프로젝트를 성공시켜야 한다.

5) 무시무시한 벤더

간혹 벤더는 자신들의 제품에 대해 '내 식대로 혹은 막무가내'식이기도 하다. 일부 벤더 제품은, 특히 대규모 소프트웨어일 때, 너무 복잡하고 어지러워서 팀이 자신들의 프로젝트에 맞춰 제품을 만들지 못하고 납품해 온 벤더 제품에 프로젝트 방향을 맞추는 경우도 있게 된다. 또한 이 무시무시한 벤더들은 사전에 연락도 없이 최신 버전은 없고 현재 버전도 몇 달 지나면 종료되니까 막대한 금액을 요구하면서 빨리 전환하기를 요구하기도 한다. 만일 이런 현상이 실제로 발생할 것 같으면 프로젝트 매니저는 이런 무지막지한 벤더와 프로젝트를 계속 진행했을 때 이익이 있을지 따져봐야 한다. 즉, 이런 스타일의 소프트웨어나 하드웨어 벤더와 작업해야 한다면 틀림없이 그런 상황을 만나게 될 수 있다는 것으로, 마치 전세 비행기를 탔다면 비행사가 데려가는 곳으로 갈 수밖에 없다는 것이다(만일 비행기를 구매하지 않았다면). 이것이 통합시스템의 큰 단점 중 하나이다.

예를 들어 자체적인 SDE(Software Development Environment)나 프로젝트의 중요작업에 적합한 내장 응용프로그램을 가지고 있는 대규모 RDBMS(Relational DataBase Management System)을 사용하는 벤더에겐, 조직의 개발환경을 이 한 가지 제안에 모두 투자할 것인지 혹은 더 좋은 다른 SDE나 도구가 있는지 조사하거나(혹은 특별한 이유 없이 모든 여력을 단일 벤더의 제안에 거는 리스크를 싫어해서인지) 해야 한다. 보통 통합 시스템을 사용한다면 두 가지 다른 플랫폼(하드웨어든 소프트웨어든지)을 따로 말하는 것에 주의해야 하지만, 결국 이 벤더에게 현재 개발의 모든 것을 거는 셈이 된다.

프로젝트 계획하기와 매우 밀접한(그래서 자주 간과되는) 요소가 제안된 플랫폼을 분석하는 일인데, 이를 제대로 해놓지 않으면 앞으로 오랜 동안 관련된 작업자들을 힘들게 할 수 있으므로 만일 초기 계획하기 단계에서 이 점을 충분히 감지할 만큼 긴 안목을 가지지 못했다면 실행단계에서 할 수 있는 것은 후임 시스템 관리자에게 일상적인 유지관리에서 문제가 생길 수도 있다는 것을 알려주는 일일 것이다. 잘 알지도 못하면서 조직이 무지막지한 벤더와 협상하게 하는 프로젝트 매니저는 경력에 큰 흠을 가지게 될 것이다.

6) 플랫폼 논쟁

이 현상은 특히 NOS(Network Operating System), SDE(Secure Data Exchange), 그리고 RDBMS(Relational DataBase Management System)에서 자주 일어나는데 어떤 이는 Linux를 좋아하지만, 어떤 이는 MS가 아니면 인정하려 들지도 않는다. 또 어느 그룹은 Oracle을 좋아하는데, 어떤 이는 Sybase가 최고라고 한다. 개발자들도 이런 면에서는 정말 재미있는 친구들인데-어느 개발자는 Java 언어와 Java SDE를 좋아하지만 어떤 이는 가장 좋은 코드는 C++라고 하며, SDE로 증명해 보이기도 한다.

프로젝트 매니저는 초기에 주어진 작업을 위해 예방적으로 어느 한 개인의 기호에 따르지 않고 최상의 기술을 사용하는 '표준-기반' 환경을 만들어야 한다. 이것은 어려운 일이지만 인터넷에서 벤더 중립적인 정보를 제공하는 www.gartner.com과 www.idc.com를 서치해 보면 도움이 될 것이다. 프로젝트 실행 시 만일 팀원 사이에서 플랫폼에 대해 논쟁이 있으면 작업자들을 프로젝트의 목표에만 집중시켜 플랫폼 논쟁에서 벗어나게 해야 한다. 벤더가 작업완성을 지연시키거나 하면 계약에 따라 이를 다룰 수 있어야 한다.

5.3 벤더의 지연

일부 프로젝트 매니저는 프로젝트 작업의 일부를 외부 벤더를 고용해서 완성하게 했으므로 아무 문제가 없을 것으로 여기고 가만히 앉아 결과물이 오기만 기다리면 된다고 잘못 생각할 수 있다. 하지만 현실적으론 그렇지 못하다. 최신 작업보고서를 배포할 준비가 되었을 때 벤더로부터 작업이 2주일 지연된다는 연락을 받았을 땐 어떻게 하면 될까?

① 벤더를 만난다 – 벤더와 마주 앉아서 지연에 대한 더 많은 정보를 얻어낸다. 이 회의에서 지연을 단축시킬 다른 대안이 있는지 혹은 작업의 일부라도 계획대로 완성되는지 알아낼 수 있다. 벤더의 이런 이슈를 당장 해결할 수 없을 수도 있지만 모든 정보를 확보해서 벤더가 무슨 행동을 취할지 알고 있어야 한다.

② 조달부서나 법률부서와 연계시킨다 – 벤더는 법률적인 계약에 근거해 프로젝트 작업을 하므로 만일 벤더작업에서 지연이 생기면 잠재적으로 계약에 영향을 미친다는 것을 알게 할 필요가 있다. 벤더 지연에는 벌칙과 벌금을 부과하거나 계약을 끝낼 수 있다. 따라서 벤더 작업이나 스케줄에서 조달부서나 법률부서의 개입 없는 어느 변경에 함부로 동의해서는 안 된다.

③ 전체 프로젝트 계획에 미치는 영향을 검토한다 – 작업에는 언제나 지연이 있게 마련인데 이 지연이 프로젝트 범위, 스케줄 기준선, 비용 기준선, 그리고 리소스 요구사항들에게 미치는 영향을 사정해야 한다. 중요한 벤더 작업의 지연은 리스크관리 계획에 새로운 리스크 추가를 만들어내기도 한다.

④ 스폰서에게 알린다 – 지연에 대한 모든 사실들을 확보하면 바로 스폰서를 만나서 프로젝트 계획에 끼치는 영향을 설명한다. 만일 벤더 지연이 가져오는 영향이 심각하다면 스폰서는 벤더 관계 실무진에게 문제를 상정할 것이다.

⑤ 이해관계인들과 협의한다 – 이런 정보는 프로젝트 팀, 클라이언트, 그리고 다른 영향을 받는 이해관계인들에게 가능하면 빨리 전해야 한다. 벤더 지연은 프로젝트의 유효성에 관해 온갖 종류의 소문을 만들어 내므로 모두가 진실을 알게 해야 한다. 벤더와 팀원 사이의 또 다른 차이는 벤더 지불방식인데 역시 자주 간과된다.

5.4 벤더 지불과정

벤더와의 계약에는 언제 어떻게 벤더가 금전을 수령하는지에 관해 정확하게 표시되어 있어야 한다. 정기적으로 지불하거나 특정작업의 완성과 승인 때 지불하는 비정기적인 경우가 있을 수 있다. 비록 경리부서가 벤더의 송장에 대해 지불하겠지만, 아마도 처음으로 송장을 받는 수령인은 프로젝트 매니저일 것이다. 만일 송장의 지불에도 책임을 지고 있다면 무엇으로 인해 지불하는지 적절히 서치해서 지불해도 좋은지 분명히 해둔다. 만일 벤더가 작업 스케줄에 따라 작업하는 중이라면 완성한 작업의 승인과 지불한 영수증을 대조 확인한다.

지불을 승인하기 전에 작업과 품질을 확인하는 프로세스를 점검해서 벤더 작업을 승인할 계획을 세워 놓는데, 벤더의 개인비용으로 계상하는 경우에는 영수증과 비용처리 회계가 있어야 하고 만일 무엇이 필요한지 모르면 이런 프로세스 진행절차를 회계부서 직원에게 부탁하면 된다. 만일 계약서에 지불 프로세스에 대해 분명하지 않은 점이 있다면 계약에 대해서 전문인 조달팀에게 확인해 보면 되는데, 벤더가 요청한 금액과 차이가 있을 때도 역시 조달 전문가에게 물어서 처리하면 될 것이다.

5.5 벤더 대하기

서드파티 소스와 작업할 때 사용할 수 있는 기법들에 대해서 알아보자.

1) 벤더와 효과적으로 협의하기

프로젝트 매니저는 프로젝트에 참여하는 벤더와 고품질의 의사소통을 유지해야 할 필요가 있는데, '고품질'이란 작업 틀 안에서 긍정적으로 협의해서 문제를 해결하는 쪽으로 이슈와 그 해결책을 토론하는 정기적인 회의를 말한다. 만일 기획된 프로젝트를 처음 시작하고 SOW를 철저히 검토하지 못해서 수행할 작업에 대해서 의견이 다르거나 작업이 SOW의 영역에 있지 않아서 벤더가 작업을 진행할 수 없는 문제에 봉착했다면 프로젝트 팀원 진척 회의에서 문제가 명백하게 드러날 것이다. 다른 말로 해서 대부분 벤더는 프로젝트에서 생기는 문제의 해결 방향을 자신들의 영역 안으로 잡아두고 싶어 할 것이다. 그러면서도 프

CompTIA Project+

로젝트를 계획할 때 정확히 서술되지 않은 작업을 도와달라고 부탁하면 불쾌하게 여기기도 한다. 이런 것이 대부분 벤더와 프로젝트 매니저의 관계에서 문제가 되는 영역이다.

2) 필요한 것을 벤더가 제대로 이해했는지 확인한다

SOW를 자세히 살피는 것을 잊지 말아야 한다. 벤더에게 요청할 요소를 SOW에 넣지 않아서 벤더가 빼먹는 수가 있는데, SOW는 주어진 금액으로 벤더가 정확히 무엇을 해야 할지를 규정한 문서이다. 만일 원하는 모든 것이 SOW에 규정되어 있다고 처음엔 생각했지만 프로젝트 실행 때 빠진 요소가 있다면 벤더가 해주었어야 할 작업을 팀원이 손대야 하는 경우가 있거나 그 과외의 작업 때문에 벤더에게 추가로 지출해야 할 경우도 있다. 이런 이유들 때문에 SOW가 무엇을 말하고 있는지 정확히 해두어야 할 필요가 있다. 또한 벤더 동의서는 정한 뒤 잊어버리라고 있는 것이 아니다. 가장 믿을 수 있다고 여기는 평판 있는 벤더라도 때때로 혼동해서 얘기했던 요소를 작업에 포함시키지 않았을 수도 있다. 만일 벤더가 목요일 아침 9:00까지 택배로 부품을 보낸다고 하면 눈을 크게 뜨고 그 부품을 기다릴텐데, 만일 택배차량이 왔다가 다른 부품을 주고 가버리면 어떻게 할 것인가?

불완전하게 정의된 요구사항 때문에 벤더가 뒤로 무르는 경우를 살펴보자.

> 대규모 소프트웨어 개발을 맡고 있는 프로젝트 매니저 PM이 있다. 새로운 소프트웨어는 오래된 메인프레임 시스템을 대체하게 될 것이다. PM이 프로젝트를 시작했을 때 그와 비즈니스 분석가는 새로운 시스템이 어떻게 작동해야 할지를 결정하기 위해서 비즈니스 프로세스 흐름을 잘 이해하고 있는 여러 비즈니스 이슈 전문가들과 인터뷰하기로 결정했다. 그러나 시스템이 여러 지역으로 흩어져 있어서 프로젝트의 핵심을 누구에게서 알아내야 하는지 정하기 어려웠다. 그들이 바쁘기도 하지만 그들과 비즈니스 인터뷰하기 위해 여러 곳에 다니기엔 비용이 많이 들기 때문이었다. PM은 초기 요구사항 모으기와 프로젝트 설계를 위해 시달리고 싶어 하지 않는 이들에게서 좋은 정보를 얻기가 힘들었다. 아무튼 어찌어찌해서 모은 정보는 엉망이진 않지만 확실히 정확하진 않게 완성되었다. 또 PM이 이런 문제를 이슈로 제출했지만 프로젝트 이해관계인들은 프로젝트를 시작하기에 그 정도면 충분하다고 느꼈다.

CHAPTER 9 프로젝트 실행

> 이제 프로젝트는 시작되었고 비즈니스 이슈 전문가들이 지금까지 무엇을 했는지 보기 위해서 모여 들었는데, 작업진행을 보고 마음에 들어하지 않았다! 그들은 프로젝트 범위에 심각한 영향을 끼치는 근본적인 변경을 요구했다. 스폰서는 그들이 중요한 비즈니스 전문가들이므로 그들의 생각이 옳고 PM이 그들의 말에 따라야 한다고 여겼으며, 실제로 왜 처음부터 이들의 말을 듣지 않았는지 의아해까지 하는 눈치였다. 좋은 평판을 얻고 있는 벤더는 계약에 의해서 지금까지 PM과 함께 안정적으로 프로젝트 작업을 해 왔다. 벤더는 모든 설계와 구조회의에 줄곧 함께 있었고 PM이 그들에게 물었던 모든 것들을 일일이 철해두고 있었다. 벤더는 이제 다음 개발단계로 건너갔으므로 특히 프로젝트 초기에 PM의 요구에 그들이 제대로 대응했던 것과 현재 시스템이 잘 되었다고 느끼므로 이전 작업을 다시 하고 싶어 하지 않았다. 벤더는 그들이 요구한 작업을 다시 하려면 추가비용을 물릴 것이라고 했고 스폰서는 절대로 협상 같은 것은 없다고 한다.
>
> PM은 모든 관계인이 승인한 작업문서와 승인된 단계 작업완성 문서를 가지고 있다. PM은 자신이 이 어려움을 헤쳐 나갈 수 없다고 느끼지만, 벤더에게 이전 작업으로 되돌아가서 추가 작업과 수정에 드는 비용을 받지 말고 작업해 달라고 요청할 순 없다. 스폰서는 PM이 설계 때 제대로 일을 하지 않았다고 생각했고, 변경에 대해서 벤더에게 추가비용을 댈 생각도 하지 않는다. 벤더가 응당 잘못을 수정해 주어야 한다고 생각하는 것 같다. 하지만 이 문제를 해결할 좋은 해법은 불행하게도 없다.
>
> 스폰서는 되돌아가 문제를 해결하라고 푸시하고 벤더는 앞으로 나아가라고 푸시하고 있다. 이런 경우 해결책이라면 PM이 자신과 스폰서, 그리고 벤더와 회의를 갖고 만일 자신이 잘못한 영역이 있으면 실수를 시인하고 앞으로 나아갈 수 있다. 여기서의 주된 문제는 솔직히 말하는 것과 양측의 이야기를 모두 듣는 일인데, 벤더는 일을 제대로 하는데 도와달라는 스폰서의 얘기를 듣고, 스폰서는 맘대로 그렇게 한 것이 아니라는 벤더의 얘기를 듣는 일이다. 이렇게 해서 PM은 가운데 끼지 않고 양측이 말하게 한 뒤 이 협의로부터 나온 결과가 무엇이든 간에 책임을 져야 한다. 양측이 합의점을 찾아 서로에게 만족할 수 있게 이 문제를 해결해야 한다.

3) 벤더와 협의하기 전에 연구해 둘 것

영업사원과 SE와 최초 이슈에 대해 회의할 때 '우리 제품으로 이 일을 처리할 수 있습니다'와 같은 말들을 무시해야 한다. 그들은 뭐든지 다 할 수 있다고 하므로 정작 서명을 하기 전까지 충분히 조사를 해보아야 한다.

예를 들어 어디서나 영업세금을 계산해주는 웹사이트 소프트웨어 패키지를 구매한다고 하자. SE는 실제론 이런 일이 불가능한 것을 알면서도 애매모호하게 '우리 제품이면 가능할겁니다'라고 말한다. 만일 벤더의 API(Application Programming Interface)에 일부 코드를 써 넣을 수 있다면 가능할 수도 있지만, 불행하게도 영업 프레젠테이션에서 보이는 제품은 보통 실제처럼(실제보다 더 좋아) 보이게 마련이어서 더 조사하지 않고 표면적인 모습만으로 구매하는 경우가 많다. 더 불행한 것은 그 소프트웨어가 정확히 할 수 있는 것과 할 수 없는 것이 실행단계에서나 드러난다는 것이다! 만일 영업사원의 프레젠테이션 때 그 소프트웨어에 매료되어 구매했는데 실제는 그렇지 않다는 것을 나중에 알았다 해도 최소한 프로젝트 실행단계에서나 이를 알게 되었다면 곤란하다. 제품의 능력에 대해 약간의 사전조사를 했었더라면 이런 이슈를 만나지 않았을 것이다.

4) 현명한 협상력

마지막으로 상황이 묘하게 영업사원의 의도와 맞아 떨어져서 거래가 매듭되려고 할 때, 보통 구매비용이 클수록(반드시 영업이 매듭되지 않더라도) 이익이 더 많은 것처럼 느껴져서 영업사원은 많은 혜택을 주려고 한다. 나중에 실제 구매서명을 할 때를 위해서라도 이런 약속들을 모두 문서화해 두어야 한다. 서명하기 전에 제공한다고 말했던 모든 것들을 적어서 확인을 받아두면 좋다. 거래가 매듭되면 영업사원은 다른 말을 하거나 다른 영업사이트로 사라질지 모르기 때문에 나중에 그를 다시 불러들여 이전에 약속했었던 것들을 모두 되새기게 할 수 없다.

묵시적인 동의도 특히 프로젝트 실행단계에선 중요한 역할을 하는데, 예를 들어 벤더와 함께 프로젝트의 어느 요소에 대해 이야기할 때 그가 검토해 보고 무료로 그 부분을 작업해 줄 인력을 제공하겠다고 말하며 나중에 돌려준다고 하고 그 요소를 가지고 갔다. 이제 프로젝트 실행단계에서 그 부분이 필요한데 이전에 서로 말했던 부분이 문서로 확인되지 않고 구두로 서로 동의했기 때문에 벤더가 확인하고 무료로 해준다는 부분을 받아내기엔 많은 어려움이 있을 수도 있다.

벤더의 지원정책도 잘 알고 있어야 한다. 많은 벤더는 상, 중, 하 지원계획을 가지고 있으므로 어느 레벨로 서명했는지 그리고 그것으로 무엇을 얻을 수 있는지 확실히 해두어야 하는데, 벤더의 하드웨어나 소프트웨어를 구입했을 때 연간 유지비용은 얼마인지 등이다.

CHAPTER 9 프로젝트 실행

일부 벤더는 판매하는 하드웨어나 소프트웨어에서가 아니라 유지와 관리에서 실제 수익을 얻기도 한다. 그러므로 그들의 완벽한 제안이 지금부터 얼마를 청구할지에 주의해야 한다.

여기서 계속 보아오던 Chaptal Wineries의 E-mail과 인트라넷에 대해서 알아보자.

여러 주 애썼던 다국 간 양조교류를 마감할 때가 되었다. 프랑스와 호주 서버, 그리고 telco 설치가 완성되었다. Kim Cox에게 보내는 주별 보고서는 다음 그림처럼 보일 것이다.

이제 지불해야 할 몇 가지 송장이 있어서 Chaptal 회계부서로 보낼 수표를 끊어야 한다. 호주와 프랑스 통신설치(설치가 끝났고 완전히 작동되는지 확인 뒤) 지불을 처리해야 하고, 이 두 지역의 인터네트워킹 컨트렉터에게도 지불하며 프로젝트 계획에 완성된 작업을 표시해 두어야 한다.

이제 T1으로 연결된 칠레를 걱정해야 한다. 칠레의 인터네트워킹 컨트렉터가 뭔가를 잘못 구성하고도 알지 못하는 것 같아서 Metor에게 계약한 컨트렉터 말고 다른 컨트렉터가 구성을 체크하도록 전화로 부탁한다. Metor는 새 컨트렉터가 구성을 확인할 때 비용을 청구할까봐 걱정하지만, Metor에게 SOW를 팩스해서 컨트렉터는 99.8%까지 연결을 확실히 해주어야 벤더에게 지불할 수 있다는 것을 상기시킨다. 회선이 50%정도만 실행되고 있으므로 계약한 벤더가 다른 이를 고용해서라도 구성을 확인해달라고 요구할 권리가 있다. Metor는 벤더에게 전화해서 다른 기술자를 불러 구성을 확인시킨 결과, 확실히 라우터의 OSPF 설정이 회선에서 올바르게 되어있지 않았다. 새로운 기술자가 수정을 한 뒤에는 회선이 정상으로 돌아왔다. 다음 프로젝트 진척회의에서 작업이 100% 완성되었음을 알릴 것이다.

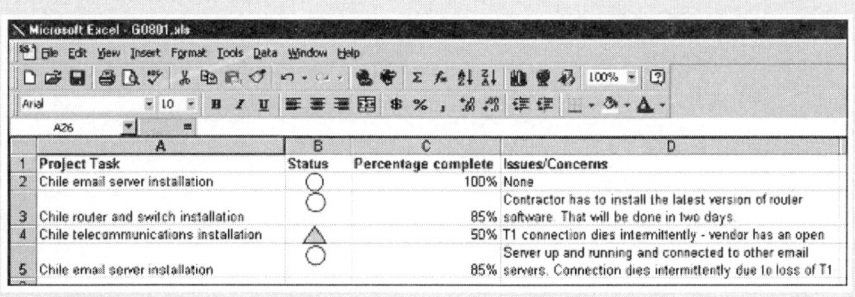

CHAPTER

10 프로젝트 통제

CompTIA Project+

프로젝트 실행동안 계속해서 결과를 모니터해야 한다. 프로젝트 계획에서의 이탈은 오리지널 계획에 변경이 있다는 뜻이다. 프로젝트 동안 프로젝트에 추가하거나 프로젝트 작업을 확장하려고 새로운 요청을 받을 수도 있다. 이런 요청을 다루기 위해선 변경통제 프로세스를 실행할 필요가 있다.

종합 변경통제는 변경으로 인한 프로젝트 전체에 끼치는 영향을 분석해서 프로젝트 계획의 모든 요소들의 업데이트를 관리한다. 범위변경 통제는 범위가 변경된 것을 인식하고 범위변경에 관련된 적절한 조치를 취하며 범위변경을 검토해서 승인하거나 거절하는 프로세스를 관리를 말한다. 스케줄 통제는 스케줄에 변경이 가해진 것을 알고 스케줄 변경에 대처하는 조치를 취하는데 그 변경으로 인해 다른 영역에서 스케줄을 업데이트하는 것을 말한다. 비용 통제는 프로젝트 비용예상에서 변경된 것을 감지하고 언제 비용변경에 대응이 필요한지 알게 하며, 예산을 업데이트하는 것을 말한다. 품질 통제는 프로젝트가 계획에 의해 작업되고 있는지 확인하기 위해서 프로젝트 요구사항에 대한 작업을 모니터링하는 것을 말한다.

성과보고는 프로젝트의 작업결과와 종합 프로젝트 계획에서 얻어진 정보를 비교해서 프로젝트 이해관계인들에게 정보를 제공하는 것을 말하는데 변수분석, 경향분석, 그리고 취득

CompTIA Project+

가치가 프로젝트 성과계획을 사정하기 위해 사용된다. 리스크 통제는 리스크 예방전략이나 리스크 대응계획에서 만들어진 임시계획의 시행을 말한다. 프로젝트 계획상 변경은 이해관계인들에게 범위, 비용, 시간, 그리고 품질 사이에서 일정 부분을 양보하게 한다.

1 종합 변경통제

이 시점에선 계획하기에 쏟은 모든 시간과 노력을 고려해 볼 때 변경을 걱정할 필요가 없고 모든 것이 계획되고 문서화되어 있으며, 이해관계인들이 서명했으니 실행하기만 하면 된다고 생각할 수 있다. 그렇게만 되면 얼마나 좋을까만 현실에선 모든 것이 변하기 마련이다.

새로운 비즈니스 전략, 경쟁자 위협, 혹은 프로젝트 계획하기에선 없었던 새로운 기술 등이 생겨날 수 있다. 프로젝트 계획의 모든 면들이 프로젝트가 진행되어 감에 따라서 변할 수밖에 없다. 이런 혼란을 피하는 핵심은 종합 변경통제 시스템의 형태로 변경을 관리하는 것인데, 프로젝트 계획의 모든 면에서 생길 수 있는 변경을 확인시켜 준다. 변경예상을 개발하는 계획하기 단계와 프로젝트 관리계획에 많은 시간이 소요되는데 불행하게도 일부 프로젝트 매니저는 이 모든 것들을 잊어버리고 진행 방향을 잃어서 조급히 행동하기도 한다. 늘 계획을 업데이트하려면 준비된 계획하기 문서와 관리 프로세스를 참조해야 한다.

어떻게 변경통제 프로세스를 설정하는지에 따라 스폰서, 클라이언트, 그리고 기타 모든 변경을 검토하는 실무진으로 이뤄진 변경통제 위원회나 프로젝트 팀이 변경을 처리하는 수가 있다. 보통 크고 복잡한 프로젝트에는 더 많은 정식 변경통제 시스템이 있다. 누가 프로젝트 계획에 가해진 변경을 검토하고 승인하느냐와 무관하게 설정된 한계를 넘는 변경은 이해관계인들에게 제출되어져야 한다. 범위, 스케줄, 비용, 그리고 다른 계획 요소들에 가해지는 변경통제엔 무엇이 들었는지 알아보자.

CHAPTER 10 프로젝트 통제

1.1 범위 변경통제

앞에서 알아본 범위 계획하기의 일부로 범위관리 계획을 정의하고 문서화하는 것에 대해 알아보자. 프로젝트 작업이 진행되면 프로젝트의 범위를 통제하는 이 계획이 실행되어야 한다. 범위 변경 프로세스가 필요한 몇 가지 이벤트는 다음과 같다.

(a) 중요한 작업을 검토해서 프로젝트 계획에 정의된 것 외에 추가가 있다.
(b) 프로젝트 팀원이 요구사항에 변경이 있다고 표시했다.
(c) 프로젝트 중요작업에 추가해야 할 정식요청 작업이 있다.
(d) 설계변경이 있다.

범위 변경은 기준선에 수정작업이나 변경을 가져온다.

① 수정작업-만일 프로젝트에 범위추가가 생기면 범위 변경을 가져오게 한 작업 경로를 따라 계속 진행할 수도 않을 수도 있는데, 프로젝트를 제 궤도로 돌리기 위해서 무슨 조치가 취해져야 할지 결정할 필요가 있고 이미 작업한 것을 되돌리는 데도 시간이 걸린다. 또한 어떻게 범위 변경이 생겼는지 조사하거나 더 이상의 범위 변경을 막기 위해선 팀원 교육과 같은 조치를 취할 수도 있다.

② 기준선 조절-범위 변경이 계획되었든 안 되었든 적어도 기준선 계획하기 문서에 일부라도 업데이트되어야 하는데, 적어도 범위 설명은 업데이트되어져야 한다. 또 변경의 크기에 따라서 스케줄 기준선과 비용 기준선에도 변경이 있을 수 있다. 범위 변경통제는 다음과 같이 스케줄과 비용 통제에 중요한 영향을 끼칠 수 있다.

1.2 스케줄 통제

프로젝트 스케줄 업데이트에서 프로젝트 팀원과 진척도를 검토할 때 작업 활동들이 제 궤도에 있는지 혹은 어느 변경이 중요한 경로에 영향을 끼치는지 분석 확인해야 한다. 프로젝트 범위 변경은 또한 스케줄에 영향을 미치는지 분석되어져야 하는데, 스케줄 통제는 프로젝트 스케줄에 대한 어느 변경을 관리하고 문서화하는 프로세스이다. 프로젝트관리 소프트웨어는 스케줄 통제에 대단히 유용한 도구로써, 실제 날짜와 비교해서 계획된 시작과

CompTIA Project+

종료를 개별적으로 작업 뷰로 제공해주며 기준 스케줄과 연계된 작업, 중요경로, 그리고 프로젝트 마감일까지 어느 변경으로 인한 영향을 예상해 준다. 또한 작업기간이 변경되거나 승인된 범위변경으로 인해 새로운 작업이 추가되면 특정 단계에 끼치는 영향과 그로 인한 프로젝트 예상 마감일을 보여주는 등 여러 경우를 시나리오할 수 있다.

팀원 진척보고서와 프로젝트관리 소프트웨어에서 도출된 여러 보고서와 뷰를 사용하는 핵심 이유는 중요경로 작업 때문이다. 중요경로 작업은 작업도표에서 가장 긴 경로에 있고 프로젝트의 마감일자와 직접 연관되므로 이런 작업에서 어느 지연이 생기면 전체 프로젝트 완성이 지연되게 된다.

스케줄 통제는 스케줄 업데이트, 수정작업, 그리고 교훈 등으로 이뤄진다.
① 스케줄 업데이트 - 이것은 진행 중인 작업에 가해지는 변경으로써, 프로젝트 스케줄을 프로젝트 관리에 포함시키는데, 스케줄은 팀원의 진척보고서에 근거해 스케줄 진행의 현재 뷰와 완성된 프로젝트 작업의 상태를 스케줄 기준선과 비교해서 보여주기 위해 보통 주별로 업데이트된다. 스케줄은 또한 새로운 활동을 반영하기 위해서도 업데이트된다. 스케줄 업데이트에 관해 두 가지 용어가 있는데, 개정(revision)은 승인된 스케줄 기준선의 시작과 마감날짜에 대한 업데이트로 보통 승인된 범위 변경의 결과이다. 만일 스케줄 변경이 많아서 여러 일정이나 중요한 날짜에 영향을 끼친다면 성과를 측정하는 새로운 수단을 제공하는 재기준선 정하기(re-baselining)가 사용된다. 하지만 이 재기준선 정하기는 오리지널 계획의 정확성을 변질시키기 때문에 가볍게 처리해서는 안 된다.
② 수정 작업 - 스케줄 통제의 일부로 수정작업이 필요할 때엔 고려해야 할 많은 요소들이 있게 되므로 활동기간 예상이 완전하지 못해서 어느 작업을 완성하는데 필요한 실제 시간이 예상대로 될 것이라고 생각하지 않는 것이 좋다. 또 어느 작업의 시작이 지연되거나 예상보다 더 오래 걸리지만 후임작업에 영향을 안 끼치는 유동시간을 가지고 있다면 이때엔 별도로 어느 행동을 취할 필요는 없다. 수정작업 행동은 중요경로 작업에 집중되어져야 한다. 성과표시는 무엇이 잘못되고 있는지 알려주는데 중요경로 작업이 계획보다 더 길어져서 일부 일정이 잠재적으로 없어지거나, 프로젝트 마감일이 위험해질 수 있는 상황을 예로 보자.

중요경로 작업의 성과는 프로젝트를 제 시간에 끝낼 수 있는 지의 여부를 보여주므로, 프로젝트를 제 궤도로 돌리기 위해서 무엇을 해야 하는지도 알려준다. 첫번째 할 일은 왜 중요한 작업이 계획에서 뒤쳐졌는지와, 그 작업을 원위치로 되돌릴 작업자를 지정해 주는 일이다. 만일 그 작업자가 파트타임 리소스라면 그 작업이 끝날 때까지 풀타임으로 작업할 수 있는지도 조사해 둔다.

만일 잠재적인 지연을 일으킨 작업에 대해서 아무 조치도 하지 않고 있다면 이 분석표가 나머지 프로젝트 작업에 끼치는 영향을 표시해 줄 것이다. 어느 작업을 병행으로 진행하거나 추가적인 리소스를 투입해서 짧은 시간 안에 집중 작업을 해서 해결할 수도 있다. 만일 이 방식 중 하나를 선택한다면 그에 따른 리스크를 문서화해 두어야 한다.

③ 교훈 – 프로젝트 스케줄에 가해진 중요한 변경은 무엇이 계획에서 이탈하게 했는지 분석해서 같은 일이 또 일어나지 않게 조치를 취해야 할 것이다. 이런 교훈은 프로젝트의 남은 작업이나 앞으로의 프로젝트에 적용될 수 있다. 만일 특정 리소스나 그룹에게 할당된 모든 작업이 계획보다 더 많은 시간을 필요로 한다면 남은 작업을 위해서 기간예상을 개정하고 유사한 작업을 완성한 경력이 있는 서드파티가 기간예상을 검토하게 할 수 있다. 범위와 스케줄에서의 변경은 과외적인 관리비용이 들게 한다.

1.3 비용 통제

프로젝트 지출을 추적해서 나온 또 다른 중요한 결과 데이터는 재정 시스템, 프로젝트 팀원의 시수보고서와 같은 정식 보고서와 모든 구매승인 요청 등이 프로젝트 예산에서 어떻게 지출되었는지 추적해준다. 범위 변경으로부터 예산영향도 분석되어져야 하는데, 비용 통제 프로세스는 지출일자를 알게 하고, 예산 기준선에 변경이 있는지 보여주며 그리고 변경 추적을 위해 적절한 행동을 취하게 한다.

프로젝트 관리 소프트웨어는 금액이 올라왔을 때 지출을 추적하는데도 유용하다. 날짜와 예상비용에 대한 지출을 보여주는 보고서를 만들 수 있고, 시나리오를 통해 새로운 작업 추가에 따른 영향도 알게 해주며 또한 프로젝트 계획에 가해진 어느 중요한 변경이 비용에 영향을 끼치면 추가적인 자금 승인절차도 진행시켜준다. 자금을 확보하기 전에 프로젝트에

CompTIA Project+

요구사항을 추가하고 새로운 작업을 시작하면 틀림없이 예산을 오버하게 될 것이다.

비용 통제 결과는 개정 비용예상, 수정작업, 그리고 획득한 교훈으로 나눌 수 있다.
① 개정 비용예상 - 발생될 실제비용을 추적할 수 있게 됨으로써 특정 프로젝트 단계 혹은 전체 프로젝트에서 실제비용이 오리지널 예상비용과 어떻게 다를 수 있는지 프로젝트할 수 있다. 프로젝트 계획에서 어느 이탈이 생기면 이것이 프로젝트 계획의 다른 곳에 영향을 주는지 알아내기 위해서 개정된 비용예상을 검토해 보아야 한다.

예를 들어 팀원의 오버타임 시수에 증가가 있으면 작업이 예상보다 길어지고 있다는 경고가 될 수 있다. 개정된 비용예상은 범위 변경이나 스케줄 변경과 같이 프로젝트 계획의 다른 부분에서 생긴 변경으로 인한 때가 많다. 스케줄 업데이트처럼 범위 변경에 대응하거나 비용변수가 너무 커서 성과추적을 위해 필요한 변경을 해야 한다면 비용 기준선 개정이 있을 수도 있다.
② 수정작업 - 범위 변경이나 스케줄 지연과 같은 프로젝트 계획과 꼭 연계되지 않는 일반적인 과비용이 사전에 정의된 수준 이하에 있다면 별도의 행동을 필요로 하지 않는다. 많은 조직에선, 만일 프로젝트 자금이 총 예산 10억에서 10%의 여유를 가지고 있게 했을 때, 과외적인 500만 원 지출을 별 문제없이 수용하지만 과외적인 2,000만 원 지출은 추가적인 자금으로 승인받아서 프로젝트가 제 궤도에 있게 만든다. 만일 문제가 초기 비용예상이 정확하지 않아서 발생한 것이고 가용할 수 있는 여유자금이 없다면 범위축소나 품질저하와 같은 요소들과 교환(trade - off)되도록 이해관계인들과 협상해야 할 것이다. 나중에 이 교환에 대해서 좀 더 알아보자.
③ 교훈 - 중요한 작업에서 왜 문제가 있었는지 알아내기 위해 비용 기준선을 분석하고 다시 그런 상황이 일어나지 않도록 예방조치를 취해야 한다. 이런 교훈은 프로젝트의 남은 작업과 앞으로의 프로젝트에 적용되는데, 만일 같은 리소스나 그룹에서 많은 작업예상이 맞지 않으면 남아있는 작업들을 위해서 작업예상을 개정해야 할 것이다. 이제 프로젝트 계획의 다른 면들에서의 변경을 통제하는 것을 알아보자.

1.4 기타 계획변경

변경 통제의 목표로 여러 번 언급되는 항목이 범위, 스케줄, 그리고 예산이지만 이런 것들만 변경을 가져오는 요소는 아니다. 다른 중요한 네 가지 요소들을 들자면 리소스 변경, 요구사항 변경, 인프라 변경, 그리고 구성 변경이 있을 수 있다.

① 리소스 변경 – 프로젝트 팀원이 추가되거나 떠나면 변경의 이유를 문서화하는 것이 중요한데 대체자의 성명, 변경이 필요한 작업자, 그리고 프로젝트에 끼칠 영향 등이다.

② 요구사항 변경 – 이것은 관리하기 어려운 영역이다. 세부사항이 요구사항에 추가되거나 기대치가 구체화되기 위해 업데이트되면 이런 변경들이 범위변경에 포함되는지 알아보아야 한다. 새로운 요구사항은 항상 변경통제 프로세스를 거쳐야 한다.

③ 인프라 변경 – 인프라스트럭쳐는 프로젝트가 완성된 뒤에도 계속해서 남는 프로젝트의 요소인데, 예를 들어 팀원이 UNIX가 실행되는 SUN 서버에 맞는 데이터베이스를 계획했지만 프로젝트가 진행됨에 따라 네트워크 팀이 이 운영체제를 Windows 2003 Enterprise Server로 변경을 요청할 수도 있다. 인프라 변경은 다음 것들일 수 있다.

    (a) 컴퓨팅 시스템
    (b) 소프트웨어 개발 환경
    (c) 서버 운영시스템 플랫폼
    (d) 작업방법

인프라 변경은 전반적인 프로젝트 계획에 영향을 끼치는데, 특히 프로젝트가 다른 인프라 환경에 기반한 장비를 주문할 때 그렇다.

④ 구성 변경 – 설계팀은 소프트웨어나 하드웨어의 구성을 결정할 때, 제안된 구성으로 소프트웨어가 설치되고 나서 다른 요소들이 더 잘 작동되는 경우나, 제안된 구성이 통합시스템 환경에선 다른 요소들과 잘 연동되지 못하다는 것을 발견할 때가 많다. 구성 변경의 흔한 예 중 하나가 데이터베이스 설계 팀이 주어진 인덱스 세트로 데이터베이스 설계를 결정했는데 프로그래머가 데이터베이스 실행코드를 작성하면서 다른 타입의 인덱스가 더 효율적이라는 것을 알게 된 경우 새로 제안된 인덱스를 추가하는 구성변경이 있을 수 있다. 구성변경은 매우 단순하거나 매우 복잡할 수 있는데 – 구성의 특성과 사용하는 하드웨어와 소프트웨어에 따른다. 그러나 일반적으로 대부분 구

성변경은 많은 시간이 걸리지 않고 몇 시간 내로 끝날 수 있으므로 프로젝트를 지연시키지 않는다. 일부 구성변경은 장비를 리부팅하거나 몇 시간 지나면 효과가 나올 수도 있다.

프로젝트가 진행되면서 중요한 작업들이 완성되면 이제 품질관리 계획을 실행할 때이다.

2 품질관리

비록 품질이 모든 프로젝트에 적용되는 일반적인 제약에 해당되지만 항상 범위, 예산, 혹은 스케줄과 동등한 관심을 받지는 못하는데 품질관리가 부족하면 프로젝트에 심각한 부정적 영향을 가져온다. 품질관리는 프로젝트 결과를 검토해서 정의된 표준에 맞추며 품질을 떨어뜨리는 원인을 제거하는 변경을 만들기도 한다. 앞에서 알아본 품질관리 계획이 품질관리 동안 수행되는 특정 활동들의 기초가 된다. 품질활동을 완성하는데 사용되는 활동과정과 필요한 리소스가 품질관리 계획에 문서화되어져 있어야 한다.

품질관리는 프로젝트 내내 수행되어야 하는데, 앞에서 알아본 것처럼 프로젝트 단계나 중요작업의 완성을 표시해주는 일정표가 프로젝트 스케줄에 포함되어 있다. 최소한의 품질기준을 맞추기 위해서 품질활동 도구와 기법을 사용하는데, 품질활동은 어느 단계가 완성된 것을 정식으로 승인하는 프로세스의 핵심 부분이다.

프로젝트 작업결과를 모니터하기 위해서 사용되는 테스팅에 초점을 맞추어 품질통제에 사용되는 기타 도구나 기법을 알아볼 것이다.

2.1 검사(테스팅)

검사는 작업결과를 검사, 측정, 혹은 테스팅하는 광범위한 범주이다. IT 프로젝트에서 사용하는 가장 일반적인 검사법이 테스팅인데 테스팅은 과외의 시간을 쏟아야 하는 작업으로 지루하기까지 하다-누군가 여러 번 코드를 다시 써야 하고, 여러 모듈에서 여러 가지를 테스트해서 성과를 적어두어야 한다. 그러나 테스트는 해야만 한다! 지정된 테스터가 새로운 코드를 일정 단계에 따라 실행하게 된다. IT 프로젝트에서 테스팅은 프로젝트 내내 수행되며, 여러 가지 종류의 테스트가 있다.

1) 모듈 테스팅

프로그래머는 코드 모듈을 완성하고 테스트할 필요가 있다. 일부 모듈은 상이한 모듈과 인터페이스하게 만들어져서 모듈 테스트가 가능하지 않기도 하지만 프로그래머는 여전히 변수가 제대로 로드되는지, 입력에 따라서 코드가 제대로 자리를 잡는지, 그리고 메모리가 제대로 비워지고 프로그램이 종료되는지 확인해야 한다.

개발자는 자주 코드를 줄 단위로 점검해서 어떻게 행동하는지와 어떻게 메모리 변수에 로드되는지 보여주는 체커(checker)를 돌리기도 한다. 개발자도 뭔가 잘못되었는데 어디서 잘못되었는지 알 수 없을 때가 많아서 재밌기도 하지만 매우 혼란스럽게도 한다. 모든 코드는 프로그래머가 의도한 대로 작동되어져야 한다. 또 이 단계에서 DLL(Dynamic Link Library)과 다른 정보파일들도 완전하고 정확한 내용인지 테스트되어져야 한다.

2) 유닛 테스팅

일단 연계된 여러 모듈이 만족할 만하게 테스트되면 개발자는 유닛 테스팅으로 한꺼번에 이들을 묶어서 테스트하는데, 전체 프린팅 시스템이나 무엇을 계산해주는 알고리즘들로 하나의 그룹을 이루는 여러 조각들을 종합해서 기능을 테스트하는 것이다.

3) 시스템 테스팅

다음으로 개발자는 종합적인 전체 시스템을 테스트한다. 시스템이 예상대로 흐르는지, 사용자가 예상치 못한 무한(loop)이나 시스템 록(lock)에 빠지는지, 시스템이 빠르고 기능적인지, 그리고 커스터머가 예상한 대로 작업을 처리해 주는지 등을 확인한다. 시스템 테스팅은 일일이 각 요소와 전체를 철저히 테스트하므로 시간이 오래 걸린다.

4) UAT(User Acceptance Testing)

이것은 작업을 테스팅하기 위해서 일련의 소수인력을 실제로 투입함으로써 시작되는데 개발자가 UAT에 이를 때면 버그, 속도, 이슈, 그리고 논리적 흐름문제를 모두 잡아낸 다음일 것이다. 최상이며 가장 원시적인 상태의 시스템에서 UAT 테스터는 사용자가 현장에서 사용할 시스템의 상태에서 개발자들이 놓친 문제를 찾을 때까지 테스트한다.

5) FAT(Factory Acceptance Testing)

때때로 시스템이 너무 크면 최초 개발이 완성된 사이트에서 사용자가 테스팅하는 것이 더 나을 때가 있다. 일기예보를 위해 새로운 모듈이 개발되고 새로운 소프트웨어가 사용되는 레이더 시스템 개발을 생각해 보자. 일단 커스터머가 새로운 시스템을 승인하면 원하는 장소로 보내질 준비가 된 벤더사이트에서 이 모든 것이 이뤄진다. FAT는 대규모 개발 작업을 전문으로 하는 정부 컨트렉터의 일부분일 때가 많고 패키지형태를 띤다.

6) SAT(Site Acceptance Testing)

사이트 승인테스트는 커스터머 영역에서 실행하는 커스터머 테스팅이다. 위의 레이더 시스템을 예로 보자. 레이더 전문 컨트렉터가 새로운 레이더 시스템과 거기에 관련된 모든 요소들을 개발했다. 커스터머는 FAT를 마치고 개발실을 나온 시스템이 승인될 만한지 알아보아야 한다. 이제 조직이 새로운 시스템을 커스터머에게 보내면 커스터머는 여러 테스트를 행해서 모든 것들이 잘 작동되며 시스템이 예상대로 운영되는지 확인하게 될 것이다.

테스팅은 IT 프로젝트의 능력을 확정짓는 일로써 대단히 중요한 단계이며, 몇 가지 시나리오로 더 많은 테스팅을 할 수도 있다.

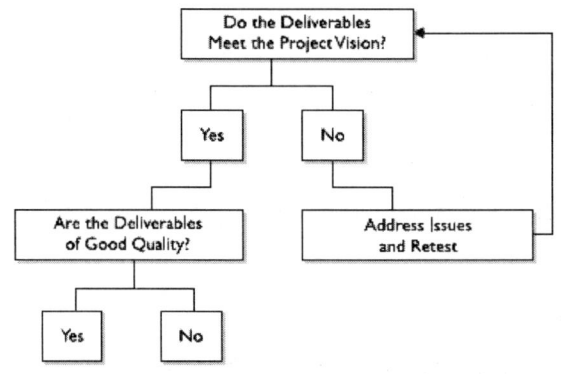

〈중요작업의 품질을 테스트하기 위한 프로세스가 정상적이어야 한다.〉

7) 지리적으로 분산된 팀

프로젝트 팀은 자주 여러 위치에 흩어져 있기도 해서 중요한 소프트웨어 개발이 여러 명의 프로그래머에 의해 컴파일된 코드일 때가 많다. 비록 팀에 의사소통과 작업표준을 세웠어도 일상적으로 마주하지 못하기 때문에 해석을 잘못해서 다른 모듈이 되기도 한다. 이런 경우라면 초기에 문제를 잡아내기 위해서 개별 모듈에 좀 더 세심한 지침하달과 철저한 테스팅을 해주어야 한다.

8) 벤더 작업

좀 더 심각하게 테스팅이 진행될 필요가 있는 또 다른 시나리오가 벤더가 작업을 수행했을 때이다. 개발 프로세스 동안 어떻게 언제 테스트하느냐에 관한 약정이 계약서에 들어 있어야 한다. 시스템의 나머지를 작업하는 벤더라면 일반적으로 벤더 작업에 대한 최종 승인으로 종합 테스팅이 들어있게 된다. 벤더 작업의 승인은 벤더지불과 마찬가지이므로 이런 테스트는 벤더가 계약한 작업과 관련된 모든 요구를 커버하는 테스트여야 한다.

비록 테스팅이 IT 프로젝트에서 품질관리를 위해 가장 흔히 사용되지만 이것이 유일한 방법은 아니다.

2.2 기타 품질관리 도구와 기법

IT 프로젝트를 해본 사람이라면 누구나 프로젝트가 실행되는 동안 어느 정도의 테스팅에 익숙할 것이다. 테스팅과 더불어 품질결함에 접근하기 위해서 다른 도구와 기법도 사용된다.

1) Pareto 도표

Pareto Diagram은 일정기간 발생되는 빈도에 근거해 문제의 중요성을 순위 매기는데 사용된다. 이 도표는 Pareto 원칙에 기반해 80/20규칙으로 보통 말한다. Pareto 원칙은 이태리 사회학자이며 경제학자인 **Vilfredo Pareto**의 이름을 딴 것인데, 이태리에서 80%의 부는

20%의 사람이 장악하고 있다고 관찰했다. 이 원칙은 Pareto가 처음 발견한 이후로 여러 분야에 적용되는데 품질관리에 적용하면 대부분 프로젝트 결함은 작은 문제로부터 시작되는 것을 알 수 있다. Pareto 도표는 중요한 문제가 무엇인지 구별해 주므로 가장 큰 영향을 끼치는 행동을 알게 한다. 문제발생의 감소순서를 표시하는 막대그래프가 사용되어 개선 우선순위를 세울 수 있다.

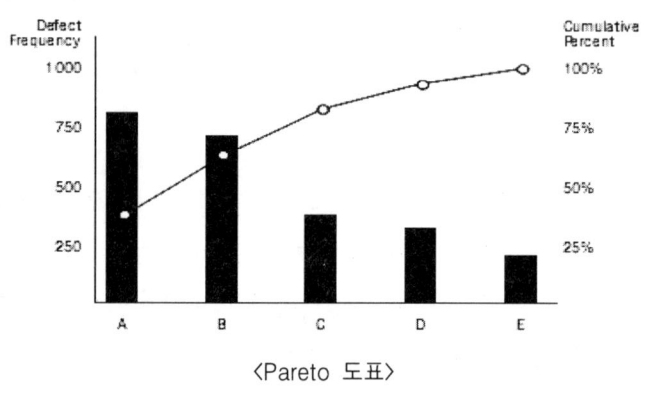

〈Pareto 도표〉

Pareto 도표의 목적은 두 가지이다.
(a) 결함의 비교 중요도를 나타낸다.
(b) 가장 커다란 영향을 끼치는 영역에 개선노력을 지시한다.

이것이 어떻게 해석되는지 알아보자. Pareto 도표는 보통 결함빈도나 테스팅 동안 발견되지 않은 결함정보를 표로 리스트한다. 위 표는 항목 A-E의 실패빈도를 보여주는데, 이 항목에는 결함빈도, 누적 퍼센트, 그리고 결함 퍼센트가 나와 있다. 데이터가 있으면 위와 같은 Pareto 도표를 만들 수 있다. 막대는 왼쪽에서 오른쪽으로 결함빈도에 따라 순서적으로 표시되어 있는데, 막대는 결함빈도를 표시하고 누적 퍼센트는 원을 사용해서 나타낸다. 위 그림에서 보면 가장 심각한 문제로 초점을 맞춰야 할 것은 A와 B이다. 이 두 항목을 수정하면 결함의 반을 해결하는 셈이 된다.
다음 표는 결함빈도를 나타낸다.

Item	Defect Frequency	Percent of Defects	Cumulative Percent
A	800	.33	.33
B	700	.29	.62
C	400	.17	.79
D	300	.13	.92
E	200	.08	1.0

2) 통제 차트

통제 차트는 일정기간 동일한 프로세스를 여러 샘플변수를 넣어 그림으로 표시한 것으로 제조업에서 가장 많이 사용된다. 통제 차트는 평균, 상위 통제한계, 그리고 하위 통제한계로 나눈다. 상위 통제한계는 추가적인 결함예방 활동이 비용을 넘는 한계이고 하위 통제한계는 클라이언트나 엔드유저가 결함 때문에 제품을 거절하는 한계이다. 목표는 가장 낮은 비용으로 최상의 제품이 얻어지는 중간영역(평균)에 머무는 것이다. 다음 그림이 그 예이다.

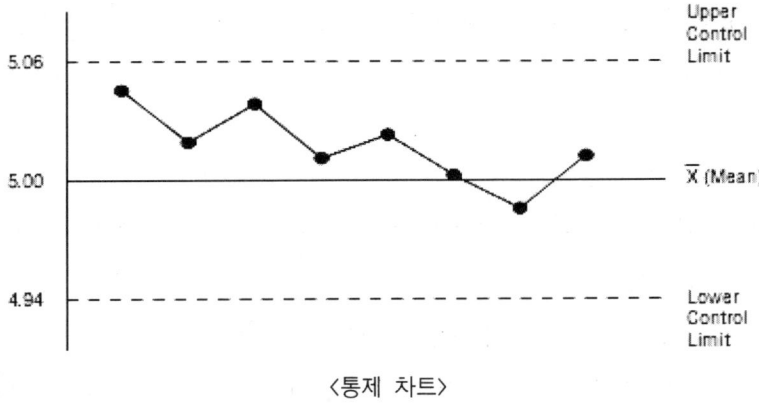

〈통제 차트〉

3) 통계적 샘플링

만일 검사나 테스팅해야 할 여러 가지 작업결과가 있다면 통계적 샘플링을 사용해야 하는데, 모든 대상 작업결과에서 테스팅과 검사를 위한 몇 가지 요소를 랜덤하게 선택해서 수행한다. 통계 샘플링은 특히 같은 제품에 대해 여러 버전이 만들어지는 프로젝트에서 매우 비용 효율적이다.

4) 플로차팅(Flowcharting)

이것은 앞의 품질 계획하기에서 제품을 만드는 프로세스 수단으로 논의되었다. 플로차팅 또한 품질통제 동안 어떻게 문제가 생겼는지 알아내는데 도움이 되는 효율적인 도구이다.

5) 경향 분석

이것은 장래 결함을 예상할 때 사용되는 수학적 기법으로, 도출된 자료로 판단한다. 나중에 좀더 자세히 알아볼 것이다. 테스팅과 기타 품질통제 도구와 기법에서 얻은 결과는 부족한 품질을 수정하기 위해 취해져야 할 어느 조치가 있는지 판단하는데 이용된다.

2.3 품질통제 활동

품질통제 활동을 시행할 때 수집된 결과를 근거로 적절한 행동을 결정해야 하는데, 품질 문제를 해결하는 일부 조치에는 교환(trade-off)이 있을 수 있어서 결정과정에 이해관계인들이 포함되어져야 한다. 품질활동의 결과로 가장 흔히 사용되는 조치는 재작업, 프로세스 조절, 그리고 수용이다.

1) 재작업

이것은 결함을 수정하려는 품질관리상 어느 조치를 말하는데, 모듈 테스트에서 결함이 보이면 일부 코드를 재작성하는 식이다. 문제가 발생되면 당연히 고쳐야 한다. 재작업은 매우 멋진 조치이다. 하지만 시간과 예산에 제약이 없는 이상적인 상황에서라면 가능하지만 실제 상황에선 예산과 스케줄에 영향을 끼치게 되므로 문제를 수정하는 시간을 고려하면 프로젝트 완성이 예상보다 길어지게 될 것이며, 재작업을 하는 작업자의 추가적인 급료 지불의 문제도 가져오게 된다. 하지만 만일 벤더와 작업했을 때 계약서에 품질기준을 명시해 놓았다면 추가비용이 지불되지는 않을 수 있지만 그래도 언제나 금융 부담을 감안해야 한다. 재작업 결정은 보통 결함의 심각성과 엔드유저가 제품을 사용할 때 영향을 끼치는 정도로 판단되는데 클라이언트, 스폰서, 그리고 기타 영향을 받는 이해관계인들이 재작업 결정에 참여해야 한다.

CHAPTER 10 프로젝트 통제

2) 프로세스 조절

프로세스를 변경하면 나머지 프로젝트에 적지 않게 영향을 끼치는데, 만일 전반적인 흐름을 방해하지 않고 소수의 작업그룹이나 팀원에게서 프로세스 변경이 이뤄진다면 프로세스 변경에 끼치는 영향을 분석하기 위해서 변경통제 프로세스를 사용하는 것이 좋다. 어느 변경을 만들기 전에 반드시 정식승인을 얻어야 한다.

3) 수용

수용은 품질 테스트에서 발견된 어느 결함을 그대로 받아들이는 것인데, 심각성과 테스팅 동안 발견되지 않은 결함의 빈도를 분석해서 취해지는 행동이다. 예를 들어 일부 상업적 소프트웨어 제품이 나중에 업그레이드를 통해 수정될 것을 감안한 채 일반에게 판매되는 식이다. 일반에게 공개하기로 한 날짜에 제품을 출시하는 것이 결함을 고치는 것보다 더 중요하기 때문이다. 다른 말로 해서 스케줄이 품질보다 우선순위인 경우이다. 결함의 전반적인 영향이 분석되고 프로젝트 이해관계인들과 협의한 뒤 서명을 받아야 결함이 수용된다. 또 다른 품질통제에서 중요한 것이 문서품질이다.

2.4 문서품질

IT 프로젝트는 보통 기술과 비 기술문서 두 가지를 만든다. 모든 프로젝트에 관련된 기술문서와 작업을 수행하고 관리하는 작업자들에게 제출되는 기타 비 기술 자료문서인데 사용자 문서, 사용자 훈련, 헬프데스크 훈련, 그리고 기타 지원그룹을 위한 문서 등이다.

1) 사용자 문서

온라인이든 책자든 시스템을 사용하고자 하는 사용자들의 의문을 풀어주기 위한 문서는 철자, 문법, 그리고 내용이 정확해야 하고 시스템 사용에 대한 모든 지침서는 제대로 테스트되어야 한다. 사용자들에게는 책자로 배포되어야 하고 헬프스크린 문서도 완전하고 철저해야 한다. 만일 의문이 있는 항목에서 F1 키를 눌렀을 때 "No help is available for this topic"이나 최소한의 적은 정보만 나오게 해서는 안 된다.

2) 사용자 훈련

사용자 훈련은 트레이너가 이끌거나, 스스로 학습하거나, 혹은 온라인 형태로 습득할 수 있게 되어 있지만 전달매체와 무관하게 훈련 내용과 완전성이 확인되어야 한다. 훈련이 철저하고 사용자가 이해할만 한지 확인하기 위해서 시범 클래스를 열거나 온라인 훈련 데이터베이스가 제대로 작동하는지 확인해야 한다. 훈련을 지도하거나 지원하는 트레이너는 새로운 시스템을 잘 알고 운영할 수 있어야 하며 훈련문서는 책자로 수업에 사용될 수 있어야 한다. 실습과 시청각 훈련자료도 준비해야 한다. 훈련 스케줄은 프로젝트 스케줄의 일부로써 사용자들에게 배포될 수 있다.

3) 헬프데스크 훈련

IT 프로젝트 매니저는 보통 사용자 훈련과 사용자 과정에는 주의를 기울이지만 새로운 시스템이 어떻게 작동되는지 사용자가 물어올 때 일차적으로 응답해주는 헬프데스크 요원이나 그 외의 보이지 않는 요원에 대해서는 간과할 때가 많다. 헬프데스크 시스템이 새로운 제품을 지원하기에 적합하게 되어 있는지 점검해 보고 사용자들을 지원할 수 있게끔 요원들을 훈련하는 계획도 세워 두어야 한다. 헬프데스크 훈련에는 엔드유저를 위한 모든 훈련과 문제해결을 위한 더 깊은 훈련이 포함되어야 한다. 사용자 훈련에 따른 교정과 테스팅도 이 훈련에 들어 있어야 한다. 특히 새로운 시스템이 출시되는 초기에 사용자들은 어떻게 시스템을 작동시켜야 하는지 몰라서 헬프데스크에 문의할 때가 많다. 헬프데스크도 제품 출시 때 준비되어져 있어야 한다.

4) 기타 지원그룹 문서

품질작업은 커스터머의 요구를 채워주는 것 이상이다. 시스템과 관계있는 모든 이들이 어떻게 이 작업이 일상적인 비즈니스 운영에 영향을 끼치는지 알아야 한다. 그러므로 전체 지원시스템에는 다른 그룹이 사용할 문서도 프로젝트 마감 전에 충분히 연구해서 준비해야 한다. 이런 그룹들을 간과하고 넘어가지 쉽지만 프로젝트의 전체적인 성공은 정확함과 시스템의 운영과 관리에 관련된 모든 그룹들이 사용할 수 있는 유용한 문서에 있다는 것을 명심해야 한다. 몇 가지 예를 살펴보자.

서버 관리자는 새로운 시스템이 서버에 미칠 영향을 알아야만 하는데, 서버에 새로 개발된 소프트웨어를 설치하고 서버 관리자에게 그 정보를 인계하지 않는다면 말도 안 되는 얘기이다. 또 PC 관리자도 새로운 시스템이 클라이언트 머신에 끼치는 영향을 알아야 하는데, 예를 들어 새로운 응용프로그램이 Oracle 폼이나 Visual Basic 프론트엔드를 사용하는지 혹은 씬 클라이언트 응용프로그램이 Java 클라이언트를 언제 다운로드받아야 하는지를 알아야 클라이언트 머신의 엔드유저를 지원할 수 있게 된다. 데이터베이스 관리자 또한 엔터프라이즈 데이터베이스 환경에 수정이나 변경이 있다면 알아야 한다. 특히 DBA에게 중요한 것은 인덱스, 관계, 트리거, 저장과정, 테이블 배치, 컬럼명, 그리고 시스템 데이터베이스에 관련된 기타 정보들일 것이다.

개발자는 이미 알고 있으면서 DBA에게 새로운 시스템이 어떤 것인지 알려주지 않고 놔두어서 DBA가 현장에서 문제가 생겼을 때 수정모드로 들어가 그제서야 시스템 작동원리를 안 뒤에 수정하게 한다면 말이나 될까? 전화선이나 인터네트워킹 인프라(e.g, 라우터, WAN 연결 등)를 사용하는 새로운 시스템은 이 분야의 전문가를 필요로 할 수 있다. 프로젝트 개발단계에서 이런 전문가들과 상호 교류를 가져야 하지만 어떻게 새로운 시스템이 그 장비에서 작동되는지 문서화해 두는 것이 더 중요하다.

3 IT 품질관리

IT에서 품질관리는 다음 두 가지 계획으로 시작된다.
(a) 실행할 작업에 잘 알려지고 널리 인정된 표준으로 설정한다.
(b) 최초 환경은 성공을 보장받는 방식으로 설정해 둔다.

이들 중 어느 것도 쉽게 결정할 수 없으므로 모든 레벨에 시간을 들이고 프로세스에 전념해야 한다. 이들을 각각 알아보고 무엇을 해야 하는지 생각해 보자.

CompTIA Project+

3.1 표준

　IT 분야가 그룹으로 모여 표준을 정하면 거의 항상 앵무새처럼 같은 말만 해대는 영업사원보다 더 나은 결과를 만드는데, 예를 들어 다음 응용프로그램 개발표준을 생각해 보자. ① 모든 새로운 응용프로그램은 XML을 사용하는 브라우저에서 실행되게 개발되어야 한다. ② 모든 응용프로그램은 로컬서비스가 아니라 J2EE와 같은 서버측 웹 서비스를 사용해야 한다. ③ 모든 응용프로그램은 SOAP(Simple Object Access Protocol)을 응용프로그램에서 클라이언트로 가는 전송기법으로 사용해야 한다.

　이런 표준은 확실히 포괄적이지 않고 IT 분야가 세운 것 같은 표준은 아니지만 기본적이고, 이해하기 쉬우며, 그리고 일반적인 프로토콜로 묶고 있는 것을 알 수 있다. 이런 표준을 세움으로써 대규모로도 확실히 새로운 응용프로그램을 통제할 수 있게 되며, 만일 누가 COTS 소프트웨어 제품을 사용하자고 말하면 스폰서가 표준을 고수한다고 주장하면 된다. IT 프로젝트를 취급할 PMO를 설정할 때 모든 IT 이해관계인들을 한 곳에 모아 모든 그룹들이 동의할 수 있는 일반적인 표준들을 리스트해 보면 다음의 것들이 나올 것이다.

　(a) 서버 문서-즉, 어떻게 서버가 설치되는지
　(b) 워크스테이션 설치 기준-즉, OS와 사무자동화 일체 버전, 패치와 서비스 팩, 브라우저 설정, 제어판 설정 등
　(c) 응용프로그램 개발 표준
　(d) 네트워크 프로토콜을 포함한 네트워크 운영표준 등이다.

1) 표준조직

　표준조직은 생각할 수 있는 거의 모든 표준(e.g, 소프트웨어 프로토콜에서 도로 표시판과 와인 잔까지)을 개발하는데, 그 중 하나가 ① ISO(International Organization for Standardization : www.iso.org)이다. 특별히 ISO 9000은 조직에서 품질관리를 위한 표준으로 참조된다. ISO 9000은 대규모라서 웹 사이트를 방문해서 어떻게 ISO가 표준을 만들고 무슨 표준이 있는지 살펴보면 표준정보를 얻는데 도움이 될 것이다.

② 또 다른 표준이 DMTF(Distributed Management Task Force : www.dmtf.org)로, 이 조직은 표준화된 인터페이스로 시스템을 관리하는 방법을 소개하고 있다. MS도 이 표준을 Windows 제품에 넣었는데, 각 Windows 2x 머신과 그 이상은 관리 인터페이스와 데이터베이스를 사용하는 WBEM(Web-Based Enterprise Management)을 사용하는데, 머신으로부터 인벤토리 정보를 얻고 중앙화된 시스템 인벤토리를 유지하려는 목적으로 데이터를 중앙 데이터베이스에 업로드하는 SMS(Systems Management Server)를 사용한다.

③ 또 IEEE(Institute of Electronic and Electric Engineer : www.ieee.org)가 또 다른 표준인데, 널리 사용되는 네트워킹 프로토콜을 만들어내는 조직이다. 무선네트워킹 프로토콜 그룹인 802.11도 이 위원회의 노력에 의해 개발된 표준이다.

④ 또 다른 유용하고 흥미 있는 표준조직이 운영환경(e.g, 서버, 네트워크 인프라, 메인프레임 등)을 관리하는 가장 좋은 방법에 관해 생각하는 ITIL(Information Technology Infrastructure Library : www.ogc.gov.uk/index.asp?id=2261)로, 대규모 운영방식을 생각할 때 도움을 준다. ITIL은 이곳에 소개된 기법을 적용하기 전에 비즈니스 프로세스 흐름을 이해하고 있어야 한다고 말한다.

⑤ ANSI(American National Standards Institute : www.ansi.org)도 또 다른 표준단체인데, 재미있는 것은 PMI의 A Guide to the PMBOK이 ANSI 표준이다.

이런 조직들을 보면 이들이 표준을 만들려고 애쓰고 있으며 컴퓨터 시스템에서 서로 경쟁하는 것을 볼 수 있다. 따라서 적어도 이런 표준들을 이해하고 조직에 가장 적합한 것을 채택해서 맞춰가는 것도 나중에 혜택이 될 수 있다.

3.2 환경 프로세스 설정하기

계속해서 고품질의 프로젝트를 만들고자 하는 PMO를 조직하는 좋은 기법들이 많은데, 고품질의 프로젝트를 실제 만들어낼 수 있는 능력의 관점에서 조직이 얼마나 건강한지 평가하는 일로 CMM(Capability Maturity Model) 분석이 제대로 있어야 한다. CMM은 카네기 멜론대학의 SEI(Software Engineering Institute)에 의해 개발되었는데, www.sei.cmu.edu/cmmi/adoption/cmmi-start.html을 보면 최신의 여러 CMM 실행을 볼 수 있다. CMM

은 주어진 어느 프로젝트를 수행할 수 있는 5개의 운영레벨이 있는데 초기, 전환, 확정, 관리, 그리고 최적화이다.

① 초기(Initial) - 프로세스가 겨우 열린 상태이며 때때로 혼란하기까지 하다. 이것이 조직의 상태라면 프로젝트 요청을 받았을 때 포기하는 것이 좋은데, 어느 노력을 기울여도 공통된 합의에 도달하지 못하기 때문이다. 이것은 CMM의 최하위 레벨로써 CMM1으로 부른다.

② 전환(Repeatable) - 이 레벨에서는 조직이 요청된 프로젝트에 대해 비용, 스케줄, 그리고 프로젝트된 결과와 같은 기본 프로젝트 관리 프로세스를 가지고 있다. CMM2로 불리며 조직은 프로젝트를 맡기에 성숙하다고 볼 순 없지만 프로세스를 겨우 해 나아갈 힘은 있다고 본다.

③ 확정(Defined) - CMM3로 불리는데 프로세스가 정의되고, 공표되며, 표준화되어 프로젝트 책임자 - 보통 PMO에게 운영이 집중된다. 모든 프로젝트는 표준문서, 프로젝트 요청, 승인, 그리고 수행할 작업을 가지고 있는데 이 레벨의 조직은 역량을 한데 모으면 프로젝트를 맡아서 시작할 수 있지만 완전하게 되려면 좀더 노력해야 한다.

④ 관리(Managed) - CMM4인 이 레벨에선 조직이 프로젝트 결과를 고급 통제할 수 있다. 어느 프로젝트든지 결과물인 제품으로 평가하므로 엄격한 품질을 가져야 하는데 (대규모 조직과 프로젝트에선 Six Sigma 기법 - 기술혁신의 배경 및 개념과 통계적 이론과 방법들을 적용한 측정, 분석, 개선, 제어 등의 추진전략을 세우고, 실질적인 예제를 통해 적응력을 기르는 기법 - 으로 이뤄진다), 프로젝트가 지속적으로 고품질을 가지기 위해선 프로젝트를 까다롭게 통제하고 운영을 잘 이해하며 일관된 방법으로 작업을 해야 한다. CMM4를 운영적인 용어로 정량적(Quantitative)으로 부르는데, 정량적 측정과 분석으로 고품질의 제품을 만들게 된다.

⑤ 최적화(Optimizing) - CMM5인 이 레벨에서는 일관성 있는 고품질의 프로젝트를 만들어내고 전문가적으로 모니터하고 관리할 뿐만 아니라, 프로세스를 개선하는 방법들을 계속해서 찾는다.

제조업이나 정량적으로 품질을 관리하는 분야에 종사하지 않을 수도 있지만 수학, 특히 통계를 잘 알면 Six Sigma로 성공적인 품질을 관리하는 방법을 찾을 수 있다. Six Sigma (www.isixsigma.com)는 통계적 분석을 통해 품질결과를 알려주는 프로그램이다. 이 프로그램은 기준선에 얼마나 가까이 접근해 있는지를 알려주는 여러 색깔 띠를 사용한다. 초록색, 갈색, 그리고 검정색이 있는데 검정이 가장 높다. GE(General Electric), Boeing, 그리고 기타 조직들이 Six Sigma 타입을 품질관리에 사용한다.

IT 작업의 핵심은 IT 조직이 현명하게 프로젝트 관리기법을 시행하고 일관적으로 프로젝트를 수행하는 능력에 있다. 조직의 상대적 능력이 어디쯤인지 우선 이해한 뒤 좋은 품질, 잘 알려진 표준에 역량을 집중하는 것이 성공에 이르는 길이다. 기술을 적용하기 전에 비즈니스 유닛의 프로세스나 흐름을 항상 이해하는 것이 중요하다는 것을 기억해야 한다. 만일 이런 순서를 제대로 지켜간다면 모든 것들이 제대로 될 것이다.

4 리스크 모니터링과 통제

프로젝트 계획하기에서 프로젝트와 리스크 대응계획 개발에 끼치는 잠재적인 리스크를 확인해야 한다. 리스크 모니터링과 통제는 리스크 대응계획을 실행하는 프로세스인데, 이 프로세스는 계획하기 동안 확인된 리스크를 추적할 뿐만 아니라 수행한 조치의 효율을 평가한다. 리스크를 막고 영향을 완화하기 위해서 확인된 조치가 적용되어 있는지, 결과는 예상한 대로인지를 확인한다.

통제할 수 없는 리스크에는 리스크를 처리하기 위해서 개발된 비상계획의 실행여부를 결정하기 위해 리스크의 상태를 추적해야 한다. 리스크 모니터링과 통제는 또한 프로젝트 주기를 통해서 어느 새로운 리스크가 있는지 확인해내는데, 오리지널 리스크는 세부사항 레벨과 무관하게 프로젝트 진척조건이 변경되면 비즈니스 변경 그리고 프로젝트의 기타 계획 변경과 같은 새로운 리스크를 만들어내므로 이들은 반드시 처리되어야 한다. 프로젝트 이슈 통제는 리스크 통제와 긴밀하게 연계되어 있다. 현재 이슈의 진척을 모니터하고 업데이트하며, 해결된 진척을 평가하고 그리고 새로운 이슈를 확인한다. 이제 리스크 대응계획의 결과를 알아보자.

CompTIA Project+

4.1 리스크 대응결과 모니터하기

리스크 계획하기 동안 프로젝트에 대한 리스크를 확인하고 만일 리스크가 발생하면 발생빈도와 프로젝트에 끼치는 영향에 근거해서 우선순위를 정한다. 리스크 반응계획에는 높은 우선순위 리스크에 대한 계획된 반응 - 리스크를 피하거나 충격을 완화하거나 혹은 리스크 결과에 대응하는 임시계획 행동 등이 들어있게 된다.

① 예방행동 - 리스크 예방과 관련된 특정행동으로 보통 스케줄에 새로운 작업을 추가해서 리스크를 피하거나 완화시킨다. 이런 경우 계획된 대응책의 실행을 추적해서 리스크 제거와 완화에 미친 영향을 평가해야 한다. 만일 이런 조치가 리스크를 완화하지 못했다면 리스크 반응을 검토해서 리스크를 수용하거나 새로운 대응책을 개발하든지 해야 한다. 바라는 결과가 나오지 않은 조치를 검토할 때 관련된 다른 요소가 리스크의 성격을 변경시켰는지도 확인해야 한다. 만일 실제 리스크가 본질적으로 다른 면이었다면 전혀 다른 접근이 필요했기 때문이다.

② 임시행동 - 리스크 대응계획의 또 다른 타입은 피하거나 완화할 수 없는 리스크를 다루는 임시행동으로, 리스크가 실제 발생할 때만 실행되므로 리스크가 임박했다는 것을 말하는 리스크 촉발(risk trigger) 이벤트를 모니터링해야 한다. 프로젝트가 진행되면서 리스크나 트리거가 변경되는 어느 낌새에도 긴장해야 한다. 임시계획에서의 성공 열쇠는 리스크가 올 것을 알아내는 능력이다.

4.2 새로운 리스크 확인하기

리스크 대응계획은 프로젝트 주기를 통해 개발되는데, 계획하기 동안 확인된 일부 리스크가 나타나지 않을 수도 있고 대응계획에 들어있지 않았던 새로운 리스크가 발생할 수도 있다. 프로젝트 작업이 시행되면 계획에 없던 새로운 리스크에 대비해야 한다. 프로젝트 범위에서의 어느 변경도 프로젝트에 잠재적으로 리스크를 줄 수 있다. 범위변경과 관련된 새로운 조치들도 자주 프로젝트 스케줄을 연장시키기 때문에 역시 중요경로에 있게 된다. 범위변경에는 항상 리스크분석과 리스크 대응계획의 검토가 들어있어야 한다. 새로운 리스크는 또한 리스크 우선순위 리스팅에도 영향을 끼치는데, 이전에 확인된 리스크보다 더 큰 심각한 영향을 끼칠 가능성도 있다.

프로젝트 계획에 끼친 변경은 현재 리스크의 비교순위에도 영향을 미치는데, 예를 들어 실질 작업진척을 보고할 때 스케줄의 중요경로가 바뀔 수도 있고 이전엔 낮은 우선순위에 있던 리스크가 긴급하게 처리되어야 할 경우도 있다. 또 현재 리스크에 대한 대응이 수정되거나 새로운 리스크를 확인해서 처리하는데 제안된 행동이 프로젝트 계획 자체를 변경시키는 수도 있게 된다. 대응은 또한 프로젝트 범위변경, 스케줄, 혹은 비용변경을 가져오기도 하는데 이런 경우 리스크 대응은 다른 변경처럼 적절한 변경통제 과정을 거쳐야 한다. 모니터링과 업데이트를 필요로 하는 또 다른 중요한 문서가 진행 중인 이슈 로그이다.

4.3 이슈 해결 모니터링하기

이슈 해결 진척 모니터링은 리스크 모니터링하기와 매우 유사하다. 이슈를 해결하기 위해서 적절한 행동을 취해야 하는데, 잘 관리되지 않은 이슈는 이상한 괴물로 변해 매주 새로운 이슈로 뜨거나 무엇으로도 해결되지 않는 수가 있다. 프로젝트 팀 회의에서 이슈 로그를 검토할 때 이슈를 해결하는 책임을 진 작업자가 제대로 이슈를 해결하고 있는지 확인해야 한다. 때때로 프로젝트 이슈에는 특히 몇 주에서 여러 달 여전히 그 문제를 해결하고 있다는 진척보고서가 올라오는 경우도 있다. 상황보고서엔 이슈의 해결책과 해결 예정일이 들어 있어야 한다. 만일 어느 진척도 없다면 아마도 대응팀이 도움을 받아야 하거나 이슈를 제대로 이해하지 못해서일텐데, 그것이 프로젝트 진척의 정체점이라면 해결하기 위해서 스폰서에게 상정해야 할 수도 있다. 비록 목표가 모든 이슈를 팀원에게 배분해서 가능한 한 빠르게 해결하는 것이지만, 어느 경우엔 이슈에 우선순위를 매겨서 순서적으로 해결해야 할 때도 있다.

리스크 계획하기에서 이 이슈 우선순위를 매기기 위해서 몇 가지 도구를 사용할 수 있는데, 만일 여러 이슈들을 같은 팀이나 그룹에게 배분한다면 프로젝트의 결과에 미치는 각 이슈의 영향을 검토해서 우선순위 리스트를 만들어야 한다.

4.4 위기에 빠진 프로젝트

리스크나 이슈를 해결하기 위해 프로젝트 팀원이 수행하는 작업이 때때로 프로젝트 완성을 위험에 빠뜨릴 수 있는 상황으로 몰고 가기도 한다. 만일 리스크나 이슈를 수정하는 작업이 원하는 결과를 보이지 않거나 통제할 수 없는 새로운 리스크를 도출한다면 프로젝트 스폰서가 나설 때이다. 프로젝트 스폰서에게 문제를 상정하는 것은 매우 민감한 조치로써 무엇이 잘못될 때마다 혹은 어려운 문제를 해결하지 못하고 패닉에 빠진다는 평판을 듣고 싶진 않을 것이다. 하지만 만일 할 수 있는 모든 것을 다 했다면 상황이 변할 것이란 희미한 희망을 가지고 스폰서를 참여시켜만 한다. 만일 프로젝트가 심각한 문제에 빠질 때까지 손들지 않고 있으면 스폰서가 아무 일도 할 수 없게 되는 지경이 된다.

프로젝트 스폰서와 회의할 때 이슈나 리스크에 대해서 분명하게 대화할 준비를 해야 하는데, 지금까지 취한 조치와 그로 인해 아무것도 변한 것이 없다면 프로젝트에 끼친 영향을 말한다. 스폰서에게 브리핑을 할 때 스폰서는 지금까지 취한 행동들을 일일이 알고 싶어 하지 않을 수도 있다. 스폰서에게 특정조치를 요청해야 하는데 괜히 스폰서 앞에서 쭈물거리거나 무엇을 해야 할지 모르겠다는 식으로 행동해서 좋을 것이 없다. 만일 실행레벨에서 결정을 내려야 할 다른 부서와의 이슈가 있다면 누가 관련된 일이며 프로젝트가 제 궤도에 있으려면 무엇이 되어져야 하는지를 스폰서가 알게 해야 한다. 때때로 상황이 바뀔 어느 것도 없을 수 있지만 새로운 규정으로 중요한 프로젝트가 무력화될 수도 있고, 새로운 조직의 실무진이 프로젝트의 정당성을 무위로 돌리는 정책을 펼 수도 있다. 만일 이런 경우라면 스폰서에게 할 수 있는 요청은 프로젝트가 취소되게 하는 것일 수도 있겠다.

프로젝트 통제는 이해관계인들에게 보고되어야 하며 어느 때엔 이해관계인들이 프로젝트의 장래에 대해 결정을 내려주는 경우도 있다.

5 성과보고서

통제활동은 이해관계인들과 협의해야 할 프로젝트에 관한 중요한 정보를 보여주고 성과보고서는 프로젝트 범위, 스케줄, 비용, 그리고 품질에 대한 정보를 예상하거나 진척을 알게 해준다. 프로젝트의 성공을 위기로 몰아가는 리스크나 이슈 또한 이해관계인들에게 보고되어져야 한다. 작업성과는 각 이해관계인 그룹에게 의사소통 계획에 따라 배포되어져야 하는데, 성과보고는 보통 지금까지 무엇이 되어졌는지, 무엇이 완성되었고 무엇이 남아있는지를 설명해 준다. 프로젝트 진척을 논의할 때 많은 분석도구가 의미 있는 데이터를 모아준다. 프로젝트 결과와 예상에 대한 의견교환과 더불어 성과보고서는 자주 이해관계인 측의 행동을 촉구하기도 한다.

5.1 성과보고 도구와 기법

성과보고서는 이미 수행된 프로젝트 작업이 스케줄대로인지, 예산을 넘었는지, 혹은 범위를 벗어났는지 등을 나열하는 것 이상으로 좀더 특정한 정보를 포함해야 하는데 변수는 프로젝트의 전반적인 성공에서 여러 범위에 영향을 끼친다. 성과보고의 일부로 프로젝트에 끼치는 영향을 알기 위해선 문제를 분석할 필요가 있으므로 계획하기에서 이런 이탈의 영향을 분명히 해 두어야 하는데 여기에 사용되는 기법에는 변수분석, 경향분석, 완성일 예상, 그리고 취득 값이 있다.

1) 변수분석

변수분석은 계획된 프로젝트 결과와 실제 프로젝트 결과를 비교하는 것으로 프로젝트 스케줄과 프로젝트 예산에서 주로 사용된다. 대부분 프로젝트 관리 소프트웨어 도구는 실제 스케줄과 기준선 스케줄을 비교해서 표시해 주는 추적특성을 가지고 있다. 어느 작업이 예상보다 더 오래 걸렸는지와 프로젝트 일정에 영향을 주었는지를 볼 수 있고, 작업레벨에 따른 결과를 보는 뷰나 특정 단계의 전반적인 결과를 보여주는 요약 뷰를 만들 수 있다. 이 추적특성은 또한 지연으로 인한 프로젝트 마감일을 재계산해 준다.

프로젝트 예산보고서는 비용 기준선과 비교해서 정한 기간에 사용되어져야 할 예산에 비해 얼마나 지출되었는지 보여준다. 이 보고서는 또한 작업에서 비용 기준선의 일부인 작업 투입 예상과 개인별 리소스에 의해 작업에 소비된 시수를 비교해서 보여준다. 변수를 정량화하기 위해 퍼센트가 사용되기도 하는데, 중요작업이 75% 끝났다고 하는 성과보고서나

CompTIA Project+

프로젝트 스케줄이 50% 완성되었고 35%의 예산이 소비되었다는 식의 설명서를 볼 수 있다. 퍼센트 완성이나 총 예산 퍼센트를 사용할 때 주의해야 하는데, 이런 숫자는 만일 내용을 이해하지 못하고 있으면 잘못 해석될 수 있다는 것이다. 완성된 작업과 남은 작업의 관점에서 예산을 봐야 한다. 예산이 기준선에 있거나 그 아래 있으면 좋은 일이지만, 스케줄에 늦거나 예산을 넘는 것에는 주의해야 한다.

2) 경향분석

과거의 성향은 장래의 성과가 어떻게 예상될 수 있는지 좀 더 분명한 그림을 제공한다. 경향분석은 일정기간에 걸쳐 작업성과가 개선되는지 쇠퇴하는지 보여주는데 사용되는 수학적 계산에 근거한다. 이런 과거의 성향은 앞으로의 프로젝트 성과를 예상하는데 사용되며, 경향을 계산하고 장래의 결과를 예상하는데 여러 가지 공식이 사용된다.

3) 완성일 예상

프로젝트가 진행되고 공식 예산보고서가 얻어지면 예산의 총 비용을 예상해야 한다. EAC(Estimate At Completion)은 현재 프로젝트의 작업 성과와 남은 작업에 근거해 프로젝트의 총 비용을 예상한다. EAC가 어떻게 작동하는지 이해하기 위해서 다른 용어도 알고 있어야 한다. EAC=AC+ETC(AC(Actual Cost)는 그날까지 혹은 특정 단계 끝에서까지 소비된 총 금액, BAC(Budget At Completion)은 프로젝트 예산의 총 금액, ETC(Estimate To Completion)는 남은 프로젝트 작업까지의 예상 금액)이다.

EAC 수치와 BAC 수치를 비교해서 오리지널 예산에서 어느 이탈이 있는지 예상할 수 있다. EAC를 계산하는 두 가지 다른 방법이 있는데 하나는 그날까지의 실제 소비와 남은 예산을 더하는 것이고, 또 다른 하나는 그날까지의 실제 소비와 성과요소에 의해 수정된 남은 예산을 더하는 것이다. 이에 대한 자세한 정보는 A Guide to the PMBOK을 참조하라.

4) 취득 값

만일 프로젝트가 대규모이고 모든 금융상 세부사항에도 신경을 써야 한다면 더 발전된 PM 연구를 통해 주의를 기울여야 할 일부 재정관리 변수를 볼 수 있다. Objective 3.10은 완성에 대한 예상과 이에 관련된 세 가지 용어만 리스트하고 있지만 조금 더 자세히 알아볼 필요가 있다. 몇 가지 변수가 있는데 각각은 스프레드시트나 프로젝트 관리 소프트웨어 계산을 통해 쉽게 계산된다. 이런 변수를 계산하는데 사용할 숫자를 만드는데 시간이 소요되므로 기본정의로 시작해서 실제로 이들이 어떻게 계산되는지 알아보자. A Guide to the PMBOK은 취득 값 관리에서 일부 용어를 변경했는데 다음에 표로 보였다. 두 용어는 함께 혼용된다.

Current Term	Also Known As
Actual Cost (AC)	Actual Cost of Work Performed (ACWP)
Earned Value (EV)	Budgeted Cost of Work Performed (BCWP)
Planned Value (PV)	Budgeted Cost of Work Scheduled (BCWS)

〈취득 값 용어〉

공식과 변수를 사용해서 프로젝트에 관한 분석을 수행할 때 EV(Earned Value) 분석을 수행한다. 프로젝트의 취득 값에 대해 사정할 때 이미 끝난 작업량이 주어지면 지금까지 소비되어져야 했을 예산을 측정해서 BCWP(Budgeted Cost of Work Performed)를 계산한다(EV와 BCWP는 같은 용어이다). 누구도 어느 작업을 시작하지 않았고 아무 돈도 소비되지 않았던 원래 프로젝트의 시작점이 프로젝트의 기준선을 나타낸다는 것을 이해해야 한다. 재정 관리변수를 계산하기 전에 프로젝트의 시작을 충분히 설명하는 것이 중요하다. 프로젝트 관리 소프트웨어는 시간과 자료를 투입하기 전에 기준선이 저절로 잡힌다.

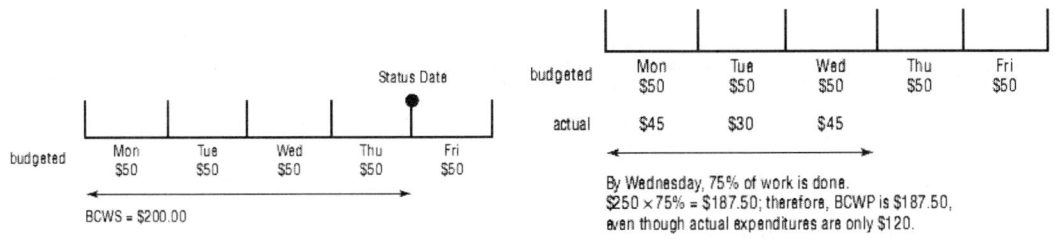

〈PV(=BCWS)와 AC(=ACWP)〉

CompTIA Project+

(1) 취득 값 기본

상태일(status date)로 따지는데, 간단히 말해 특정작업에 그날까지 얼마나 비용이 들었는지 측정하는 방식이다. 다음엔 작업비용을 여러 가지 방법으로 볼 수 있어야 한다.

① PV(Planned Value) - 이는 BCWS(Budgeted Cost of Work Scheduled)와 같은 용어로 어느 작업이 끝나도록 스케줄된 날짜 수만큼 작업의 총 비용을 균등하게 나누어 할당하는 것이다. 만일 작업이 5일간 250$이 든다면 각 작업은 50$이 든다는 것인데, 작업의 시작일과 상태일 사이에서 어느 작업에 소비될 예정된 비용과 비교해서 BCWS를 얻을 수 있다. 만일 상태일이 목요일이라면 5일 중에서 4일을 소비한 것이고, BCWS는 200$이 될 것이다. 앞 장 그림 왼쪽에 설명했다.

② ACWP(Actual Cost of Work Performed) - 이는 취득 값에 대한 또 다른 요소인데, 주어진 기간 동안 실제로 작업한 각 날짜에서 발생한 비용이다. 위 예에서 하루에 50$씩 들어 5일간 총 250$을 소비하게 되어 있는데, 월요일에 45$, 화요일에 30$, 수요일에 45$, 그리고 목요일에 35$을 소비했다면 4일간의 ACWP는 155$이지만 BCWS는 여전히 200$이다. 앞 장 그림 오른쪽에 있다.

③ BCWP(Budgeted Cost of Work Performed) - 끝으로 BCWP는 예상에 대한 실행된 작업의 퍼센트를 비교한 수치이다. 5일간 하루 50$씩 250$의 비용이 드는 작업의 상태일을 수요일로 보면, 전체 5일 중에 3일이 경과했으므로 75%의 작업이 끝나서 250×0.75=187.5$ BCWP가 된다. 실제로는 120$(월요일에 45$, 화요일에 30$, 수요일에 45$)를 소비했다. 지금까지 완성된 작업에 근거해 실제로 소비한 금액과 소비할 것으로 예상했던 금액을 비교해서 수치로 표시한다.

이제 이런 취득 값 요소의 차이를 이해했으므로 기본 재정 관리변수를 계산해보자.

BCWS, ACWP, 그리고 BCWP 수치를 이용할 것이고 BAC와 EAC도 지표로 사용된다. 이 모든 계산들은 현재 상태와 예산을 어느 방식으로 볼 것인지를 나타내는데, 한 그룹은 단순히 실제와 예정 예산을 빼서 차액인 변수(variance)를 만들어내고 또 다른 그룹은 이들을 나누어서 비율인 지표(index)를 보여준다. 이 모든 수치들이 유용할 수 있지만 작은 IT 프로젝트에서는 모든 숫자들이 필요하진 않다.

(2) 변수

변수는 예정된 예산과 실제 소비된 비용 사이의 차이를 보여주는데, 주어진 작업에 대해 양의 변수는 시간이나 금액이 절약된 것으로 프로젝트의 다른 부분에 재할당될 수 있고 음의 변수는 예산을 더 사용했거나 스케줄에서 늦은 것으로 어느 조치가 취해져야 하는 것을 보여준다.

① CV(Cost Variance) - 비용변수는 작업의 예상금액과 실제비용의 차이를 나타낸다. 공식은 CV=BCWP-ACWP이다.

② SV(Schedule Variance) - 스케줄 변수는 실제작업의 진척을 예상진척으로 비교해서 비용차이를 나타낸다. 공식은 SV=BCWP-BCWS이다.

(3) 지표(비율)

지표는 프로젝트의 어느 한 요소(예상)와 다른 요소(실패) 사이의 비율을 보여주는데, 측정하기 쉬워서 이 형태의 숫자가 가장 일반적으로 사용된다. '1보다 크거나 같다는 스케줄보다 앞섰다(=예상보다 덜 들었다)'이고, 1보다 작은 비율은 스케줄보다 늦거나 예산이 더 들었다는 표시이다. 비율은 또한 숫자로 생각하는 것이 쉬워서 퍼센트로도 표시되는데, 예를 들어 지표가 0.971이라면 100을 곱해서 97.1%로 표시한다. 이런 공식들을 사용해서 그것들이 무엇을 의미하는지 기억하고 이해하려면 주어진 프로젝트에서 어디에 와 있는지 취득 값 분석을 사용해서, 예를 들어 "내가 프로젝트를 끝낼 충분한 예산이 남아있나?"나 "프로젝트를 제시간에 끝낼 시간적 여유가 있나?"와 같은 질문에 대한 답을 할 수 있다.

다시 한 번 말하지만 이런 계산은 매우 복잡한 프로젝트에 사용할 뿐이지 간단한 곳에서는 별로 사용하지 않는다는 것을 이해하고 있어야 한다.

① CPI(Cost Performance Index) - 비용 성과지표는 프로젝트 작업에 실제 사용된 총 금액을 반영하는데, 예상한 금액에 얼마나 근접해 있는지 알게 한다. 작업예산과 실제비용의 차이를 비율로 타나내는데 공식은 CPI=BCWP/ACWP이다. CPI가 1보다 작으면 예산을 더 지출했다는 뜻이며, 1보다 크면 예상보다 덜 지출했다는 의미이다.

② SPI(Schedule Performance Index) - 스케줄 성과지표는 수행한 실제작업과 계획된 작업의 비율을 나타내는데, 주어진 시간동안 수행된 작업의 효율성을 보여줌으로써 예

상한 작업에 얼마나 근접해 있는지 알게 한다. 어느 작업에 대한 수행과 작업 스케줄과의 비율로 공식은 SPI=BCWP/BCWS이다. SPI가 1보다 적으면 스케줄에 뒤졌다는 뜻이고, 1보다 크면 예상보다 시간이 덜 걸렸다는 뜻이 된다.

③ TCPI(To-Complete Performance Index) – 완성을 위한 성과지표는 남은 작업과 남은 예산을 비교해서 퍼센트로 표시하는데, 더 높은 퍼센트일수록 더 효율적으로 작업하고 있다는 뜻이 된다. 20%가 더 넘거나 CPI보다 적은 TCPI는 현재 EAC가 이전 작업을 나타내고 있지 않다는 뜻이 된다. 공식은 TCPI=남은 작업/남은 금액이다(남은 작업=BAC−BCWP이고, 남은 금액=BAC−ACWP이다). 또 EAC(Estimate At Completion)=BAC/CPI, ETC(Estimate To Completion)=EAC−AC이다. 예를 들어 다음과 같은 프로젝트 수치가 주어졌을 때 TCPI를 구해보자.

(a) BAC   =250,000
(b) BCWP   =175,000
(c) ACWP   =180,000
(d) CPI   =175,000/180,000=0.972(혹은 97.2%)
(e) TCPI   =(250,000−175,000)/(250,000−180,000)=1.071(혹은 107.1%)

　* TCPI와 CPI를 비교해서 하나를 다른 것으로 나누는데, 만일 결과가 1.2~0.8 사이에 있다면 ±20%선에 있다는 뜻이다.

(f) TCPI/CPI =1.071/0.972=1.102

　* 이 경우 1.102는 프로젝트가 이전 성과에 비교해서(물론 이전 성과도 예상대로 궤도에 있었을 것으로 예상되지만) 제 궤도에 있다는 것을 의미한다.

이런 분석들을 통해서 이해관계인은 어떻게 프로젝트를 진행할지 판단하게 된다.

CHAPTER 10 프로젝트 통제

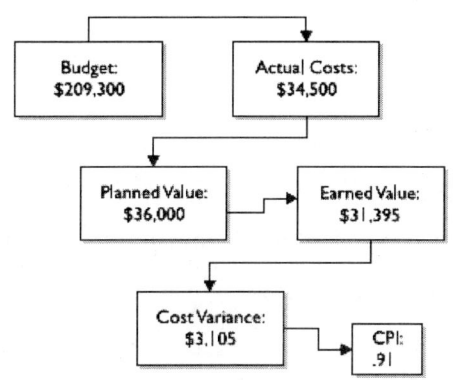

〈CPI는 프로젝트가 예산에 얼마나 근접한지 나타낸다.〉

5.2 이해관계인들 행동 촉구하기

프로젝트 통제단계에서 프로젝트의 장래에 대해 많은 결정이 내려져야 하는데, 프로젝트 매니저는 프로젝트 계획으로부터의 이탈뿐만 아니라 이런 이탈이 끼치는 영향과 앞으로 진행해 나아가기 위한 추천책도 책임져야 한다. 프로젝트를 완성하기 위해 교환이 필요할 수도 있고, 어느 경우엔 프로젝트가 더 이상 유효하지 않아서 이해관계인들에게 프로젝트 취소를 정식으로 요청할 때도 있다.

1) 성과 이탈 협의

프로젝트 주기를 통해 진척을 분석할 때 프로젝트의 결과에 영향을 끼치는 어느 변수에 대해 이해관계인들이 알게 하는 것이 중요하다. 분석결과를 분명히 하고 요약해서 차트나 표로 프로젝트 상황보고서를 제공할 수도 있다. 프로젝트 관리 소프트웨어를 사용해서 몇 가지 유용한 차트와 보고서를 만들 수 있는데, 예를 들어 **MS Project**로 중요한 작업의 상태를 스케줄 기준선과 비교해서 일정표로 나타나는 추적차트를 만들 수 있고 비용 데이터를 소프트웨어에 로드시키면 예산과 소비를 비교한 보고서를 만들 수도 있다.

성공의 열쇠는 이들을 가능한 한 간단히 해두는 것으로 그래프나 차트를 사용하는 것은 오리지널 계획과 비교해서 프로젝트가 어떻게 수행되는지 극명히 보이는데 있다. 전문용어나 분석용어를 사용하는 것은 바람직하지 않고 결과를 누구나 이해할 수 있는 표현으로 바꾸어 표시하는 것이 좋다.

2) 교환(trade-offs) 관리하기

이미 모든 프로젝트는 범위, 시간, 비용, 그리고 품질이라는 공통 제약을 가지고 있다고 했다. 만일 이들 중 어느 것이 프로젝트 동안 변하면 적어도 나머지 세 개 중 하나에게 영향을 미칠 것이다. 하지만 모든 프로젝트에서 변경은 어쩔 수 없으므로 모든 변수가 그대로 있을 것으로 생각해서는 안 된다. 프로젝트 매니저는 이런 제약 중 하나에서 변경이 생기면 이해관계인들과 교환에 대해서 협의해야 할 필요가 있게 된다. 클라이언트와 계획하기 회의에서 이런 제약의 중요성에 관해 확실히 해두어야 클라이언트가 변경을 원할 때 제약을 근거로 교환을 제시할 수 있게 된다. 어느 한 영역에서의 변경이 다른 것들에게 어떻게 영향을 끼치는지 알아보자.

(1) 범위 교환

범위변경 요청은 협의로 해결할 수 있는 쉬운 일에 속하는데, 변경통제 프로세스에서 변경이 승인되기 전에 이미 범위에 대한 영향분석이 들어있기 때문이다. 만일 클라이언트가 새로운 특성을 프로젝트에 추가하려 한다면 이것으로 인해 비용이나 시간증가가 있을 수 있고, 다른 기술을 가진 추가적인 리소스나 팀원이 필요하다는 것을 협의해야 한다. 클라이언트는 자주 현재 기간과 예산 안에서 자신이 원하는 것도 해주길 바란다. 이런 경우 클라이언트가 자신의 요청을 꼭 이루려고 한다면 테스트를 없애거나 줄이는 등 품질에 대한 것을 포기할 수도 있다는 것을 상기시킬 필요가 있다. 범위변경을 다룰 때 클라이언트가 수용할 수 있는 대안적 해결책을 찾아 두어야 한다. 만일 새로운 특성이 현재 프로젝트에 스케줄 변경 없이는 추가될 수 없다면 나중에 개정 보강판에서 추가하는 것을 제안할 수도 있다. 클라이언트가 필요로 하는 것을 이룰 여러 방법이 있을 수 있으므로 범위변경 요청으로 발생될 것들에 대해 분명하게 해둘 필요가 있다.

(2) 스케줄 교환

스케줄 지연의 중요성은 불편함을 넘어 재난으로까지 이를 수 있게 되므로 프로젝트에서 이 제약이 상대적으로 매우 중요하다는 것을 늘 명심해야 한다. 10개월로 예산이 맞춰져 있는 프로젝트에 범위변경을 할 수밖에 없게 되어서 이해관계인들에게 프로젝트 마감일을 3주 연장하는 것으로 승인받아야 했다면, 표면적으론 이 범위변경 요청이 일리 있어 보여서 수긍할지 몰라도 속으론 프로젝트 계획하기에서 만든 예상비용이 (계산에 의해 철저히 작성된 것이 아니라) 막연히 추측으로 만들어졌다는 의구심이 들게 할 수 있다.

또 많은 경우 논리적인 과정으로 집중(collapsed)이나 빠른 추적(fast tracking)을 시행해서 프로젝트에 리스크를 추가하는 것보다 마감 일자를 늘리는 방법이 추천되기도 하지만, 그래도 전체 프로젝트는 반드시 완성날짜에 억지로라도 맞춰져야만 할 때, 프로젝트 기일에 맞추지 못해서 회사가 벌금을 물거나 혹은 다른 법적인 조치를 받게 된다면 회사의 신뢰를 잃게 될 것이다. 따라서 항상 스케줄 지연을 권하기 전에 목표 마감일자의 우선순위와 이 날짜를 놓쳤을 때의 영향을 생각해 두어야 한다.

만일 실제 작업성과가 여러 영역에서 스케줄보다 뒤져 있다면 작업 예상치를 낮게 예상했거나 요구사항을 프로젝트의 복잡성에 비해 충분히 협의하지 못했을 수도 있다. 이유를 막론하고 만일 스케줄에 뒤져 있고 현재 리소스로 따라잡을 수 없다면 이해관계인들에게 옵션을 제안해야 한다. 프로젝트 작업일자가 가장 중요한 우선순위라면 어떻게 해서 그 날짜에 맞춰질 수 있는지 설명해 보고, 만일 이슈가 리소스 때문이라면 이해관계인들에게 상황을 설명하고 필요한 리소스와 예상되는 추가비용을 요청하며, 또 만일 더 많은 리소스로도 혹은 더 많은 자금으로도 마감일을 맞추기 어려워 보인다면 프로젝트에서 일부 기능을 빼는 것도 토의해 보아야 한다.

스케줄 지연은 어쩔 수 없다. 만일 오리지널 요구사항이 분명하지 않았고 핵심적 요소가 빠져있었다면 프로젝트는 예상보다 더 복잡해질 수 있다. 재작업 없이 일부 기능을 빼면 작업이 진척될 수 있다. 만일 스케줄에서 벗어날 수밖에 없고 프로젝트가 아직 유효하다면 새로운 마감일자는 프로젝트가 계획된 이후에 발생한 모든 변경으로 인해 영향받은 것임을 분명히 해두어야 한다.

CompTIA Project+

단계 지연에 대한 예를 알아보자.

> 이해관계인들에게 프로젝트 완성이 늦어진다고 말하는 것이 쉽진 않지만 때때로 어쩔 수 없을 때도 있다. 그러나 지연을 줄여 말하거나 해서 희망을 갖게 하진 말아야 한다. 커스터머를 관리하는 시스템 응용프로그램에 새로운 두 조직이 개발에 참여했다. 비록 요구사항과 모든 중요한 작업들이 한 조직에 할당되었고, 또 한 조직에는 별도의 백본 시스템으로 동일한 프로그램을 만들게 했는데 결과물에선 계획에 없었던 응용프로그램 인터페이스가 두 개로 나왔다. 팀원 누구나 이를 되돌리면 프로젝트가 스케줄대로 완성될 수가 없다고 생각하고 프로젝트가 6개월 늦어지는 개정된 완료 예상일을 작성했다.
>
> 양 개발팀 리더와 프로젝트 매니저는 스폰서와 클라이언트에게 가서 이 사실을 있는 대로 알리기가 두려웠다. 그래서 그들은 2주만 지연된다고 말하면서 기적을 바랬다. 2주로는 어느 것도 변경할 수 없었으므로 또 2주를 지연하도록 요청했다. 이때에는 스폰서도 많은 질문을 하기 시작했으므로 프로젝트 매니저는 실제 6개월이 더 걸린다고 시인할 수밖에 없었다. 스폰서는 처음부터 진실을 말하지 않았다고 분개했고 프로젝트 매니저는 신뢰를 잃고 말았다. 실제로 새로운 프로젝트 매니저가 곧 투입되었다. 누구나 나쁜 이야기를 전하는 것은 싫지만 한 번에 제대로 모든 사실을 말하는 것이 좋다. 많은 프로젝트 매니저가 프로젝트 문제를 축소해서 프로젝트가 곧 정상이 될 것으로 믿고 싶지만 현실은 현실이다!

(3) 비용 교환

비용과다는 정확하지 못한 예상, 스케줄 지연, 범위확대, 혹은 비용 기준선에서 중요한 항목의 누락 등으로 인한 것이다. 비용은 많은 영역에서 증가될 수 있기 때문에 완성된 작업대비 비용을 추적하는 것이 중요하다. 어느 때 주어진 작업에 지출된 금액이 예산을 넘기거나, 못 미치거나, 혹은 꼭 맞는지는 어느 일정에 닿아 있느냐에 달려있다. 만일 어느 프로젝트에서 일정 단계의 예산이 1만$이었는데 그 작업완성에 꼭 1만$이 들었다면 제 궤도에 있는 것이다. 하지만 30% 작업완성에 1만$를 소비했다면 문제가 있을 수 있다. 만일 프로젝트 예산이 추적되지 않고 과다지출이라고 생각되면 프로젝트를 축소하는 수밖에 없는데, 이런 경우 스폰서와 클라이언트를 만나 적은 인원과 예산 안에서 프로젝트를 완성하려면 프로젝트 범위를 줄여야 한다고 협의해야 한다. 이런 상황에선 남은 작업에 대해서 철저히 알고 있어야 한다.

CHAPTER 10 프로젝트 통제

 또 클라이언트가 이미 작업한 기능들에 대해서도 포기한다고 동의하면 아무것도 이룬 것이 없게 된다. 스폰서나 클라이언트는 현재 범위를 유지하고 테스트 기간이나 다른 품질활동을 줄여서 과다지출을 만회하라고 몰아붙일 수도 있는데, 만일 이렇게 된다면 시스템이 완성될 때까지 발견되지 않는 결함이 나타나도 이를 수용해야 한다는 것을 확신시켜야 한다. 프로젝트의 교환협상이 항상 최선책이 아닌 경우도 있는데, 만일 교환해도 특별한 대안이 없다면 프로젝트 취소도 권할 수 있다.

3) 프로젝트 취소하기

 어느 경우에는 프로젝트 변경의 가장 좋은 해결책이 프로젝트 취소를 권하는 일이기도 하다. 필요한 작업을 해 나아갈 적절한 자금이나 리소스 지원없이 계속 진행해서 실패로 끝내는 프로젝트보다 프로젝트를 취소하는 것이 더 좋을 수 있다는 얘기이다. 만일 프로젝트가 적절한 계획안에서 승인되었는데도 문제가 지속되면 유력한 해결책을 찾지 못하는 프로젝트 매니저 자신에게 문제가 있는 것이다. 요구사항들이 계속해서 변하거나 클라이언트 기대치가 계획에서 멀어지면 스폰서와 다른 이해관계인들에게 프로젝트가 여전히 유효한지 물어봐야 한다. 만일 모든 것이 변해야 한다면, 아마도 비즈니스적 전략에 변화가 있거나 하면, 이 프로젝트가 더 이상 필요하지 않을 수도 있다. 프로젝트 취소를 추천한다는 것은 프로젝트 매니저가 실패했다는 것을 의미하는 것이 아니고, 스폰서나 클라이언트에게 프로젝트의 오리지널 목적을 다시 생각하게 해서 이 프로젝트가 여전히 비즈니스면에서 필요한지 결정하게 하는 일이다.

> **여기서 우리가 줄곧 보아온 Chaptal Wineries에서 이런 예를 알아보자.**
>
> 인트라넷과 E-mail을 품질과 예산, 그리고 시간대 평가로 좀 더 살펴보자.
> ① 예산 - 예산의 대부분이 잘 지출되어서 큰 부족함이 없었다. 하드웨어를 들여놓을 때부터 비용예상을 했었지만 결과는 3,000$ 정도, 프로젝트의 총 예산 10만$에서 3%가 과지출되었다.
> 프로젝트의 사전결정 변수를 확신하지 못했기 때문에 Kim Cox를 만나 얼마만큼 여유를 가질 수 있는지 물어보았더니, Kim은 ±5% 변수를 생각하고 있다고 했으므로 약간 과지출된 것에 대해서 흔쾌히 받아들였다. 그러나 변수 오차범위 내에 머무른다고 해서 프로젝트 예산에서 완전히 성공했다고 볼 수는 없다.

Category	Actual	Estimated	Difference
Servers	79,124	80,000	$876.00
Network	21,478	20,000	$(1,478.00)
French E1	2,980	2,000	$(980.00)
Australia T1	2,480	2,000	$(480.00)
Chile T1	2,730	2,000	$(730.00)
California T1	1,990	2,000	$10.00
		Total	$(2,782.00)

② 품질 - 프로젝트의 여러 요소에서 전반적인 품질은 좋았다고 생각된다. T1의 신호도 좋았고 칠레 telco 컨트렉터가 문제를 쉽게 고칠 수 있었다(Metor에게 구성을 제대로 하지 못한 벤더를 교체해 달라고 요청한 뒤). 컨트렉터 부분에선 커스터머 응답도 빨랐다. 또한 인트라넷 개발자인 Susan Wilcox에 대해서도 만족했는데 고품격의 고속의 웹 페이지를 개발했고 열심히 작업해서 기일을 엄수했다. 웹페이지는 응답시간이나 완전성에서 훌륭했다.

③ 일정 - 칠레에서 라우터 구성을 잘못한 기술자를 교체하는데 걸린 2주를 제외하곤 일정상 이슈는 없었다.

CHAPTER

11 프로젝트 마감

CompTIA Project+

마침내 프로젝트가 끝나가고 마감일자가 보이기 시작한다. 하지만 아직 흥분하면 안 된다. 끝내지 않은 일들이 있다. 프로젝트는 프로젝트 스케줄에서 마지막 작업을 끝내지 않았는데 마법처럼 스스로 끝나지 않는다. 프로젝트 계획에는 또 프로젝트를 실제 운영으로 전환하는데 걸리는 작업이 들어있게 된다. 좋은 프로젝트 매니저는 정식으로 프로젝트 마감 프로세스를 밟는다. 이런 추가적인 작업에서의 이점은 프로젝트 마감 동안 하게 되는 많은 작업들이 장래에 프로젝트 운영을 더 용이하게 해준다는 것이다. 프로젝트 마감활동은 프로젝트가 끝나거나 어느 단계에 와 있던지 무관하게 프로젝트 주기에 따른다. 비록 프로젝트가 취소되더라도 마감단계가 있다 - 계약종료는 벤더 계약서에 명시된 모든 작업이 완성된 것과 모든 벤더작업을 정식 승인한다는 의미이고, 관리마감은 프로젝트 문서를 끝내고 기록한다는 의미로 클라이언트로부터 정식 서명을 받고 습득한 교훈을 문서화해서 프로젝트를 종합적으로 검토하게 하며, 프로젝트 결과물을 운영과 관리 주체에게 넘기고, 마지막으로 프로젝트 팀원을 직무부서로 해산하는 일 등이 포함된다.

CompTIA Project+

1 마감 타입

프로젝트 마감은 정식으로 프로젝트 작업을 끝내는 활동인데, 이 단계는 프로젝트 완성을 정식으로 승인하는 일이기도 하다. 그렇지만 프로젝트가 항상 성공적이거나 완성기준에 맞는 상태가 아닐 수도 있다. 프로젝트는 다른 이유로 종료되기도 한다.

① 취소되거나 연기됨 – 프로젝트는 제품의 결과가 완성되든 안 되든 명확하지 않게 취소되거나 연기될 수 있다. 방향을 잃은 프로젝트는 그런 이유로 취소되기 어려울 수도 있지만 결국 관리가 불가해질 것이다. 정식으로 연기된 프로젝트도 만일 기술이 아직 없고 자금이 충분치 못하면 또한 이렇게 되기 쉽다.

② 승인되지 않음 – 프로젝트 계획이 승인되지 않고 프로젝트 매니저가 소환되면 프로젝트는 단순히 취소된 것이지만, 컨셉 승인(Proof of Concept) 프로젝트도 이렇게 되기 쉬워서 관리상 프로젝트 작업을 수행하지 못하겠다고 느끼게 된다. 이런 프로젝트는 특정 활동이 시행되거나 생각이 구체화될 수 있다는 것만 보여줄 뿐이다. 만일 컨셉 자체가 실현 불가능한 것이라면 프로젝트는 승인되지 못해서 당연히 진행될 수 없게 된다.

③ 리소스가 준비되지 않음 – 프로젝트를 완성할 충분한 리소스가 준비되지 못했을 때이다. 금전, 하드웨어, 인력, 혹은 다른 리소스가 떨어지거나 해서 프로젝트를 마감할 수밖에 없는 상황인데, 이런 경우는 어설픈 예상 때문이거나 리소스들이 더 높은 우선순위의 다른 프로젝트로 전환되는 경우일 수 있다. 어느 경우든지 만일 필요한 리소스를 확보하지 못하면 프로젝트는 끝나게 된다.

만일 프로젝트가 취소되거나 프로젝트 계획이 거절되면 프로젝트 실행은커녕 계획하기 프로세스에만 머물고 있는 셈이 된다. 그때까지 개발된 특성이 다른 프로젝트에 더 유용하다고 입증되면 현재 프로젝트는 마감될 수 있다. 두 가지 중요한 프로젝트 마감이 있는데 계약종료와 관리마감이다. 벤더 계약을 마감하는 프로세스부터 보자.

2 계약 종료

　벤더가 프로젝트 작업의 일정 부분을 완성하면 프로젝트 마감에는 벤더의 계약 종료를 다루는 것이 들어있어야 한다. 계약 종료는 계약조건을 완성한 뒤 승인을 문서화하는 일인데, 비록 조달부서가 계약을 관리한다고 해도 벤더작업에 대한 승인여부를 프로젝트 매니저가 전해주어야 할 것이다.

　앞에서 알아본 것처럼 벤더작업을 받으면 품질통제 활동을 해야 하며, 프로젝트 주기 내에서 승인여부를 알려주어야 한다. 벤더에게 요청한 어느 재작업도 프로젝트 마감 때 많이 변경되어 있으면 안 된다. 조달부서는 벤더에게 작업이 승인되었고 계약이 완성되었다는 정식문서를 제공해야 한다. 이 문서도 프로젝트 매니저의 승인이 필요한데, 프로젝트가 요구한 모든 벤더작업이 테스팅과 승인기준에 적합했다는 것을 조달부서가 벤더에게 문서를 발부하기 전에 분명히 확인해 주는 효과가 있다. 계약이 일단 끝나고 나면 빠진 작업이나 어설픈 품질을 발견한다 해도 사용할 리소스가 없게 되므로 사전에 철저히 조사되어야 한다. 그리고 발부한 문서사본을 가지고 있어야 문서화 작업을 진행할 수 있게 된다. 계약 종료는 일부 프로젝트에만 적용되기도 하지만 관리마감 프로세스는 모든 프로젝트에 적용된다.

3 관리마감

　일단 프로젝트 작업이 완성되면 새로운 작업을 빨리 맡고 싶을 수도 있지만 아직 프로젝트에서 완성해야 할 중요한 작업이 남아있다. 관리마감에는 프로젝트 문서를 모아서 중앙화하고, 서명을 받고, 프로젝트 완성을 협의하는 일이다. 일부 관리작업은 지루하지만 그것이 없으면 앞으로 있을 '왜 프로젝트가 승인되었고 무엇이 되어졌는지'와 같은 질문에 참조할 것이 없게 된다. 관리마감은 또 장래의 새로운 프로젝트 성공을 증진시키는데 사용될 참조 소스를 제공하는데, 다른 프로젝트에서 같은 실수를 하거나 이미 가용할 수 있는 유용한 도구나 템플레이트를 다시 만들 필요가 없게 한다. 이 관리마감의 여러 면을 살펴보면 프로젝트 기록, 정식승인, 종합검토(보통 습득한 교훈), 전환, 그리고 팀원 해산 등이 있다.

3.1 프로젝트 기록

프로젝트 동안 많은 기록들이 있고 프로젝트 작업을 확인하는데 이용되었을 것이다. 모든 프로젝트 문서는 프로젝트 매니저나 다른 관리자들이 앞으로 새로운 프로젝트에서 도움을 얻게 하는 혜택을 준다. 계획하기 문서는 비용과 시간예상에 사용되거나 유사한 프로젝트에서 계획하기로 쓰일 수 있는데, 프로젝트에서 이런 것들이 기록되지 않았었다면 불가능한 일이다. 프로젝트 기록에는 여러 방법들이 있을 수 있는데 일부 조직은 완성된 프로젝트의 문서철을 모아두는 룸을 두고 마치 미니도서관처럼 프로젝트에 관련된 문서를 열람할 수 있게 한다. PMO가 중앙화된 프로젝트 기록들을 관리할 것이다. 만일 조직에 프로젝트 도서관이나 중앙화된 기록소가 있다면 문서화의 지침이 무엇인지 그리고 어떻게 그것을 조직해야 하는지 확인할 수 있을 것이다.

비록 조직에 프로젝트 기록에 관한 정식지침이 없더라도 프로젝트 철(binder)을 만들어야 한다. 이 철은 앞으로의 프로젝트에서 좋은 참조가 될 뿐만 아니라 프로젝트 과정에서 발견되는 질문에 대한 대답이 들어있을 수도 있다. 프로젝트 파일을 정리해서 기록해 두지 않고 철해둔 것으로 보여주고 싶어 할 수도 있지만, 데이터를 모아서 조직해 두면 쉽사리 데이터를 추출할 수 있을 것이다. 전자적 기록도 점차 인기가 있어서 조직에 프로젝트 문서를 보관할 안전한 서버가 있을 수도 있다. 프로젝트 문서에 필연적으로 들어가는 문서 중 하나가 프로젝트의 최종 승인과 서명일 것이다.

3.2 정식 승인

지금까지 이해관계인들이 중요한 작업이나 일정표를 검토한 뒤 서명해서 한 단계에서 다음 단계로 진행하게 하는 것이 중요하다는 것을 잘 알았을 것이다. 만일 프로젝트 내내 이런 단계를 밟아왔다면 프로젝트 완성을 정식으로 승인받는 일도 쉽게 된다. 최종 프로젝트 작업을 완성한 뒤 이해관계인들을 모아서 프로젝트를 마지막으로 검토하게 한다. 이 검토의 목적은 이해관계인들의 승인을 얻고 서명을 받아서 공식적으로 프로젝트 작업이 완성되었음을 선언하는 것이다.

조직의 정책에 따라서 프로젝트 서명을 위한 특정 포맷이나 템플레이트가 있을 수 있고 받아야 할 모든 서명을 받았는지도 확인해야 한다. 어느 경우에는 스폰서와 클라이언트의 서명만 받으면 되지만, 어떤 경우엔 프로젝트로 영향을 받는 모든 그룹의 서명을 받아야 할 수도 있기 때문이다. 모든 필요한 서명이 들어있는 정식 승인문서는 프로젝트의 서면 증거로써 영구히 프로젝트 기록에 포함되어져야 한다.

프로젝트에 관한 미해결 의문점들과 이슈를 검토해서 모든 의문점들이 청산되고 누구나가 프로젝트가 완성되었고 요구사항들이 충족되었다고 동의해야 한다. 비록 프로젝트 계획에 변경이 있다고 이해관계인들과 상의했었어도 일부는 이 모든 것들을 기억하지 못할 수도 있으므로, 누구나 기대한 대로 프로젝트가 완성된 것에 동의하게 하려면 요구사항과 범위에서의 어떤 변경도 커버되어야만 한다. 이것은 만일 오리지널 요구사항에서 특성이나 기능을 제거하기로 결정한 뒤 추진해서 완성된 프로젝트에선 특히 중요하다. 이따금 이해관계인들은 프로젝트가 끝나갈 때 온갖 추가사항을 요청해 놓고 패닉상태가 되기도 하는데, 프로젝트에 자신들이 필요로 하는 모든 것이 들어있을 때까지 프로젝트 마감을 연기하면 대부분 프로젝트는 전혀 끝나지 못하게 될 것이다. 이런 문제 때문에 변경에 대해서 필요한 승인을 얻어야 하고, 어떻게 변경이 실행되는지 협의하고, 그리고 프로젝트 계획을 업데이트하는 것이 중요한 이유이다.

마지막 이런 염려까지 방어하는 최선책은 계속해서 이해관계인들이 요구한 것들과 프로젝트 계획에서 동의한 것들에 초점을 맞추고 작업하는 것이다. 이해관계인들은 또한 어느 그룹이 시스템의 운영을 책임지는지 알게 되는데, 좀 더 자세한 것은 프로젝트 전환에서 알아볼 것이다. 프로젝트 매니저와 프로젝트 팀을 위해 마지막으로 중요한 성과 중 하나는 종합적인 프로젝트 검토와 습득한 교훈의 문서화이다.

3.3 종합 검토(습득한 교훈)

프로젝트의 끝에서 프로젝트의 좋은 면과 좋지 않은 면을 사정하는 종합검토를 시행하는데, 이 과정 동안 무엇이 잘되었고 무엇이 개선되었는지 프로젝트의 각 단계를 평가한다. 이런 검토는 다음 프로젝트에서 전반적인 프로젝트 관리 품질개선과 다른 프로젝트에 이익을 주는 기회가 될 것이다. 프로젝트를 사정해서 얻는 가장 중요한 것은 프로젝트로부터 얻은 교훈으로 무엇이 잘못되었고, 왜 그렇게 되었는지, 잘못한 작업자를 지적하지 말고 이번에 직면한 곤경을 다음 번 프로젝트에서는 반복하지 않고 더 잘하게 하는 방향으로 이끄는 일이다.

습득한 교훈은 자신들이 한 작업에 대해서 비평받는 것이 두려워서 프로젝트 매니저나 팀원이 피하고 싶어할 수도 있으나, 어떻게 프로젝트를 더 잘 관리하거나 작업해야 할지에 관한 지식을 얻는 것이 목적이다. 만일 교차기능 프로젝트를 맡았었다면 검토에는 프로젝트의 기술적이고 비기술적인 요소 모두가 커버되어져야 한다. 여러 규제를 가진 프로젝트 작업을 관리하는 데는 더 특별한 복잡성이 있게 된다. 비록 개발과 테스팅 동안 발생한 것을 문서화하는데 더 관심이 있을 수 있지만 마케팅과 판매부서에서 들어오는 정보도 똑같이 중요하다.

다음 것들은 검토 프로세스에서 집중해야 할 일부 영역인데, 작성된 모든 정보는 단일문서로 저장되거나 각 범주별로 조직될 수 있다. 분명한 것은 프로젝트가 더 크면 주어진 범위를 커버하기 위해서 더 많은 문서작업이 필요할 것이다. 이 모든 문서는 전자적이거나 문서로 프로젝트 기록이 되는데, 어느 포맷으로 검토 프로세스의 결과를 기록하든 이들 데이터를 문서로 요약할 필요가 있다.

1) 계획하기 검토

계획하기 프로세스를 검토할 때 일반적으로 얼마나 잘 프로젝트가 계획되었는지 스스로에게 묻고 작업, 활동, 그리고 각 단계가 잘 고려되었고 순서적으로 되었는지 혹은 처음부터 설정한 것을 역추적해서 잘못된 순서가 수정되었는지 살핀다. 이와 같은 것들을 역추적했을 때 실제로 되돌아갈 수 없거나 혹은 가장 빨리 시작할 수 있는 곳으로 되돌아가도 고칠 수 없는 상황에 빠질 수도 있다. 또 프로젝트 계획 자체에 주의를 기울여야 하는데, 복잡함과 일정표상의 숫자대로 제대로 각 작업을 수행했는지 평가해야 한다. 계획은 너무 자세하면 이해하기 힘들고 충분한 정보가 없으면 유용하지 못하다.

2) 조직하기 검토

프로젝트의 전반적 리소스들이 어떻게 잘 모여졌을까? 이젠 끝난 프로젝트 조직구성의 특성을 살펴보면 프로젝트 계획 이상으로 관심을 끌려진다. 팀원이 올바른 시기에 여러 분야에서 제대로 왔는지 혹시 일부는 작업에 들어가기 전에 어느 다른 작업을 기대했었는지 또 얼마나 잘 프로세스가 제자리를 찾아갔는지, 그리고 다음 번엔 어디를 개선해야 하는지 등을 검토해야 한다.

장비와 같은 것들은 문서가 너무 방대해질 것이다(컴퓨터 장비의 설치과정과 구성설정, 네트워크 프로토콜 할당, 물리적 장비설치 및 설정, 그리고 다른 기능 등만 기록해도 엄청날 것이다). 이들을 잘 알아두면 다음 번 유사한 프로젝트에선 개선된 프로젝트로 진행할 수 있을 것이다.

프로젝트에 사용된 소프트웨어 개발도 잘 알아두어야 한다. 코딩, 문서, 그리고 소프트웨어 개발 테스팅을 검토한다. 이런 프로세스에 사용된 개발도구가 적절했는지도 체크한다. 개발된 모듈을 저장하는 코드 저장 시스템이 개발자의 요구에 만족했는지, 나아가서 프로젝트를 위한 개발언어 선택이 적절했는지도 점검한다. 보통 개발자들은 자신이 좋아하는 프로그래밍 언어를 사용하지만, 일부 프로젝트는 다른 언어가 더 좋았을 때도 있다.

3) 실행하기 검토

실행단계는 계획에 맞춰 작업을 실행해가면서 팀 개발, 이해관계인과의 관계성, 스케줄과 비용 기준선에 따른 작업수행, 정보 배포, 그리고 벤더 계약관리가 이 단계에서 발생한다. 이 단계를 검사할 때 벤더와의 관계와 얼마나 그들이 잘 일해 주었는지, 단결 면에서 팀원 회의의 가치, 그리고 이해관계인들과의 협의 효율성 같은 것들을 검토해 보아야 한다.

실행단계에서 많은 자문자답이 있을 수 있는데 팀 의사소통과 이슈 해결을 위한 팀 회의의 효율성이 어땠는지, 팀원으로부터의 주별 진척보고서가 프로젝트 성과를 평가할 때 정확하고 적절한 데이터를 제공했는지, 프로젝트 상황보고서가 프로젝트 진척을 분명히 보여줬는지, 그리고 벤더진척이 적절히 모니터되고 있었는지 등이다. 여기에서의 초점은 어디서 작업이 자연스럽게 흘렀는지와, 어디서 예상하지 않았던 문제나 이슈가 생겼는지를 검토하는 일이다.

4) 지시하기 검토

작업을 검토해 보아라. 프로젝트가 단계별로 얼마나 잘 지시되었는지 살펴보아야 하는데, 영화감독이 배우가 여러 가지 장면에서 연기하는 것을 지시하듯이 팀원의 단계별 행동을 지시하기 위해 프로젝트 매니저가 있는 것이다. 프로젝트가 어디서 궤도에서 벗어났는지 그리고 어떻게 되돌아왔는지에 주의를 기울여 검토하는 것이 중요한데, 아마도 힘든 시나리오가 있었다면 다음 번 프로젝트에서는 조정이 있을 것이다. 팀원이 어디서 스케줄에 뒤졌는지를 보고 그것이 팀원 개인의 관리부족이었는지, 기술적 이슈였는지 체크해 보아야 한다. 작업자에게 이슈 해결책을 제시해 주면 앞으로 팀원이 더 가까이 따를 것이다.

5) 통제하기 검토

통제하기는 지시하기와 다르다. 최종 프로젝트 계획을 가지고 있고 진행 중인 작업이 요구사항 정의에서 설정된 측정법과 맞으면 프로젝트를 통제하고 있는 것인데, 예를 들어 계산하는 코드 한 조각이 필요한 대로 그리고 예상한 대로 분명히 작동되어서 성공기준에 맞아야만 한다. 프로젝트의 통제적인 면은 측정법으로 확인하는데, 프로젝트를 사정하는 측정법이 얼마나 잘 공식화되어 있는지, 만일 그렇다면 어떻게 그것을 알아내고 다룰 수 있는지 알아야 한다. 리스크 모니터링과 통제는 어느 프로젝트에서나 중요한 면이 된다.

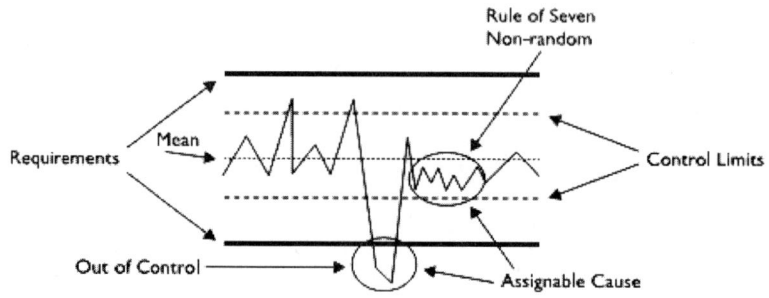

〈통제 차트는 일정기간에 걸친 측정결과를 보인다.〉

6) 예산 검토

이것은 프로젝트의 중요한 마감범주이다. 우선 프로젝트 동안 생긴 변수를 보고 그것들이 생긴 이유와 매치되는지 본다. 이유를 알아내는 일은 다음엔 같은 실수를 범하지 않기 위해서이다. 또 조직이 정한 예산의 범위와 비교해서 프로젝트 예산을 평가해야 한다. 이렇게 해서 조직이 원하는 방식으로 비용이 효율적으로 사용되었음을 확실히 해준다. 한편 "카드 돌려막기 식"(e.g, 한 작업에서 더 비용이 사용되면 다른 작업에서 비용을 절약하는 식으로)으로 했다면 조직과 예산을 조정할 필요가 없었을 수도 있다. 지출된 것과 무엇에 지출되었는지, 그리고 어디가 마감예산인지 나타내는 보고서를 준비한다. 또한 여러 작업에서 개인의 작업량과 작업에 소비된 시수를 보여야 한다.

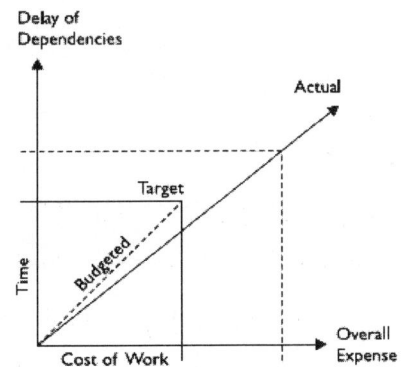

〈기간을 넘기는 작업은 예산과 프로젝트에 영향을 끼친다.〉

7) 프로젝트 평가서 준비 검토

최종 프로젝트 평가가 준비되면 모든 프로젝트 이해관계인들에게 배포해야 한다. 프로젝트 팀원이 제공하는 프로젝트의 피드백 량이 프로젝트의 규모를 나타내주는데, 적은 프로젝트는 단지 각 섹션에 대해 한두 문단을 가지고 있을 뿐이지만 큰 프로젝트라면 여러 장으로 된 꽤 종합적인 문서가 될 것이다. 다른 프로젝트 문서처럼 습득한 교훈을 문서화하기 위한 표준이나 템플레이트를 조직이 가지고 있는지 확인해 봐야 한다. 만일 조직에 특정 지침이나 템플레이트가 없으면 프로젝트 단계와 같이 주제별로 자료들을 조직해 둔다. 각 섹션에는 긍정적인 면, 부정적인 면, 그리고 개선책 등이 있어야 한다.

CompTIA Project+

여기서 팀원들을 습득한 교훈에 참여시키는 것에 대해 알아보자.

> 비록 나름대로 프로젝트 계획과 프로젝트 결과를 사용해서 프로젝트의 여러 요소들을 평가하지만 더욱 종합적인 교훈을 얻으려면 팀원을 포함시켜야 한다. 프로젝트 검토 세션을 조직하는 한 가지 방법이 세션을 매우 잘 연동되게 하는 것인데, 사전에 각 팀원에게 프로젝트에서 어느 면을 집중 검토할 것인지 의견을 받아서 그들에게 잘된 것과 안 된 것에 대해 입력하게 한다.
>
> 시작하기 전에 항상 기본규칙을 정해야 하는데, 이 세션의 목적은 누구를 비난하는 것이 아니라 프로젝트를 평가하는 것임을 강조해서 이 팀과 다른 프로젝트 팀이 여기서 만든 경험을 공유하게 한다. 여러 시간 동안 회의에 앉아만 있는 것을 지루해하면 자신이 커버하고자 하는 프로젝트의 영역을 리스팅해서 포스트잇이 준비된 칠판을 회의실에 놓고 자신이 맡은 각 주제에 대해서 긍정적인 면과 부정적인 면을 포스트잇에 적어서 붙이게 해도 좋은 개선책이 만들어질 수 있다. 이렇게 함으로써 프로젝트 팀원이 문제해결 프로세스에 참여하게 된다. 이것들을 모아 보고서를 작성하면 앞으로 큰 도움이 될 것이다.

8) 프로젝트의 긍정적인 면 검토

이것은 서면 보고서의 가장 쉬운 부분일텐데, 모두가 성공을 공유하고 싶어 한다. 프로젝트에서 잘된 것을 기술하고 특히 잘된 것으로 생각되는 작업에 대해서 이유와 세부사항을 제공하는데, 커스터머가 작성한 프로젝트와 진척에 대한 긍정적인 진술을 포함시켜야 한다. 또한 프로젝트를 완성하는데 도운 다른 부서나 팀으로부터 프로젝트에 참여한 인력의 적극적인 참여를 언급하는 것도 좋은 정치적 묘안이다. 다른 부서를 언급하는 것은 두 가지 효과가 있는데, 그런 부서에서 온 인력들의 의견을 강화해 준다는 것과 다른 프로젝트에서도 함께 일하고 싶어 하게 하는 마음을 심어주는 것이다. 또한 팀원이 속했던 부서도 강한 부서로 인식되게 해서 프로젝트가 끝나게 하는데 도움을 주게 한다. 어느 프로젝트의 제약에 대해서 어느 것이 특히 잘되었다면 이때 지적해 두는 것이 좋다. 만일 프로젝트가 예산 이하로, 스케줄 전에, 혹은 예상보다 결과 품질이 더 좋다면 마감문서에 이것들도 언급되어져야 한다.

9) 프로젝트의 부정적인 면 검토

프로젝트 매니저는 때때로 프로젝트에 대한 부정적인 것을 쓰지 않으려고 하지만 이것은 습득한 교훈의 목적을 없애는 짓이다. 만일 잘못된 것을 문서화하지 않고 상황을 바꾸기 위해서 원하는 것만 한다면 다른 프로젝트 매니저도 똑같은 실수를 범할 것이다. 누구를 탓하려고 보고서에 이런 섹션이 있는 것이 아니라는 것을 명심해야 한다. 특정 부서에 껄끄러운 것들을 말해야만 한다면 협의방법을 바꿔서라도 말하는 편이 그 부서가 제대로 하지 않아서 힘들었다고 말 안 하는 것보다 장래 프로젝트를 위해서 이익이 된다. 만일 벤더와의 관계가 부드럽지 못해서 궤도에서 벗어난 작업이나 어설픈 품질과 같은 문제가 있었다면 그런 부분을 밝히고 어떻게 다르게 했으면 좋겠다는 것을 표기해 둔다. 더욱 자주 만나 협의하고 더 세밀히 승인 테스트 등을 실시하는 것이 좋다는 식이다.

구매한 하드웨어나 소프트웨어에서도 직면한 문제를 설명하고 드러난 문제를 한번이 아니라 여러 번 검사해 보는데, 예를 들어 같은 장비에 적용되는 여러 소프트웨어 펌웨어 업데이트에 문제가 있었다면 여기서 말해 둔다. 또한 배치되는 장비 수와 무관하게 똑같이 여러 번 오작동되는 하드웨어에 대해서도 말해두어야 한다. 단순히 프로젝트의 제약에 근거해 직면하는 한계도 언급할 필요가 있다. 제약을 협의할 때 부정적으로 할 필요는 없지만 만일 시간과 예산에서 여유가 있었다면 더 나은 제품을 만들 수 있었다는 것을 보고서 읽는 이들이 알게 하는 것도 중요하다.

직접 작업자에 대해 비난하는 것은 옳지 못하지만 작동되지 못하는 프로세스, 지켜지지 않은 약속, 그리고 더 개선되지 않은 기본적 방식에 대해선 말하는 것을 꺼려해서도 안 된다. 핵심은 잘못된 것과 개선된 방식을, 장래를 위해서, 분명히 진술해 두는 것이다. 이제 프로젝트 보고서를 작성했으면 프로젝트 전환을 실행할 차례이다.

3.4 프로젝트 전환

프로젝트가 끝나면 또 다른 작업그룹이 프로젝트로 만들어진 제품을 유지 관리하게 될 것이다. 프로젝트 작업은 이 새로운 팀에게 전환되어져야 하는데 저절로 되는 것이 아니다. 프로젝트 매니저와 새로운 시스템을 작동시키고 유지해야 할 운영그룹 사이에 조절이 필요하다. IT 프로젝트에서는 누가 시스템을 업데이트하고 장비를 운영할 것이라고 생각해내기 쉽다. 그러나 프로젝트 전환은 더 많은 것들을 필요로 한다. 많은 시스템은 헬프데스크 기능을 가지고 있는데 프로젝트 스케줄에 헬프데스크 요원의 훈련과 개발 활동이 들어있어야 한다. 헬프데스크 기술자들이 철저히 훈련되는 것 이외에도 이들이 사용자의 전화를 받을 때도 조절이 필요하다. 보통 헬프데스크 활동은 제품이 사용자들에게 배포되었을 때부터 시작된다. 만일 시스템이 여러 곳에 분산된 여러 유저들에게 불규칙하게 배포된다면 새로운 각 사용자들이 온라인으로 들어왔을 때 적절한 헬프데스크 운영이 이미 되어 있도록 스케줄 개발에 헬프데스크 관리가 들어있어야 한다.

비록 지원문서 개발이 프로젝트 작업의 일부라고 해도 문서 업데이트는 각 운영그룹의 책임이 된다. 기술문서가 프로젝트 범위나 요구사항의 어느 변경을 반영하는지도 확인해 두어야 한다. 모든 문서는 테스팅 결과나 다른 품질관리 활동의 결과로 어느 변경이 반영되었는지 업데이트되어져야 한다. 만일 프로젝트가 여러 기능을 가지고 있다면 시스템이 보완됨에 따라서 유지와 업데이트가 필요한 사용자 관련 문서도 있어야 한다. 만일 프로젝트 팀원이 사용자 문서 개발을 맡아 했었다면 현재 운영기술 문서작성 팀에게 사용자 문서를 넘겨야 한다.

사용자 훈련자료 역시 클라이언트 조직의 훈련부서에게 전해져야 한다. 만일 시스템 유지나 엔드유저 지원에 추가적인 기술자를 제공해야 한다면 프로젝트 예산에서 이런 작업자들의 비용을 충당해야 한다. 프로젝트 예산에서 이런 작업자들의 작업 기간으로 인해 들어가는 비용이 협상될 수 있는데, 이들의 급료나 다른 운영상 지출에 대해 서면으로 된 동의서가 작성되고 운영예산 쪽에서 승인해 주어야 한다. 프로젝트 전환은 때대로 프로젝트 팀에 있는 누구나 다음 프로젝트로 이동해야 하므로 짧은 기간 안에 이뤄질 수 있다. 공식적으로 프로젝트를 마감하기 전에 이런 프로세스를 감독하고 어느 운영상 심각한 이슈를 해결하는 것은 프로젝트 매니저의 책임이다. 프로젝트의 여러 면을 유지관리로 전환시키는 일은 또한 팀원을 해산한다는 신호가 되기도 한다.

여기서 Chaptal Wineries에서 E-mail과 인트라넷에 대한 마감문서를 살펴보자.

Chaptal 프로젝트의 마감은 아주 단순하다. 모든 E-mail 서버가 작동되고 있으며 여러 사이트 사이에서 E-mail을 주고받고 있는 것을 확인하고, 또한 인트라넷도 작동되고 있으며 직원들이 웹 페이지에서 유용한 정보를 추출해서 사용하고 있고 여러 이해관계인들이 어렵지 않게 빠르게 정보를 올리고 내려받고 있다.

CHAPTER 11 프로젝트 마감

① E-mail - Exchange Server 관리자 인터페이스를 사용해서 조직의 모든 사이트를 봄으로써 확인할 수 있는데 관리자 계정으로 캘리포니아, 호주, 프랑스, 그리고 칠레 사이트가 좋은 것을 볼 수 있었고 또한 각 사이트에 있는 메일함도 볼 수 있었다. 비록 시스템 테스팅으로 모든 것이 제대로인 것을 알고 있지만 조직의 여러 사이트의 몇 명에게 첨부파일을 넣어 메일을 보내서 잘 전송되는지 살펴보았다. 이제 E-mail 시스템의 관리모드로 들어가 Exchange 라우팅 메트릭스를 조정해서 메일이 잘 전송되었다.

해외 사이트에는 일부 머신을 방문해서 Outlook 클라이언트를 설치해서 사용자가 E-mail을 사용하게 했다. E-mail을 각 사이트의 중요한 연락자에게 보내서 시스템이 즉시 사용될 수 있다는 것을 알렸다. 이미 어떻게 Outlook이 작동하며 어떻게 Exchange와 연동되는지 해외 연락자들을 교육시켜 놓아서 그들이 대부분의 사용자 문제들을 해결할 수 있을 것 같았다. 프로젝트 마감에 이 단계를 성공적으로 마쳤다는 것과 시스템이 잘 돌아가고 있다고 적었다.

이제부터 새로운 추가나 보완은 새로운 프로젝트로 여겨질 것이다. Kim Cox와 해외 이해관계인들과 인터뷰해서 이 시스템이 더 좋기 위해서 무엇이 필요한지 입력을 받아 볼 예정이다. 이런 정보들은 프로젝트의 습득한 교훈에 들어가게 된다.

② 인트라넷 - Chaptal 인트라넷 사이트 페이지가 개발되어 사용허가를 얻었다. 여러 사이트에 있는 와인 제조자들이 와인 제조에 관한 중요한 정보들을 볼 수 있게 컨트렉터가 잘 개발해 준 것에 대해 만족하고 있다. Kim을 기쁘게 해주는 주제는 사용되는 포도 타입과 포도의 혼합비율(e.g, 40%의 Cabernet Sauvingnon과 60%의 Shirax)이며 와인의 숙성, 설탕정제, 알콜도수, 숙성 통(e.g, 바렐인지 스테인레스 통인지) 그리고 병 모양과 라벨 디자인 등이다. 또한 Kim은 선적된 바렐 수와 판매자 정보를 계속 추적하고 싶어 한다. 인트라넷 웹 페이지 개발자가 만든 응용프로그램이 이 모든 것들을 잘 처리해 주고 있다.

Kim이 가지고 싶어 하는 추가적인 응용프로그램은 - 오리지널 프로젝트 계획에는 포함되지 않았었던 것으로, 각 양조장의 시음실 유지비를 추적하는 시스템이다. 현재 프랑스와 칠레 양조장은 커스터머를 확보하기 위한 전략으로 시음실을 가지고 있지만, 캘리포니아와 호주 양조장은 명목상으로 가지고 있을 뿐이다. Kim은 모든 Chaptal 양조장에 이런 시스템을 가지게 해서 사이트별로 운영에 드는 비용을 알고 싶어 한다. 이것은 프랑스와 칠레 양조장의 시음실 구축과 연계된 새로운 프로젝트에 해당되며, 웹 페이지 개발자 역시 여러 사이트에서 캘리포니아의 메인 사이트에 최종 수익지출 회계를 보고하는 재정적인 추적 응용프로그램을 만들어야 한다.

CompTIA Project+

> 웹 개발과 관련된 다음 프로젝트는 단일 사이트로부터 모든 Chaptal Wineries의 정보를 보여주는 완전 인트라넷 설계와 구축이 될 것이다. 인트라넷 사이트를 위해 습득한 교훈은 매우 짧다. Kim의 전반적인 만족과 인트라넷 인터페이스의 추가는 일부 확장기능의 추가로 희망하는 새로운 양조장이(e.g, 이태리의 Piedmont 지역을 원하고 있다) 현재 인프라에 쉽게 가입될 수 있게 했다.
>
> 이제 엔드유저 훈련 매뉴얼과 습득한 교훈을 문서로 인트라넷에 올릴 때이다. 프로젝트가 정식으로 끝났다고 알린다. 다음 프로젝트를 위한 준비를 하는데, Chaptal Intranet 사이트와 Piedmont의 Marcello Wineries의 합병작업이다.

3.5 팀원 해산

프로젝트 계획하기에서 개발한 팀원 관리는 프로젝트에서 팀원을 해산할 때도 따라야 하는 특수 프로세스이다. 프로젝트 시작 때 인사관리 지침에 따라야 했으므로 이를 검토해 보는 것이 중요하다. 적어도 프로젝트 팀원 해산 한 달 전에 부서장들과 만나 협의를 시작해 두어야 한다. 부서장은 언제 직원이 새로운 프로젝트나 부서업무에서 필요한지 알 것이다. 팀원은 또한 특히 어정쩡한 시기에 팀이 해산되어 다른 프로젝트에 투입되지 못하면 자신들의 지위에 대해서 걱정할 수 있으므로 팀원에게 어느 작업이 완성되었고 자신의 작업을 완성한 팀원은 언제 부서로 복귀될 것이라는 것을 설명해 준다. 근로계약이나 인사관리 지침상 그렇게 하지 못하면 팀원에게 예상되는 팀 해체 날짜를 알려준다. 일단 모든 마감문서가 완성되면 프로젝트는 유지 단계로 들어가며, 팀원이 해산되고 다음 프로젝트를 위해 계획하기 프로세스를 새로이 시작하게 될 것이다.

CHAPTER 12
시스템 개발주기(Life Cycle)
CompTIA Project+

　이제껏 PMI 관점에서 프로젝트 관리를 알아보았는데 이제부턴 IT 프로젝트를 관리하는데 주로 사용되는 SDLC(System Development Life Cycle) 접근법에 대해서 살펴보자. 프로젝트 관리 기법과 기술의 동향은 귀중하긴 하지만 공동의 목표를 향해 함께 작업하고 있는 여러 작업자들에게 오히려 반감을 주는 수도 있다. 일부 기법은 표준 시스템 분석과 설계훈련을 가지고 있어서, 기술적으로 훈련받은 IT 인력들이 어떻게 시스템 개발을 수행해 나아가야 하는지에 관해 어느 정도 표준화된 접근법인 SDLC를 익히게 해준다. SDLC에는 여러 성향(flavors)이 있지만 몇 가지 공통적인 기본은 들어있기 마련이다.

　프로젝트 관리에서 자격코스나 정식교육을 받은 프로젝트 관리자는 PMI에서 배운 대로 프로젝트가 수행되어져야 한다는 방법에 대해 약간 다르게 접근한다. 5개의 프로세스 그룹을 기반으로 하는 PMI의 접근법은 아주 정통한 것이어서 당면한 프로젝트를 PMI 방식을 따르는 기법으로 진행하고 있다면 아무 문제도 없는 셈이 된다(프로젝트 관리기법에서 약간 벗어나 변칙적으로 수행하는 일부 개발그룹도 있다). SDLC는 정식 표준화는 되어있지 않지만 기본적 특성이 원래 잘 알려져 있어서 IT 전문가들도 그것에 익숙해져 있다. 정통 PMI와 약간 변칙적인 SDLC 둘 사이의 차이는 미묘하지만 매우 커서 잠재적으로 프로젝트 매니저와 기술자 팀원 사이에서 갈등을 불러오기도 한다. 만일 프로젝트 팀원들이

CompTIA Project+

'SDLC가 최고'라고 생각하는 작업자들과 'PMI가 최고'라고 생각하는 작업자들로 구성되어 있는 것을 알고 있다면 이 문제를 협의해야 한다. 물론 목적은 프로젝트를 성공적으로 완수하는데 팀원들을 일치시켜 작업에 매진하게 하는 것이다.

만일 IT에서 훈련받았다면 수년 동안 IT 시스템을 세련되고 멋지게 성공시킨 일반 시스템 개발기법을 자주 보아왔을 것이다. 이 기법은 원래 개발자들이 메인프레임 시스템을 위한 소프트웨어 개발 코드를 작성하느라 개발된 것인데, 지금처럼 복잡하고 본질적으로 다른 서버나 네트워크, 웹 환경 소프트웨어 응용프로그램의 상호 연계에서도 이 기법이 여전히 다양하게 IT 분야에서 적용되고 있다. SDLC는 IT 시스템 개발과 구현에 대해 "생각하는 방법"인데, 기업체의 IT 부서가 IT 인프라를 유지하고 새로운 시스템을 만들고 배포를 위해 비즈니스 엔티티와 작업해서 그 일들을 처리하고자 고안해서 만들었다. SDLC는 5단계가 있다.

1 계획(Planning)

계획하기 단계는 새로운 IT 시스템을 구축하기 원하는 비즈니스 유닛의 요청으로 시작된다. 요청은 다양한 여러 사람으로부터 올 수 있는데 비즈니스 유닛 매니저, 조직의 이사진, 기획실 실무진이나, 혹은 실행 가능성 연구를 수행하는 컨설턴트로부터 오는 수도 있다. 이 실행 가능성 연구도 실제 SDLC 계획하기 단계의 일부인데, 어느 경우에는 비즈니스 유닛이 작업 요청을 하기 전에 이미 자신들이 작업에 대한 연구를 끝낸 뒤일 수도 있다. 그러므로 그들은 프로젝트에 참여하고 싶어 하진 않아도 SDLC 구성요소를 수행하는데 도움을 줄 수 있다 - 말 그대로 실행 가능성을 연구한다.

계획하기 단계는 또한 정식 비즈니스 유닛 요청의 준비과정인데, 이 작업요청은 비즈니스 유닛이 원하는 바를 종합한 형태이다. 많은 여러 가지 타입의 작업이 요청될 수 있는데 비즈니스 유닛이 시간만 잡아먹는 수동 프로세스를 완전한 새 시스템을 변경해 주길 원할 수도 있고, 오래된 시스템을 새로운 시스템으로 바꿔 주기를 원하거나 또는 현재 운영을 확대해서 기술지원이 가능한 방법을 찾고 있을 수도 있다. 요청은 여러 가지로 표현될 수

CHAPTER 12 시스템 개발주기

있있는데 이 요청을 분석해서 비즈니스 유닛과 IT 그룹이 요청된 것을 이해하도록 변환시키는 일은 시스템 분석가(SA)의 몫이다.

 요청한 작업을 완수하려면 현재 시스템과 비즈니스 유닛이 작업을 진척시킬 기술로 어떤 것을 예상하고 있는지와 같은 작업의 타입을 정하기 위해서 예비조사를 수행해야 할 것이다. 예비조사에서 당면한 문제의 본질 혹은 상황을 탐색해 보아야 하는데, 한 5,000미터쯤 올라가서 요청한 것들을 살펴보면 새로운 시스템이나 이전 시스템의 업그레이드가 문제가 아니라 단지 비즈니스의 정확성을 재정의하는 것이 우선적인 작업이라는 것을 알아내기도 한다. 어느 경우엔 프로젝트의 범위가 너무 커서 실행 가능한지 검토부터 해보아야 할 때도 있다. 일반적으로 문제로 제시된 것과 제안된 해결책을 객관적으로 볼 수 있는 컨설턴트와 같은 외부 소스를 사용해서 제안된 해결책이 실행 가능한지 혹은 권할 만한 어느 대안이 있는지 알아보는 것도 좋다. 또 정부작업인 경우엔 실행 가능성 연구가 프로젝트가 수행되기 전에 반드시 실시되어야 한다.

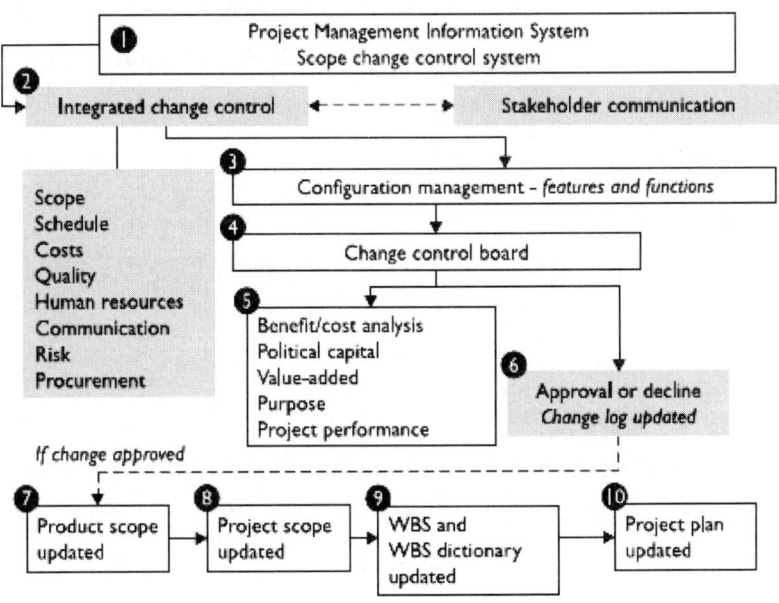

〈변경통제는 사전에 정의된 경로를 따른다.〉

작업을 위임받은 책임자는 수백만 달러가 드는 프로젝트가 무엇을 만드는지도 모르고 덤벼드는 위험을 감수하고 싶지 않을 것이다. 실행 가능성 연구는 프로젝트 비용이 드는 결과물을 만들게 하고 관련된 여러 가지 요소들(다른 것들 중에서 정치적, 재정적, 그리고 기술적 능력)에 근거해 방도를 찾아줄 것이다. SDLC 계획하기 단계는 어느 정도 A Guide to the PMBOK의 착수 프로세스 그룹과 매핑된다.

2 분석(Analysis)

분석단계는 계획하기 단계의 연속이며 실제 프로젝트의 요구사항이 무엇인지와 무엇이 포함되게 하는지 더욱 깊게 다룬다. 이 단계에선 고품질의 시스템을 만들게 하는 비즈니스 유닛의 프로세스 흐름을 이해해야 한다. SA가 작업흐름을 이해하고 나면 그 흐름에 기술적이지 않은 변경을 권하는 경우가 자주 있는데, 이를 BPR(Business Process Re-engineering)이라고 부르며 잠재적으로 커다란 SA 작업의 일부가 된다. 사전조사의 결과는 제안된 새로운 흐름과 함께 실제 현재 진행되고 있는 비즈니스 흐름방식을 강조한 도면인 DFD(Data Flow Diagrams)가 되는데, 새로운 시스템이나 오래된 시스템 리모델링을 실현하기 위한 건물의 외벽이 될 것이다. 기술을 적용하기 전에 비즈니스 작업흐름을 먼저 이해하고 있어야 한다는 것을 늘 기억해야 한다. 사람들은 마차에 말을 묶기도 전에 마차에 올라타서 결과적으로 어설픈 모양이 되게 된다.

분석단계에선 더 깊게 나아가 여러 사용자들이 어떻게 현재 시스템과 상호 작용하는지, 현재 시스템 문서가(있다면) 어떻게 보이는지 등을 확인한다. 또한 사람들이 생각하고 있는 여러 시스템 요구사항이나 보통 어떤 설정으로 운영하는지와 같은 취향을 알아내기 위해서 샘플링 작업으로 조사도 하게 된다. 간단히 말해서 손쉬운 어느 도구를 사용해서 사용자들이 요구하는 것이 정확히 무엇인지 상세히 알고자 한다. 이 단계의 결과가 SRD(System Requirements Document)인데, 여러 구성원(매니저, 엔드유저, 보고서 수령자 등)을 규정하고, 예상되는 프로젝트 비용과 바람직한 대안뿐만 아니라 완전한 규모의 시스템개발을 제시하는 등, 여러 사항을 상세히 나타낸 완벽한 문서이다. 이 단계는 A Guide to the PMBOK

의 계획하기 프로세스 그룹에 자세히 들어 있어 완벽히 매핑된다.

> **SDLC에서 계획과 분석을 알아보자.**
>
> SDLC 프로세스를 이해하는 최선의 방법은 아마도 집을 수리하는 프로젝트로 예를 들면 될 것 같다 - 조경이나 룸 리모델링, 혹은 지하실 증축 등일 수 있는데, 부인이 "여보, 뒤뜰을 손봐야 해요"라고 말한다면 이것이 작업요청이다. 이런 사소한 시작으로부터 어느 작업을 해야 하는지 작업 배치를 시작하게 된다.
>
> 정원손질을 예로 들자면 우선 정원 대지에 대해 대략 스케치한 뒤 나무, 숲, 꽃, 풀, 그리고(혹시 있을지도 모르는) 그곳에 놓을 정원석 등을 대략 (상징적)그림으로 표시할 것이다. 이것으로 조경 DFD를 완성한 셈이 된다. 어디에 어느 물건들이 쓰이는지는 충분히 알고 있지만 조경 작업이 어떻게 되는지에 관해서는 충분히 알지 못할 수도 있다. 만일 작업이 크다면, 실제 작업을 해나가기 전에 조경업자를 고용해야 할 수도 있다. 이것이 실행 가능성 연구인데, 전문가를 초청해서 생각한 것을 어떻게 현실로 만들 수 있는지 의견을 물어보는 것이다. 이 경우엔 조경구조-작성한 DFD-가 청사진을 제공하지만 그가 작업을 검토해 보아야 할 것이다. 이 작업은 비용이 들기 때문에 아마도 작은 프로젝트라면 따로 핸들링할 수 없을 수도 있다.

3 설계(Design)

설계단계는 프로젝트의 핵심이다. 시스템의 각 단계를 잘 이해하고 기술로 전환되게 모든 면을 규칙적으로 구성하는 단계인데, 현재 작업하고 있는 어느 것도 여기에 포함된다. 예를 들어 초기 분석단계에서 누군가 프로세싱하기 위해서 다른 전자적 소스로부터 여러 줄의 귀중한 데이터를 현재 작업중인 표에 입력하는 것을 보았을 것이다. 이 전자적 버전은 처음 소스에서 데이터를 분석해서 두 번째 소스에 그것을 적용시키는데 엄청난 시간이 절약되게 한다. 이 설계단계에서 프로세스의 모든 요소가 확인되어져야 하고, 잘 이해되어져야 하며, 그리고 이런 것들을 다룰 수 있는 새로운 기술 쪽으로 변환되어져야 하는 것이 중요하다. 이런 노력의 결과는 **SDS(System Design Specification)**라는 문서가 되며, 새로운 시스템을 개발하기 위해 시스템 개발자가 이용하게 된다. 이 과정에선 **SDS**가 핵심으로

CompTIA Project+

써 이 문서는 청사진이고, 일련의 리스트이며, 안내 지침서이고, 그리고 시스템을 개발하는 작업자들이 시작할 때 필요로 하는 기타 모든 것이 된다.

> 여기서 SDLC의 설계를 살펴보자.
>
> 앞에서 알아본 조경공사 예에서 조경 아키텍처의 청사진은 시스템 설계 스펙문서의 일부가 되지만, 다음과 같은 것들도 있어야 된다고 생각할 것이다.
> (a) 비료의 양과 땅을 다지는 법, 그리고 땅을 다지는데 필요한 흙의 종류
> (b) 사용할 뗏장의 종류와 필요한 량
> (c) 보도에 사용될 벽돌의 종류와 모래 양, 보도의 디자인
> 이 단계에 이르게 되면 여러 가지 작업을 매우 잘하는 법을 알고 있어만 할 것이다.

SDS는 줄 단위 코드가 아니다. 이것은 시스템이 사용할 응용프로그램을 개발자가 쓴 것이다. 그러나 시스템의 기본 프레임을 개발하게 해주는 일종의 소프트웨어 응용프로그램인 CASE(Computer Aided Software Engineering) 도구를 사용해서 비즈니스 규칙을 넣어주고 CASE 소프트웨어가 코드의 하부를 작성하게 할 수도 있다. CASE 도구는 단순한 응용프로그램 소프트웨어 개발환경에선 사용하진 않지만, 대규모 환경에선 프로젝트 팀이 작업을 더욱 빠르게 진행하기 위해서 프레임 틀의 일부로 사용하고 있다. 추가적으로 CASE 도구는 프로젝트의 요구사항을 조직하고 이해하는데 도움을 준다. SDLC의 설계단계는 A Guide to the PMBOK의 종합계획하기 프로세스 그룹과 매우 가깝게 매핑된다.

4 구현(Implementation)

구현단계의 유일한 목표는 커스터머에게 조심스럽고 완전하게 문서화되고 철저히 테스트된 완전한 기능적 시스템을 제공하는데 있다. 구현단계에선 프로젝트 구성원들이 시스템에서 필요로 하는 소프트웨어 프로그램을 작성하고, 서버를 구축하며, 데이터베이스를 설치하고, 스키마(schema)를 만들고 작동되게 하는 등의 일을 한다. 만일 시스템이 COTS 응용프

로그램을 사용한다면 응용프로그램도 설치되고 구성되게 된다. 소프트웨어 개발방법에서 영리한 개발(agile development)로 알려진 테스팅 기술을 소프트웨어 모듈이 만들어질 때 테스팅을 수행한다. 이 방법으로 프로그래머는 유닛 테스트 전에 문제를 발견해서 쓸데없는 코드를 뺄 수 있다. www.agilealliance.com/home에서 이 영리한 녀석에 대한 정보를 더 조사해 보아도 좋다.

구현단계에 포함되는 몇 가지 작은 요소들이 있는데, 오래된 시스템에서 가져온 데이터를 변환시켜 새로운 시스템에 앉히거나 시스템의 사용자들을 새로운 기능을 훈련받게 할 수도 있다. 사용자들도 실제 새로운 시스템으로 이동된다. 또한 시스템 설계자들은 시스템이 이전에 확인된 요구사항을 정말로 충족하는지 평가하고 보고하기 위해서 시스템 평가(System Evaluation)로 불리는 프로세스를 실시한다. 이 구현단계는 A Guide to the PMBOK의 실행과 통제 프로세스 그룹과 매우 가깝게 매핑된다.

SDLC의 구현에 대한 예를 앞의 조경공사의 경우로 더 알아보자.

> 이제 새로운 조경이 어떻게 생길지 알게 되었는데 청사진과 정원을 멋지게 보이는데 필요한 모든 관련된 문서를 가지고 있다. 근처 원예물품 파는 곳에 가서 필요한 모든 품목을 구입해서 집으로 직접 가져왔다. 또 비료와 토양 강화제, 잔디 떳장, 그리고 필요한 벽돌들을 주문해서 배달시켰는데 이것들은 차량으로 직접 옮길 수 없었다. 또 땅을 매만질 연장도 빌렸다. 배달을 기다리는 동안 큰 작업을 하기 전에 미리 확인한 준비 작업들을 슬슬 하기 시작했다. 잔디를 심을 곳을 다지고 화단을 파며 돌로 만들 보도와 화단 경계에 울타리를 쳤다. 식물들에게 물을 주기 위해 스프링클러도 작동시켰고 관목과 꽃, 덤불들을 심었다. 또 정원석도 하나 두었다.
> 산더미 같은 모래와 토양 강화제, 비료, 그리고 보도블럭 등으로 가득 찬 배달트럭이 도착했을 때 토양 강화제를 잔디밭으로 나르고 토양이 잘 다져지게 했고 떳장이 오기를 기다렸다. 화단에 비료를 뿌렸고 보도 쪽에 모래를 부린 뒤 벽돌을 놓았다. 떳장이 왔을 때 잔디를 깔았다. 몇 주에 걸친 작업을 한 뒤 제대로 했나 확인 테스트차 돌아다녀 본 뒤 흡족하게 그 모양을 바라보며 긴 안락의자에 큰 음료수를 들고 앉자 보다가 이내 낮잠이 들었다.

CompTIA Project+

5 운영과 지원(Operation and Support)

프로젝트를 끝내고 새로운 프로젝트에서 새로운 일들을 생각하게 하는 A Guide to the PMBOK의 마감 프로세스 그룹과 다르게 운영과 지원 단계에선 실제 보강, 훈련, 그리고 지원 작업을 해야 한다. 이 단계 이면에 있는 원칙은 확고한 것인데-시스템을 이제 막 배포했고 일단의 인력들이 열심히 이를 지원한다. 새로운 인력들을 훈련시키든 뭔가 보강을 요청받았든 혹은 백업이나 보안 패치처럼 일상적인 유지가 필요하든 이 모든 요소들은 운영과 지원 단계에 속한다.

이 단계에서 헬프데스크 운영과 같은 요소들은 확실히 A Guide to the PMBOK의 마감 프로세스 그룹과 매치된다. 마감 프로세스 그룹에선 새로운 시스템을 위해 헬프데스크 문서를 작성해서 사용하게 하고 거기서 끝이지만, SDLC에선 여기서 더 나아가 헬프데스크 운영도 시스템의 일부로 보기 때문에 프로젝트가 끝나서 보강이나 추가 작업은 새로운 프로젝트로 여겨지는 마감 프로세스로 되돌아갈 필요가 있다.

A Guide to the PMBOK는 유지와 보강에 대해서는 언급이 없으므로 그 지침대로라면, 기술적으론 프로젝트를 이제 지원그룹에게 넘겨야 할 것이다. 프로젝트 정의는 유일한 제품이나 서비스를 만들어내고자 애쓴 노력물로써, 명확한 시작과 끝을 가지고 있다. 그러나 SDLC는 유지와 보강을 주기의 5번째 단계로 여기며, 이것에 따를 것을 요구한다. 이것은 미묘한 차이이다. 좋은 프로젝트 매니저는 물론 새로운 시스템이 늘 유지와 관리가 있어야 하고 필요한 조치가 있어야 하는지 주의해서 보아야 한다는 것을 알고 있다. 그렇지만 프로젝트 계획 자체에는 프로젝트 종료 이후 어느 제공도 정의되어 있지 않다.

SDLC에서 운영과 지원을 위의 예로 계속해서 살펴보자.

> 새로운 조경 프로젝트가 끝난 지 몇 개월이 지났다. 아직 보증기간 내에 있는 스프링클러 시스템의 타이머가 고장 나서 오래된 부품을 공장에 보내고 새로 받는 동안 일시적으로 싸구려 태엽 감는 오래된 타이머를 구매하기로 했는데, 여러 시간대로 맞출 수는 없지만 적어도 잔디에 계속해서 물을 주긴 할 것이다. 새로 스프링클러 타이머가 올 때까지 호스로 잔디밭에 물을 주어도 된다.

CHAPTER 12 시스템 개발주기

> 또 도보의 일부 벽돌들이 땅속으로 약간 들어가 보기 싫었다. 그것들을 꺼내고 모래를 좀 더 뿌리고 잘 다진 다음에 다시 벽돌을 놓아야 할 것이다. 또 나무 하나가 죽어서 교체해야 한다.
> 새로운 벌레가 나타나서 골치 아프게 하므로 근처 대학에 가서 그 벌레에 관한 정보를 얻어 물리칠 방법을 알아왔다. 벌레는 해롭진 않은데, 오히려 진딧물을 없애 주어서 이롭다. 진딧물이 새로 심은 나무를 좋아해서 문제다 - 그것들이 나무껍질을 순식간에 먹어 치울 것이다!

6 PMI 프로세스 그룹과 SDLC 단계의 비교

다음 표에서 A Guide to the PMBOK 프로세스 그룹의 PMI와 SDLC 단계를 비교했다. IT 프로젝트는 나름대로의 특징을 가지고 있으므로, 정확히 이해하기 위해서 그리고 멋진 시스템 개발을 위해서 SDLC를 잘 알고 있는 것이 필요하다. 그러나 A Guide to the PMBOK의 프로세스 그룹도 프로젝트 작업을 해야 할 프로젝트 매니저에게 훌륭한 관리 작업 프레임을 제공해주므로 두 개를 놓고 비교해보면 도움이 될 것이다.

CompTIA Project+

Project Process Group	Outputs or Key Activities	SDLC
Initiation	Project charter/Project request	Planning phase
		Create formal business unit request
		Provide preliminary investigation
		Complete feasibility study (if necessary)
Planning	Scope statement (Establish project goals and deliverables)	Design and analysis phase
	Critical success factors	Model requirements
	Work breakdown structure (WBS)	Document system requirements
	Resource plan (assignment of tasks)	
	Risk management plan	
	Communication plan	
	Quality plan	
	Change control plan	
	Project schedule	
	Project budget	
	Implementation plan	
	Support plan	
Executing	Implement project team	Implementation phase
	Progress reporting	Development of system
	Take corrective action	
Controlling	Overall change control	Implementation phase
	Assess the impact of change	Development of system
	Testing and inspection	
	Write user guides	
	Write system administration guides	
	Provide training	
Closing	Obtain sign-off	Operation and support phase
	Document lessons learned	Training
	Evaluate the project	Maintenance
	Archive project information	Enhancement

CHAPTER 13 연습문제

CompTIA Project+

001. 프로젝트 계획과 실행단계에서 실행의 몇 가지 접근방법 사이에서 조정이 필요할 때가 있는데, 이런 조정은 _____ 사이에서 일어난다.
   a. 범위, 이슈, 그리고 리스크
   b. 리스크, 스케줄, 그리고 품질
   c. 비용, 스케줄, 그리고 품질
   d. 과지출, 직접비용, 그리고 지출
   e. 설계, 엔지니어링, 그리고 실행

002. 프로젝트 매니저의 주 역할은 무엇인가?
   a. 프로젝트 통합
   b. 클라이언트 인터페이스
   c. 시스템 설계
   d. 품질보증
   e. 실무회의 주선

003. 프로젝트 작업기간을 예상하기 위한 방법은?(두 개를 골라라.)
   a. 이력 데이터
   b. 전문가 판단
   c. 비용 예상
   d. 상향식(bottoms-up) 예상
   e. 하향식(top-down) 예상

004. 리소스 요구, 활동기간, 그리고 비용을 예상하는데 쓰이는 요소는?
   a. 프로젝트 계획
   b. 실행계획
   c. 비즈니스적 요구사항
   d. WBS(Work Breakdown Structure)

CompTIA Project+

005. 다음 그림에서 task A는 task B의 완성에 종속되고, task C는 task B의 시작에 종속된다. 시작해야 할 작업의 순서를 알맞게 한 것은?

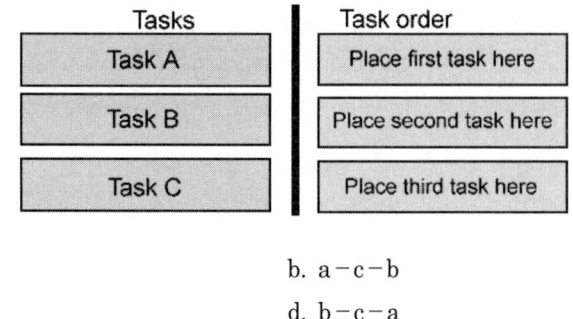

a. a-b-c
b. a-c-b
c. b-a-c
d. b-c-a
e. c-b-a
f. c-a-b

006. 회사가 여러 이해관계인들로 구성되어져 있다. 이해관계인들이 프로젝트의 목적에 동의하지 않고 있을 때 프로젝트의 목적에 맞게 이해관계인들의 이견을 해결하기 위해서 할 첫번째 일은?
a. 모든 이해관계인들과 일일이 회의를 갖는다.
b. 모든 이해관계인들과 의견 조율기간을 갖는다.
c. 모든 이해관계인들에게 목표 개발에 관한 프레젠테이션을 실시한다.
d. 그들이 느끼는 중요한 목표를 이해하기 위해서 각 이해관계인들과 면담한다.

007. 프로젝트가 잘 진행되고 있는 도중에 열정적이던 실무 이해관계인들이 프로젝트에 대해서 회의를 가지고 지원이 줄었음을 알았다면 프로젝트 매니저로써 이런 상황을 타개할 때 필요한 역량은?
a. 팀 리소스를 관리하는 능력
b. 그들이 회의를 느끼는 부분을 알아내는 능력
c. 자세한 진척 보고서를 작성할 수 있는 능력
d. 그들에게 적대감을 주지 않고 행동할 수 있는 능력

CHAPTER 13 연습문제

008. 프로젝트 팀에 5명의 개발자가 있는데 개발자1은 개발자2의 작업 스케줄에 개인적으로 문제를 제기하고 있는데, 개발자2도 오버타임으로 작업하지 않으면 자신도 하지 않겠다고 한다. 개발자2만 제외하고 모든 팀원들은 주 5일간 보통 45~52시간 일을 하는데 개발자2는 주당 4일간 48시간만 일한다. 프로젝트는 70% 완성되었고 현재는 정상 스케줄에 3% 뒤져 있다. 지금까지 모두 자신의 일을 충실히 감당해 왔는데 외부 벤더에 의해 조금 늦어진 것이다. 만일 모두가 열심히 해준다면 조금 늦은 진척도 예정대로 맞춰질 수 있을 것 같다. 개발자1의 문제제기가 프로젝트를 더욱 늦출 것 같은 생각이 들지만 팀원 나머지 모두는 함께 일을 열심히 하고 있고, 개발자2는 이 문제에 대해 신경 쓰지 않고 있다. 어떻게 이 문제를 풀어야 할까?
 a. 두 명을 한 조로 해서 함께 작업하게 한다.
 b. 실제 문제를 알아내기 위해 개발자1과 얘기해보고 문제해결을 위해 노력한다.
 c. 프로젝트가 정상적인 스케줄이 될 때까지 개발자2가 작업 스케줄을 변경할 수 있는지 본다.
 d. 모든 팀원들과 팀웍크 시간을 가지고 각자가 작업한 것을 알게 한다.

009. 프로젝트 계획은 여러 단계를 가지게 되므로 일부 단계는 중복될 수도 있다. 어디서 이사진이 필요한지 표시해야 하는데, 이사진은 각 단계가 끝났을 때 사인해서 다음 단계를 시작하게 승인한다. 계획상으로는 이사진 실무관리 회의가 10일 내로 열리게 되어 있다. 현재 단계가 20일 내로 끝나지 못할 것과 현 단계의 할당예산에서 3%를 더 사용했으며 예정기간을 1% 넘기고 있다는 것을 알았다. 하지만 이런 수치는 각 단계의 시작에서 실무관리로 각 단계의 변동 허용치에 들어 있다. 어떻게 해야 할까?
 a. 시간과 비용상 과도한 것을 최소화하기 위해 작업결과 예상치를 줄인다.
 b. 완성하지 못한 작업 일부를 계획상 여지가 있는 다음 단계로 넘긴다.
 c. 이사진에게 말하고 10일만큼 실무관리 회의를 연기할 것을 요청한다.
 d. 사전에 정해진 실무관리 회의를 예정대로 주최해서 실무관리자들에게 불편을 주어서는 안 된다.

010. BCWP/BCWS(Budgeted Cost of Work Performed/Budgeted Cost of Work Scheduled)란 무엇인가?
 a. CR(Critical Ratio) b. CV(Cost Variance)
 c. CPI(Cost Performance Index) d. SPI(Schedule Performance Index)

CompTIA Project+

011. 프로젝트 개발과정을 촉진시킬 수 있는 가장 좋은 방법은?
  a. 중요한 부분에 예산을 대폭 지원해준다.
  b. 중요한 부분에 추가적인 전문인력을 보충해준다.
  c. 기준과 잘 정의된 프로젝트 개발방식을 이용한다.
  d. 테스트할 적절한 시간을 확보하기 위해서 프로젝트의 전반적인 일정을 연장한다.

012. 프로젝트에 관해 개발자 한 명이 현재 회사의 표준 개발기준에 동의하지 않고 다른 방식의 접근이 더 좋다고 믿고 있다. 이 개발자가 제안한 방식이 더 좋은지 기술적으로 잘 알지 못하고 있다면 어떻게 해야 하나?
  a. 개발자에게 제안한 대로 새로운 방식으로 실행하게 한다.
  b. 개발자에게 회사의 방침에 따라갈 것을 강제한다.
  c. 프로젝트 개발자 회의를 열어 새로 제안된 방법이 프로젝트에 더 적합한지 팀이 결정하게 한다.
  d. 회사의 개발방침을 책임지고 이 주제에 관해 전문가인 담당자를 만나 회사 방침이 바뀔 수 있는지 혹은 이 프로젝트에만 방침의 예외가 적용될 수 있는지 결정하게 한다.

013. 작업문서 설명이 완성된 것을 어떻게 확인할 수 있나?
  a. 사용자, 관리자, 그리고 스폰서가 검토하고 작업문서를 승인했을 때
  b. 프로젝트 스폰서가 작업문서를 승인하고 프로젝트가 정해진 예산안에 있을 때
  c. 프로젝트 매니저와 스폰서에 의해 프로젝트 기준이 합리적이라고 의견이 모아질 때
  d. 작업문서로 프로젝트 매니저와 스폰서가 프로젝트 목적을 이해하고 동의할 때

014. 프로젝트 회의에 사용되는 회의실 임대료는 다음 중 어느 비용에 속하나?
  a. 필수적   b. 고정적
  c. 가변적   d. 임시적

015. 정식 이해관계인의 프로젝트 중요작업 승인은 다음 중 어느 프로세스에서 일어나나?
  a. 범위확인   b. 프로젝트 스케줄링
  c. 품질확인   d. 프로젝트 예산발생

016. 프로젝트 계획 문서화에서 프로젝트 매니저와 관련된 세부사항은?
    a. 어떻게 수행이 평가되는지   b. 기술 자격증 소지
    c. 휴가 계획   d. 프로젝트 팀원 이름

017. 다음 중 변경관리 프로세스에서 합당한 것은?
    a. 프로젝트 기간 동안 생산성 손실의 최소화함.
    b. 전체 프로젝트 기간 동안 범위의 어느 변경도 엄격히 금지함.
    c. 프로젝트 주기 동안 빈번한 변경을 독려함.
    d. 프로젝트 리스크와 비용의 균형 내에서 허용함.

018. 어느 조직이 여러 프로젝트를 선택해야 하는 일이 생겨서 평가 매트릭스를 만들어야 한다면 다음 기준 중 가장 중요하지 않은 것은?
    a. 비용   b. 비즈니스 안에서 변경 정도
    c. 비즈니스적 필요와 일치여부   d. 사용자 훈련

019. 프로젝트 스폰서는 어느 단계에서 범위, 품질, 프로젝트 기간과 비용면에 가장 큰 영향을 끼치는가?
    a. 계획단계   b. 실행단계
    c. 마감단계   d. 개발단계

020. 프로젝트에서 누가 이해관계인인지 가장 잘 정의한 것은?
    a. 프로젝트 팀원, 회사의 이사진, 클라이언트의 실무진, 그리고 회사의 부서장들
    b. 프로젝트 팀원, 스폰서, 회사의 이사진, 그리고 클라이언트의 실무진
    c. 프로젝트 팀원, 공급자, 완제품을 사용할 클라이언트 회사의 대표자
    d. 프로젝트 팀원, 스폰서, 공급자, 완제품을 사용할 클라이언트 회사의 대표자, 그리고 회사의 부서장들

021. 프로젝트 조정위원회(steering committee)의 임무 중 한 가지는?
    a. 프로젝트 관리지원   b. 작업의 완성지원
    c. 감독과 통제지원   d. 프로젝트 매니저를 위한 비용-이익 분석지원

CompTIA Project+

022. 다음 중 프로젝트 지원관리상 가장 덜 중요한 것은?
    a. 주기적으로 회사와 프로젝트 일정에 따른 성공여부 의견교환
    b. 프로젝트 상황과 진척에 관한 이해관계인들과 빈번한 비정기적인 프로젝트 확인 회의
    c. 프로젝트 팀에 대한 상세한 훈련 컨설팅 지원
    d. 비즈니스 계획안에서 프로젝트의 일관성 확인

023. 다음 중 강제 갈등해소 모드의 특징은?
    a. 주고받기 식 태도   b. 차이가 있는 부분을 드러내지 않음.
    c. 실제적이거나 잠재적 갈등을 외면하기   d. 승리-패배 시나리오

024. 프로젝트 계획의 다음 그래픽 프레젠테이션 중 가장 상위관리(upper management)를 나타내기에 적절한 것은?

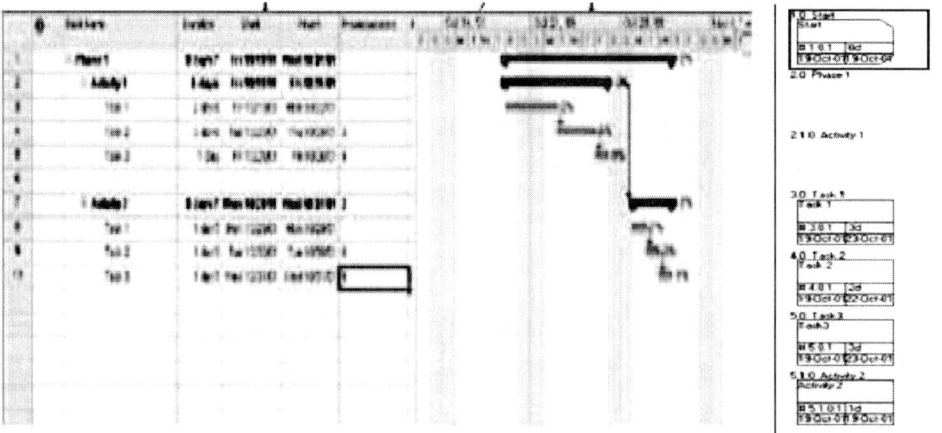

    a. CPM(Critical Path Method)
    b. Gantt-Bar chart
    c. PDM(Precedence Diagram Method)
    d. PERT(Program Evaluation and Review Technique)

025. 고급예산을 만들 때 가장 중요한 전제요소는?
    a. 오픈소스 프로그래밍 사용   b. 프로젝트 팀원
    c. 품질계획   d. 프로젝트 팀원의 시간당 금액

CHAPTER 13 연습문제

026. "Fast-Tracking" 기법 프로젝트란?
   a. 이전의 성공적인 프로젝트 계획을 복제하듯이 접근하는 프로젝트
   b. 프로젝트의 실행단계 동안 중요경로를 공격적으로 관리하기
   c. 일반적으로 연속적으로 행해지는 프로젝트 활동을 병행으로 실시함.
   d. 스케줄보다 프로젝트를 더 일찍 끝내기 위해서 더 고급기술자로 프로젝트 팀원을 교체함.

027. 세로막대 차트로 프로젝트에 참여하는 리소스를 일정기간에 걸쳐 보여주는 것은?
   a. 리소스 리스트   b. 리소스 책임 차트
   c. 리소스 히스토그램   d. 리소스 할당

028. 프로젝트 계획에서 확인점(check point) 검토는 무엇을 나타내나?
   a. 상태 보고서 날짜   b. 계속/중지 결정
   c. 변경통제 회의   d. 사용자 서명을 위해 예정된 날짜

029. 클라이언트와 함께 사용자 요구사항 문서를 검토해야 하는 이유는?
   a. 세부적인 설계에 대해 클라이언트 승인을 얻으려고
   b. 프로젝트 리소스의 상호 이해를 확인하려고
   c. 세부적인 프로젝트 계획의 상호 이해를 확인하려고
   d. 프로젝트가 완성된 뒤 실시될 테스트를 확인하려고

030. 프로젝트 착수를 위한 첫 단계는?
   a. 프로젝트 스케줄을 잡는 것   b. 프로젝트의 범위를 계획하는 것
   c. 프로젝트 리스크를 알아내는 것   d. 프로젝트 예산을 준비하는 것

031. QA(Quality Assurance) 계획에 다음 중 어느 것이 반드시 포함되야 하나?
   a. 시스템 아키텍춰 분석, 각 요구사항에 대한 설계와 설정경로
   b. 요구사항, 아키텍춰, 설계, 그리고 소스코드에서의 변경관리
   c. 결함추적, 유닛 테스팅, 기술적 검토, 종합 테스트와 시스템 테스트 등의 활동
   d. 시스템의 일부가 다른 시스템에서 사용되게 하는 확장성과 용이함 결정

CompTIA Project+

032. 주간 프로젝트 팀원과 회의 동안 주어진 프로젝트 진척도를 검토하면서 프로젝트 매니저는 팀이 스케줄보다 늦고 있음을 알았다. 프로젝트 매니저는 지금이 프로젝트 초기이고 이 프로젝트는 반드시 기간 내에 완성되어져야 한다는 것을 알고 있다. 프로젝트 매니저는 예정된 리소스를 초과하지 않고 제때에 프로젝트를 완성하기 위해 어느 통제방법을 사용해야 하나?
   a. 활동 네트워크 방법을 사용해서 중요한 경로와 슬랙(slack)을 결정한다.
   b. CMP(Critical Path Method)를 사용해서 중요한 경로와 슬랙을 결정한다.
   c. PERT(Program Evaluation and Review Technique)를 사용해서 중요한 경로와 슬랙을 결정한다.
   d. Gantt 차트와 리소스 히스토그램을 사용해서 중요한 경로와 슬랙, 그리고 리소스 리딩을 결정한다.

033. 프로젝트 매니저가 프로젝트 계획을 착수하려고 한다. 프로젝트 매니저는 PDS(Physical Design Specification)에 필요한 작업을 정의할 필요가 있는데, 이 일을 시작할 계획을 세울 때 다음 중 무엇이 포함된 접근방법을 사용해야 하나?
   a. 착수에 필요한 예상 노력과 시간이 담긴 단일작업을 포함
   b. LDS(Logical Design Specification)와 함께 PDS 개발을 위한 예상을 포함
   c. 실제 필요보다 예상과 균형이 더 높거나/낮아서 맞지 않는 일부작업에 드는 예상도 포함
   d. 노력, 시간, 그리고 리소스 예상이 들어 있는 완전한 작업 리스트를 포함

034. 갈등 해결책으로 가장 좋은 접근방법은?
   a. 상호 존경과 협력
   b. 융통성과 이해
   c. 신중한 조심성과 성실함
   d. 프로젝트 범주에 대한 강한 확신

035. 요구사항 분석단계 동안 프로젝트의 중요한 비즈니스 이용자가 프로젝트 시스템에 특정 기능이 포함되어지길 요청했다. 하지만 팀의 시스템 분석가 한 명이 그 이용자의 요청에 동의하지 않고 다른 방식을 제안하고 있다. 프로젝트 매니저는 이용자의 요구를 검토했으나 이용자와 회사를 위해 어느 옵션이 더 좋은지 최선의 해결책을 확신하지 못해서 그 요청한 이용자와 상의한 뒤 시스템 분석가의 말이 옳다고 믿게 되었다. 프로젝트 매니저는 또 다시 이용자를 만나서 요청을 변경하도록 설득하려고 하는데 가장 적절한 행동은?

a. 이용자의 요청 중 반만 수용한다.
b. 시스템 분석가의 방식대로 기능을 추가한다.
c. 이 문제를 프로젝트 위원회에 넘겨 토론 뒤에 나온 결과를 따른다.
d. 중요 이용자를 설득해서 요청이 만족될 수 있는 다른 방식으로 변경하도록 설득한다.

036. 프로젝트가 예산 안에서 잘 진행되고 있지만 커스터머의 요구에 맞추는 완성 날짜가 2주나 늦게 될 것 같다. 프로젝트에 투입될 다른 리소스가 없다면 프로젝트 매니저는 어떻게 해야 하나?
a. 약속한 날짜에 맞추기 위해서 클라이언트의 스펙 범위를 변경한다.
b. 커스터머에게 지연을 통보하고 적절한 승인문서를 받아둔다.
c. 프로젝트 헌장에 표시된 변경 프로세스를 따른다.
d. 프로젝트가 예산 범위 내에 있으므로 어떤 다른 일도 할 필요가 없다.

037. 프로젝트 매니저가 일부 진행된 대규모 프로젝트에 투입되게 되었다. 프로젝트 팀은 프로젝트의 설계과정을 끝냈고 실행단계로 진행하고 있었다면 전체 설계단계에 변경 리스크를 주지 않는 어떤 변경이 가능할까?
a. 범위   b. 작업
c. 상세 설계   d. 제품 완성일

038. 다음 중에서 프로젝트 매니저가 스폰서와 이해관계인들에게 변경요청을 보내게 되는 상황은?
a. 변경요청이 들어오면 언제든지
b. 비용이 가변적 허용예산을 초과할 때
c. 어느 문제에 실행 가능한 대안이 없을 때
d. 커스터머가 변경에 동의할 때

039. 다음 중 가장 '윈-윈'하는 결과를 가져올 수 있는 갈등해소 타입은?
a. 강제(forcing)   b. 위로(smoothing)
c. 약속(compromising)   d. 철회(withdrawing)

CompTIA Project+

040. 데이터베이스 개발 프로젝트 과정 동안 프로젝트 매니저가 진행을 검토하다가 예산과 스케줄이 초과되고 있음을 알아냈다. 프로젝트에서 이런 예산과 스케줄을 초과하게 하는 가장 일반적이고 비행동적인 이유로 알맞은 것은?
   a. 여러 가지 높은 리스크로 프로젝트를 실행할 때
   b. 어설프게 정의된 프로젝트 범위에 따라 실행할 때
   c. 필요한 리소스 할당이 원활하지 못한 채 실행할 때
   d. 스케줄과 예산 대신 품질에 주안점을 주고 실행할 때

041. 기술적인 한계로 커스터머의 실행목표를 충족하지 못할 때 적절한 대응은?
   a. 문제에 대한 대안 해결책을 개발한다.
   b. 새로운 WBS(Work Breakdown Structure)를 개발한다.
   c. 모든 프로젝트 이해관계인에게 한계를 알린다.
   d. 새로운 프로젝트 기준선을 세워 비용을 증가한다.

042. 다음 중 개인이 일하고 싶어 하고 성취하고 싶어 하며 스스로 노력하게 하는 관리이론은?
   a. X 이론   b. Y 이론
   c. Maslow 이론   d. 정신분석 이론

043. 프로젝트 매니저가 인벤토리 프로젝트의 모듈에서 문제를 발견했다. 한국표준에 맞춰 측정되어져야 하는데 해외 프로그래머는 국제표준을 선택했다. 어디서 이런 문제를 미리 예상해서 처리해 두었어야 했나?
   a. 프로젝트 계획   b. 프로젝트 모니터링
   c. 프로젝트 테스팅   d. 프로젝트 변경

044. 대규모 프로젝트 실행 동안 웹 도구를 개발할 서드파티가 프로젝트 매니저에게 개발에 쓰일 기술 중 하나가 오래된 것으로 보고하고 대안을 제시했다면 프로젝트 매니저는 어느 행동을 먼저 취해야 하나?
   a. 전체 프로젝트에 끼치는 영향분석   b. 대안에 가장 합리적인 비용협상
   c. 프로젝트에 외부 리소스 할당   d. 새로운 대안에 관리자 서명을 받음

CHAPTER 13 연습문제

045. 중요한 벤더가 프로젝트 매니저에게 통제할 수 없는 상황 때문에 제품 납품이 2주나 늦게 될 것 같다고 할 때 가장 적절한 행동은?
   a. 벤더를 해고하고 새로운 공급자를 찾는다.
   b. 문제의 원인을 물어보고 벤더를 위해 문제를 해결한다.
   c. 프로젝트 스케줄을 조절하고 변경에 대해 주요 이해관계인들의 승인을 얻는다.
   d. 제품에 대해 벤더에게 지불한 금액을 재협상한다.

046. 작업 지시와 방향에 대해 가장 효과적인 의사소통 방식은?
   a. 구두 요청   b. 문서 전달
   c. 화상 회의   d. 팀 회의

047. 다음 중 내부 의견조율 방식으로 가장 좋은 것은?
   a. 반성하기   b. 머리 짜내기
   c. 매트릭스   d. 검사하기

048. 비즈니스 안에서 프로젝트와 운영은 많은 특성을 공유하는데 다음 중 어느 특성이 특히 프로젝트와 관련된 특성인가?
   a. 사람에 의해 이뤄진다.   b. 계획하고 실행하고 통제한다.
   c. 리소스 제약이 있다.   d. 일시적이고 유일하다.

049. 프로젝트 실행 두 번째 주에 프로젝트 매니저는 커스터머로부터 새로운 기능 하나를 추가해 달라는 요청을 받았다면 어떻게 하는 것이 좋을까?
   a. 요청을 무시하고 예정대로 진행해 나아간다.
   b. 변경을 받아들여 실행한다.
   c. 커스터머의 요청을 분석한다.
   d. 오리지널 범위를 재정의한다.

050. 리소스를 할당받을 때 처음으로 할 일은?
   a. WBS(Work Breakdown Structure)   b. 진행순서 스케줄링
   c. 업무 리스트   d. 리소스 리스트

CompTIA Project+

051. 사람들이 행동을 바꿀 수 있게끔 개인의 지식을 이용하는 역량전략을 무엇이라 부르나?
   a. 강제성
   b. 합법성
   c. 전문성
   d. 보상성

052. Pareto Analysis의 목적은 문제를 관찰하고 무엇을 결정하기 위해 사용되나?
   a. 발생 빈도
   b. 근본 원인
   c. 영향
   d. 가능성

053. 회사가 재정적인 어려움에 봉착해서 전반적으로 예산을 감축하는 상황으로 내부 프로젝트의 예산이 반으로 줄었다. 프로젝트 매니저는 프로젝트가 거의 종료될 것으로 판단하고 있다. 이때 회사가 사용하는 종료 전략은?
   a. 만료(extinction) 종료
   b. 추가(addition) 종료
   c. 종합(integration) 종료
   d. 궁핍(starvation) 종료

054. 품질관리 목표를 충족하기 위해서 가장 중요한 프로세스는?
   a. 검사
   b. 경향 분석
   c. 품질 감사(audit)
   d. 계획하기

055. 프로젝트 매니저는 프로젝트의 범위를 정의할 때 프로젝트 완성을 위해 이전에 정의하지 않았던 추가적인 작업이 필요함을 알았다. 프로젝트 매니저는 이해관계인들과 프레젠테이션을 통해 비용과 스케줄 변경, 그리고 새로운 리스크 가능성을 제기했을 때 이해관계인들은 변경을 받아들이려고 하지 않는 눈치였다. 프로젝트 매니저는 이해관계인들로부터 승인을 얻기 위해 어떻게 하는 것이 가장 바람직할까?
   a. 이해관계인들에게 변경을 최소화해서 비용을 나중에 흡수한다.
   b. 더 깊게 변경의 필요성을 설명해서 이해관계인들의 승인을 얻어낸다.
   c. 필요한 최소한의 변경 가능한 부분만 설명해서 변경을 최소화한다.
   d. 변경의 필요성과 승인되지 않았을 때의 결과와 예기치 못했던 계획을 제대로 잡아서 비용을 최소화하는 방법을 논리적으로 설명한다.

CHAPTER 13 연습문제

056. 다음 중 효율적인 의사소통 계획에 해당되는 것은?
  a. 데이터 흐름 도표
  b. 빈도
  c. PERT(Program Evaluation and Review Technique)
  d. 처리과정 승인

057. 소프트웨어 패키지 프로젝트를 위해 특정 시한과 품질 요구사항과 함께 IT 프로젝트 매니저가 선별되었다. 클라이언트는 소프트웨어의 품질이 얼마나 중요한지 여러 번 강조하며 자신들에게는 그런 수준의 직원이 없다고 한다. IT 프로젝트 매니저는 품질이 가장 중요한 것임을 알았다면 다음 중 어느 기본적인 메커니즘이 품질보증을 위해 가장 바람직할까?
  a. 이 사항을 프로젝트에 넣는 계획을 짠다.   b. 품질검사를 위한 주의 메커니즘을 개발한다.
  c. 최선의 작업을 위한 노력을 한다.   d. 순환 품질활동을 실시한다.

058. 갈등 해소 모드는 갈등을 어떻게 다루나?
  a. 직접 당사자들이 불일치를 통해 일하게 함.
  b. 차이가 있는 부분은 피하게 하고 일치하는 부분을 강조함.
  c. 협상해서 해결책을 찾고 논쟁을 통해 만족할 부분을 얻어냄.
  d. 어쩔 수 없이 다른 사람의 잠재적인 불만에도 불구하고 어느 한 편의 견해를 편듦.

059. 어느 작업특성이 인력 리소스 예상에 영향을 끼치나?
  a. 작업 비용   b. 작업 범주
  c. 중요경로에서의 연속성   d. 전임작업과 후임작업

060. 프로젝트 팀이 CBT(Computer Based Training) 응용프로그램을 새로운 시스템에 배포하는 설계와 개발을 하고 있는데 고급 CBT를 위해 다음 중 어느 전략이 이용되나?
  a. 상태보고 프로세스를 실시한다.
  b. 입증된 CBT 응용프로그램 방법론을 사용한다.
  c. 프로젝트 스폰서의 승인기준에 맞춘 개발을 진행한다.
  d. 프로젝트 진척을 추적해서 모니터링하는 측정도구를 사용한다.

CompTIA Project+

061. 프로젝트의 실제 작업 기간 동안 가장 큰 영향을 끼치는 요소는?
    a. 작업 비용   b. 리소스 가용성
    c. 진척도   d. 전임작업과 후임작업

062. 중요경로를 확인하고 관리하는 것은 프로젝트 성공에서 매우 중요한데 그 이유는?
    a. 중요경로의 활동은 어느 여분의 시간(slack)을 주지 못하기 때문이다.
    b. 팀원의 효율과 가치가 작업 프로젝트의 품질에 영향을 끼치기 때문이다.
    c. 중요경로 상에서 붕괴비용 혹은 촉진비용이 어느 프로젝트 활동보다 더 크기 때문이다.
    d. 착수일이 프로젝트 끝으로부터 시작까지 역으로 계산하기 때문이다.

063. 프로젝트 매니저가 프로젝트 팀을 꾸리고 합당한 사람을 적절한 작업에 배치하는 일이 프로젝트 성공의 열쇠인데, 프로젝트 초점이 개인 성향에 가장 잘 매치되게 하는 것은?
    a. 창의적 초점 : 세부사항 주목, 구조화된 사고
    b. 기술적 실행 초점 : 독립적 사고, 자발적 참여
    c. 다중적 초점 : 충성심, 실천력
    d. 문제해결 초점 : 세부사항 주목, 고도의 응집력

064. 프로젝트 헌장과 고급 프로젝트 요구사항 리스트는 프로젝트 매니저가 무엇을 구별하게 하나?
    a. 프로젝트의 WBS
    b. 스폰서와 사용자에게 프로젝트의 높은 가치
    c. 한정된 프로젝트 비용과 스케줄
    d. 세부적이고 상향예산(bottom-up budget)

065. 프로젝트 매니저는 프로젝트의 착수단계에서 프로젝트 계획과 전반적인 범위정의의 부분으로 프로젝트 헌장과 실행될 작업을 서술적으로 표시하는 SOW(Statement Of Work)를 위해 무엇을 해야 하나?
    a. 계획에 영향을 끼칠 수 있는 업계 특정표준을 조사해야 한다.
    b. 작업과 기간에 대해 프로젝트 팀원의 동의를 얻어야 한다.
    c. 세부적인 WBS를 만들어야 한다.
    d. 우발적인 상황들을 포함해야 한다.

CHAPTER 13 연습문제

066. 마감단계의 준비로 필요한 작업은?
 a. 프로젝트 검토
 b. 리스크 평가
 c. 변경 통제
 d. 구성 관리

067. 프로젝트 팀이 개발의 완성단계에 닿았고 전체적인 응용프로그램을 테스팅하는 단계에 왔다. 어느 테스팅을 실행해야 할까?
 a. UAT(User Acceptance Testing)
 b. 모듈(module)
 c. 유닛(unit)
 d. 시스템(system)

068. 계획하기 단계에서 마감작업 뒤엔 다음 중 어느 것에 대한 예산이 있어야 하나?
 a. 재계획하기
 b. 유지하기
 c. 새로운 프로젝트 범위에 대한 변경통제
 d. 구성관리

069. 프로젝트 매니저는 프로젝트 마감작업의 일부로써 다음 중 어느 것을 반드시 문서화해두어야 하나?
 a. SOW(Statement Of Work)
 b. WBS(Work Breakdown Structure)
 c. 이해관계인들로부터의 정식승인
 d. 변경통제 프로세스

070. 프로젝트 승인기간 동안 벤더가 프로젝트 매니저에게 공급하기로 한 제품을 2주만 연기해 달라고 요청해 왔다. 이는 프로젝트 완성이 늦어지게 되는 일이므로 프로젝트 매니저는 벤더에게 공급이 늦어지면 프로젝트 완성이 스케줄보다 지연된다고 설명하고 공급시간을 협상하고 있다. 이런 경우 가장 좋은 처리법은 무엇일까?
 a. 벤더에게 공급지연의 영향을 설명하고 완성일자를 넘기지 않는 범위 내로 일부만이라도 보낼 것을 촉구하고 프로젝트 상황을 설명하기 위해 이해관계인들과 회의를 주선한다.
 b. 프로젝트 붕괴 스케줄을 사용해서 출시를 지연시키고 프로젝트 완성시일을 유지한다.
 c. 벤더에게 공급지연은 프로젝트가 스케줄을 지키지 못하게 한다는 영향을 설명하고, 공급지연으로 인한 손해를 물리며 프로젝트 이해관계인들에게 프로젝트의 상황을 설명한다.
 d. 이해관계인들에게 프로젝트의 완성지연을 설명하고 제품을 공급할 수 있는 다른 벤더를 찾는다.

071. 오랫동안 해결하지 못한 문제는 더 많은 사람들에게 영향을 끼치고 많은 종속적인 문제들을 만들게 되는데, 프로젝트 매니저는 이런 상황을 어떻게 해결하는 것이 가장 좋을까?
  a. 문제를 논리적인 작은 문제들로 쪼갠다.
  b. 문제를 상위 이사진에게 상정한다.
  c. 프로젝트 스케줄을 토대로 처리한다.
  d. 리스크관리를 수행한다.

072. 예산편성 그룹으로부터 제한적인 리소스가 주어졌다면 다음 중 어느 것으로 이를 타개할 수 있을까?
  a. 리소스 매니저로부터 승인을 얻는다.   b. 리소스로부터 존경심을 얻어낸다.
  c. 리소스에 대해 직접적인 통제를 가한다. d. 리소스에게 작업을 배분한다.

073. 사건의 빈도에 의해 생긴 문제를 분류하는데 가장 효과적인 도구는?
  a. 통제 차트   b. 흐름 차트
  c. Pareto 도표   d. 경향 분석

074. 프로젝트 매니저가 커스터머로부터 프로젝트에 대해 중대한 변경을 요청받았다. 이런 변경은 설계문서나 프로젝트 범위에 들어있지 않았던 것이다. 이런 요청에 대응할 수 있는 프로젝트 매니저의 최선책은?
  a. 커스터머에게 범위변경은 허용되지 않는다고 알린다.
  b. 요청된 변경을 변경통제 위원회에 보낸다.
  c. 요청된 대로 즉시 변경을 실행한다.
  d. 처음부터 전체 프로젝트를 재설계한다.

075. 프로젝트 매니저가 일정 기간에 걸쳐 프로젝트 결과가 성공적인지 실패인지를 판단할 수 있는 성과보고 기법은?
  a. 상태보고서   b. Pareto 보고서
  c. 피쉬본(fishbone) 도표   d. 경향 분석

CHAPTER 13 연습문제

076. 프로젝트 팀이 범위정의를 완성했고 범위설명 작업을 하고 있을 때 스폰서인 커스터머가 변경을 요청해 왔다면 프로젝트 매니저는 어떻게 이 문제에 가장 잘 대처할 수 있나?
   a. 요청을 듣고 프로젝트가 정해진 날짜에 끝나기 위해 더 많은 리소스가 필요한 것을 표시한다.
   b. 변경을 받아들이고 변경된 범주설명을 가지고 회의를 다시 연다.
   c. 프로젝트가 완성되는 날짜가 연장되어져야 한다는 것을 표시한다.
   d. 범주, 시간, 그리고 금액변경의 예를 들며 변경으로 인한 프로젝트 목표에 끼치는 영향을 개략적으로 보여준다.

077. 프로젝트에 고위 이사진이 포함되는 것이 성공에 필수적인데 다음 중 어느 것이 고위 이사진의 참여 예인가?
   a. WBS에 따른 검토와 리소스 할당
   b. 프로젝트 헌장과 범주에 포함
   c. 프로젝트 범위 승인 정의
   d. 중요한 작업에 관한 승인

078. 다음 중 어느 것이 프로젝트 헌장과 범위에 포함되어져야 하나?
   a. 표준 코딩 기법
   b. WBS
   c. CPM
   d. 완성 기준

079. 다음 중 어느 기법이 프로젝트 리스크를 추적하는데 사용되나?
   a. 가능성-영향 매트릭스
   b. Pareto 차트
   c. R-차트
   d. PERT 분석

080. 다음 중 어느 것이 예상 기간 동안 프로젝트 비즈니스 개발을 위한 접근방법인가?
   a. 가치 엔지니어링
   b. Stochastic 예상
   c. 전문가 판단
   d. 상향식(Bottom-Up) 예상

081. 프로젝트 계획을 지원하기 위한 가장 효과적인 방법은?
   a. 이해관계인에게 프로젝트 계획 요소를 승인하게 요청한다.
   b. 계획하기 프로세스 동안 모든 이해관계인들에게 입력을 요청한다.
   c. 프로젝트에 관해 의사소통을 위한 창구를 열어둔다.
   d. 어떻게 프로젝트가 회사의 목표와 관련되어 있는지 분명하게 설명한다.

CompTIA Project+

082. 프로젝트 범위 계획하기 단계에서 WBS(Work Breakdown Structure)는 무엇을 위해 개발되어져야 하나?
    a. 단계별로 하위 프로젝트 레벨을 위해
    b. 적절한 노력과 비용 예상의 레벨을 위해
    c. 프로젝트 스폰서에 의해 결정되는 레벨을 위해
    d. 회사의 회계부서가 세워놓은 예산의 적정수준 비용을 위해

083. IT 프로젝트 안에서 프로젝트 매니저와 프로젝트 팀원 간의 의사소통은 어떻게 이뤄지나?
    a. 문서나 구두 의사소통으로
    b. 주간 상태 보고서를 통해
    c. 정식 명령체계를 통해
    d. 승인된 템플레이트 폼을 통해

084. 클라이언트의 프로젝트 요구사항 검토에서 용인될 수 있는 결과는 무엇인가?
    a. 약속기반으로 요구사항 협상 리스트를 만듦
    b. 일부 요구사항에 대한 불일치를 동의하고 계획단계로 나아가기
    c. 요구사항에 대한 수정에 동의하고 검토와 승인을 위해 다시 제출함
    d. 요구사항에 대한 수정에 동의하고 계획단계로 나아가기

085. 범위수정에 대해서 이해관계인이 의문을 표시하면 프로젝트 매니저는 어떻게 해야 하나?
    a. 프로젝트 스폰서에게 문의한다.
    b. 원래 프로젝트 계획을 살펴본다.
    c. 변경 프로젝트 계획을 참조한다.
    d. 회사의 방침에 근거해 결정을 내린다.

086. 리스크 위협에 가능한 대응은 무엇인가?
    a. 거부
    b. 완화
    c. 결정 분석
    d. 기회

087. 기능적이고 물리적인 특성이나 시스템에 대해 기술적이거나 관리적인 지침을 적용하는데 사용되는 문서 처리과정은 무엇의 예로 볼 수 있나?
    a. 리소스 관리
    b. 구성 관리
    c. 스케줄 관리
    d. 리스크 관리

CHAPTER 13 연습문제

088. 프로젝트가 스케줄에 뒤져있다. 다음 중 이를 교정할 때 필요 없는 행동은?
   a. 수정행동 전략을 실시한다.
   b. 프로젝트에 대한 이익요구를 조절한다.
   c. 문제의 근본 원인을 분명히 확인해 둔다.
   d. 수정행동의 결과를 확인하는 작업을 한다.
   e. 어느 팀원이 수정을 책임지게 정해준다.

089. 가장 효율적으로 프로젝트 붕괴를 위해 추가적인 리소스나 시간외 근무는 어디에 투입되어져야 하나?
   a. WBS 안에 정의된 모든 작업
   b. 가용한 추가적인 리소스의 기술세트에 매치되는 작업들
   c. 리스크 관리상 가장 위험한 상황에서 작업하기
   d. 가장 긴 활동기간에 시작되는 중요 경로에 따른 활동들

090. 다음 중 프로젝트에 관해 가장 수정된 문서는?
   a. 프로젝트 계획   b. 이슈 로그
   c. 최종 승인문서   d. 변경요청 로그

091. 프로젝트 매니저는 왜 프로젝트에 빠른 추적(fast tracking)을 할 필요가 있나?
   a. 프로젝트 기간을 줄이려고   b. 프로젝트 리스크를 완화하려고
   c. 프로젝트 비용을 줄이려고   d. 팀 생산성을 증가하려고

092. 프로젝트 마감단계의 첫번째 조치는?
   a. 완성 계약   b. 사용자 승인
   c. 최종 문서화   d. 습득한 교훈

093. 마지막 마감회의에서 최종적으로 할 일은?
   a. 소스 코드   b. 패스워드
   c. 습득한 교훈   d. 테스트 결과

CompTIA Project+

094. 세부적인 프로젝트 범위, 예상 리소스 요청, 예상 활동기간과 예상금액을 확인하는데 사용되는 요소는?

    a. 프로젝트 계획   b. 실행 계획
    c. 비즈니스적 요구   d. WBS

095. 프로젝트 헌장은 초기 착수나 계획하기 단계에서 개발된 고급문서이다. 프로젝트 헌장의 중요 요소는 무엇인가?

    a. 시스템 테스트 계획   b. 프로젝트 목표와 성공기준
    c. 프로젝트 의사소통 계획   d. 하드웨어와 소프트웨어 요구
    e. 상세한 현재 활동 프로세스 맵(map)

096. 중요한 대규모 프로젝트의 스폰서가 즉시 프로젝트가 시작되길 원한다. 리스트된 항목 중에서 프로젝트를 시작하기 전에 다음 중 프로젝트 매니저에게 가장 중요한 것은?

    a. 프로젝트 헌장의 정식 승인   b. 상세한 예산이 들어있는 프로젝트 비용
    c. 상세한 프로젝트 범위   d. 계획된 프로젝트 기간

097. 주어진 프로젝트의 착수단계에서 실현 가능성과 생존 가능성을 평가할 때 다음 중 가장 덜 중요한 것은?

    a. RFP 과정과 평가기준   b. 완성기준
    c. 프로젝트 범위, 시간, 그리고 비용   d. 고급 관리 지침

098. 프로젝트 비즈니스 분야와 ROI(Return On Investment)의 검토와 승인은 ____ 전에 이뤄져야 한다.

    a. 이해관계인들을 정의하기
    b. 프로젝트 성공기준 정의하기
    c. 프로젝트 작업에 관한 의견일치를 얻어내기
    d. 프로젝트 계획하기 단계로 나아가기

099. 클라이언트가 프로젝트에서 품질이 가장 중요하다고 한다. 소프트웨어 패키지를 개발하고 있는 IT 프로젝트 매니저는 프로젝트를 제때에 끝내야 하는데, 주별 회의에서 다음 단계가 스케줄대로 끝나기 힘들다는 것을 발견했다. 추가적인 비용이 들겠지만 리소스가 좀 더 투입되면 예정대로 해낼 수 있다는 것을 알았다면 이 경우 최선의 행동은?
   a. CPM(Critical Path Method)을 사용해서 여분(slack)을 줄이고 추가적인 리소스를 조달받아 추가되는 리소스 비용을 커버하는 임시계획(contingency plan)을 사용해서 주어진 마감일을 맞춘다.
   b. 이해관계인들과 회의를 주선하고 추가적인 자금을 요청해서 프로젝트가 기일에 끝나게 한다.
   c. 이해관계인들에게 프로젝트가 스케줄보다 늦을 것을 설명하고, CPM(Critical Path Method)을 사용해서 추가적인 여분을 줄이고 프로젝트를 기일에 끝나게 추가적인 리소스를 요청한다.
   d. 이해관계인들에게 프로젝트의 상태를 설명하고 추가 리소스가 있으면 기일에 끝낼 수 있다는 것을 설명하고, 현재의 우발적 상황을 처리하는 비용을 최소화하고 프로젝트의 품질이 영향받지 않을 것을 확신시킨다.

100. IT 프로젝트에서 커스터머의 만족을 얻어내는 중요한 활동이 엔드유저의 _____를 정의하는 것이다.
   a. 요청   b. 이익
   c. 비용   d. 선호도

101. 범위문서에서 가장 중요한 것은?
   a. 예산   b. 완성
   c. 품질   d. 스케줄

102. 프로젝트 스폰서의 주된 책임은?
   a. 프로젝트 비용과 결과물 둘 다   b. 프로젝트 비용과 결과물 둘 다 아님
   c. 프로젝트 비용은 맞으나 결과물은 아님   d. 프로젝트 결과물은 맞으나 비용은 아님

103. 프로젝트의 범위에 영향을 끼치는 제약은?
   a. 완성과 기준   b. 습득한 교훈
   c. 요청된 마감일   d. 의사소통 창구

104. IT 프로젝트 매니저에게 새로 회사에서 승인한 프로젝트의 모든 면을 설명한 프로젝트 헌장과 범위문서가 전해졌다. IT 프로젝트 매니저는 이 문서를 가지고 프로젝트 착수회의를 주선했는데 다음 중에서 반드시 이 문서를 받아보아야 하는 사람들은?
   a. 프로젝트 팀원과 스폰서
   b. 프로젝트 팀원과 클라이언트
   c. 이해관계인들과 프로젝트 팀원
   d. 프로젝트 팀원과 프로젝트 오피스

105. 올바른 팀원을 선택하는 일은 도덕심, 일정과 품질에 영향을 끼칠 수 있는데 다음 중에서 어느 설명이 가장 선택되기 힘든 팀원의 유형일까?
   a. "이 문제를 투표로 정합시다."
   b. "이 생각은 우리 경쟁자도 사용하지 않는데 왜 우리가 사용하려고 합니까?"
   c. "벤치마킹 연구가 이렇게 나왔습니까?"
   d. "이 생각은 좋은 것 같습니다만, 일부 변경을 해야만 하겠군요."

106. 프로젝트 계획에서 라인관리(line manage)의 역할은?
   a. 프로젝트에 리소스를 제공한다.
   b. 요구사항 변경을 요청한다.
   c. 팀 갈등을 해소한다.
   d. 프로젝트 예산을 통제한다.

107. 품질관리 계획의 일부로 왜 사용자의 서명이 있어야 하나?
   a. 프로젝트의 예산제약이 사용자의 기대에 부응하는지 확인하느라
   b. 프로젝트가 제품의 품질에 관련된 경우 사용자의 기대에 부응하는지 확인하느라
   c. 사용자의 서명은 품질관리 계획의 일부가 아니다.
   d. 프로젝트에서 사용자가 나중에 변경요청을 하지 않을 것을 확인하느라

108. 프로젝트에서 프로젝트 매니저의 주된 역할은?
   a. 프로젝트에 리소스 공급하기
   b. 팀 안에서 인간관계 관리하기
   c. 주어진 직무를 완성시키기
   d. 조직 내에서 프로젝트의 전반적인 우선순위를 정의하기

CHAPTER 13 연습문제

109. 프로젝트 의사소통 계획하기는 보통 _____와 매우 관련이 깊다.
  a. 조직 계획하기
  b. 예산 책정하기
  c. 이해관계인 확인하기
  d. 리소스 계획하기

110. 프로젝트 매니저는 프로젝트에 대한 프로젝트 계획을 만들고 직무를 파악하고 적절한 리소스를 할당했다. 여기에 사용된 도구가 몇몇 리소스들에게 과도하게 직무에 할당되었다고 나타낸다면 프로젝트 매니저가 다음으로 할 일은?
  a. 리소스를 제거한다.
  b. 더 많은 리소스를 요청한다.
  c. 리소스를 레벨링한다.
  d. 추가예산을 요청한다.

111. 예상방법에 관한 다음 설명 중에서 옳은 것은?
  a. 엔지니어링(engineering) 예상은 데이터가 충분하지 않고 제품에 관한 정의가 부족하거나 알 수 없을 때 사용한다.
  b. 파라메트릭(parametric) 예상은 비교적 쉽거나 적은 금액으로 만들 때 사용한다.
  c. 서브시스템 아날로그(subsystem analog) 예상은 원래 다른 방법들보다 더 정확하다.
  d. 전문가 의견(expert opinion) 예상은 안정된 기술로 한정된다.

112. 프로젝트 매니저가 프로젝트 계획을 완성한 뒤 이를 스폰서에게 보내 서명을 받으려고 한다. 비록 프로젝트 계획하기 동안 여러 번 스폰서와 상의했었지만 최종 스케줄에 대해 심각한 이견이 있어서 스폰서가 계획승인을 거부했다. 이런 상황을 타개하는 가장 좋은 전략은 무엇인가?
  a. 스폰서와 회의를 갖고 특정 스케줄에 대한 염려를 알아내고 전반적인 프로젝트 목표에 대해 토론한다.
  b. 스폰서를 설득해서 현재 스케줄이 계획대로 진행되게 한다.
  c. 서명을 받기 위해 스케줄을 변경해서 원래 스케줄을 프로젝트 계획에서 변경시킨다.
  d. 프로젝트가 스폰서로부터 지원이 부족해서 취소된다는 문서를 작성해둔다.

113. 프로젝트 매니저가 리스크에 우선순위를 주는 방법은?
  a. 재정에 따라
  b. 일정에 따라
  c. 전반적인 영향에 따라
  d. 실무진의 우선순위에 따라

CompTIA Project+

114. 다음 중 어느 설명이 프로젝트 목표를 설정하고 측정하는데 실질적인 기본이 되나?
    a. 계획에 일정이 설정되고 변동되지 않아야 한다.
    b. 프로젝트 목표의 중요경로가 변경될 때마다 일정을 재설정한다.
    c. 프로젝트는 중요작업이 완성될 때 더 이상 진행할지/말지(go/not go)를 나타내는 결정점을 가지게 계획되어야 한다.
    d. 원래 계획보다 더 많은 요구사항이 있음을 밝혀주는 시스템 분석단계가 끝나면 프로젝트 예산에 어느 변경도 없어야 한다.

115. 프로젝트 실무진이 프로젝트 매니저에게 다음과 같은 고급 요청진술을 해왔다.

> "우리 회사는 구매시스템이 필요한데, 구매부서에서 벤더 카달로그 데이터베이스를 사용해서 물품을 주문하고, 구매승인을 위한 결재경로를 만들고, 주문 영수증을 확인하고, 벤더에게 경리과에서 금액을 지불하는 시스템이다."

이 프로젝트 실무진의 요청에 대해서 다음 중 직무상 요구는?
    a. 주문의 승인자를 밝힌다.
    b. 요청 프로세스가 어떻게 새로운 구매 프로세스와 작동하는지 결정한다.
    c. 하드카피 주문서를 없애는 것에 순응해서 구매 프로세스를 변경한다.
    d. 프로세스 매뉴얼, 그리고 직무상 도움이 되는 훈련 프로그램 지원을 개발한다.

116. 다음 중 "Bottom-Up 예상"을 가장 잘 설명한 것은?
    a. 다른 성공한 프로젝트와 유사한 프로젝트에서 드는 비용을 예상하는 가장 간단한 방법이다.
    b. 가능한 한 더 상세한 것을 사용해서 프로젝트에 드는 정확한 비용을 예상하게 하는 작업 패키지로 나누는 플래너(planner)를 필요로 한다.
    c. PERT나 Gantt 차트로 시각적으로 보여준다.
    d. 단일 행동이나 이벤트가 전임/후임작업 그리고 병행 활동이나 이벤트 독립성을 가지고 있어야 한다.

117. 직접 실행하기 전에 프로젝트 기간에 대해서 가장 정확하게 예상할 수 있는 방법은?
    a. 개별 작업자의 예상을 모아서   b. 프로젝트 매니저가 모든 예상을 해서
    c. 전문가 예상을 얻어서   d. 기간을 예측하는 방법은 없다.

CHAPTER 13 연습문제

118. 승인된 프로젝트를 개발하는 동안 프로젝트 매니저는 프로젝트 범위가 제대로 정의되지 않아서 심각한 예산증가와 제품의 출시지연이 있을 것으로 예상하게 되었다. 프로젝트 매니저는 필요한 범위변경을 알리는 프로젝트 이해관계인들과 회의를 주선했다. 프로젝트 매니저가 이 프로젝트의 이런 범위변경 접근법으로 가장 좋은 방법은?
  a. 프로젝트 완성과 추가적인 예산을 담은 새로운 WBS를 준비한다.
  b. 이해관계인들에게 필요한 스케쥴과 예산변경을 알리고 예상치 못한 변경으로 인한 추가적 예산을 완화하며, 변경에 대해 서면으로 승인을 얻어낸다.
  c. 이해관계인들에게 프로젝트를 완성하는데 드는 예산, 시간과 더불어 EVA(Earned Value Analysis), RIO(Return On Investment) 그리고 SV(Schedule Variance)와 같은 금융적인 정당성을 알린다.
  d. 비용과 시간변경을 정의하고 필요한 변경승인을 요청한다.

119. 팀의 효율성 문제가 대두되었다면 다음 중 어느 것이 가장 적절한 행동이 될까?
  a. 개선계획을 개발한다.   b. 이런 염려를 알린다.
  c. 팀원에게 메모를 보낸다.   d. 문제 있는 팀원을 빼낸다.

120. 책임 매트릭스(responsibility matrix)와 비교했을 때 Gantt 차트는 어느 추가적인 책임정보를 제공하나?
  a. 비용   b. 매니저
  c. 작업자   d. 일정

121. 팀 내 2인조에게 프로젝트 리더로부터 작업지시가 내려졌다. 작업이 완성된 뒤 프로젝트 리더는 커스터머로부터 왜 프로젝트의 어느 요소가 아직 완성되지 않았냐는 질문을 받았다면 프로젝트 리더로써 이런 문제가 더 이상 생기지 않게 하는 가장 좋은 방법은?
  a. 작업 리스트를 분명히 정의한 문서를 제공한다.
  b. 커스터머에게 팀 작업을 모니터하게 요청한다.
  c. 프로젝트를 위한 고급 작업리스트를 제공한다.
  d. 미리 작업을 실행한다.

122. 프로젝트의 개발단계에서 프로젝트 팀은 결과물의 품질에 영향을 줄 수 있는 많은 리스크를 예상하고 리스크의 대응계획을 개발하는데 그 전에 팀은 무엇을 해야만 하나?
   a. 중요한 경로에 있지 않은 리스크를 무시한다.
   b. 프로젝트의 모든 제약을 리스트한다.
   c. 각 리스크가 발생할 가능성과 그 리스크의 잠재적인 영향을 분석한다.
   d. 리스크의 우선순위를 정하기 위해 PERT 방법론을 사용한다.

123. 착수단계에서 프로젝트에 몇 가지 변경을 행한 뒤 이사진 중 한 명이 프로젝트의 계속에 대해 주저하고 있다면, 이 프로젝트를 실행하기 위한 가장 적절한 방법은?
   a. 이사가 주저하는 부분을 들어보고 이사를 프로젝트 회의와 의사소통에 포함시켜서 이런 변경이 이사에게 어떤 흥미를 당기는지 관찰하며 문제에 접근해본다.
   b. 이사에게 재정적인 설명을 해서 회사가 많은 이익을 본다는 것을 보여준다.
   c. 이사를 ROI(Return On Investment)와 리스크 분석과 더불어 주별 진행회의와 의사소통에 참여시킨다.
   d. 프로젝트에서 중요한 결정권자가 아니므로, 프로젝트의 일부가 아닌 선택사항에 이사를 참여시킨다.

124. 만일 5명의 팀원이 프로젝트에 있다면, 몇 개의 의사소통 채널을 가지는가?
   a. 5   b. 6
   c. 10   d. 25

125. 프로젝트 매니저가 개인적인 이유로 사임하고 프로젝트 리더가 프로젝트 매니저로 승진했다. 팀원 중 몇 명은 조직의 이런 변화를 싫어해서 팀에 계속 참여하고 싶어 하지 않고 있다. 이들 팀원들에게 새로 임명된 프로젝트 매니저는 여러 번 문제를 해결하고자 대화를 시도했으나 효과가 없었다. 이제 새로운 프로젝트 매니저가 할 수 있는 다음 단계는?
   a. 문제를 조직으로 상정한다.
   b. 프로젝트를 끝내기 위해 완전히 새로운 팀을 구성한다.
   c. 팀에 새로운 구성원을 투입해서 목표를 완수한다.
   d. 주저하는 팀원들에게 다른 팀으로 옮길 것을 요구한다.

CHAPTER 13 연습문제

126. 언제 의사소통 계획의 결과가 검토되어져야 하나?
    a. 프로젝트 계획을 만드는 동안   b. 프로젝트 완성 때
    c. 프로젝트 기간 내내   d. 의사소통 계획 승인 때

127. 새롭거나 검증되지 않은 기술을 선택해서 평가할 때 가장 좋은 방법은?
    a. 비용/이익 분석   b. Delphi 기법
    c. 리스트 평가   d. pilot/prototyping

128. 지속적인 리소스 로딩(loading)을 유지하기 위해 프로젝트 안에서 여러 가지 작업들에게 할당되는 리소스들을 조정하는 것을 무엇이라고 부르나?
    a. 붕괴(crashing)   b. 분할(dividing)
    c. 구조조정(restructuring)   d. 레벨링(leveling)

129. 프로젝트 매니저가 여러 연관된 원인을 가지고 있는 것처럼 보이는 복잡한 문제들을 분석하는데 사용하는 기법을 무엇이라고 부르나?
    a. Pareto 도표   b. Fishbone 도표
    c. Network 도표   d. Monte Carlo 도표

130. 작은 변경은 범위를 조정하지 않고도 프로젝트 내로 흡수될 수 있지만 다음 중 어느 엔티티는 범위에 심각한 영향을 끼치는가?
    a. 계약 관리자   b. 변경통제 위원회
    c. 품질 관리자   d. 직능 관리자

131. Delphi 기법은 어디에 가장 적합한가?
    a. 문제 해결   b. 신사고 창출
    c. 제품 선택   d. 논쟁 해결

132. 리소스, 스케줄, 그리고 커스터머 기대치 변경 등이 원래 프로젝트 범위에 끼치는 것은 _____ 으로 해결할 수 있다.
    a. 갈등해소 프로세스   b. 갈등관리 프로세스
    c. 변경통제 프로세스   d. 리스크관리 프로세스

133. E-Biz 설치를 하는 동안 프로젝트 매니저는 팀원들이 제대로 협력해서 작업을 하고 있지 않는 것을 알았다. 이것 때문에 프로젝트가 심각한 지연을 겪고 있다면 프로젝트 매니저가 할 일은?
   a. 팀원의 직무와 책임을 재할당한다.
   b. 관련된 팀원들과 함께 협력작업에 대해 진지하게 토의한다.
   c. 억지로라도 팀원들이 협력하게 한다.
   d. 일 잘하는 직원을 포상해서 팀원 전체에 용기를 북돋는다.

134. 새로운 회계 소프트웨어 개발을 진행 중인 프로젝트의 매니저가 설치단계에서 소프트웨어가 크래쉬되거나 깨지기 쉽다는 것을 알았다면 품질의 어디에서 문제가 있었을까?
   a. 설계   b. 관리
   c. 컨셉   d. 테스팅

135. 리스크 노출이 2,496만 원이고 리스크 영향은 6,400만 원일 때 리스크 확률은?
   a. 3.90%   b. 39%
   c. 24.96%   d. 64%

136. 프로젝트 관리상 중요한 팀원의 예상치 못한 이직에 대비하는 가장 좋은 방법은?
   a. 선제공격(preemptive strike)   b. 교차훈련(cross training)
   c. 작업이전(workload shift)   d. 임시대용(temp agency)

137. IT 프로젝트 매니저는 매트릭스 프로젝트 팀원 중 하나인 네트워크 엔지니어에게 E-mail로 지시한 사항에 대해 상세한 기술적인 보고서를 준비하라고 E-mail을 보냈다. 일주일 후 네트워크 엔지니어는 80페이지에 달하는 보고서를 만드느라 45시간이나 허비했다고 불평했다. 프로젝트 매니저는 보고서는 4페이지면 충분하다고 생각했었다면 이런 갈등을 가져온 주된 원인은 무엇일까?
   a. 프로젝트 매니저의 네트워크 엔지니어를 대신하는 전문성 부족
   b. 범위외의 작업을 하게 한 E-mail에서의 지시사항 정의 부족
   c. 네트워크 엔지니어 인력의 부족
   d. 주어진 작업을 완수하는데 필요한 네트워크 엔지니어 부서의 엔지니어의 인력부족

138. 다음 중 어느 조직의 구조에서 프로젝트 매니저가 가장 적은 권한을 가지게 되나?
  a. 프로젝트 조직
  b. 강력한 매트릭스 조직
  c. 약한 매트릭스 조직
  d. 직무적 조직

139. 장기간에 걸친 프로젝트 동안 여러 번 중요한 변경이 있어서 프로젝트 매니저는 프로젝트가 원래 계획과 예산을 넘게 될 것을 알고 있었다. 프로젝트 매니저는 프로젝트를 검사하기 위해서 이해관계인들과 회의를 주선했는데 오랜 회의시간 동안 프로젝트를 면밀히 검토한 결과 이 프로젝트는 더 이상 원안대로 될 수 없지만 장래에 쓸모는 있는 것으로 판단되었다면 이런 상황에서 가장 적절한 행동은 무엇이 될까?
  a. 프로젝트의 부차적 가치를 결정하고 프로젝트 종료를 선언하며, 습득한 교훈을 위해 프로젝트를 종료하고 회사에서는 더 이상 이 프로젝트가 소용이 없지만 가능하면 이 가치의 판권을 확보해둔다.
  b. 완성될 때까지 일단은 프로젝트를 진행하는데 힘쓰고, 그때 가서 이 프로젝트의 제품이 쓸모 있는지 없는지를 판단해본다.
  c. 회사의 필요성에 적합하도록 더 이상 변경을 허용하지 않고 프로젝트를 계속해서 진행해 나아간다.
  d. 프로젝트를 종료하고 습득한 교훈을 위해 프로젝트 종료를 검토한다.

140. IT 프로젝트 매니저는 프로젝트의 한 작업에서 스케줄에 변경이 있음을 알았다. 주당 BCWP(Budgeted Cost of Work Performed)는 7,000만 원이고 ACWP(Actual Cost of Work Performed)는 9,000만 원이며, BCWS(Budgeted Cost of Work Schedule)은 1억 1,000만 원이라면 이 프로젝트는 어떤 상태인가?
  a. 주당 4,000만 원씩 스케줄보다 앞서 있다.
  b. 주당 2,000만 원씩 스케줄보다 앞서 있다.
  c. 주당 4,000만 원씩 스케줄보다 뒤져 있다.
  d. 주당 2,000만 원씩 스케줄보다 뒤져 있다.

141. 누가 PIER(Post Implementation Evaluation Report)의 준비를 책임지나?
  a. 사용자
  b. 프로젝트 매니저
  c. 스폰서
  d. 고급 엔지니어

142. 프로젝트 완성 뒤 여는 사후회의(postmortem meeting)는 무엇을 위한 것인가?
    a. 프로젝트 설치를 계획함.
    b. 프로젝트 범위를 결정함.
    c. 프로젝트 완성승인을 얻기 위함.
    d. 프로젝트의 강점과 약점을 평가함.

143. 프로젝트 마감회의(close-out meeting)는 무엇을 위한 것인가?
    a. 지속적인 유지관리
    b. 리소스의 재 할당
    c. 문제점 평가
    d. 프로젝트 헌장 승인

144. 프로젝트의 마감을 승인하는 권한을 지닌 이는?
    a. 프로젝트 매니저
    b. 이해관계인
    c. 커스터머
    d. 실무 스폰서

145. 새로운 프로젝트 헌장이 마련되면 누가 여기에 서명하여야 하나?
    a. 벤더
    b. 이해관계인들
    c. 프로젝트 매니저
    d. 실무 스폰서

146. 왜 프로젝트 매니저는 실무 스폰서가 필요한가?
    a. 조직으로부터 보이지 않는 지원을 위해
    b. 프로젝트 팀원이 작업에만 전념하게 하기 위해
    c. 사용자 요구를 승인받기 위해
    d. 외부 벤더와의 계약을 위해

147. 프로젝트 매니저가 프로젝트 스케줄을 개발하고 있는데 모든 실무진들과 협상해서 작업 시간을 가능한 한 짧게 잡으려고 한다. 스케줄을 조정하고 보니 프로젝트의 비즈니스 오너에 의해 요청된 프로젝트 완성날짜는 아직 많이 남아있다. 프로젝트 매니저는 이 프로젝트에 협정된 내용이 적절하다고 생각하고 비즈니스 오너와 스케줄 재협상을 고려중이다. 다음 중 어느 도구로 프로젝트 매니저가 스케줄을 협상하는데 사용될 수 있나?
    a. 데이터흐름 모델
    b. 프로젝트 중요경로
    c. 리소스 투입 차트
    d. WBS

CHAPTER 13 연습문제

148. 어느 프로젝트를 위해 회사가 지출할 수 있는 계획비용이 1억인데 고급예산 예상은 그 프로젝트에 2억이 들 것으로 예상하고 있다. 다음 중 어느 것이 정확한가?
   a. 고급예산 예상이 틀렸다.
   b. 회사의 지출계획이 틀렸다.
   c. 회사의 지출계획과 고급예산 예상 모두 틀렸다.
   d. 상세한 상향기법(bottom-up)으로 예산을 조절할 필요가 있다.

149. 팀원 선별은 누가 기술자이고 누가 관리 전문가인지 찾아내는 일만은 아니다. 고도의 가시적인 프로젝트를 이끌고 있는 프로젝트 스폰서는 프로젝트 매니저에게서 무엇을 찾아야 하나?
   a. 핵심 인재개발
   b. 전문 기술자들을 리드함.
   c. 커스터머/스폰서와 함께 작업하기
   d. 분석 기술

150. Maslow의 계층적 필요 피라미드의 정상에는 무엇이 있나?
   a. 생리학
   b. 사교성
   c. 존중감
   d. 자기실현

151. 확인된 리스크가 물질적인 것인지 결정하는 가장 적절한 방법은 무엇인가?
   a. 리스크 관리계획을 개발한다.
   b. 민감도 분석을 사용한다.
   c. 리스크 촉발(trigger)에 도달되었는지를 결정한다.
   d. 이슈로그(issue log)를 검토한다.

152. 프로젝트에 심각한 변경을 가져오는 중요한 변경을 다룰 때 가장 중요한 것은?
   a. 변경순서 처리지침을 따른다.
   b. 리소스 할당을 조절한다.
   c. 프로젝트 팀에게 알린다.
   d. 일정 안에서 변경을 실행한다.

153. 이슈 로그(issue log)의 목적은 무엇인가?
   a. 책임 있게 일하는 팀원을 알아냄.
   b. 미해결 이슈를 로그함.
   c. 취해진 올바른 행동을 추적함.
   d. 미해결 이슈의 종결을 안전하게 함.

154. 어느 일단의 프로젝트를 완성하는데 시간과 리소스에 제약이 있다면 가장 좋은 해결책은 무엇일까?
    a. 모든 프로젝트를 동일한 우선순위로 둠
    b. 각 스폰서가 요청한 것에 기준해서 프로젝트들에게 우선순위를 둠
    c. 관리일치(management consensus)에 기준해서 프로젝트들에게 우선순위를 둠
    d. 프로젝트 매니저가 최상의 것이라고 판단하는 것에 근거해서 프로젝트들에 우선순위를 둠

155. IT 프로젝트 매니저는 중요한 작업을 추적하고자 작업을 분해해서 작고 더욱 관리하기 쉬운 것으로 만들고자 한다. 이런 과정은 어디에 들어있어야 하나?
    a. 실행할 수 있는 작업분해   b. 한계분석
    c. 범위정의   d. 비용/이익 분석

156. 프로젝트 팀원들과 정해진 주별 회의 동안 예정된 회의시간 안에 끝낼 수 없는 중요한 이슈가 불거져 나왔다. 만일 이 문제가 해결되지 않으면 프로젝트가 중지되어져야 한다. 프로젝트 매니저는 이럴 때 어떻게 이 문제를 해결해야 하나?
    a. 그 이슈가 해결될 때까지 회의를 계속한다.
    b. 회사의 갈등해소 방침에 따라 회의를 계속한다.
    c. 제 시간에 회의를 끝내고 그 이슈를 철저히 조사해서 다음 주별 회의 때 해결하도록 한다.
    d. 제 시간에 회의를 끝내고 그 이슈를 해결할 또 다른 회의를 잡는다.

157. 다음 중 범위침해(scope creep)를 예방하는 가장 좋은 홍보 방법 중 하나는?
    a. 책임과 작업을 정의함.
    b. 모든 변경은 스폰서의 승인을 받아야 함.
    c. 모든 변경은 변경통제 위원회를 거쳐야만 함.
    d. 잘 정의된 의사소통 라인을 만듦.

158. 프로젝트 매니저는 최근 벤더 중 한 명으로부터 자신들의 제품가격이 대폭 인상될 것이라는 말을 들었다. 프로젝트 매니저는 이 문제를 다음 프로세스 중 어느 것으로 해결할 수 있을까?
    a. 변경 통제   b. 구성 통제
    c. 스케줄 통제   d. 인프라스트럭쳐 통제

159. 프로젝트의 과정 동안 두 직무부서의 리소스들 사이에서 문제가 발생했는데 프로젝트 스케줄을 지연하게 한다. 이 갈등은 주별 프로젝트 팀 회의로 상정되어졌고 IT 프로젝트 매니저가 갈등을 해소했다. 이런 갈등을 해소할 때 가장 적절히 사용되었을 법한 것은?
    a. 프로젝트를 완성하고 예정대로 회의를 계속하기 위해 각 부서가 해야 할 일을 분명히 진술했다.
    b. 양 부서의 책임자로부터 진술을 듣고 각 부서에서 한 일과 프로젝트의 목표를 재확인하며 팀으로 작업해 나아가는데 초점을 맞춘다.
    c. 이슈를 더욱 조사하기 위한 또 다른 회의를 스케줄한다.
    d. 양 부서의 책임자로부터 진술을 듣고 어느 부서의 잘못인지 결정한다.

160. 프로젝트 매니저가 벤더와 프로젝트 팀 사이에서 불화가 있는 것을 알고 상황을 조사해 보니 벤더가 시장수요가 많은 것을 보고 예정된 계약에서 원래보다 제품의 가격을 올린 것을 알아냈다. 프로젝트 매니저가 이런 갈등을 해소하는 최적의 방법은?
    a. 벤더에게 계약서상의 가격협정과 프로젝트에 끼칠 영향을 설명하고 이해관계인들에게 이를 알린다.
    b. 벤더에게 계약을 위반하고 있음을 알리고 법적조치를 찾는다.
    c. 벤더와 가격 인상을 위한 변경과정을 상의한다.
    d. 벤더와 가격협정을 상의하고 프로젝트에 끼치는 영향을 설명하며 변경을 요청하고 이해관계인들에게 이를 알린다.

161. 벤더계약 작업에서 매우 다른 세 가지 입찰을 받았다면 프로젝트 예산을 짤 때 가장 낮은 입찰로 승인하기 전에 팀은 무엇을 해야만 하나?
    a. 시나리오에 따른 리스크를 분석하고 심각하고 부정적 영향을 수행하는 돌발 리스크를 개발해 둔다.
    b. 벤더에게 진척도에 따른 지불을 결정하는 EV(Earned Value) 분석을 수행한다.
    c. 벤더가 무조건 일을 따고 보자는 식인 것 같으면 낮은 입찰가격을 거부한다.
    d. 프로젝트 예산에 돌발 상황 예측을 추가한다.

162. 캘린더 차트(Calendar Chart), 일정 스케줄(Milestone Schedule), 그리고 간트 차트(Gantt Chart)는 무엇의 예인가?
    a. 리스크 관리   b. 프로젝트 가치 결정
    c. 이해관계인의 역할   d. 예상 스케줄링과 작업 순서

163. 왜 프로젝트 작업에서의 예상비용과 실제비용을 조절하는 것이 중요한가?
    a. 품질관리를 위한 도구이므로
    b. 비용변수를 분석하는 중요한 부분이므로
    c. 계획하기 과정에서 중요한 입력을 제공하므로
    d. 이전 차트에서 정보 캡춰를 용이하게 하므로

164. 취소된 프로젝트에 관해서도 왜 마감회의를 하는 것이 중요한가?
    a. 습득한 교훈을 문서화하기 위해서   b. 책임을 가리기 위해서
    c. 예산을 종결하기 위해서   d. 리소스를 해산하기 위해서

165. 다음 중 일정에 해당되는 것은?
    a. 요구사항에 대한 실무 스폰서의 서명
    b. 팀원들을 조직함.
    c. 인프라스트럭춰 장비를 조달함.
    d. 소프트웨어가 완성된 뒤 UAT(User Acceptance Testing)을 수행함.

166. 중요경로가 25% 줄어들 필요가 있다. 다음 중 이 목적을 위해 수행되는 행동의 예외적인 것은?
    a. 리소스를 추가한다.   b. 유동성(float)을 제거한다.
    c. 시간 스케줄을 무시한다.   d. 여러 작업들을 병행한다.

167. 리스크를 기꺼이 떠맡으려는 개인이 의도는 _____에 의해 결정된다.
    a. 결정트리 모델   b. Monte Carlo 기법
    c. 민감도 분석   d. Utility 이론

168. 다음 중 프로젝트 범위 변경요청을 시작하게 하는 유효한 조건은?
    a. 벤더가 가져온 이슈들   b. 프로젝트 스케줄 이탈
    c. 미해결 프로젝트 이슈들   d. 이해관계인들이 가져온 새로운 요구사항들

CHAPTER 13 연습문제

169. 스케줄링을 위해 프로젝트 활동들을 조직하는 것은 _____에 의하는 것이 가장 좋다.
   a. WBS
   b. 중요경로
   c. 작업 착수일
   d. 조직의 책임자

170. 실무관리가 형편없이 수행되고 있는 프로젝트를 새로 맡게 되었다. 이전 프로젝트 매니저는 프로젝트 작업에 관해 이해관계인들에게서 항상 동의를 얻어내진 못했다. 이해관계인들과 회의하고 난 뒤 모든 이해관계인들을 만족하게 하는 프로젝트는 될 수 없다고 결정을 내렸다면 어떻게 해야 하나?
   a. 작업자를 평가하고 더 많은 작업자를 모아 계획에 맞는 프로젝트로 되돌아가야 한다.
   b. 모두를 만족시키는 것이 불가능한 것을 받아들이고 힘 있는 사용자들의 필요를 만족시키는 선으로 프로젝트를 진행해 나아간다.
   c. 프로젝트를 계속해 나아가기 전에 중요한 작업에 프로젝트 스폰서의 정식서명을 받고 동의를 얻어낸다.
   d. 잠재적인 기능에 관한 이해관계인들의 생각을 모아서 가장 요청이 많고 실행 가능한 작업부터 해 나아간다.

171. 4개월 전에 시작된 프로젝트는 1년 동안 스폰서인 그룹 부사장에 의해 잘 지원받아 왔다. 하지만 앞으로 스폰서와 자금통제는 계열사의 매니저에게 위임된다고 하며 여러 다른 프로젝트 매니저로부터 중요한 프로젝트 문서에 대해 승인요청 리스트를 받고 있다. 프로젝트 착수문서가 완성되고 승인을 받아 프로젝트가 스케줄대로 진행되고 있으며 요구사항이 확인되고 문서화되었고 스폰서의 승인을 기다리고 있다. 요청한 승인을 승인 마감일에 받아볼 수 있었지만 한 매니저의 승인에는 세 가지 중요한 요구사항이 추가되어 있었다. 이런 요구들은 프로젝트 원안에는 없었고 요구분석 단계에서 들어난 것들이었다. 이런 경우 다음 중 어느 리스크를 만날 가능성이 가장 클까?
   a. 프로젝트 범위 변경하기
   b. 스폰서의 지원 잃기
   c. 프로젝트 비용 변경하기
   d. 프로젝트 스케줄 변경하기
   e. 프로젝트 리소스 변경하기

172. 다음 중 프로젝트 조달(procurement) 관리에 포함되지 않는 것은?
   a. 관리자
   b. 이해관계인 분석
   c. 계획하기
   d. 간청(solicitation)

CompTIA Project+

173. 프로젝트의 범위가 맞는지를 확인하는 방법으로 _____이 필요하다.
    a. 프로젝트 헌장의 변경정의 안에 반영되어 있는지 확인
    b. 주기적으로 검사하고 검토하는 직접 확인
    c. 프로젝트 스케줄의 정상여부 확인
    d. 확인된 문제들의 원인과 증세 정의확인

174. 의무배정 비용이 낮을 때 프로젝트 결과에 끼치는 영향은?(두 개를 골라라.)
    a. 프로젝트가 취소된다.
    b. 프로젝트 스케줄이 늘어난다.
    c. 프로젝트 스케줄이 줄어든다.
    d. 프로젝트 기능이 줄어든다.
    e. 프로젝트 품질이 떨어진다.
    f. 프로젝트의 외부 리소스가 떠난다.

175. 프로젝트 과정 동안 팀원이 5명에서 10명으로 늘어났다면 추가되는 의사소통 라인은?
    a. 10
    b. 15
    c. 30
    d. 35
    e. 45

176.
> **프로젝트 전제** : 현재 1월이며 프로젝트 매니저로 임명받고 새로운 급료시스템을 위한 범위 설명이 주어졌다. 이 급료시스템으로 회사는 매월 150만 원의 비용을 절약할 수 있고, 각각 480만 원을 받는 직원 2명을 풀타임으로 추가되어야 한다고 관리적인 면에서 결정을 내렸다. 새로 채용되는 직원들은 11월부터 작업하게 되며, 프로젝트가 끝나면 바로 훈련받아야 한다. 현재 시스템에서 일하는 직원은 1,500명이고 년 간 이직률은 25%이다.
> **범위설명** : 현 급료시스템을 변경해서 내년부터 새로 급료 프로세스를 시작해야 한다. 시스템은 한 분기동안은 기존 급료시스템과 함께 실행될 것이지만, 기존 시스템이 중단되었을 때도 새로운 시스템은 기존 것과 100% 일치해야 한다. 5년에 걸쳐 변경할 것이다.
> **프로젝트 예상 비용** :   하드웨어   - 750만 원 (총합)
>   소프트웨어 - 500만 원 (총합)
>   내부지원   - 300만 원 (매월)
>   외부지원   - 500만 원 (매월)

위와 같이 주어진 프로젝트 전제와 범위설명에서 무엇이 먼저 실행되어져야만 하나?

a. 9월까지 급료 데이터가 변환되어져야 한다.
b. 기존 급료시스템이 12월 31일까지 실행된다.
c. 병행 급료시스템이 3개월간 실행된다.
d. 현재 급료시스템이 1월엔 100% 맞아야 한다.

177. 웹기반 주식거래 응용프로그램 개발을 위한 프로젝트 매니저로 선택되었는데, 프로젝트 스폰서는 작성된 프로젝트 범위와 작업계획을 평가해주기 원한다. 프로젝트 범위를 더 잘 이해하는데 도움이 되는 것은?
a. 응용프로그램 개발이 실행되는 도시를 선별한다.
b. 금융이체를 통제하는 규정을 연구하고 문서화한다.
c. 프로젝트의 전략적 방향을 통제하는 프로젝트 조정위원회를 선별한다.
d. 시장규모와 이런 타입의 응용프로그램이 통할지 평가하는 시장조사를 먼저 한다.

178. 프로젝트 개발프로세스를 더욱 좋게 하는 방법으로 다음 중 무엇이 있을까?
a. 중요한 부분에서 자금지원을 받는다.
b. 표준적이고 잘 정의된 프로젝트 개발 방법론을 사용한다.
c. 중요한 부분에 특정 전문가를 투입한다.
d. 테스트할 충분한 시간을 확보하기 위해서 프로젝트의 전반적인 일정을 확장한다.

179.

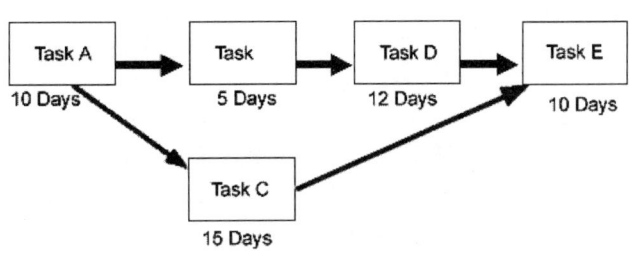

위 그림과 같은 프로젝트 일정의 하위작업이 주어졌는데, 만일 프로젝트 범위가 변해서 Task C가 10일(15일에서 25일간으로) 더 늘어난다면 Task E의 착수일은 범위변경에 어떤 영향을 끼칠까?
a. 착수일은 영향받지 않는다.   b. 착수일은 8일간 늦어질 것이다.
c. 착수일은 10일간 늦어질 것이다.   d. 착수일은 10일간 빨라질 것이다.

CompTIA Project+

180. 프로젝트 매니저가 범위에서 중대한 변경이 있을 때 프로젝트 스폰서에게 검토하고 승인을 얻는 것이 중요한데 그 이유는 이런 의사소통이 _____ 때문이다.
   a. 리소스 계획하기 프로세스가 용이하기
   b. 프로젝트 스폰서에게 변수정보를 제공하기
   c. 팀원들 사이에 협력을 증가시키기 용이하기
   d. 프로젝트 스폰서의 기대치를 관리하는 메커니즘을 제공하기

181. 프로젝트가 준비되었고 계획하기 단계가 시작되었음을 보여주는 것은?
   a. 프로젝트 팀원의 기술을 모두 확인했다.
   b. 스폰서와 프로젝트 방향을 토의했다.
   c. 사용자와 스폰서가 요구사항 문서에 승인했다.
   d. 사용자와 스폰서가 요구사항에 근거한 설계문서에 승인했다.

182. 프로젝트 범위문서의 검토는 _____ 전에 이뤄져야 한다.
   a. 프로젝트 팀을 정의하기   b. 프로젝트 매니저를 승인하기
   c. 시스템 설계단계로 옮기기   c. 프로젝트 계획하기 단계로 나아가기

183. 프로젝트가 목적한 대로 되지 않고 실패하는 주된 이유는?
   a. 비현실적인 스케줄   b. 적절하지 못한 예산
   c. 어설프게 정의된 범위   d. 충분하지 못한 품질관리

184. 프로젝트 매니저는 프로젝트에 두 가지 응용프로그램 아키텍춰가 추가되어져야 할 필요를 느꼈다. 이런 기능들은 원래 프로젝트 예산에 포함되어 있지 않았다. 프로젝트 매니저는 프로젝트 스폰서와 대화중에 이 아키텍춰의 필요성을 말했고, 프로젝트 스폰서는 구두로 두 가지 기능추가를 승인했다. 두 응용프로그램 아키텍춰가 프로젝트에서 작업되기 시작했고 한 달 뒤 예산검토가 있을 때, 프로젝트 스폰서는 프로젝트에 두 가지 기능이 추가된 것에 놀랐다. 프로젝트 매니저는 무엇을 했어야만 했나?
   a. 두 가지 추가적인 기능이 반영된 기본예산으로 변경했어야 했다.
   b. 프로젝트 상태보고서에 이 두 가지 기능을 문서화했어야 했다.
   c. 프로젝트 스폰서로부터 이 두 가지 기능을 추가해도 된다는 것을 문서로 확인받았어야 했다.
   d. 프로젝트 스폰서에게 이 두 가지 추가적인 기능을 음성 사서함으로라도 상기시켰어야 했다.

CHAPTER 13 연습문제

185. 어느 회사가 2,500명의 사용자들에게 영향을 끼칠 수 있는 시스템의 개발단계에 있다. 프로젝트 조정위원회 회의 동안 프로젝트 스폰서는 프로젝트 매니저에게 프로젝트 리스크에서 가장 큰 부분은 2,500명 유저들의 효율적인 시스템 훈련 프로그램이라고 설명했다. 회사는 새로운 시스템 배포를 지원하는 시스템 훈련을 전혀 해본 적이 없었다면 프로젝트 매니저가 할 일은?
  a. 서드파티 벤더와 계약을 맺고 프로젝트 조정위원회의 프로젝트 상태 회의 동안 승인을 처리해 달라고 부탁한다.
  b. 시스템 개발과 훈련 경험이 있는 풀타임 훈련가 네 명을 단기간 고용하도록 권한다.
  c. 프로젝트 조정위원회에게 그런 리스크는 과장된 것이라고 말하고 훈련 프로그램을 개발하고 훈련시킬 두 명의 시스템 개발자를 선별해서 진행한다.
  d. 시스템 훈련도 리스크 범위에 속한다는 것을 조정위원회에게 인식시키고, 훈련 개발과 실행을 서드파티 컨설턴트와 계약하도록 권한다.

186. 얼마나 자주 실무 이사진은 중요한 프로젝트 작업을 검토해야 하나?
  a. 매일
  b. 작업이 끝났을 때
  c. 주간
  d. 요청이 있을 때

187. 회사에서 프로젝트 매니저로 일하고 있는데 함께 일하고 있는 한 중견 컨설턴트는 항상 뛰어난 성과를 내며 훌륭한 제품을 만들어내고 있어서 늘 신입 팀원들에게 멘토나 개인 교사처럼 여기고 있다. 하지만 이 컨설턴트는 성격상 클라이언트가 오는 것을 반가워하지 않는다. 하지만 최근엔 팀원들도 그 컨설턴트와 함께 일하고 싶어 하지 않는다는 것을 알았다. 그 컨설턴트에게 다가가 문제를 해결하려고 했지만 자신의 작업방식과 신입 팀원들과의 문제에 대해 말을 하려고 하지 않았다. 몇 가지 더 질문을 한 결과 그 컨설턴트는 자신이 훈련시키고 있는 신입 팀원들이 나중에 자신을 대체할 것이라는 오해를 하고 있음을 알았다. 현재 훈련 상황을 계속 유지하며 아직도 그 컨설턴트를 신뢰하고 있다는 것을 알려줄 수 있는 방법 두 가지를 다음에서 골라라.
  a. 새로운 팀원이 올 때까지 현재 훈련을 중지한다.
  b. 이 컨설턴트에게 더 많은 관심을 보이고 최근의 훌륭한 성과를 칭찬해준다.
  c. 이 컨설턴트와 계속해서 대화해서 그가 고마움을 느끼게 한다.
  d. 이 컨설턴트에게 다른 직책을 준 뒤 다른 훈련가를 찾아본다.
  e. 이 컨설턴트가 계속해서 훈련하게 하고 그가 교체될 것이 아니라는 것을 재확인해준다.

CompTIA Project+

188. 프로젝트 중간검토를 실행해야 하는 주된 이유 두 가지를 골라라.
   a. 프로젝트 리스크요소 평가
   b. 프로젝트 매니저 성과 감사(audit)
   c. 작업의 품질 검토
   d. 프로젝트의 전반적인 양호함 검사
   e. 어느 중요한 문제에 접근하는 행동 추천

189. 프로젝트 범위가 어느 변경으로 인해 수정될 필요가 제안되었다. 모든 대안을 연구 분석한 결과 제안된 변경이 프로젝트 예산을 넘기진 않는다는 것을 알았다. 가장 좋은 해결책은 프로젝트 범위에 이 변경이 적용되게 하는 것이라는 결론을 얻었다면 다음으로 무엇을 해야 하나?
   a. 프로젝트 계획을 변경해서 범위변경이 반영하게 한다.
   b. 이해관계인들에게서 제안된 변경을 승인받는다.
   c. 범위변경 승인을 개발팀에게 제안한다.
   d. 스케쥴에 영향을 끼치므로 프로젝트 범위를 변경하지 않는다.

190. 프로젝트가 스케쥴대로 가고 있지만 특정부분의 진척에 관해 염려가 된다면 EV(Earned value) 분석의 어느 요소를 사용해서 스케쥴 문제를 알아낼 수 있나?
   a. SV(Schedule Variance)
   b. CCR(Calculated Cost Ratio)
   c. CCP(Calculated Cost Proportion)
   d. SPR(Schedule Performance Ratio)
   e. BCWP(Budgeted Cost of Work Performed)

191. 프로젝트 단계에서 물품 구매비가 처음 예상했던 것보다 더 비싸서 그 부분의 예산을 초과했다. 이럴 때 프로젝트 매니저는 어떻게 해야 하나?
   a. 예산변경을 가져오지 않게 한다.
   b. 예산증액을 위해 이해관계인들과 접촉한다.
   c. 그 단계의 비용을 줄여 예산을 넘지 않게 한다.
   d. 예산항목을 조절해서 총 비용을 넘지 않게 한다.

192. 회사는 현재 진행하고 있는 프로젝트에 이미 10억을 썼는데, 이 프로젝트로 단기간에 비즈니스 전환 기회로 삼으려고 한다. 하지만 프로젝트 매니저가 볼 때 제품이 시장에 늦게 출시될 것이며, 앞으로 회사가 커버해줄 비용이 프로젝트를 완성하는데 드는 비용에 훨씬 못 미칠 것 같다면 스폰서에게 무엇을 권해주어야 하나?
  a. 프로젝트를 계속해 나가자고 설득함.
  b. 프로젝트 예산을 증액해 달라고 설득함.
  c. 프로젝트의 범위를 변경함.
  d. 프로젝트를 종결함.

193. 광범위한 기술 인력을 필요로 하는 프로젝트를 위해 작업범위를 개발하고 있다. 하지만 스크린 상에서 사용자 입력을 추가해야 할 필요가 생겼다면 누가 승인해야만 작업이 진행될 수 있나?
  a. 프로젝트 매니저   b. 개발팀 리더
  c. 프로젝트 스폰서   d. 엔드유저 대표

194. 다음 중에서 프로젝트를 끝내기 위해서 반복적으로 작업할 필요가 가장 적은 단계 두 가지를 골라라.
  a. 유닛(unit) 테스팅   b. 시스템 설계(design)
  c. 시스템 테스팅   d. 프로젝트 착수(initiation)
  e. 시스템 분석(analysis)   f. 시스템 종합(integration)
  g. 시스템 개발(development)   h. 요구사항(requirements) 분석
  i. 시스템 설치(implementation)   j. UAT(User Acceptance Test)

195. 다음 중 사용자 승인 테스트에 관한 설명으로 맞는 것은?
  a. 사용자 테스팅은 사용자가 그들의 필요성을 표시하는 기회가 된다.
  b. 사용자 테스팅은 시스템이 특정요구에서 잘 반응하는지 증명해준다.
  c. 사용자 테스팅은 시스템 설치 훈련 단계의 일부로 수행된다.
  d. 사용자 테스팅은 개발코드에서의 에러를 확인해주는 좋은 기회가 된다.

196. 프로젝트 작업 동안 진척도는 스케줄보다 빠를/늦을 수도 있고, 또 프로젝트 예상비용도 더/덜 들 수도 있다. 무엇으로 이런 상황을 묘사해서 자신과 다른 프로젝트 이해관계인들이 쉽게 오리지널 계획에서 어느 변화가 있는지 알게 할까?
  a. 획득한 가치
  b. Gantt 추적
  c. 월간 진척 보고서
  d. 주간 프로젝트 진행회의

197. 프로젝트의 중견 사용자가 제안된 시스템에 특정기능이 들어가야 한다고 요청한다. 요구사항 분석단계 동안 팀의 시스템 분석가 한 명이 사용자의 이런 제안에 반대를 표시했다. 프로젝트 매니저는 사용자의 요구를 검토본 결과 회사와 사용자에게 어느 선택이 더 좋은지 확신하지 못해서 사용자와 이런 요구에 대해 토의한 결과 분석가가 제안한 것이 더 좋다고 판단했다. 사용자와 또 만나서 이 문제를 얘기하면서 사용자를 설득했지만 사용자가 뜻을 굽히지 않는다면 어느 행동을 취할 수 있을까?(두 개를 고르시오.)
  a. 이 사용자가 요청한 기능을 넣는다.
  b. 시스템 분석가가 제안한 기능을 넣는다.
  c. 이 문제를 해결하기 위해 프로젝트 위원회에 넘기고 그들의 결정을 문서로 남긴다.
  d. 모든 관련된 이들에게 이 문제와 취할 행동, 그리고 프로젝트가 나갈 방향을 알린다.
  e. 이 사용자와 또 다시 회의를 가지고 요구를 철회하도록 설득한다.

198. 프로젝트의 주별 회의검토 때 프로젝트가 너무 많은 금액을 사용하고 있음을 알았다면 다음 중 어느 것으로 예산보다 더 많은 비용이 지출된 분야를 알 수 있을까?
  a. TCP(Total Project Cost)를 계산해서
  b. 각 분야에 CV(Cost Variance)를 계산해서
  c. 각 분야에 SV(Schedule Variance)를 계산해서
  d. Gantt 차트를 확인하고 각 작업의 진척을 비교해서

199. 프로젝트 매니저는 다음과 같은 요구가 들어있는 요구문서를 받았다.

> 1) 사용자 인터페이스는 사용하기 쉬워야 한다.
> 2) 시스템은 모든 필요한 보고서를 만들 수 있어야 한다.
> 3) 시스템은 빨라야 한다.
> 4) 시스템은 사용자 통계를 추적할 수 있어야 한다.

이제 다음으로 무엇을 해야 하나?
a. 프로젝트 계획개발을 시작한다.
b. 요구사항을 해석해서 프로젝트 리소스를 작업에 할당한다.
c. 요구사항 문서를 스폰서와 엔드유저에게 재작업하게 보낸다.
d. 더욱 상세한 요구사항을 확인하기 위해서 스폰서 및 엔드유저와 회의한다.

200. 벤더와 협상할 때 다음 것들의 처리 순서를 적어라.

> ① 문제의 해결책을 협상한다.　② 더 높은 관리레벨로 문제를 상정한다.
> ③ 문제를 상세히 정의한다.　④ 토론을 독립적인 서드파티로 가져간다.
> ⑤ 계약원칙을 문제에 적용한다.
> 　　　　④⇒__⇒__⇒__⇒__

a. ①②③⑤　　　　　　　　　b. ②⑤①③
c. ⑤①②③　　　　　　　　　d. ③①②⑤

201. 사용자 요구문서를 클라이언트와 함께 검토해야 하는 이유 두 가지는?
a. 상세 설계를 클라이언트가 승인하게 하려고
b. 제품설명을 상호 이해하고 있다는 것을 분명히 하려고
c. 상세 프로젝트 계획을 상호 이해하고 있다는 것을 분명히 하려고
d. 제품 성능요구를 상호 이해하고 있다는 것을 분명히 하려고
e. 제품이 완성된 뒤 테스트가 실행될 것을 상호 이해하고 있다는 것을 분명히 하려고

202. 프로젝트 스케줄에 필요한 요소가 아닌 것 두 가지를 골라라.
a. 중요 작업　　　　　　　　b. 프로젝트 업무
c. 필요한 기술　　　　　　　d. 가용한 기술
e. 주요 프로젝트 리스크　　　f. 프로젝트 요구사항
g. 작업 당 시간과 리소스

203. 프로젝트 스케줄을 개발하고 있는데 모든 실무조직과 협상해서 작업시간을 가능한 한 짧게 하려고 한다. 스케줄을 검토한 결과 프로젝트 완성일이 범위에서 정한 날짜보다 늦어질 것 같음을 알았다. 프로젝트에서 동의한 범위를 유지하기 위해서 이 스케줄로 스폰서에게서 승인을 받아야 하겠다고 생각했다. 다음 중 이 스케줄이 정당하다는 것을 알리는 방법이 아닌 것은?
   a. 데이터흐름 모델
   b. 프로젝트 중요경로
   c. 취한 행동
   d. 시간이 걸리는 작업

204. Top-Down 예산 모델에서 중요한 세 가지 요소가 아닌 것은?
   a. 시간
   b. 벤더
   c. 리소스
   d. 이해관계인들

205. 다음 중 클라이언트와 프로젝트 요구사항의 성공적인 검토로 결과물을 받아들일 수 있는 요소가 아닌 것은?
   a. 요구사항 리스트를 "있는 대로(as is)" 승인한다.
   b. 일부 요구사항에 대해선 불일치를 확인한 채 계획하기 단계로 나아간다.
   c. 요구사항에서 필요한 개정에 동의하고 검토와 승인을 요청한다.
   d. 요구사항에서 필요한 개정에 동의하고 계획하기 단계로 나아간다.

206. 범위문서를 통해 프로젝트 설계상 특정 아키텍춰가 필요한 것을 알았다. 가용할 수 있는 리소스 리스트를 받아본 뒤 이 아키텍춰는 프로젝트 설계 기간인 몇 주 동안에 실행되기 어렵다는 것을 알았다. 이를 위해 다른 아키텍춰와 교환(trade-off) 협상을 벌여야 하는데 여기에 필요한 요소로 해당되지 않는 것은?
   a. 변경이 허용되었을 때의 프로젝트 영향
   b. 변경이 허용되지 않았을 때의 프로젝트 영향
   c. 프로젝트 작업, 우선순위, 그리고 종속성
   d. 가용되는 자격 있는 리소스

207. 통신 프로젝트를 실행하는 동안 프로젝트 팀이 능률적인 실행 프로세스를 위해 장비 구성의 변경을 제안했는데 이 변경은 프로젝트의 일정을 바꾸거나 비용도 들지 않는 일이다. 따라서 대부분 이런 변경은 _____(로) 이뤄진다.
   a. Value Engineering을 사용해서 평가한 뒤에
   b. 다음 번 팀 회의에서 상의한 뒤에
   c. 프로젝트 스폰서에 의해 검토되고 승인된 뒤에
   c. 프로젝트 매니저의 직권으로 검토되고 승인된 뒤에

208. 프로젝트 스폰서가 프로젝트 매니저에게 통신 프로젝트에 대한 비용예상을 뽑아달라고 요청했다. 상세한 범위정보는 제한적이었지만 이 프로젝트는 프로젝트 매니저가 2년 전에 실시했던 것과 유사했다. 이런 경우 어느 방법을 사용해서 비용예상을 할 수 있나?
   a. Parametric 모델링
   b. Analogous(=Top-Down) 예상
   c. Stochastic 예상
   d. Bottom-Up 예상

209. 다음 중에서 어느 두 요소가 실제 기간과 작업에 가장 영향을 끼치는지 아래에서 끌어다 놓아라.

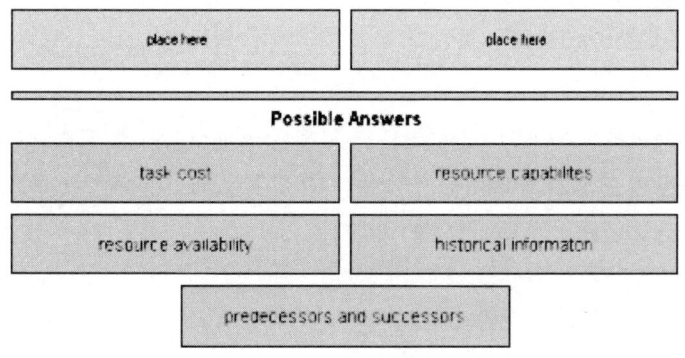

   a. task cost
   b. resource capabilities
   c. resource availability
   d. historical information
   e. predecessors and successors

210. 다음 중에서 어느 두 요소가 인력예상에 영향을 끼치는지 아래에서 끌어다 놓아라.

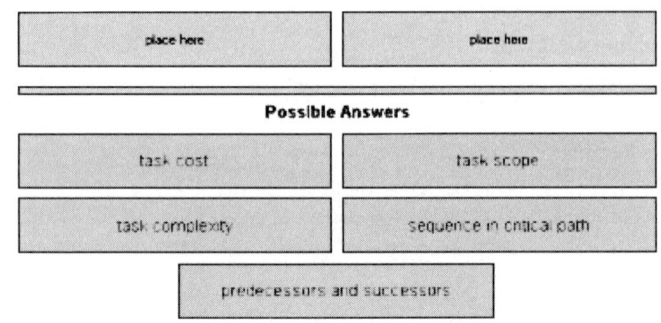

a. task cost
b. task scope
c. task complexity
d. sequence in the critical path
e. predecessors and successors

211. 프로젝트 헌장은 계획하기 단계의 초기 고급문서 개발이다. 프로젝트 헌장의 두 가지 중요한 요소는?
a. 이해관계인
b. 프로젝트 범위
c. 시스템 테스트 계획
d. 시스템 배포 계획
e. 비즈니스 아키텍춰 계획
f. 하드웨어와 소프트웨어 요구

212. 현재 계획하기 단계에 있는 어느 프로젝트의 매니저인데 커스터머로부터 프로젝트 목적과 목표가 분명하게 들어있지 않은 문서를 받았다. 이 목적과 목표를 분명하게 이해하는 데 도움이 되는 것 두 가지를 아래에서 골라라.
a. 히스트그램을 만든다.
b. Pareto 차트를 만든다.
c. 일대일 인터뷰 세션을 실시한다.
d. 커스터머에게서 구체적으로 알아낸다.
e. 커스터머에게서 정식 프로젝트 승인을 얻어낸다.

213. 프로젝트 스폰서는 프로젝트 매니저를 위해 다음 중 어느 두 가지를 실행해야 하나?
a. 벤더를 분석하고 선별한다.
b. 설계작업 세션을 용이하게 한다.
c. 실무 위원회를 만들고 유지한다.
d. 자본, 인력 등 조직에 리소스를 할당한다.
e. 상세한 프로젝트 작업계획을 작성한다.

CHAPTER 13 연습문제

214. 다음 중에서 프로젝트 스폰서로부터 문서로 승인을 얻어야 하는 두 가지 요소는?
   a. 프로젝트 예산
   b. 프로젝트 작업
   c. 프로젝트 스케줄링 도구
   d. 프로젝트 제안 폼
   e. 프로젝트 상태 보고서 폼

215. 고급범위와 예산, 그리고 리소스 할당이 되어있는 어느 프로젝트의 매니저인데 팀에서 중요한 역할을 할 한 명이 추가되게 되었다. 그는 프로젝트에 독특한 시각을 가지고 있는데 우선 스폰서와 몇 년간 함께 일을 했었고 그의 전문성은 타의 추종을 불허한다. 프로젝트가 이제 두 번째 달로 들어서고 있는데 그가 프로젝트 매니저를 만나자고 하더니만 부인이 아파서 집에서 좀 더 간호해주고 싶다고 한다. 생각해보니 그가 집에서 아내와 더 많은 시간을 보내고 싶어 하는 것 같았다. 이럴 때 어떻게 하는 것이 좋을까?
   a. 어려운 관리결정을 내려줘야 하므로 전적으로 프로젝트에 매여야 한다고 주장한다.
   b. 회사의 인사부에 얘기해서 부인이 특수간호를 받게 해준다.
   c. 그와 얘기해서 가능하면 파트타임으로 출퇴근하게 허용해준다.
   d. 그에게 상황을 이해한다고 말하고 프로젝트에서 좀 더 적합한 역할로 바꿔서 부담을 줄여준다.

216. 한동안 진행되고 있는 대규모 프로젝트의 매니저로써 프로젝트는 이제 막 사용자 인터페이스 작업을 끝냈고 설치단계로 들어가고 있다. 이 시점에서 전체 프로젝트를 변경하는 리스크 없이 할 수 있는 변경 작업에 해당되지 않는 것은?
   a. 범위
   b. 자금
   c. 데이터 설계
   d. 수행 할 작업

217. 모든 프로젝트에서 중요한 네 가지 이해관계인들이란?
   a. 프로젝트 매니저, 프로젝트 팀, 중견 매니저, 그리고 커스터머
   b. 중견 매니저, 부서장, 커스터머, 그리고 스폰서
   c. 프로젝트 매니저, 커스터머, 실행 조직, 그리고 스폰서
   d. 프로젝트 매니저, 부서장, 커스터머, 그리고 중견 매니저

CompTIA Project+

218. 다음 중 SOW(Statement Of Work)의 요소 두 가지는?
    a. 프로젝트 개괄   b. 비즈니스적 요구
    c. 작업 서명문서   d. 변경통제 과정
    e. 작업 스케줄

219. 이익-비용 비율(benefit-cost ratio)이 3.22라는 것은?
    a. 생산된 유닛 당 이익(profit)이 $3.22이다.
    b. 지출된 1$당 이익(profit)이 3.22$이다.
    c. 생산된 유닛 당 보상(payback)이 $3.22이다.
    d. 지출된 1$당 보상(payback)이 3.22이다.

220. "품질비용(Cost of Quality)"은 _____ 비용을 포함한 프로젝트 관리 컨셉이다.
    a. 초과 요구   b. 요구 변경
    c. 요구 수용   d. 품질 요구수준

221. 클라이언트에게 보내는 월별 보고서에서 변동변수가 0이다. 하지만 팀원들은 전체 프로젝트를 지연시키는 일정표가 빠져있음을 알고 있다. 다음 중에서 부적절하게 보고된 사항은?
    a. 의사소통 계획변수   b. 리소스 관리계획
    c. 중요경로 상태   d. 리스크 분석

222. 다음 중 프로젝트 범위변경을 요청하는 적절한 방법은?
    a. 프로젝트 스폰서에게 E-mail을 보내고 프로젝트 매니저에게 복사해 준다.
    b. 프로젝트 스폰서에게 문서로 요청을 보낸다.
    c. 프로젝트의 실제 리더에게 프로젝트 위시리스트(wish list) 폼으로 보낸다.
    d. 작업설명서 안에 있는 처리방식을 사용한다.

223. 이상적으로 리소스 레벨링은 _____ 활동으로 한정된다.
    a. 부정적인 유동성(float)   b. 제로(0) 유동성
    c. 중요경로   d. 긍정적인 유동성

CHAPTER 13 연습문제

224. 파트타임 기술직원들을 관리하고 있는데 이들 대부분은 학생으로 학교에 다니는 동안 경험상 일을 하고 있다. 작년엔 학생들의 기말시험 때 프로젝트 완성일자를 잡아서 프로젝트 출시가 늦어졌던 경험을 가지고 있다. 이제 새로운 프로젝트를 위한 계획을 짜야 하는데 또 마감일이 기말고사와 겹치게 되어져 있다면, 이런 문제를 막기 위해서 어떻게 하는 것이 가장 타당할까?
 a. 기말고사 기간엔 다른 리소스를 사용한다.
 b. 더 많은 리소스를 미리 사용해서 기간을 앞당긴다.
 c. 기말고사 기간 동안 더 많은 리소스를 투입해서 작업한다.
 d. 프로젝트를 기말고사 이후에 끝나게 조정한다.

225. 주별 회의 동안 기술부서에서 새로운 CAD(Computer-Aided Design) 시스템을 온라인으로 구축했으면 좋겠다고 한다. 문제가 없을 것으로 예상하지만 만일 문제가 생기면 밤새워 작업해서라도 프로젝트를 제때에 맞추겠다고 한다. 매트릭스 조직의 프로젝트 매니저로써 어떻게 대응하는 것이 중요한가?
 a. 이런 행동에 대한 리스크를 분석해서 대응전략을 마련해 둔다.
 b. 이런 정보를 참조 보고서에 기록해 둔다.
 c. 기술부서의 실행이 스케줄에 차질이 주지 않는다는 내용을 문서로 받아둔다.
 d. 기술부서의 CAD 시스템 설치를 프로젝트가 끝난 뒤로 연기해 줄 것을 요청한다.

226. 프로젝트에 관한 작업들을 상세히 적은 프로젝트 문서와 가용한 프로젝트 팀원들의 상세 정보도 얻었다. 작업자에게 할당될 초기 작업 스케줄을 만들려고 한다면 다음 중에서 필요한 세 가지를 찾아보아라.
 a. 사용자 우선순위를 만든다.
 b. 상세한 테스트 계획을 만든다.
 c. 리소스 비용요율을 만든다.
 d. 프로젝트의 작업 완성일을 예상한다.
 e. WBS를 만든다.
 f. 제품의 작업 종속성이 모두 설명되어 있는지 확인한다.

227. 부합(correspondence), 계약변경(contract changes), 그리고 지불요청(payment requests)은 계약 관리의 _____ 이다.
  a. 결과(outputs)   b. 도구(tools)
  c. 기능(functions)   d. 입력(inputs)

228. 대규모 복잡한 프로젝트에서 요청된 변경을 승인하거나 거절할 권한은 누가 가지고 있나?
  a. 스폰서   b. 클라이언트
  c. 변경통제 위원회   d. 프로젝트 매니저

229. 프로젝트 예산에 속하는 관리예약(management reserve)은 무슨 자금을 지원하게 되나?
  a. 잃어버린 기회비용
  b. 예상되는 에러와 누락 상쇄
  c. 예상할 수 없는 미래 상황
  d. 훌륭히 역할을 한 매니저에게 지불될 보상금
  e. 인플레이션 때문에 프로젝트 동안 있을 수 있는 가격변화

230. 중요한 조달(procurement)이 포함되어 있는 프로젝트를 마감할 때 어느 것을 반드시 확보해 두어야 하나?
  a. 프로젝트 스펙(spec) b. 재정 보고서
  c. 프로젝트 헌장   d. 검사 보고서

231. 네트워크 도표와 Gantt 차트의 중요한 차이는?
  a. 중요한 작업 종속성   b. 적은 리소스
  c. 중요한 날짜들   d. 중요한 일정들

232. 작업 패키지는 어디에서 설명되나?
  a. WBS   b. 작업 헌장
  c. 작업 설명   d. 작업 프로젝트 계획

CHAPTER 13 연습문제

233. 만일 BCWP=350, ACWP=400, 그리고 BCWS=325라면 스케줄 변수(SV)와 스케줄 성능 지표(SPI)는?
 a. +25; 0.875
 b. +25; 1.077
 c. -50; 0.875
 d. -50; 1.077

234. 3개월째 수행되고 있는 프로젝트를 맡았는데 이전 프로젝트 매니저는 프로젝트 팀원들에게 주간별로 프로세스를 예상하게 했었다. 프로젝트 계획은 다섯 단계에 1,000개 작업들로 되어 있다. 처음 단계는 끝났고 800개의 미 이행 작업이 남아있다. 이 800개의 미 이행 작업 중에서 200개는 50% 완성되었다면 이 프로젝트 상태에 관한 설명으로 맞는 것은?
 a. 이 프로젝트는 대략 20% 완성이다.
 b. 이 프로젝트는 대략 25% 완성이다.
 c. 이 프로젝트는 대략 30% 완성이다.
 d. 프로젝트 상태를 정확히 예측하기 위해서 남은 작업과 예상 완성일 데이터가 더 있어야 한다.

235. 기존 계약평가가 중요한 이유는?
 a. 법률상 여러 곳에서 합법적으로 필요하기 때문이다.
 b. 계약자의 효율성에 따라 비용이 지불되기 때문이다.
 c. 계약자 선별에 지속적인 기준으로 쓰이기 때문이다.
 d. 대부분 계약자가 이것을 필요로 하기 때문이다.

236. 프로젝트 매니저는 회사에 여러 배경을 가지고 있는 이해관계인들이 있다. 그들은 또한 프로젝트에 대해서 다양한 목적을 가지고 있는데 개별적으로 이런 이해관계인들과 접촉해본 결과 그들이 견해 차이를 분명히 가지고 있어서 그것들을 분석한 뒤 그들 사이에 있는 공통점을 알아냈다. 이제 이들 이해관계인들 사이에 있는 차이를 해결하기 위해서 다음으로 할 일은?
 a. 타협점을 만들어 회의시간에 모든 이해 당사자들에게 제출한다.
 b. 공통의 목적을 가지고 있는 일단의 이해관계인 그룹을 만나서 그들의 입장을 모으려고 애쓴다.
 c. 모든 이해관계인들에게 해당되는 타협 리스트를 보내서 의견을 받아본다.
 d. 공통분야의 모형을 만들고 모든 이해관계인들을 만나서 가능한 한 타협점에 대해 토론한다.

237. 프로젝트 매니저의 주된 기능은?
   a. 프로젝트 융합
   b. 클라이언트 대응
   c. 시스템 설계
   d. 품질 보증
   e. 회의 주선

238. 비록 부작용도 있을 수 있지만 계약서에 인센티브 항목을 넣는 주된 이유는?
   a. 컨트렉터와 바이어를 같은 목표에 일치시키려고
   b. 컨트렉터로 부터 생길 수 있는 리스크를 줄이려고
   c. 컨트렉터의 비용을 줄이려고
   d. 바이어에게 비용을 줄여주려고

239. 다음 중 세부적인 프로젝트 비용을 예상하기 위해서 필요한 것은?
   a. 관리 계획
   b. 리소스 요구
   c. 프로젝트 헌장
   d. 비용 계획

240. 의사소통 관리계획은 주로 어디에 들어 있게 되나?
   a. 프로젝트 기간
   b. 팀원의 물리적 위치
   c. 프로젝트의 특정필요
   d. 프로젝트 작업

241. 프로젝트 관리도구인 RAM(Responsibility Assignment Matrix)은 어디에 사용되나?
   a. 팀원이 자신들의 특정역할을 확인하는데
   b. 가용한 리소스에 근거해 WBS를 개발하는데
   c. 프로젝트에서 프로젝트 팀원의 가용성을 확보하는데
   d. 프로젝트의 조직 구조를 설명하는데

242. PERT 방식은 어떠한 상황에서 가장 잘 사용되나?
   a. 상호 연관된 활동들을 아는 곳에서
   b. 프로젝트에 대해 연관된 비용예상을 알지 못하는 곳에서
   c. 기본적인 활동기간 예상 경험이 부족한 곳에서
   d. 리소스 요구가 잘 정의된 곳에서

CHAPTER 13 연습문제

243. 팀에게 동기부여, 문제해결, 그리고 범위확인이 있어야 할 프로세스 그룹은?
    a. 착수 단계   b. 계획하기 단계
    c. 실행 단계   d. 마감 단계

244. 다음 그림에서 왼쪽에 있는 각 작업에 대한 프로젝트 리소스를 오른쪽의 각 설명 아래로 적절히 매치시켜 보아라.

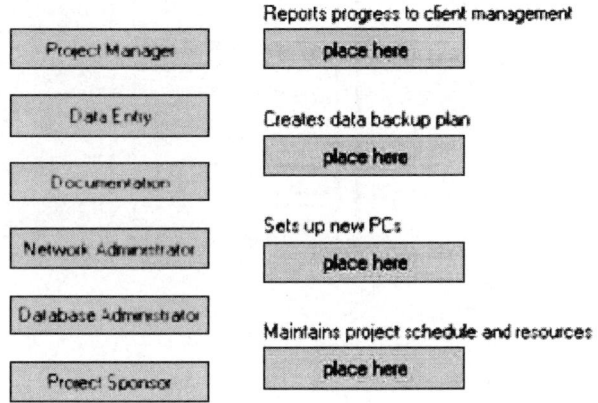

245. Task A는 Task B의 완성에 종속되고 Task C는 Task B의 시작에 종속된다.
위의 각 작업을 bottom-up 방식으로 예상했을 때 시작될 순서대로 왼쪽작업을 오른쪽에 순서대로 끌어다 놓아라.

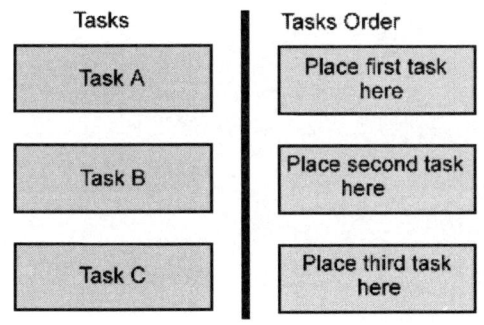

CompTIA Project+

246. 아래 작업은 비즈니스적 요구거나 기능적 요구로써 프로젝트 요구를 구별하는 일이다. 왼쪽의 두 라벨을 오른쪽의 각 설명에 매치되게 적절히 옮겨보아라.

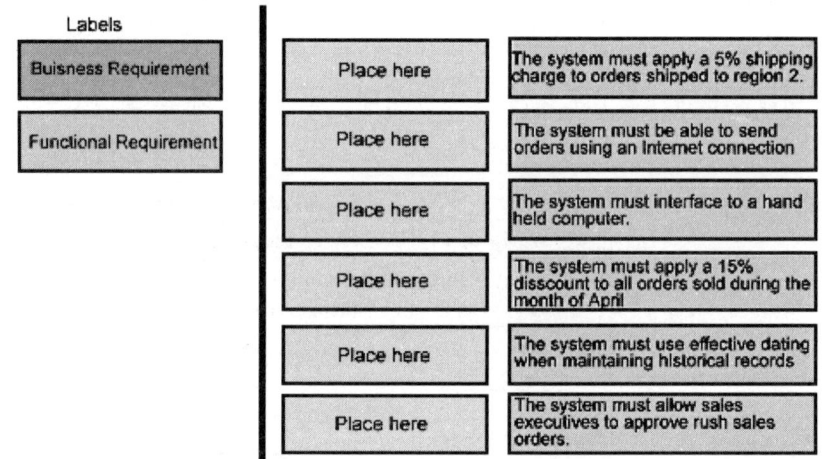

CHAPTER 13 연습문제

【정답】

1. c	38. b	75. d	112. a	149. c	186. b	223. d
2. a	39. c	76. d	113. c	150. d	187. c	224. b
3. a,b	40. b	77. a	114. c	151. c	188. b,d	225. a
4. d	41. a	78. d	115. a	152. a	189. c,e	226. a,e,f
5. d	42. b	79. a	116. b	153. d	190. a	227. a
6. d	43. a	80. c	117. a	154. c	191. a	228. c
7. b	44. a	81. d	118. b	155. c	192. b	229. e
8. b	45. c	82. b	119. a	156. d	193. d	230. b
9. c	46. b	83. a	120. d	157. c	194. c	231. a
10. d	47. b	84. c	121. a	158. a	195. d,j	232. a
11. c	48. d	85. b	122. c	159. b	196. b	233. d
12. d	49. c	86. b	123. a	160. d	197. a	234. c
13. d	50. a	87. b	124. c	161. a	198. d,e	235. a
14. b	51. a	88. e	125. a	162. d	199. b	236. a
15. a	52. d	89. d	126. c	163. b	200. d	237. d
16. a	53. d	90. b	127. d	164. a	201. d	238. b
17. a	54. d	91. a	128. d	165. d	202. a,e	239. c
18. d	55. d	92. b	129. b	166. b	203. c,f	240. a
19. a	56. b	93. c	130. b	167. d	204. a	241. c
20. d	57. a	94. d	131. a	168. d	205. b	242. c
21. d	58. a	95. b	132. c	169. a	206. a	243. c
22. c	59. b	96. a	133. b	170. c	207. a	244. PS/PA/NA/PM
23. d	60. c	97. a	134. d	171. a	208. b	245. b-c-a
24. b	61. b	98. d	135. b	172. b	209. b,c	
25. d	62. a	99. d	136. b	173. b	210. b,c	
26. c	63. d	100. a	137. b	174. d,e	211. a,e	
27. c	64. b	101. b	138. d	175. d	212. c,d	
28. b	65. a	102. a	139. a	176. a	213. c,d	
29. d	66. a	103. c	140. c	177. b	214. a,b	
30. b	67. d	104. c	141. b	178. c	215. c	
31. c	68. b	105. b	142. d	179. b	216. a	
32. d	69. c	106. a	143. a	180. b	217. c	
33. d	70. a	107. b	144. d	181. c	218. a,b	
34. a	71. a	108. b	145. d	182. d	219. d	
35. c	72. a	109. a	146. a	183. a	220. c	
36. b	73. c	110. c	147. b	184. c	221. c	
37. d	74. b	111. b	148. c	185. d	222. d	

246.

Business requirement	The system must apply a 5% shipping charge to orders shipped to region 2
Functional Requirement	The system must be able to send orders using an Internet connection
Business requirement	The system must interface to a hand held computer.
Business requirement	The system must apply a 15% discount to all orders sold during the month of April
Functional Requirement	The system must use effective dating when maintaining records
Business requirement	The system must allow sales executives to approve rush sales orders.

저자와 협의
인지 생략

The Computing Technology Industry Association
CompTIA Project⁺

2012년 4월 10일 제1판제1인쇄
2012년 4월 17일 제1판제1발행

저 자 배 동 규
발행인 나 영 찬

발행처 **기전연구사**

서울특별시 동대문구 신설동 104의 29
전 화 : 2235-0791/2238-7744/2234-9703
FAX : 2252-4559
등 록 : 1974. 5. 13. 제5-12호

정가 18,000원

◆ 이 책은 기전연구사와 저작권자의 계약에 따라 발행한 것이
므로, 본 사의 서면 허락 없이 무단으로 복제, 복사, 전재를
하는 것은 저작권법에 위배됩니다.
ISBN 978-89-336-0853-1
www.gijeon.co.kr

불법복사는 지적재산을 훔치는 범죄행위입니다.
저작권법 제97조의 5(권리의 침해죄)에 따라 위반자는 5년
이하의 징역 또는 5천만원 이하의 벌금에 처하거나 이를 병
과할 수 있습니다.